Über dieses Buch Nachdem auch die 1977 erschienene Neuausgabe von Rothfels' berühmtem Buch über den Widerstand gegen den Nationalsozialismus für einige Zeit vergriffen war, wird sie nun wieder vorgelegt, eingeleitet von Hermann Graml, der Hans Rothfels als Schüler und jahrelanger Mitarbeiter verbunden war.
Die Untersuchung gibt einen Überblick über Bewegungen, die sich zur deutschen Opposition gegen Hitler zusammenschlossen, über ihre historisch-politischen Voraussetzungen, ihre Programme und ihre ersten Aktionen bis in die Zeit, in der sich der Widerstand in der außergewöhnlichen Situation befand, daß der Kampf für die Befreiung Deutschlands gleichbedeutend war mit der Erwartung seiner Niederlage.
Das Buch, 1958 erstmalig in der Fischer Bücherei erschienen, wurde zuletzt 1969 vom Autor selbst in stark erweiterter und überarbeiteter Form neu herausgegeben und gehört noch heute zu den wichtigsten Werken über die Männer des 20. Juli.

Der Autor Hans Rothfels, geboren 1891 in Kassel, war o. Professor für Neuere Geschichte in Tübingen. Gestorben ist er 1976.
Veröffentlichungen: ›Carl v. Clausewitz‹, 1919; ›Bismarcks englische Bündnispolitik‹, 1924; ›Theodor Lohmann und die Kampfjahre der staatlichen Sozialpolitik‹, 1926; ›Reich, Staat und Nation im deutsch-baltischen Denken‹, 1930; ›Bismarck und der Osten‹, 1934; ›Ostraum, Preußentum und Reichsgedanke‹, 1935; ›Theodor v. Schön, Friedrich Wilhelm IV. und 1848‹, 1937; ›Gesellschaftsform und Außenpolitik‹, 1951; ›Bismarck und der Staat‹, 1953; ›Bismarck-Briefe‹, 1955; ›Zeitgeschichtliche Betrachtungen‹, 1958; ›Bismarck, der Osten und das Reich‹, 1960; ›Bismarck. Vorträge und Abhandlungen‹, 1970. (Ein Gesamtverzeichnis der Schriften befindet sich in: ›Aspekte deutscher Außenpolitik im 20. Jahrhundert. Aufsätze. Hans Rothfels zum Gedächtnis‹, 1976, S. 287–304.) Von 1953 bis 1976 war Rothfels Herausgeber der Vierteljahrshefte für Zeitgeschichte.

Hans Rothfels

Deutsche Opposition gegen Hitler

Eine Würdigung

Neue, erweiterte Ausgabe

Eingeleitet von Hermann Graml
(Institut für Zeitgeschichte, München)

Fischer
Taschenbuch
Verlag

143.–148. Tausend: Januar 1986

Neue, erweiterte Ausgabe
Veröffentlicht im Fischer Taschenbuch Verlag GmbH,
Frankfurt am Main, Februar 1958

Umschlaggestaltung: Jan Buchholz / Reni Hinsch

Gesamtherstellung: Clausen & Bosse, Leck
Printed in Germany
1280-ISBN-3-596-24354-8

Inhalt

HERMANN GRAML

Einleitende Bemerkungen zur Neuausgabe

Als Hans Rothfels in den Jahren 1948 und 1949 erst die amerikanische und dann die deutsche Öffentlichkeit mit den frühen Fassungen seiner Studie über die deutsche Opposition gegen Hitler konfrontierte, hatte er, was ihm sehr bewußt war, auf dem gewählten Felde Pionierarbeit geleistet und überdies, was ihm noch nicht klar sein konnte, ein Standardwerk geschrieben, das in seiner Art nicht mehr erreicht oder gar übertroffen werden sollte. Der Zeitgeist war damals im Lager vor allem der westlichen Besatzungsmächte noch weithin von einer fast totalen Verteufelung der neueren preußisch-deutschen Geschichte bestimmt, in Deutschland selbst noch allenthalben von freiwilligen Absagen an die bislang dominierende Tradition oder auch, eine Folge schamvoller Unsicherheit, von der Neigung, die nationalsozialistische Zeit als nicht geschichtswürdig zu behandeln und sich auf solche Weise die Beschäftigung mit den Ursachen wie mit den Folgen der NS-Herrschaft zu ersparen. Hans Rothfels hielt die Verteufelung für eine Verirrung, die überwunden werden müsse, Absagen an die preußisch-deutsche Tradition fand er ebenso unnötig wie unmöglich, und die Abwendung des Blicks vom Dritten Reich erschien ihm als geistige und moralische Feigheit, die er sich nicht gestattete, zumal er für den Historiker stets das Amt in Anspruch nahm, seine Schüler und im weiteren Sinne die ganze Nation historische Sinnzusammenhänge und sittliche Wertmaßstäbe zur politischen Bewältigung der Gegenwart zu lehren.

So schrieb der 1939 emigrierte konservative Preuße jüdischer Herkunft ein Buch, mit dem er, bewußt und unbefangen zugleich, die Leser zwang und ermunterte, im deutschen Widerstand gegen Hitler jene Erscheinung der unmittelbaren Vergangenheit zur Kenntnis zu nehmen und anzuerkennen, die allein positive Züge aufweise und allein die Brücke zum sittlich-politischen Wertsystem des von Bismarck geprägten Preußen-Deutschland schlage, also durch den Verrat des wilhelminischen Deutschland an jenem Wertsystem wie durch die nationalsozialistische »Fremdherrschaft« ein Stück guter Kontinuität gerettet und für die Gegenwart neu gestiftet habe. Ohne Zweifel hat Hans Rothfels damit einen Bann gebrochen und bahn-

brechend gewirkt. Ganz abgesehen davon, daß er den Historikern, die er mit seinem Beispiel ermutigte, den deutschen Widerstand gegen das NS-Regime als Forschungsgegenstand zu nehmen, für lange Zeit die Richtung wies und ein Koordinatensystem lieferte, das nur ausgefüllt zu werden brauchte, bedeutete sein Buch den entscheidenden Durchbruch zur wissenschaftlichen Beschäftigung mit der deutschen Geschichte in der ersten Hälfte des 20. Jahrhunderts. Mit der Studie über die deutsche Opposition gegen Hitler ermöglichte und begründete Hans Rothfels die moderne westdeutsche Zeitgeschichtsforschung, und diesem Anfang sind auch alle Historiker und Historikerschulen tief verpflichtet, die später – oft genug in offener Rebellion gegen die 1948/49 aufgerichteten Maßstäbe – andere Wege gingen als Hans Rothfels. Es war nur die Bestätigung eines unübersehbaren Zusammenhangs, daß ihm nicht zuletzt sein Buch über den Widerstand Funktionen zubrachte, die es ihm erlaubten, jahrzehntelang einen sozusagen institutionalisierten Einfluß auf die Entwicklung seiner Wissenschaftsdisziplin auszuüben: etwa die führende Beteiligung an der Edition der *Akten zur deutschen auswärtigen Politik*[1], die Herausgeberschaft der *Vierteljahrshefte für Zeitgeschichte*[2], den Vorsitz im Wissenschaftlichen Beirat des *Instituts für Zeitgeschichte*. Die beiden ersten Funktionen, die er bis zu seinem Tode am 22. Juni 1976 wahrnahm, hat er stets als Aufgaben von besonderem Gewicht empfunden.
Indes war es Rothfels, als er sich dem Phänomen des deutschen Widerstands zuwandte, nicht um einen Platz in der Wissenschaftsgeschichte und auch nicht in erster Linie um die Befreiung seiner Disziplin von der lähmenden postnationalsozialistischen Unsicherheit zu tun. Er wollte ja nicht einmal eine Geschichte des Widerstands bieten. Gewiß geriet ihm seine Studie fast unversehens doch zu einer Geschichte wesentlicher Entwicklungslinien der deutschen Opposition, und im Faktischen hat er nicht nur selbst schon 1948/49 eine eindrucksvolle Fülle eigener Forschungsergebnisse ausgebreitet, sondern auch später für jede neue Auflage den Fortschritt der Forschung berücksichtigt. Den Ertrag der Goerdeler-Biographie GERHARD RITTERS[3], des großen Werks über den Kreisauer Kreis[4] von GER VAN ROON oder der umfassenden Arbeit ›Widerstand, Staatsstreich, Attentat‹, mit der PETER HOFFMANN[5] die meisten schließbaren Lücken unseres Wissens über die Opposition geschlossen hat, nutzte er dankbar zu Revisionen und Ergänzungen. Auch neue Fragestellungen nahm er auf, und zwar selbst dann, zumindest partiell, wenn er sie bei Autoren fand, mit deren politischer Kritik am deutschen Widerstand oder mit deren ebenfalls zu kritischen Vorbehalten führendem soziologischen Ansatz er sich in einem Verhältnis spannungsvoller Gegensätze wußte. Er hat, während er das Trennende unmißverständlich aussprach,

doch nie bestritten, daß ihn z. B. GEORGE K. ROMOSERS Analyse der ›Politics of Uncertainty‹[6] und HANS MOMMSENS tief dringender Essay ›Gesellschaftsbild und Verfassungspläne des deutschen Widerstands‹[7] auch wesentlich bereichert haben. Bis zur letzten Ausgabe von 1969, die der hier wieder vorgelegten Neuauflage zugrunde liegt, ist so durch ständige Erweiterung und Verfeinerung ein Werk entstanden, das auch den auf Fakten und politische Interpretation begierigen Leser vollauf zufriedenzustellen vermag. Aus den später erschienenen Beiträgen zur Widerstandsforschung, die er nicht mehr einarbeiten konnte, etwa aus der reichen und ihrem Helden ebenbürtigen Stauffenberg-Biographie CHRISTIAN MÜLLERS[8], hätte er in dieser Hinsicht kaum noch Neues zu schöpfen vermocht.

Aber eine systematische Gesamtgeschichte der deutschen Opposition gegen Hitler wollte Hans Rothfels nie schreiben und hat er nie geschrieben; dieser bewußten Einschränkung soll denn auch die Opferung des bestimmten Artikels im Titel der Neuauflage Rechnung tragen. Ihm ging es vielmehr um eine in seinem Sinne adäquate »Würdigung« des Widerstands, um die Einordnung der historischen und mit den Methoden der Geschichtswissenschaft zu fassenden Erscheinung in die rechten »Sach- und Wertzusammenhänge«, wie er selbst sagte. Das führte ihn einerseits fort von einer nur politischen oder soziologischen Interpretation und zur Betonung der die verschiedenen Formen und Gruppierungen des Widerstands verbindenden Gemeinsamkeiten, brachte ihn aber andererseits notwendigerweise zur Konzentration auf spezielle Aspekte und Gruppen, auf jene Gruppen nämlich, die nach seinem Verständnis Werte repräsentierten und in »Wertzusammenhängen« standen, denen er für die deutsche Gegenwart und Zukunft Bedeutung zuerkannte oder Bedeutung verschaffen wollte. HANS MOMMSEN hat – in seinem gewichtigen Gedenkaufsatz zum Tode von Hans Rothfels: ›Geschichtsschreibung und Humanität‹[9] – die Grundhaltung des Historikers Rothfels in einer treffenden und glücklichen Wendung als »dezisionistisch« charakterisiert. Man kann wohl sagen, daß es Hans Rothfels bei seiner wissenschaftlichen Beschäftigung mit dem Widerstand in der Tat durchaus auch um Rehabilitierung ging. Indem er die wenigen Gerechten im Lande beschwor, und zwar in einer Sprache, die gekränkten Protest oder aufgeregte Polemik vermied und ihre bezwingende Macht einer Vereinigung von stelzenfreier Würde mit souveräner geistiger Ordnungskraft verdankte, suchte er zunächst, um Deutschlands Rückkehr in die Staaten- und Völkergemeinschaft zu erleichtern, die Deutschen in den Augen der Welt zu rehabilitieren und die These von der Kollektivschuld zu widerlegen. Allerdings trat dieser taktische Gesichtspunkt mit der für Westdeutschland so günstigen

Entwicklung der internationalen Verhältnisse rasch wieder in den Hintergrund. Längere Zeit behielt das Motiv Geltung, mit dem Bilde vom beispielhaften Widerstand und vom beispielhaften Sterben vieler Vertreter der alten aristokratischen und bürgerlichen Führungsschicht Preußen-Deutschlands die Werte dieser Schicht, soweit sie sich als widerstandsfähig gegen Nationalsozialismus und Diktatur erwiesen hatten, rehabilitieren und damit die innere Entwicklung Westdeutschlands wohltätig beeinflussen zu müssen.

Hans Rothfels hat sich stets zu diesem Ziel bekannt und sein Buch später sogar ausdrücklich als historische Quelle für den Rehabilitierungsversuch bezeichnet. Jedoch wäre die Annahme, er habe mit dem Rehabilitierungsversuch einen Führungsanspruch der alten Oberschicht in der neuen westdeutschen Gesellschaft anmelden und legitimieren wollen, eine grobe Verkennung. Zwar ist ihm der Gedanke, daß er immerhin einen Beitrag zum Anspruch der alten Oberschicht auf Überleben und auf Mitsprache leiste, weder fremd noch unbehaglich gewesen. Aber die Betonung lag doch stets auf den Werten und nicht auf den Ansprüchen. Tatsächlich hatte er größere Ambitionen, als auf seine Weise in den Klassenkampf einzugreifen. Es ist nicht zu übersehen, daß er bestimmte oppositionelle Repräsentanten der preußisch-deutschen Führungsschicht mit besonders einfühlsamer Liebe behandelt hat, mit einer Kongenialität, die sein Buch über weite Partien geradezu als Selbstdarstellung dieser Gruppen des Widerstands erscheinen läßt, als eine Selbstdarstellung von bestrickender Werbekraft. Seine kongeniale Liebe galt nun nicht etwa den nationalliberalen Gegnern Hitlers vom Schlage Goerdelers, schon gar nicht jenen Oppositionellen, die das Motiv für ihre Gegnerschaft zum Regime in den politischen Prinzipien und Werten der pluralistischen Demokratie westlicher Prägung gefunden hatten. Sie formte seine Darstellung vielmehr dann, wenn er etwa von Kreisauern wie Graf Moltke oder Adam v. Trott zu Solz sprach, von Gruppen und Personen also, die nach seiner Auffassung dem Nationalsozialismus ein Gesellschaftsbild und eine Wertwelt entgegensetzten, welche ihm aus älteren preußischen Traditionen zumindest hergeleitet schienen. Wie sehr es ihm dabei auf sittliche Prinzipien ankam, wie souverän er dabei ideologische Gegensätze – gerade auch zwischen behandelten Personen und ihm selbst – ignorierte, zeigt das Urteil dieses Konservativen über die ›Rote Kapelle‹[10]: »Mochten ihre Ziele und Mittel von denen der übrigen Gruppen abweichen, Gesinnung und Haltung taten es nicht.« Hier – wie in seinem übrigen Werk – wird deutlich, daß er den Rehabilitierungsversuch im Grunde lediglich als Mittel zum Zweck ansah, als ein Mittel, mit dem er seine Leser zu einer Entdeckung oder Wiederentdeckung leiten wollte, nämlich zur Wiederentdeckung der preußischen Staatsidee. Wahrlich ein faszinierender Vorgang: Just in dem historischen Augenblick, da der deutsche Osten und Preußen selbst aus der politischen Realität verschwanden, machte sich ein Historiker daran, Potsdam in Westdeutschland neu zu gründen.

In einem Lande, dessen wichtigste Regionen von der preußischen Staatsidee fast unberührt geblieben waren oder sie nur als fremde Überlagerung ertragen hatten und nun überdies einen ständigen Zustrom westeuropäischer und amerikanischer Ideen aufnahmen, konnte ein solches Unternehmen naturgemäß nicht gelingen, zumal es auch auf eine vom Interessenpluralismus bestimmte moderne Industriegesellschaft traf. Aber damit ist noch nicht gesagt, daß der Versuch völlig scheiterte. In der Geschichte politischer Ideen und Prinzipien liegen zwischen Triumph und Scheitern vielfältige Abstufungen der Wirkung. Hans Rothfels selbst war sich sehr wohl bewußt, daß seine Neugründung mit zahlreichen und einigen schier übermächtigen Rivalen konkurrieren mußte. Es war ihm klar, daß Bonn weder Weimar noch Potsdam sein kann, daß auch Frankfurt, Hamburg oder München der Verpflanzung altpreußischer Traditionen keinen günstigen Boden boten. Meist hat er diese Begrenzung seiner Erfolgsaussichten mit Gelassenheit hingenommen. Sein letztes und eigentliches Ziel war ja auch nicht die Verpflanzung von Potsdam. Wenn er sich mit Gestalten wie Graf Moltke identifizierte, so vor allem deshalb, weil er sie als Zeugen jenes altpreußischen Geistes begriff, der staatliche und gesellschaftliche Ordnungsprinzipien mit ethisch-religiösen Postulaten und mit einer Freiheit, Verantwortung und Würde einschließenden Humanität verband. Die Repräsentanten der deutschen Opposition als Hüter und Wiederhersteller der Humanität zu verstehen und dieses Verständnis den Lesern so zwingend zu machen, daß sie sich aufgerufen fühlen, dem Beispiel zu folgen, schien ihm in einer Welt, in der auch nach dem Ende der NS-Herrschaft Unmenschlichkeiten aller Art die Nationen zu überwältigen drohen, die wichtigste Aufgabe eines Historikers des Widerstands zu sein. Und wenngleich er sein und der Kreisauer Bild von menschlicher Freiheit, Verantwortung und Würde als Element der preußischen Staatsidee sehen zu dürfen glaubte, so wußte er doch, daß Humanität auch in anderer geistiger und politischer Verbindung Realität zu werden vermag. Dem wollte er dienen und dem hat er mit seinem Buch gedient. Daß seine Darstellung im Grunde doch alle Gruppen der Opposition auf die hohe Ebene der Kreisauer hebt und mit einem etwas artifiziellen Gesamtphänomen Widerstand arbeitet, stellt gewiß wieder einen dezisionistischen Akt dar. Aber Hans Rothfels traf damit genügend Wirklichkeit, um mit seinem Buch ein Stück neuer und höherer Wirklichkeit schaffen zu können, dem der

Einfluß auf unsere Realitäten nicht versagt blieb und auch künftig nicht versagt bleiben wird.

Dem in diesen einleitenden Bemerkungen gemachten Versuch, sein Werk auch als Dienst an der preußischen Staatsidee zu deuten, hätte Hans Rothfels sicherlich zugebilligt, ein wesentliches Element seiner Arbeiten zur Geschichte des deutschen Widerstands gegen Hitler getroffen zu haben, zumal dann, wenn unmißverständlich festgehalten ist, daß er die preußische Staatsidee als eine der historischen Realisierungsmöglichkeiten von Humanität begriff. Die klare Benennung solcher »Tendenz« wäre ihm keineswegs unangemessen erschienen oder gar unangenehm gewesen. Er hätte sich einfach verstanden gefühlt und das Verständnis, ganz anders als ein Rezensent der Neuausgabe von 1977[11], als Kompliment empfunden. Wäre seiner Tätigkeit als Historiker generell der Wille abgesprochen worden, die geistige Entwicklung der Zeit zu beeinflussen, und zwar zur Kräftigung, Sicherung und Ausbreitung von Humanität, hätte er das als höchst ungerecht, ja als Angriff auf das Grundmotiv seiner wissenschaftlichen Arbeit angesehen. In solchem Sinne Tendenz zu haben, betrachtete er schließlich als die wahre Aufgabe und Berufung der Geschichtsschreibung. Die Berufung ängstlich zu verbergen, lag seiner großen und in den Grundfragen seiner Wissenschaft jedem Versteckspiel abholden Natur völlig fern, wenn auch die Freude, die ihm die Bescheinigung der starken und nachhaltigen Wirkung seines Buches gemacht hätte, mit einer gehörigen Portion Skepsis versetzt gewesen wäre. Als der Verfasser dieser einleitenden Bemerkungen 1966 in dem gleichen Sammelband, in dem Hans Mommsen seine Studie über die gesellschafts- und verfassungspolitischen Pläne deutscher Widerstandsgruppen veröffentlichte, mit einem Essay über deren außenpolitische Vorstellungen* vertreten war, nahm Hans Rothfels das zum Anlaß, in einigen langen Gesprächen Sinn und Zweck sowohl der Widerstandsforschung wie aller Historiographie zu definieren; auch in späteren Jahren, in denen der Verfasser als Mitglied der Redaktion der »Vierteljahrshefte für Zeitgeschichte« eng mit ihrem damaligen Herausgeber zusammenarbeiten durfte, kam Hans Rothfels ab und an auf jene Problematik zurück. Aus diesen Gesprächen ist das Bekenntnis zur Mission der Geschichtsschreibung ebenso unvergeßlich geblieben wie das skeptische Urteil über die Möglichkeiten ihrer Erfüllung.

Hermann Graml

* Nunmehr abgedruckt in »Widerstand im Dritten Reich. Probleme, Ereignisse, Gestalten«, hg. von Hermann Graml, Frankfurt 1984 (Fischer Taschenbuch Nr. 4319), S. 92ff (Anm. d. Red.)

Anmerkungen der Redaktion

1 *Akten zur deutschen auswärtigen Politik.* 1918–1945 (Aus dem Archiv des Auswärtigen Amtes), Göttingen 1956ff.
Serie A (1918–1925) noch nicht erschienen; Serie B (1925–1933) 1966ff; Serie C (1933–1937) 1971ff; Serie D (1937–1941) 1956ff, Serie E (1941-1945) 1969ff.

2 *Vierteljahrshefte für Zeitgeschichte*, Jg. 1 (1953) ff. Im Auftrage des Instituts für Zeitgeschichte München, herausgegeben von Hans Rothfels und Theodor Eschenburg. Stuttgart 1953ff, ab Januar 1978 von Karl Dietrich Bracher und Hans-Peter Schwarz.

3 *Gerhard Ritter*, Carl Goerdeler und die deutsche Widerstandsbewegung, Stuttgart 1954.

4 *Ger van Roon*, Neuordnung im Widerstand, München 1967.

5 *Peter Hoffmann*, Widerstand, Staatsstreich, Attentat, München 1969.

6 *George K. Romoser*, Politics of Uncertainty: The German Resistance Movement. *In:* Social Research 31 (1964), No. 1, S. 73–93.

7 *Hans Mommsen*, Gesellschaftsbild und Verfassungspläne des deutschen Widerstandes. *In:* Der deutsche Widerstand gegen Hitler. Herausgegeben von W. Schmitthenner und H. Buchheim. Köln 1966.

8 *Christian Müller*, Oberst i. G. Stauffenberg, Düsseldorf 1970.

9 *Hans Mommsen*, Geschichtsschreibung und Humanität. Zum Gedenken an Hans Rothfels. *In:* Aspekte deutscher Außenpolitik im 20. Jahrhundert. Aufsätze. Hans Rothfels zum Gedächtnis. Herausgegeben von W. Benz und H. Graml. Stuttgart 1976, S. 9–27.

10 vgl. hierzu *Heinz Höhne*, Kennwort: Direktor. Die Geschichte der Roten Kapelle. Frankfurt/M. 1970 (Fischer Taschenbuch Bd. 1329); *Greta Kuckhoff*, Vom Rosenkranz zur Roten Kapelle. Ein Lebensbericht. Frankfurt 1974.

11 *Werner Conze*, in: Historische Zeitschrift, Bd. 228 (1979), S. 764f.

Vorwort zur erweiterten Ausgabe von 1969

Die Studie zur deutschen Widerstandsbewegung, die hiermit in einer aufs neue revidierten und erweiterten Gestalt vorgelegt wird, geht im Kern und in der Grundauffassung auf einen öffentlichen Vortrag zurück, der 1947 zum Gedächtnis des 20. Juli an der Universität Chicago gehalten worden ist. Das Thema hat mich seitdem nicht losgelassen, wie es denn in der Zeit zu den zentralen Themen der jüngsten Geschichte, und nicht nur der deutschen, gehört. Dem ersten Ansatz folgte 1948 ein kleines, englisch geschriebenes Buch (The German Opposition to Hitler, Henry Regnery, Hinsdale. Ill.), und im Jahre darauf erschien in etwas erweiterter Gestalt die deutsche Ausgabe im Scherpe-Verlag, Krefeld. Sie trug den Untertitel »Eine Würdigung«. Daran soll auch bei der jetzigen Neuausgabe festgehalten werden. Es war nie meine Absicht – und ist es auch heute nicht –, eine Geschichte des deutschen Widerstandes, geschweige denn eine nach Möglichkeit vollständige, zu schreiben.[1] Es ging immer mehr um Erörterung als um Bericht, d. h. es ging um den Versuch des Einordnens in bestimmte Sach- und Wertzusammenhänge, wobei freilich eine nach Möglichkeit gesicherte Grundlage des Tatsächlichen unentbehrliche Voraussetzung sein mußte. In dieser knappen, aber auf die Gesamterscheinung und ihre Tragweite gerichteten Gestalt hat das Buch durch die Jahre hin offenbar eine gewisse Lücke ausgefüllt und immer wieder Leser gefunden. Da die zweite, stark revidierte Neuausgabe im Rahmen der »Fischer-Bücherei« von 1958 nach einem Absatz von mehr als 100000 Exemplaren vergriffen ist[2], schien es an der Zeit, eine dritte Neuauflage vorzulegen, die dem heutigen Stand unseres sehr verbreiterten, in einigen Kernpunkten auch vertieften Wissens entspricht, ohne doch den ursprünglichen Aufbau, die Grundzüge der Darstellung und die Kategorie des Urteils um der Fülle des Stofflichen willen zu opfern. Ich habe mich dieser Aufgabe nicht entziehen zu können geglaubt, um so weniger, als es sich bei dem Thema um Fragen handelt, die an die geistig-moralische wie die politische Bilanz unserer Tage rühren.

Gleichwohl sind weder Entschluß noch Ausführung leicht gewesen, und es wird deshalb angebracht sein, kurz Rechenschaft von den Erwägungen zu geben, die für Art und Ausmaß der Revision bestimmend waren. Es versteht sich, daß aufs neue Irrtümer beseitigt und notwendige oder wünschenswerte Ergänzungen vorgenommen wurden, daß Skizzenhaftes, wo es das Material erlaubte, durch mehr Anschauliches zu ersetzen und fraglich Gewordenes als solches zu kennzeichnen war. Praktisch hat fast jede Seite Änderungen erfahren durch Fortlassen oder – öfter noch – durch Hinzufügen. Das letztere namentlich bei Fragen, die im Kreuzfeuer heutiger Erörterungen stehen, wie der »Roten Kapelle«, dem Kirchenkampf, dem »Fall Oster«, dem Generationenproblem innerhalb des Widerstandes oder dem Verhältnis zwischen restaurativen und progressiven Tendenzen, zwischen dem realpolitischen und dem weltanschaulichen Kräftefeld. Auch ganze Abschnitte waren hinzuzufügen. Aber alles hineinzunehmen, was aus Quellenveröffentlichungen und Quellenfunden, aus Prozeßaussagen und persönlichen Befragungen seit 1958 bekannt oder mindestens der kritischen Prüfung zugänglich geworden ist, würde den Rahmen des Buches ebenso sprengen, wie es die eingehende Auseinandersetzung mit dem vielen, was seitdem geschrieben und geäußert worden ist, notwendigerweise getan hätte. Der gegebene Ausweg in dieser Lage war, die Hinweise beider Art weitgehend in den Anmerkungen unterzubringen, die am stärksten ausgestaltet, zugleich aber auch von überflüssig Gewordenem entlastet worden sind. Auf jeden Fall sollte der Text auch ohne sie lesbar bleiben. Sie sind auch nicht bestimmt, dem Band die äußere Signatur der »Wissenschaftlichkeit« zu geben, wohl aber dem Benutzer, dem es darauf ankommt, die Kontrolle und eigenes Weitergehen zu ermöglichen, wie auch Art und Gründe der Abweichung von anderen Autoren zu erläutern. Die Auseinandersetzung mit einigen von ihnen und zugleich die Bilanz der eigenen Forschung sowohl wie die Frage der Perspektive, in der die deutsche Opposition gegen Hitler heute steht, sind einem Schlußabschnitt vorbehalten, der die frühere »Zusammenfassung« ergänzen soll.

Nicht ganz einfach war es zu entscheiden, ob der Ausgangspunkt der Studie beibehalten werden konnte. Sie ist seinerzeit mit einer bestimmten Absicht unternommen worden, die nach meiner Überzeugung dem Geist strenger Wissenschaftlichkeit nicht widerspricht, sondern in ihn recht eigentlich eingeschlossen ist. Sie wollte dazu beitragen, Vorurteile aufzulösen, eine undogmatische Erörterung in Gang zu bringen, fern von aller »Mythologisierung«, und so der historischen Gerechtigkeit Raum zu schaffen. Das richtete sich damals im wesentlichen an die angelsächsische, insbesondere die amerikanische Adresse und ist insoweit bis zu einem gewissen Grade, wenn auch keineswegs völlig, überholt. Gleichwohl schien es richtig, den Ausgangspunkt nicht aufzugeben, wie das

namentlich für den Abschnitt »Hindernisse auf dem Wege zur Wahrheit« gilt. Es macht das kleine Buch, das zum ersten Male neben den Memoiren Beteiligter eine quellenmäßige und quellenkritische Darstellung zu geben versucht hat, selbst zur »Quelle« im geschichtswissenschaftlichen Sinn, aus der man den Stand der internationalen Erörterung in den ersten Nachkriegsjahren zu erkennen vermag. Auch wird von hier aus um so deutlicher sein, daß der Umschwung im Urteil, wie er sich im westlichen Ausland in mehr als zwei Jahrzehnten vollzogen hat, gewiß zum guten Teil auf ruhigerer Einsicht und besserer Kenntnis beruht, aber auch Ausdruck eines tiefgreifenden Wandels ist, nicht nur im Verhältnis der beteiligten Völker und Länder, sondern in der Rolle des Widerstandsproblems selbst, das in der heutigen Weltlage und angesichts der Bedrohung des Menschlichen überhaupt eine allgemein-geschichtliche Tragweite gewonnen hat, zu der die deutsche Opposition ein bedeutsames Vorspiel war. Und schließlich läßt sich vom ursprünglichen Ausgangspunkt leicht der Bogen schlagen zu einer anderen auch heute noch wichtigen Abwehr von Vorurteilen enger nationalistischer Art und dogmatischer Verstocktheit, die überwiegend von deutscher Seite her »Hindernisse auf dem Wege zur Wahrheit« sind. Diese Doppelfront wird im Schlußabschnitt unter abermaligem Rückgriff auf das amerikanische Mißverstehen und einige andere in Frage zu stellende Deutungen neuerer Provenienz noch einmal aufgenommen.
So möchte ich der Hoffnung Ausdruck geben, daß alte und neue Teile auch in dieser revidierten Ausgabe des Buches sich einigermaßen nahtlos zusammenfügen, nicht nur im technischen und formalen Sinn, sondern auch inhaltlich, und zwar deshalb, weil die Auffassung im Prinzipiellen die gleiche geblieben ist und durch neue Aufschlüsse und die Erkenntnisse anderer nur an Substanz gewonnen, aber nicht in der Grundfarbe sich verwandelt hat. Dazu seien noch einige Worte hier gesagt.
Das Buch möchte zunächst einmal Abstand nehmen von jeder Art von Pharisäertum. Wie die ursprüngliche amerikanische Ausgabe sich gegen diejenigen wandte, die nur Emigranten als oppositionell gelten lassen wollten und die spezifischen Probleme des Widerstandes in einem totalitären Staat verkannten, weil ihnen die Erfahrung des Lebens unter einem solchen Regime fehlte, so ist im Vorwort der ersten deutschen Ausgabe schon betont worden, daß niemand das Recht habe, über Gewissenskonflikte und die Möglichkeit unbedingter Haltung leichthin zu urteilen, der nicht selbst durch diese Erprobung voll hindurchgegangen ist. Dies bezog sich auf den Standpunkt eines Autors, der die letzte tragische Zuspitzung des Dilemmas, die mit dem September 1939 einsetzte, nur von außen hat beobachten können, und bezieht sich erst recht heute auf den einer Gene-

ration, der jede analoge Erfahrung fehlt. Aber die Vermeidung exklusiver und pharisäischer Maßstäbe sollte allerdings nicht zur Inflation des Widerstandsbegriffs führen, wie sie eine Zeitlang im Wege bequemer Selbsttäuschung oder im Zeichen der »Persil«-Scheine üblich war. Bei aller Anerkennung der Breite des Phänomens, der Vielgestaltigkeit und Vielschichtigkeit der Opposition, der zahlreichen Stufen und Übergänge, bei aller Sympathie gerade auch mit den stilleren Formen des Widerstands, die sich nur in ihrer Standhaftigkeit des Leidens, im unerschütterlichen Bestehen auf Glaubensüberzeugungen oder auf den Regeln sauberen menschlichen Verhaltens, in humanitärer Aktion und Hilfe für die Verfolgten äußerten, wird doch an bestimmten Grenzen des Themas »Opposition« festzuhalten sein.

Das gilt gegenüber aller bloßen Kritik an Fehlern oder Unzulänglichkeiten des Systems, an Einzelmaßnahmen verhängnisvoller Art oder an Korruptionserscheinungen, an lästigen oder auch empörenden Eingriffen in die eigene persönliche oder berufliche Sphäre, sofern eben diese Kritik oder diese Empörung nicht früher oder später vom Teil auf das Ganze und Prinzipielle eines verbrecherischen Regimes sich erstreckte und einer Regierung entgegen zu handeln zwang, die Menschen und Völker innerlich wie äußerlich ins Verderben führt und doch die Regierung des eigenen Landes ist.

Es bezeichnet dies ja den Punkt, an dem schon im Frieden und erst recht im Krieg das Eigentlichste und das besondere Dilemma des deutschen Widerstands zum Ausdruck gekommen ist, das ihn von älteren Revolutionen, in denen eine unterdrückte oder benachteiligte Klasse sich erhebt, ebenso unterscheidet wie von allen Freiheits- und Aufstandsbewegungen, allen Résistancen gegen eine von außen, insbesondere von einem »nationalen« Gegner, auferlegte Gewaltherrschaft. Die Art, wie dieses Dilemma in sehr verschiedenen Formen gewissensmäßiger Erwägung ausgetragen wurde, über die nicht simplifizierend abzuurteilen oder mit Verwischungen hinwegzugehen ist, muß ein wesentlicher Gegenstand der Erörterung sein. Ich denke, man kann dem Dabeibleiben, im Amte oder auch nur im Lande, um Widerstand von innen zu leisten, oder den immer erneuten Versuchen, Patriotismus und Opposition auf einer höheren Ebene zu vereinen, ebenso Gerechtigkeit widerfahren lassen wie den religiösen Bedenken gegen Gewalttat, Eidesbruch und Tyrannenmord, wie schließlich und vor allem doch auch der freien Gewissensentscheidung zum Handeln schlechthin und einem Ethos des Unbedingten, das um eines grundsätzlich begründeten Widerstands willen über traditionelle Interessen des Vaterlandes und auch über konventionelle militärische Gesichtspunkte hinweggeht. Im Grunde führte schon die Überzeugung, den Sieg des »Tiers aus dem Abgrund« nicht wünschen zu dürfen, ja ein bloßes Zukunftsdenken, das die Niederlage als notwendiges Ergebnis der Hybris vorwegnahm, in die gleiche Grenzsituation. Auch Graf Moltke, der über die Art, wie das Regime »ausbrennen« würde, seine eigenen Vorstellungen hatte, aber zu diesem Ende nicht durch Anschluß an eine Verschwörung beitragen wollte, konnte an seinen englischen Freund schreiben: »Wir sind bereit Euch zu helfen, zum Gewinn des Krieges und des Friedens.«

Damit sind Fragen berührt, zu denen Margret Boveri in ihrem Buch »Der Verrat im 20. Jahrhundert« in sehr nachdrücklicher Weise das Wort genommen hat. Man kann gegen ihre Auffassungen mancherlei Einwendungen erheben, aber daß hier aus der heutigen Situation des »Weltbürgerkrieges« und der »Weltinnenpolitik« auf einen entscheidenden Punkt in der Analyse unserer Zeit der Finger gelegt wird, sollte nicht bezweifelt werden. Und ganz gewiß bedeutet die deutsche Opposition in dem Prozeß der Durchkreuzung von »Überzeugungsvaterländern« und »natürlichen Vaterländern« eine wichtige Etappe. Einfacher ausgedrückt, und das ist die Linie, auf die dieses Buch von Anfang an gestellt gewesen ist: Das Dritte Reich hat im Widerstand eine Krise des Nationalstaates zur Evidenz gebracht, nicht nur eine äußere, sondern eine innere Krise der Loyalität, bei der die Rangordnung der Werte sich zurechtrückte und ethisch-religiöse Postulate an Stelle politisch-säkularisierter wieder an die oberste Stelle traten. Insofern wird Margret Boveri durchaus zuzustimmen sein, auch wenn man bei ihrer Darstellung der Opposition sich gegen die sehr ungleiche Verteilung von Licht und Schatten wenden muß. Eine menschlich wie politisch begreifliche Sympathie mit den »Jüngeren« und den »Aktivisten« führt sie zu einem Absprechen über die »Älteren«, die sogenannten »Honoratioren«, insbesondere über Goerdeler, das so nicht hingenommen werden kann. Mit Recht hat Golo Mann in einer Besprechung des Buches gefragt: »Muß es ... immer noch sein, daß man Partei nimmt zwischen den Widerstandsgruppen, einer von ihnen voll gerecht wird, einer anderen weniger oder gar nicht?«

Die gleiche Frage indessen ist im Grunde auch an das gewichtige und durchweg aus Quellen schöpfende Goerdeler-Buch Gerhard Ritters zu richten. Zwar konnte der Verfasser in der dritten Auflage mit Recht abwehrend betonen, daß um eines plastischen Bildes willen für ihn perspektivische Verkürzungen nötig waren und daß nicht alle am Widerstand beteiligten Persönlichkeiten gleich ausführlich gewürdigt werden konnten. In der Tat ist es eher überraschend, wie weitgehend es ihm gelungen ist, das gesamte Phänomen der Opposition in den Rahmen einer Biographie einzubeziehen. Auch ist er keineswegs unkritisch seinem Helden gegen-

über und wendet sich mit Recht gegen die Behandlung der Geschichte des Widerstands im Stil von Heiligenviten wie ebenso auch gegen ihre Behandlung mit den üblichen Maßstäben politischer Historie. Schließlich ist von jeher kein Zweifel daran gewesen, daß Goerdeler durch Jahre ein Hauptmotor und der Verbindungsmann verschiedener Oppositionsgruppen war. Aber man wird ihm im einzelnen doch auch wieder nicht zuviel zuschreiben dürfen, wo die Quellen mehr oder weniger deutlich dagegen sprechen. Vor allem aber ist es offenbar schwierig, von den Kategorien seiner Politik und seines Denkens her anderen, mit denen er sich rieb und die auch gegen ihn Bedenken taktischer wie grundsätzlicher Art auf dem Herzen hatten und mit denen doch letzten Endes die Front gemeinsam war, Genüge zu tun, insbesondere Stauffenberg und den Kreisauern. Wo Margret Boveri und Eberhard Zeller (dessen seit 1964 in 4. Auflage vorliegendes Buch »Geist der Freiheit« im übrigen seinen einen Schwerpunkt in den hier nicht zu behandelnden Ereignissen des 20. Juli selber hat) – wo sie vornehmlich das Vorausgreifende und das gedanklich Zwingende sehen, herrscht für Ritter mystisches Dunkel.
Wenn hier ein Standpunkt zwischen diesen Positionen eingenommen wird, so ist das nicht im Sinne eines lahmen Kompromisses gemeint. An deutlichen Wertungen wird es auch so nicht fehlen, wie es denn in Fragen dieser Art in der Tat keine Neutralität gibt. Die Unterschiede zwischen den beiden Lagern gehen in manchem wirklich ins Grundsätzliche. Sehr bewußt sind daher schon in der amerikanischen Ausgabe dieses Buches die Ideen der Kreisauer so ausführlich gewürdigt worden, wie es die damalige Quellenlage nur irgend zuließ. Hierzu hat inzwischen nun das Buch des Holländers van Roon (Neuordnung im Widerstand, München 1967) unsere Kenntnis sehr bereichert, insbesondere durch die Erschließung von Korrespondenzen und Nachlässen. Auf diesem Sektor der Opposition soll daher nach wie vor starker Nachdruck liegen, wie auf allem Denken und Handeln, das Aufstand des Gewissens war und dem es um die »Wiederherstellung« menschlicher Freiheit, Verantwortung und Würde ging. Aber wer möchte behaupten, daß dieser Grundantrieb und diese Leitbilder Goerdelers, sosehr seine Politik auf »Wiederherstellung« auch in anderem Sinne, also auf ein gewisses Maß von »Restauration« gerichtet war, fremd gewesen wären? Bei aller Verschiedenheit oder »Polarisation«, die in dem vom Klassenkampfdogma beherrschten Schrifttum oft sehr zugespitzt betont worden ist, ging es in allen Lagern der Opposition im letzten Grunde um ein Gemeinsames, um eine »anthropologische« Frage, um das Schicksal des Menschen in der modernen Gesellschaft.
Ich habe daher geglaubt, auf der letzten Seite der Neuauflage wiederum

die gleichen Sätze (wenn auch etwas anders eingeleitet und begründet) aus einer Gedächtnisschrift Marion Dönhoffs zitieren zu sollen, die am Ende der Zusammenfassung in der ersten Auflage standen.
Es bleibt mir noch, all denen Dank zu sagen, die mich durch Kritik oder Auskünfte unterstützt, sowie denen, die mir bei der Textherstellung, dem Register und der Korrektur geholfen haben: cand. phil. Margot Bader, cand. phil. Hartmut Weber und meiner Frau.

Tübingen
25 Jahre nach dem 20. Juli 1944 H. R.

Einleitung

1. Grundsätzliches zum Charakter der Opposition

Wer immer sich mit den Problemen der deutschen Opposition gegen Hitler beschäftigt, wird zunächst sich dem sichtbarsten Ausdruck des Widerstandes zuwenden, der in dem Anschlag auf das Leben des »Führers« am 20. Juli 1944 zutage trat.[1] In der Reihe von Aktionen, die entweder im Stadium des Planes steckengeblieben oder in der Ausführung mißglückten, war dies die einzige, die tatsächlich durchgeführt wurde und nahe zum Ziele kam. So hat das Datum des 20. Juli eine Art symbolischer Bedeutung gewonnen. Was auch gesagt werden mag über technische oder andere Versäumnisse der Verschwörung, über ihren Mangel an »Glück« oder den Einfluß widriger Umstände – die erste Pflicht des Historikers sollte es sein, den Männern Tribut zu zollen, die für den Tag der Befreiung von Tyrannei und Schande, für das Ende des Blutvergießens und die Reinigung des deutschen Namens arbeiteten oder bereitstanden, wie den vielen Tausenden, die dafür gelitten haben oder gestorben sind. Nur einige wenige Offiziere wurden auf der Stelle erschossen oder hatten die Möglichkeit, ihrem Leben selbst ein Ende zu machen. Die meisten Opfer mußten durch kürzere oder längere Zeit »Befragungen« erdulden; sie wurden nächtlichen Kreuzverhören unterworfen, die unter grellem Lichtschein vor sich gingen und abwechselten mit direkter Folterung. Zudem mußten sie einer Bedrohung ihrer Frauen und Kinder gewärtig sein, die oft genug Wirklichkeit wurde. In der französischen Widerstandsbewegung soll es eine anerkannte Regel gewesen sein, daß von niemandem erwartet wurde, den Methoden, mit denen die Gestapo Bekenntnisse erpreßte, länger als 24 Stunden zu widerstehen. Wenn ein Gefangener es fertigbrachte, seine Mitverschworenen so lange zu decken, mochten sie inzwischen Mittel finden, sich in Sicherheit zu bringen.
Wendet man diesen Maßstab, der wahrlich schon Mut und Leidenskraft überdurchschnittlicher Art voraussetzt, auf die Männer und Frauen an, die in den gefürchteten Kellern der Gestapo in der Prinz-Albrecht-Straße oder anderswo in Einzelhaft gehalten wurden, oft in Löchern, zu eng zum

Niedersitzen, so erscheint ihre Standhaftigkeit allein schon als ein Zeugnis von historischem Belang.[2] Man wird sich mit dieser summarischen Feststellung begnügen müssen, da die Gestapoberichte über die Einzelvernehmungen höchst unzuverlässig sind. Bedenkt man indessen, daß die Zahl der nach dem 20. Juli Verhafteten sich auf rund 7000 belief,[3] und unterstellt man sowohl, daß einige von ihnen erzwungene Geständnisse machten, wie, daß andere, die lediglich in das Schleppnetz der Verfolgung, die sogenannte »Gewitteraktion«, hineingezogen waren, nichts mit dem 20. Juli zu tun hatten, so ist das Ergebnis der »Befragungen« offenbar immer noch mager gewesen. Während die Auffindung dokumentarischer Unterlagen auf viele Spuren führte, hat die Standfestigkeit derer, die zum mindesten von einem oder dem anderen Abschnitt der Oppositionsfront Kenntnis hatten, die Gestapo verhindert, jemals der vollen Ausdehnung der Widerstandsbewegung gewahr zu werden.[4] Darüber hinaus haben viele, die direkt oder indirekt als Opfer des 20. Juli fielen, die letzte Probe in einer Haltung bestanden, die sie in einem allgemein menschlichen Sinne denkwürdig machen sollte, was immer die politische Tragweite ihrer Pläne und deren Bedeutung für die dunkelste Phase deutscher Geschichte gewesen sein mögen. In den Gerichtsverhandlungen erschienen einige der Angeklagten eher als Ankläger denn als angeklagte Verbrecher. Sie nahmen ihr Martyrium als eine Ehre auf sich, als ihren Beitrag zur Verwirklichung brüderlicher Gemeinschaft zwischen Menschen. Und das Bewußtsein, für eine Sache zu sterben, die über ihr eigenes Leben hinausreichte, blieb unerschüttert im Vorhof eines schmachvollen Todes. Als der Jesuitenpater Delp zum Galgen geführt wurde, sagte er lächelnd zu dem katholischen Gefängnisgeistlichen: »In wenigen Minuten werde ich mehr wissen als Sie.«[5] Der lutherische Pastor in Tegel, Poelchau, der selbst ein aktives Mitglied der Opposition war, hat Zeugnis von der gleichen Jenseitigkeit in der Haltung der Männer abgelegt, denen er als Geistlicher beistand.[6] Auch von den »Abschiedsbriefen« aus dem Gefängnis, deren viele erhalten sind, rühren nicht wenige an die letzten Fragen menschlicher Existenz und gehören einige in die Reihe klassischer »documents humains«.[7]

Diese wenigen Hinweise schon mögen erlauben, eine vorläufige und sehr allgemeine Folgerung zu ziehen: Keine Würdigung der deutschen Opposition gegen Hitler wird ihrer Aufgabe genügen, die sich nur innerhalb der begrenzten Sphäre politischer Betrachtungen und Möglichkeiten bewegt, die etwa nach den »Klassen«-Motiven der an der Verschwörung stark beteiligten »alten Elite« fragt und so nach bestimmten Methoden sozialwissenschaftlicher, wenn nicht gar psychoanalytischer, Untersuchung verfahren zu sollen glaubt, oder die in der Hauptsache die »nationalen« Ziele des Widerstands herausstellt, um schließlich ihren Beurteilungsmaßstab in der äußerlichen Ansicht von Erfolg oder Mißerfolg zu finden. Solche sogenannten »realpolitischen« Deutungen sind berechtigt, soweit die Tatbestände in ihren Bereich fallen. Aber um auf den Grund zu sehen, muß man zum Prinzipiellen vorzustoßen suchen, zu den Kräften moralischer Selbstbehauptung, die über die Erwägung des bloß politisch Notwendigen hinausgehen. »Man sieht dann auch« schrieb Ernst Jünger aus der Kenntnis vieler Beteiligter im Frühjahr 1944 in sein Tagebuch, »daß die moralische Substanz zum Zuge drängt, nicht die politische«. Gewiß sind die sittlichen und religiösen Antriebe des Widerstandes keineswegs nur in Deutschland lebendig gewesen, aber sie mußten hier unter dem Druck beispielloser Umstände in einer beispielhaften Weise in Erscheinung treten. Zu einer solchen Auslotung des Konfliktes bekannte sich Graf Moltke, wenn er wenige Tage vor seiner Hinrichtung an seine Frau schrieb, daß nur ein Gedanke übrigbleibe, der an das Christentum als »Rettungsanker« im Chaos.[8]

Aber dieses Urgestein tritt nicht nur im Zusammenhang mit den Ereignissen des 20. Juli hervor. Als ein weiteres sehr sinnfälliges Beispiel seien die Geschwister Scholl und ihre Freunde genannt. Wir wissen heute genug von der Studentenrevolte in München im Februar 1943,[9] um in ihr mehr als bloß die Folge der Katastrophe von Stalingrad oder einer besonders provozierenden Rede des Gauleiters von Oberbayern zu sehen. Die Münchener Studenten Hans und Sophie Scholl hatten seit ihrer Gymnasiastenzeit im Kampf gegen die Partei gestanden; an der Universität waren sie Mitglieder einer Gruppe, die mit den Briefen der »Weißen Rose« einen Flugblatt-Feldzug führte. Die Gruppe unterhielt Verbindungen mit der katholischen Zeitschrift »Hochland«, mit dem katholischen Schriftsteller Theodor Haecker wie mit anderen Universitäten. Auch Beziehungen zu militärischen Kreisen knüpfte man wohl schon an. Schwerlich können die Münchener Studenten geglaubt haben, daß ein Aufstand der Jugend allein den Lauf der Dinge ändern würde. Wohl aber waren sie fest überzeugt von der Notwendigkeit, ihren Glauben zu bekennen und sich selbst sowohl wie den Namen Deutschlands zu reinigen. »Ist es nicht eine Tatsache«, fragte eins der Flugblätter, »daß heute jeder anständige Deutsche sich seiner Regierung schämt?« So rief denn das Manifest vom 18. Februar 1943 die deutsche Jugend auf zu »rächen und zu sühnen«, damit sie beitragen könnte zum Aufbau »eines neuen geistigen Europa«. Auch in den Flugblättern, die Hans Scholl und seine Freunde verfaßten oder verteilten, fehlte es nicht an hintergründigen metaphysischen Tönen: »Überall und zu allen Zeiten«, heißt es da, »haben die Dämonen im Dunkeln gelauert auf die Stunde, in der der Mensch schwach wird, da er

seine ihm von Gott auf Freiheit gegründete Stellung im ordo eigenmächtig verläßt, da er dem Druck des Bösen nachgibt, sich von den Mächten höherer Ordnung loslöst und so, nachdem er den ersten Schritt freiwillig getan, zum zweiten und dritten und immer mehr getrieben wird mit rasender Geschwindigkeit.« Es war in der gleichen Gesinnung, daß Kurt Huber – der unter den Professoren der Universität der Förderer dieser Gruppe war und mit fünf ihrer Mitglieder das Schicksal der Hinrichtung teilte – in seinem letzten Brief schrieb, daß der Tod die »Reinschrift« seines Lebens sei. Und an den Mauern vieler Münchener Häuser erschien die Inschrift: »Der Geist ist lebendig.«[10]
Man wird ohne weiteres vermuten, daß die unter dem Namen »Rote Kapelle« bekanntgewordene Widerstandsgruppe eine andere, sozusagen »realistischere« Farbe trug. Sie hatte ihre Zellen in Berliner Großfirmen, wie der AEG, Shell und Borsig, aber gewann eine entschiedene Anhängerschaft auch unter den Intellektuellen. Von ihren führenden Köpfen war Arvid Harnack in der Amerika-Abteilung des Reichswirtschaftsministeriums tätig und Harro Schulze-Boysen als Hauptmann in Görings Ministerium dem Forschungsamt der Luftwaffe zugeteilt. Man wird einen weiteren und engeren Kreis der Roten Kapelle unterscheiden müssen. Während der erstere wesentlich in Flugblattpropaganda gegen das Regime sich betätigte, stand mindestens seit dem Bruch zwischen Hitler und Stalin der engere Kreis in Funkverbindung mit den Sowjets. Wieweit das nur ein Vorspiel zu einer umfassenderen Spionageorganisation war, der Ritter Wilhelm von Schramm in kritischer Auseinandersetzung mit einer französischen Reportage den Namen »Die Rot-Weiße Kapelle« gegeben hat, kann noch als ungeklärt gelten. Außer Frage steht, daß Schulze-Boysen und sein engerer Kreis, bis die Aufdeckung ihres Geheimdienstes im August 1942 erfolgte, die russische Armeeführung über einen Sender mit militärischen Informationen versorgt hat. Das sollte in keiner Weise verwischt werden.[11] Aber ebensowenig ist eine summarische Abschüttelung der Männer und Frauen dieses Kreises als bloße Kreml-Agenten und daher nicht zum Bereich der echten Opposition gehörig am Platze.[12] Auf das Problem des Landesverrats wird noch zurückzukommen sein. Hier mag nur einstweilen gesagt sein, daß man nicht wohl ex post eine eindeutige Linie ziehen kann zwischen dem, was der »Rettung« des Landes, und dem, was seiner »Preisgabe« dient. Auch geht es nicht an, die Perspektive und die Erfahrungen des Satelliten-Daseins in die damalige Situation hineinzudenken. Männer wie Schulze-Boysen und Arvid Harnack waren nicht »linientreu«. Sie blieben von der Episode des Hitler-Stalin-Paktes unberührt, eben weil in einem idealistischen und eigenständigen Kommunismus gegründet.[13] Auch bei ihnen handelt es sich, wie A. Grimme einen

Gedenkartikel für ein anderes Mitglied des Kreises, den Dichter Adam Kuckhoff, überschrieb, um »Widerstand vom Geist her«[14]. Mochten ihre Ziele und Mittel von denen der übrigen Gruppen abweichen, Gesinnung und Haltung taten es nicht. Von Arvid Harnack sagte selbst der Anklagevertreter Roeder, der als »Bluthund« berüchtigt war: »Er starb wie ein Mann.« Und Schulze-Boysen schrieb an seine Eltern: »In Europa ist es einmal üblich, daß geistig gesät wird mit Blut.«[15]

Neben diesen ausgewählten und besonders dramatischen Beispielen gab es unzählige andere von Mut, Opferwillen und Martyrium. Es ist selbstverständlich, daß nicht jeder, der vom Krieg desertierte, beanspruchen kann, als Zeuge edler Gesinnung auf den Schild gehoben zu werden. Und Verfolgtsein war bekanntlich ein Kollektivschicksal, insbesondere der »Nichtarier« bis zur »Endlösung« hin, einerlei, ob der Betroffene sich als Gegner des Regimes betätigt hatte oder nicht. Auch wer wegen gelegentlicher Äußerungen der Kritik oder der Empörung als »volkszersetzendes« oder defaitistisches Element dem Todesurteil verfiel, wird nicht ohne weiteres zum Widerstand zu rechnen sein. Darüber sollte kein Mißverständnis bestehen. Aber die Tatsache als solche, daß diese Kritik bestand und daß ein beträchtlicher Teil des nationalsozialistischen Apparats (die Gestapo allein zählte in den Jahren 1943–45 über 40000 Mann) gebraucht werden mußte, um einen zum mindesten ebenso beträchtlichen Teil des deutschen Volkes in Schach oder hinter Schloß und Riegel zu halten, ja, daß nach und nach eine ganze Armee von Parteifunktionären und Sicherheitsorganen durch diese Aufgabe gefesselt wurde, darf nicht außer Ansatz bleiben. Nach einem SS-Dokument gab es bei Kriegsausbruch allein in 6 Lagern 21400 Internierte.[16] Aber diese Zahl gibt keinen Anhalt dafür, wie viele Männer und Frauen bereits durch Konzentrationslager hindurchgegangen oder hinter Stacheldraht umgekommen waren. Die Schätzungen, die hierzu im Kreise der deutschen Emigranten angestellt wurden, bewegen sich zwischen 750000 und 1,2 Millionen, wobei für die politischen Gefangenen eine Zahl von 500000 bis 600000 angegeben wird. Todesurteile, die aus politischen Gründen verhängt wurden, sind auf 12000 beziffert worden.[17]

Was immer genauere Untersuchungen einmal feststellen mögen[18] – keine verantwortungsbewußte Würdigung der deutschen Opposition gegen Hitler kann an der brutalen Sprache solcher Zahlen vorübergehen. Sie geben einige Hinweise schon auf das Ausmaß der passiven oder aktiven Resistenz von Namenlosen, wie verschieden immer die Anlässe zur Verhaftung gewesen sein mögen. Auch die Jugend in »Edelweiß«-Gruppen oder in den »Packs« war stärker am Widerstand und stärker an den Opfern, die er forderte, beteiligt, als man gemeinhin weiß. So wird berichtet,

daß in Krefeld »zum mindesten 30 Prozent der Hitler-Jugend geheime Edelweiß-Mitglieder waren ... Das Konzentrationslager in Neuwied (April 1944) war ausschließlich für Jungen unter 20 bestimmt.« In einer Gerichtsverhandlung im Jahr 1939 bezeugte ein Agent der Gestapo, daß »zum mindesten 2000 Jungen und Mädchen« über das Reich im »Pack« organisiert seien.[19]
Zu erinnern ist ferner in diesem ersten Überblick an die Intellektuellen und Künstler der sogenannten »inneren Emigration«, die das Herdfeuer vor dem Verlöschen bewahrten, und zwar mit weit besserem Erfolg, als Beobachter jenseits der Grenzen vermuten konnten oder sich vorstellten. Das sehr scharfe Urteil von Thomas Mann wird diesem Tatbestand nicht gerecht. Auch sollte man gewiß nicht die Männer und Frauen übersehen, die Mut genug aufbrachten, ihren jüdischen Freunden und Nachbarn zu helfen, sie zu verstecken und mit Nahrung zu versehen, gefälschte Papiere für sie zu besorgen oder ein geheimes Transportsystem (eine Art »Untergrund-Eisenbahn«, wie man in den Vereinigten Staaten eine solche Rettungsaktion für entwichene Sklaven nannte) zugunsten verfolgter Menschen aufzubauen. Alle diese Tätigkeiten oppositioneller Art können mit Zeugnissen belegt werden, und einige Nachweise verdienen eine eingehende Erörterung. Vor allem aber bedürfen sie der Einordnung in ein Gesamtbild, das in Beziehung zu setzen ist zu dem Hintergrund von Bedingungen und Möglichkeiten, wie sie in Deutschland bestanden. Es geht dabei darum, den inneren Sinn der deutschen Oppositionsbewegung, möglichst ohne Vorliebe für eine spezielle Gruppe, in ihren mannigfaltigen Formen zu ergreifen – in ihrer Art und ihrer Ausdehnung, in ihrer Zusammensetzung und ihren Zielen, in ihren Etappen wie in den Hauptrichtungen ihrer Tätigkeit innerhalb wie außerhalb Deutschlands. Nur so wird einer Würdigung dessen, was an den geschichtlichen Vorgängen wesentlich war, der Weg bereitet werden können.

2. Hindernisse auf dem Wege zur Wahrheit

Zuvor aber wird es angebracht sein, sich die Schwierigkeiten zu vergegenwärtigen, denen ein solcher Versuch in den ersten Jahren nach Kriegsende, insbesondere im Ausland, begegnen mußte. Es handelt sich dabei nicht nur um einen geschichtlichen Rückblick auf die Strecke, die inzwischen zurückgelegt worden ist. Sosehr sich die Situation verwandelt hat – in einem Maße, daß die »Hindernisse auf dem Wege zur Wahrheit« mitunter heute in Deutschland größer zu sein scheinen als draußen –, sowenig handelt es sich hier um völlig überwundene Vorurteile. Ihre Erörterung

führt zudem noch einmal von einer anderen Seite auf das Grundsätzliche im Charakter der Opposition zurück. Es wird auszugehen sein von der durch den Krieg hin und bei seinem Abschluß – mindestens im bisher feindlichen Ausland – durchaus vorherrschenden These, daß es niemals eine nennenswerte deutsche Opposition gegen Hitler gegeben habe.[20] Man hegte die Überzeugung, daß die Deutschen als politische Nation von allen anderen Völkern verschieden seien. Hatten sie sich doch, wie man glaubte, infolge eingeborener Verruchtheit oder einer anerzogenen Gewohnheit blinden Gehorsams oder unter der Einwirkung einer spezifisch verderblichen Philosophie, der tyrannischen Herrschaft von Verbrechern freiwillig angeschlossen oder feige unterworfen. Man nahm an, sie hätten – und zwar die ganze Nation – bewußt die Augen geschlossen vor grauenhaften Verbrechen, die durch Deutsche begangen wurden. Und die Art, wie die schließlich doch nicht zu übersehenden Zeugnisse einer Gegenbewegung bis hin zum Attentat gegen Hitler gedeutet werden, war in genauem Einklang mit solchen Auffassungen. Opposition begann erst, so glaubte man, als die »preußischen Generale« sich der Niederlage gegenüber sahen und nun den Versuch machten, ihr eigenes Leben zu retten oder – den Generalstab für einen dritten Weltkrieg aufzubewahren.
Diese Fehldeutung läßt sich teilweise durch objektive Schwierigkeiten erklären, die der Wahrheit im Wege standen. Eine Bewegung, die sich einem terroristischen und weitgehend totalitären System widersetzt[21], arbeitet unter Bedingungen, die für jeden, der nicht selbst in einem solchen »Polizeistaat« gelebt hat, schwer vorstellbar sind. Einen oppositionellen Standpunkt einzunehmen, geschweige denn ihn öffentlich zu vertreten, verlangte eine Art von persönlichem Heldentum, das unter den Voraussetzungen moderner Gesellschaftsordnung in allen Ländern ein seltenes Phänomen geworden ist. Man könnte aus der amerikanischen Geschichte Beispiele dafür zitieren, wie lange es in bestimmten Fällen gedauert hat, bis Gruppen von Bürgern den Mut fanden, sich gegen den Terror von amtlich lokaler Allmacht zusammenzuschließen. Im deutschen Fall ging es nicht nur um die Übernahme des persönlichen Risikos, sondern zugleich um die ernsteste Gefährdung für Familie und Freunde. Nur wenige Ausländer waren – noch dazu im Kriege – bereit, sich klarzumachen, wie es Allen Dulles tat, daß Deutschland nach 1933 trotz allen Jubels der Massen – und selten ist eine »Vergewaltigung« so frenetisch begrüßt worden – im Grunde ein »besetztes Land« war.
Die Bedingungen, die dabei obwalteten, wichen freilich sehr stark von denen in anderen Ländern ab, die diesem Schicksal später zum Opfer fallen sollten. In Deutschland war nichts von dem Glorienschein zu verspüren, der eine Widerstandsbewegung verdientermaßen umgibt, wenn

sie sich gegen einen fremden Eroberer oder eine von außen auferlegte Gewaltherrschaft zur Wehr setzt. Im Gegensatz dazu war die deutsche Opposition, besonders in späteren Jahren, gehalten, sich zu tarnen (sie hat es weniger getan, als man vermuten sollte) und sich mit dem Anschein der Stille zu umgeben, die wahrscheinlich eine große Anzahl Deutscher ebenso getäuscht hat, wie sie der Öffentlichkeit in England und den Vereinigten Staaten ein falsches Bild gab. Jede Erwähnung von Namen oder Daten in unterirdischer Propaganda oder im ausländischen Rundfunk konnte Verderben bringen. Diese Gefahr wurde naturgemäß noch akuter seit Ausbruch des Krieges, der jede irgendwie geartete Opposition dem Vorwurf des Landesverrates aussetzen mußte und zugleich doch die Gegner des Regimes mehr oder weniger bewußt in die Zwangslage versetzte, sich von patriotischen Erwägungen herkömmlicher Art lossagen zu müssen. Dazu kamen ein ständiges Herumgeworfenwerden der Bevölkerung und die Wirkung der Bombenangriffe, die Gegner und Anhänger des Regimes gleichermaßen trafen. Beides konnte leicht dazu führen, bestehende Widerstandszellen zu zerstören und Teilnahmslosigkeit zu verbreiten.[22]

So gab es denn viele Gründe für ein täuschendes Bild der angeblich »monolithischen« Geschlossenheit der Nation. Zudem achtete die deutsche Nachrichten- und Abwehrabteilung im Oberkommando der Wehrmacht (OKW), in deren Dienst sich einige der tätigsten Mitglieder der Opposition befanden, wohlweislich darauf, daß der verhüllende Schleier nicht zerriß, und schirmte nach Möglichkeit die führenden Männer der Verschwörung ab.

Aber dies allein erklärt noch nicht das Ausmaß und die Beharrlichkeit der vorwaltenden Irrtümer. Vielmehr haben andere als in der Situation gegebene und sehr andere als objektive Faktoren erheblich zu jener Fehldeutung beigetragen, die im Ausland so verbreitet war. Das hängt zum Teil mit Eigenheiten durchaus menschlicher Art zusammen, die in Gleichgültigkeit oder offensichtlicher Parteilichkeit zum Ausdruck kamen. Gewiß war jedermann in der Lage, zu wissen oder festzustellen, daß die NSDAP vor der Machtergreifung bei den Reichstagswahlen niemals mehr als 37 Prozent der Stimmen auf sich vereinigt hatte (Juli 1932), daß sie im November 1932, als sich die wirtschaftliche Lage etwas zu bessern schien, auf 32 Prozent zurückgegangen war, und daß sie selbst im März 1933, bei den manipulierten und hysterischen Wahlen, die auf den Reichstagsbrand folgten, nur 44 Prozent erreichte. Aber wer in der großen Öffentlichkeit außerhalb Deutschlands behielt diese Tatsachen im Gedächtnis? Hingegen war es überall in der Welt bekannt, daß seit Anfang 1933 eine Verfolgungswelle über Deutschland dahingegangen war und daß diejenigen, von denen die energischste Gegnerschaft erwartet werden konnte, in sogenannte »Schutzhaft« genommen worden waren oder ins Ausland hatten fliehen müssen. Aber solange die Insassen von Konzentrationslagern lediglich Deutsche waren, wurde den dort begangenen Greueln im Ausland wenig Beachtung geschenkt. Als das »Brown Book of the Hitler Terror«, das die Aufmerksamkeit auf diese Untaten zu lenken suchte, in New York veröffentlicht wurde, fand es eine Besprechung in der New York Times vom 15. Oktober 1933, deren Verfasser kein Geringerer als der frühere amerikanische Botschafter in Berlin, James W. Gerard, war.[23] Den Enthüllungen des Buches zum Trotz hielt er es für richtig zu schreiben: »Hitler tut viel für Deutschland, seine Einigung der Deutschen, seine Schaffung eines spartanischen Staates, der durch Patriotismus belebt ist, seine Einschränkung der parlamentarischen Regierungsweise, die für den deutschen Charakter so ungeeignet ist, sein Schutz der Rechte des Privateigentums – all dieses ist gut.« Wenn Deutsche, die aus der Heimat hatten fliehen müssen, ihren englischen oder amerikanischen Bekannten von ihren eigenen oder ihrer Freunde Erlebnissen in Buchenwald, Oranienburg oder Dachau erzählten, so trafen sie oft genug auf ein leichtes Kopfschütteln. Und die Ungläubigkeit verstärkte sich, wenn es sich um die Zahl der Betroffenen oder um die angewandten Methoden handelte.

Dies alles änderte sich selbstverständlich grundlegend im Frühjahr 1945. Die unerhörten Greuel, die damals in den befreiten Lagern ans Licht kamen, und dazu die Ausgrabungen der Zeugnisse, aus denen die in Polen und Rußland begangenen Verbrechen abzulesen waren, erregten einen Sturm der Entrüstung in der westlichen Welt. Die tatsächlichen Funde gingen selbst über das noch hinaus, was die bestunterrichteten Kenner nationalsozialistischer Methoden erwartet hatten. Aber als diese Beweise »deutscher Bestialität« zutage traten, hörte man wenig von der großen Anzahl Deutscher, die unter den Opfern gewesen waren. Victor Gollancz, der Herausgeber des Brown Book von 1933 und ein Autor, der wie wenige Unrecht bekämpft hat, wo immer und gegen wen immer es verübt wurde, hat nicht verfehlt, dieses Übersehen in scharfes Licht zu stellen. Er schreibt im Rückblick von »dem Aufschrei, der uns zur Zeit der Buchenwalder Enthüllungen« betäubte, und er fügte hinzu, daß sie schlechterdings keine »Enthüllungen« für diejenigen bedeuteten, »die ständig von 1933 an versucht hatten, ein lässiges und skeptisches Publikum aufzurütteln und für Männer und Frauen zu sprechen, die ... in diesen Lagern unsagbare Qualen durchlitten ...«

Es ist keine Frage, daß die Neigung zum bequemen »Übersehen«, die hier gegeißelt wurde, nicht nur fortbestand, soweit es sich um die deutschen

Opfer der Konzentrationslager handelte, sondern auch durch offizielles Schweigen noch planmäßig gefördert wurde. Auf Jahre hin ist die amerikanische Öffentlichkeit nicht amtlich davon unterrichtet worden, daß bis in den Sommer 1943 hinein praktisch keine Ausländer in Buchenwald waren und daß – bei einer Gesamtzahl von 51 000 Todesopfern – sich unter den 20 000 Überlebenden immer noch mehr als 2000 Reichsdeutsche befanden.[24] Auch von der Zusammensetzung der Bewachungsmannschaften erhielt sich ein sehr einseitiges und schematisches Bild. Es ist kein Versuch gemacht worden, aus den in den Händen der westlichen Alliierten befindlichen Akten etwa Angaben darüber zu gewinnen, wie viele Ausländer in den besonderen »Totenkopf«-Verbänden oder in anderen SS-Einheiten dienten, die mit der »Sorge« für die Konzentrationslager betraut waren.

Für den, der ein abgewogenes Bild gewinnen will, fehlt es indessen nicht – und es fehlte auch nicht vor 20 Jahren – an Belegen für das Bestehen einer solchen »schwarzen Internationale«[25]. Man weiß, um ein paar Beispiele zu geben, daß unter den Bewachungsmannschaften deutscher Lager Kroaten und Ukrainer sich befanden und daß aus Litauern, Letten und Esten sogenannte »Schutzkorps« gebildet wurden, deren Mitglieder für ihre eigenen Landsleute zu »sorgen« hatten. Offenbar bot sich in den besetzten Gebieten für die Erfüllung dieser Aufgabe ein ähnlicher Menschenschlag an oder konnte dort ebenso gefunden werden wie in Deutschland. So sind zahlreiche Holländer angeklagt worden, weil sie ihre Landsleute gefoltert haben, und in dem berüchtigten Lager von Gurs, das schon vor der Vichy-Ära bestand und stets eine rein französische Verwaltung hatte, war die Todesrate kaum geringer als in »normalen« deutschen Lagern. Daß es sich hierbei tatsächlich um eine »Internationale« handelte, ist in besonders schlagender Weise von einem Schweizer Journalisten bezeugt worden, der auf Einladung von General de Lattre de Tassigny an einer Inspektionsreise durch Südwestdeutschland teilnahm. Er berichtet, daß die Franzosen in ihrer Besatzungszone auch ein typisches Greuellager entdeckten. Bei näherem Zusehen stellte es sich jedoch heraus, daß die Bewachungsmannschaft zu einem erheblichen Teil aus französischen miliciens bestand.[26]

Es ist verständlich, daß über dieses Lager niemals »Enthüllungen« gemacht worden sind. Sie würden zu offensichtlich der Linie widersprochen haben, die von der amtlichen Propaganda innegehalten wurde. Während alle verfügbaren Zeugnisse und die Ergebnisse jeder nüchternen Prüfung geeignet sind darzutun, daß die moderne Massenzivilisation aus sich selbst heraus ein Reservoir dunkler Kräfte erzeugt, deren Freisetzung nackte Barbarei bedeutet, während gleicherweise deutlich sein sollte, daß

mögliches Material für Folterknechte sowohl wie für Märtyrer in jeder Nation vorhanden ist, entschied eine Politik des Hasses und der Rache, dies zu übersehen. Das geschah in Nachwirkung des »totalen« Krieges, aber auch unter dem Einfluß jenes Bildes vom »ewigen« Deutschen, das Vansittart vor allem propagiert hatte und das dem Morgenthau-Plan als Grundmotiv unterlag. Hatte doch selbst General Eisenhower solche Ansichten unterstützt, indem er die ganze deutsche Bevölkerung als »a synthetic paranoid« charakterisierte.[27] So bemühte man sich – nebenbei gewiß auch um der »Moral« und der »Sicherheit« der Besatzungstruppen willen –, die These aufrechtzuerhalten, daß es keine »guten Deutschen« gebe, mit Ausnahme der Toten (ein Wort, das zuerst in den Vereinigten Staaten während der Kämpfe mit den Indianern geprägt worden war) und daß Bestialität die spezifische Eigenart eines so verderbten Volkes sei.
Es geht hier nicht um die Berichtigung dieses Zerrbildes, das so kaum noch besteht, wenn es auch an Wiederbelebungsversuchen nicht fehlt, und erst recht nicht um einen Gegenangriff etwa unter Hinweis auf das Ausmaß an Bestialität, das nach dem Zusammenbruch vor allem im deutschen Osten praktiziert wurde. Das Wort vom »Quitt-Sein« ist eine der bedenklichsten nihilistischen Redewendungen unserer Tage. Es geht uns gewiß um Gerechtigkeit gegenüber einer kollektiv diskriminierten Nation, aber mehr noch gegenüber dem Menschlichen in der Grenzsituation überhaupt, wie sie der Widerstand im totalitären Staat exemplarisch zum Ausdruck bringt, und um die fortwirkenden Forderungen, die dieses geschichtliche Phänomen enthält. Der Weg zu einer solchen Erkenntnis ist ein schwieriger gewesen. Zwar gab es genug Menschen, auch in den alliierten Ländern, die um die Wahrheit oder einen Teil der Wahrheit wußten, ohne sie zunächst zu Gehör bringen zu können. Es läßt sich insbesondere nachweisen – worauf zurückzukommen ist –, daß der Nachrichtendienst der westlichen Alliierten ein recht klares Bild von dem hatte, was während des Krieges in Deutschland vor sich ging. Das war bereits der Fall, noch ehe Allen Welsh Dulles die Leitung des Office of Strategic Services (OSS) auf dem europäischen Festland übernahm und – seit November 1942 – von der Schweiz aus eine dauernde Verbindung mit der deutschen Untergrundbewegung unterhielt. Auch ist in keiner Weise zweifelhaft, daß die führenden Politiker und Diplomaten in England wie in den Vereinigten Staaten über die Struktur und die Ziele der deutschen Oppositionsbewegung im einzelnen unterrichtet waren, daß sie um ihre Ausdehnung von der Rechten bis weit in die Linke hinein wußten, um die führenden Persönlichkeiten aus Bürokratie und Offizierskorps, um die Teilnahme der Kirchen ebenso wie um die der Gewerkschaften.
Man kann sehr wohl begreifen, daß dieser Einblick in die Wirklichkeit

und daß die Tatsachen, auf die diese Erkenntnis sich gründete, als Geheimnisse ersten Ranges gehütet wurden, solange der Krieg noch nicht entschieden und Hitlers Stellung noch unerschüttert zu sein schien. Das konnte Rücksicht auf die Gefährdung der Mittelsmänner sein, in manchen Fällen beruhte aber die Zurückhaltung auch auf Mißtrauen, ja paradoxerweise auf einem in konventionellem Denken begründeten Verdacht oder gar einem Gefühl der Verachtung gegenüber Männern, die ihre eigene Regierung in Zusammenarbeit mit dem Ausland stürzen wollten. Als David Astor kurz vor Kriegsausbruch einen der von der Opposition nach London gesandten militärischen Emissäre mit einem hohen Offizier im Kriegsministerium in Verbindung setzen wollte, empfing er die Antwort: »I know who this man is and if you want to know what I think of his coming over here ... I think, it's a damned cheek.«[27a] Wenn schon eine solche Äußerung heute überrascht, so ist noch weniger einzusehen, warum die offizielle Rundfunkmeldung von Washington am Abend des 20. Juli Hitlers Propagandalüge von der »kleinen Clique« ehrgeiziger Offiziere wiederholte und sogar noch überbot. Auch nach dem Ende der Feindseligkeiten wurde die gleiche propagandistische Linie aufrechterhalten. So bemühte man sich, die Zeugnisse, die inzwischen ans Licht gekommen waren, in ihrer Bedeutung zu verkleinern und die Verschwörung gegen Hitler als Angelegenheit einer Adelskaste oder eines »Herrenklubs« hoffnungslos überlebter und anachronistischer Aristokraten darzustellen.

Man mag anerkennen, daß selbst solche irreführenden Deutungen einen gewissen Fortschritt bildeten gegenüber einer Phase völligen Schweigens. Während einer beträchtlichen Zeitspanne ist die deutsche Opposition »tabu« gewesen.[28] Es darf indessen gesagt werden, daß gegen dieses Schweigen gerade einige frühere Mitglieder des amerikanischen Nachrichtendienstes ihre Stimme erhoben und damit aus ihrer Kenntnis heraus der Wahrheit mit auf den Weg geholfen haben. Voran ging Alexander B. Maley, vormals Offizier im Marine-Nachrichtendienst, mit einem Artikel unter dem Titel: »Das Epos der deutschen Untergrundbewegung«.[29] Ihm folgte Franklin L. Ford, ein früherer Armee-Offizier, der dem OSS mit einem Sonderauftrag zugeteilt war. Er veröffentlichte 1946 einen Artikel: »Der 20. Juli in der Geschichte des deutschen Widerstandes.«[30] Sodann hat der kürzlich verstorbene Allen Welsh Dulles, dessen Schlüsselstellung bereits erwähnt wurde, in seinem Buch »Verschwörung in Deutschland« eine Reihe unbestreitbarer Tatsachen enthüllt, wenn auch nicht immer in zutreffender Deutung.[31] Schließlich erlaubten auch die Besatzungsbehörden das Erscheinen von Artikeln zu diesem Thema[32], und 1947 veröffentlichte Rudolf Pechel, allerdings noch in Zürich, sein Buch »Deutscher

Widerstand«. Seitdem ist in zwei Jahrzehnten mit Hingabe geforscht und unendlich viel publiziert worden, ohne daß deshalb diese Darstellung mit allzu vielen Titeln belastet werden soll.[33] Aber daß die alten Vorurteile ganz abgeklungen sind, wird man nicht sagen können, sie wirken in der englischen Geschichtsschreibung etwa bis in die Studien von L. B. Namier und in J. W. Wheeler-Bennets Buch »Die Nemesis der Macht« aufs stärkste nach. Auch das in Amerika sehr erfolgreich gewesene Buch von William L. Shirer behandelt die deutsche Opposition mit »spürbarer Kälte«.[34] Immer noch besteht für diese Autoren der Verdacht, daß es sich bei Bekundungen und Schritten der Opposition um einen schlecht genug verhüllten Nationalismus oder um engere Gruppenziele gehandelt habe, nicht um einen wirklichen Durchbruch durch in der Tat sehr starke traditionelle Bindungen und eben wegen dieses Konfliktes um so mehr um ein Handeln aus dem Gewissen. Wenn hier die »patriotische« oder »staatsgläubige« Haltung, eine wirkliche oder eine mißdeutete, als Vorwurf erscheint, so hat sich in einigen innerdeutschen Angriffen, die sich heute hervorwagen, die Front verkehrt. Es gibt Stimmen, die eine an sich unleugbare katastrophale Entwicklung nicht, wie es das Ausland einst tat, im »Erbübel« deutscher Fügsamkeit auch einem verbrecherischen Führer gegenüber begründet sehen, sondern in einem anderen »Erbübel«, dem der »Deutschen Zwietracht«. In Ribbentrops Erinnerungen erscheint diese Zwietracht, bzw. die Kenntnis, die man in England von ihr gewann, geradezu als auslösendes Moment für den Zweiten Weltkrieg.[35] Was Hitler als Sünde vorgeworfen wird, beschränkt sich dann darauf, daß er den Kopf des »eklen Wurms« nicht rechtzeitig zertreten habe. Auch von solchem Angriff her bestätigt sich, daß es bei dem Thema des Widerstandes um keinen abgetanen, sondern einen sehr aktuellen Gegenstand und zugleich um Maßstabsfragen sittlichen wie politischen Handelns geht, die aus den Bedingungen unserer Epoche mit ihren weltanschaulichen Fronten über nationale Grenzen hin eine neue Aktualität gewonnen haben.

Bedingungen und Möglichkeiten

1. Deutsche »Unterwürfigkeit«

Unsere Studie beschäftigt sich mit Problemen der Opposition gegen ein totalitäres oder mindestens ein diktatorisch-autoritäres Regime von neuem Typus, das heißt mit spezifischen Problemen unserer Zeit, die nicht nur ein einzelnes Volk angehen, und mit geschichtlichen Tatsachen, die demgemäß Bezug haben auf das grundsätzliche Thema des Widerstandes. Es ist daher nicht beabsichtigt, historisch zurückzugreifen auf den so oft erörterten (und überschätzten) »geistigen Stammbaum« des Nationalsozialismus oder auf die Formen und Ursachen seines Aufstiegs. Insbesondere kann es sich nicht darum handeln, das weitschichtige Thema des Zusammenbruchs der Weimarer Republik und das Problem des »Machtverfalls« (K. D. Bracher) zu behandeln oder die Vorgänge, die zur »Machtergreifung« geführt haben, im einzelnen zu untersuchen. In dieser verhängnisvollen Wendung wirkten, wie man in aller Kürze wohl sagen darf, sehr besondere Bedingungen des deutschen öffentlichen Lebens und durchaus individuelle Verantwortungen mit sehr allgemeinen, politisch-sozialen Umständen schicksalhaft zusammen, mit den Folgen des Ersten Weltkriegs und des Versailler Friedens sowohl wie mit denen der Inflation und einer weltweiten Depression. Darüber hinaus war die Katastrophe durch ein Absinken der schöpferischen und religiösen Kräfte, durch eine Kultur- und Moral-Krise vorbereitet worden, die nicht auf Deutschland allein beschränkt blieb und für die der Schweizer Max Picard mit seinem Buch »Hitler in uns selbst« eine beziehungsreiche Formel geprägt hat.

Dies alles sollte nicht mißverstanden werden als ein Versuch zu »entschuldigen«, was in Deutschland geschah. Es besteht keinerlei Anlaß, nachsichtig zu sein mit Rohlingen und Terroristen oder mit den Karrieremachern und Revolutionsgewinnlern, die rechtzeitig auf den Siegeswagen zu klettern sich bemühten. Auch sind die verbreiteten Phänomene von Feigheit oder Massenhysterie an und für sich gewiß kein mildernder Umstand. Und die Angehörigen der oberen Schichten in Deutschland, die einer faschistischen Ideologie zum Opfer fielen, das heißt der gleichen klassenbefangenen Selbsttäuschung, wie sie in den erwähnten Worten von James W. Gerard und denen vieler anderer Ausländer bezeugt ist, verdienen sicherlich nicht deshalb bemitleidet zu werden, weil ihnen ein so rauhes Erwachen bevorstand.

Es kann lediglich als Tatsache festgestellt werden, daß nur wenige Menschen eine klare Einsicht in die wahre Natur der Vorgänge besaßen, die mit dem Aufstieg der Nationalsozialisten sich vollzogen. Und selbst heute noch erscheint dieser Dammbruch viel zu vielen Betrachtern als eine Art Normal-Revolution im Stil des 19. Jahrhunderts. Aus dieser Ansicht folgt eine Neigung, auch die Oppositionsbewegungen in einem falschen Licht zu sehen. Man begnügt sich damit, die gleichen Maßstäbe anzulegen, die üblicherweise auf politische Umbrüche einer abgelaufenen Epoche angewandt werden. Man fragt nach Klassenzugehörigkeit oder Parteigruppierung der oppositionellen Elemente und übersieht zu leicht die grundsätzliche Bedeutung einer Front, die man wohl als die des Menschlichen gegen das Untermenschliche bezeichnen darf. Was nach der pseudolegalen Revolution von 1933 faktisch triumphierte, waren in der Tat und in einem sehr wesentlichen Betracht die dunklen Kräfte, die den Bodensatz jeder modernen Gesellschaft bilden. Es ist mit Recht gesagt worden[1], daß sie die Macht mit einem überraschenden Flankenangriff an sich rissen, der in der Hauptsache durch Deklassierte ausgeführt wurde. Sie fanden ihre zahlenmäßig breiteste Unterstützung unter den Arbeitslosen und im verarmten Kleinbürgertum, gewissermaßen in einem gesellschaftlichen »Niemandsland«. Aber nachdem einmal die Herrschaft einer energischen und fanatischen Minderheit fest etabliert war, verwandelten sich die Bedingungen der Machtergreifung in solche der Machtbehauptung, die naturgemäß von beträchtlich anderem Charakter waren.

Gewiß wird niemand, der auch nur einigermaßen mit den Methoden und Praktiken eines Regimes dieser Art vertraut ist, die an 100prozentigen Volksabstimmungen zugunsten Hitlers als echte Zeugnisse ansprechen wollen. Und doch kann schlechterdings kein Zweifel über die weitgehende Wirksamkeit jener teuflischen Mischung von Terror und Propaganda bestehen, die für das nationalsozialistische System charakteristisch war. Es ist nicht nur die Furcht vor den offenen oder den verdeckten Waffen des Regimes, vor dem Gummiknüppel oder dem Blockwart gewesen, die das Wettrennen in die Partei oder die ihr angegliederten Organisationen veranlaßte. Zu gutem Teile war es die Notwendigkeit wirtschaftlicher Existenz, der seit der Inflation alle Reserven fehlten. Aber zu alledem kamen unbestreitbar ein emotioneller Drang, auf den Hitlers Rhetorik meisterlich eingestellt war, und eine schein-idealistische Zug-

kraft oder das Trugbild der »Volksgemeinschaft«, die besonders viele junge Menschen in ihren Bann zogen. Auch spielte der Anschein einer Besserung in den sozialen Verhältnissen, insbesondere die Herabdrükkung der Arbeitslosenzahlen, im Anfang ebenso die Rolle einer psychologischen Trumpfkarte des Regimes, wie das in späteren Jahren von Hitlers außenpolitischen Erfolgen gelten sollte. Es ändert nichts an der symptomatischen Bedeutung dieses Propagandaerfolges, wenn man darauf verweist, daß die ausländischen Bewunderer Hitlers und diejenigen, die »Frieden um jeden Preis« wollten, nicht unwesentlich zum Sieg der Methoden einer wohlberechneten Massenpsychologie beigetragen haben. Die Männer der deutschen Opposition freilich waren berechtigt, in solchen Einwirkungen von draußen, wenn nicht einen wahren »Dolchstoß in den Rücken«, zu sehen, so doch das Maß der Kooperation oder Ermutigung zu vermissen, auf das sie vielfach hofften. Selbst eine Persönlichkeit vom politischen Scharfblick Winston Churchills sprach im Jahr 1935 von Hitler in Worten der Bewunderung »für den Mut, die Beharrlichkeit und die vitale Kraft, die ihn befähigten, allen Mächten oder Widerständen, die seinen Weg versperrten, zu trotzen oder sie herauszufordern, sie zu versöhnen oder sie zu überwinden«[2].
Ein Nachhall dieser Bewunderung findet sich bei dem längst zum Gegner der Appeasement-Politik gewordenen Churchill noch zu einem so späten Zeitpunkt wie November 1938, wenn auch die Art, wie er sie aussprach, damals eine sehr bewußte Absicht der Beschwichtigung hatte.[3] Aber die Frage, wieweit und aus welchen Gründen Hitlers Regime Beifall im Ausland fand, ist nicht Gegenstand dieser Studie.[4] Was hier in Betracht kommt, ist die Tatsache, daß Massen von Deutschen einem Regierungssystem und einer Führerschaft begeistert huldigten oder gehorsam anhingen, über deren verbrecherischen Charakter kaum Zweifel bestehen konnte – sicher nicht mehr nach den ersten 1½ Jahren des Regimes und dem Blutbad des 30. Juni 1934. Man wird hinzuzufügen haben, daß selbst diejenigen, die nur Lippendienst taten, oft genug in ein Netz von Zugeständnissen und größeren oder kleineren Lügen verstrickt wurden, die sich als Entmannung auswirken mußten.
Es ist eine viel erörterte Frage, ob dieser moralische Erdrutsch auf konstitutionelle Schwächen des deutschen Charakters zurückgeführt werden kann oder auf eine Art Wachstumsstörung in der deutschen politischen Entwicklung. War er nicht, wie die schärfer zugespitzte These es will, das Ergebnis verhängnisvoller Tendenzen, die sich im ganzen Verlauf deutscher Geschichte, mindestens aber seit Luther, Friedrich dem Großen und Bismarck gezeigt haben? Solche Fragen sind oft gestellt und in Büchern oder Streitschriften mit größerer oder geringerer Einseitigkeit be-

jaht worden. Nicht alle diese Veröffentlichungen gehören zur Propagandaliteratur oder sind ein bloßer Ausdruck von Vansittartismus gewesen. Ein besonders lebhaftes Plädoyer in dieser Richtung ist von William L. Shirer vorgelegt worden. Aber wer immer im Hochgefühl moralischer Überlegenheit den Stein wirft, sollte zuvor sein eigenes Gewissen sorgfältig erforschen oder bereit sein, sich entsprechenden Erprobungen zu stellen. Es ist verhältnismäßig einfach und mag oft genug pharisäisch sein, einen Urteilsspruch zu fällen, wenn man niemals Erfahrungen ausgesetzt gewesen ist, die denen der Deutschen nach 1933 irgendwie vergleichbar sind, oder wenn man selbst, vielleicht in kleineren Dingen und ohne es gewahr zu sein, nicht weniger kläglich versagt hat, als es für viele Deutsche zutrifft.

Von sehr anderem Charakter sind einige der Schriften, in denen Deutsche selbst in den ersten Jahren nach Kriegsende nachdrücklich die Frage aufgenommen haben, wie es möglich war, daß ein hochkultiviertes Volk sich einem verbrecherischen Regime unterwerfen konnte.[5] Dies hat zu sehr kritischen Untersuchungen bestimmter politischer und sozialer, geistiger und religiöser Züge der deutschen Überlieferung und zu einer ohne Zweifel vertieften Fragestellung geführt. »Das wirkliche Problem«, so schrieb ein Jesuitenpater, »ist nicht Hitler, sondern die Möglichkeit, von Hitler angesteckt zu werden.«

Es braucht kaum gesagt zu werden, daß diese kritische Selbstprüfung sich auf das wohltuendste von der Haltung derer unterscheidet, die im Jahre 1945 plötzlich entdeckten, daß sie niemals Nationalsozialisten gewesen waren. Der persönlichen Verantwortung in Begehung und Unterlassung bewußt zu sein und vor der eigenen Haustür zu kehren ist in der Tat ein notwendiger Bestandteil jeder gründlichen Reinigungsaktion. Oder, wie es der katholische Dichter Reinhold Schneider in aufwühlenden Worten in seiner Schrift »Das Unzerstörbare« (1945) gesagt hat: »Wenn einmal der Name einer Familie oder eines Volkes angeklagt ist, so wird jedes einzelne Mitglied aufgerufen, nach einer neuen und reineren Würde zu streben.« Solche Selbstprüfung und solcher Aufruf lassen nun freilich die Frage politischer oder juristischer Schuld weit hinter sich, sie erheben statt dessen die metaphysische und religiöse Natur des Problems der Verantwortung zu voller Klarheit. Es mag schon hier und im voraus angemerkt werden, daß diese Haltung aufs genaueste mit derjenigen übereinstimmt, die führende Männer der deutschen Oppositionsbewegung eingenommen haben. Lange ehe sie die Niederlage Deutschlands zu gewärtigen hatten, folgten sie einem aufgestörten Gewissen. Sie erkannten ihre persönliche Mitverantwortlichkeit für Verbrechen an, die im Namen Deutschlands begangen wurden, und unternahmen es, durch

Taten oder durch Opfer Sühne zu leisten. Dies war dann freilich eine Wachheit gegenüber der »Sünde«, die selbst tiefer greift als irgendeine Vorstellung »fehlerhafter« geschichtlicher Entwicklung. Was diese betrifft, so darf man wohl als Konzentrat vieler neuerer Erörterungen eine doppelte Verneinung festhalten: Der Nationalsozialismus war weder ein bloßer »Betriebsunfall« der deutschen Geschichte noch ihr logisches Ergebnis.

Aber wenn es richtig ist (wofür sich vieles sagen läßt), daß Unsicherheit in den Traditionen und der moralischen Struktur des deutschen gesellschaftlichen Lebens oder daß Mangel an Erziehung zu individueller Initiative und bürgerlichem Selbstvertrauen die Hinnahme eines tyrannischen Systems erleichtert haben, so bleibt auch hierbei noch die Gefahr unangemessener Verallgemeinerung. In der Tat ist die Frage nach dem Grad deutscher »Unterwürfigkeit« durch eine leichthin vorausgenommene Antwort in hohem Maße verdunkelt worden. Es ist nicht möglich, zu einer zutreffenden Beurteilung zu gelangen, wenn man die Tatsache roher Gewalt außer acht läßt, mag diese sich auf Drohung beschränkt oder die Form tatsächlicher Mißhandlung und Folter angenommen haben. Hunderttausende haben sich »unterworfen«, weil sie in einer solchen Lage recht- und schutzlos waren, und nicht, weil sie sich von dem System »angezogen« fühlten oder irgendwelche materiellen Vorteile von ihm erwarteten. Denkt man an die ständige Bedrohung durch den Gummiknüppel und läßt dann die Schwächen an sich vorbeiziehen, die als typisch deutsch gelten, insbesondere die anerzogene Neigung zum Gehorsam gegenüber der »Obrigkeit«, so mag in Wahrheit mehr Anlaß sein, über die *Begrenztheit* als über die *Verbreitung* von »Unterwürfigkeit« zu staunen. In der Tat läßt sich sagen, daß die Opposition ausgedehnter und prinzipieller war, als verbreitete Ansichten über den deutschen Volkscharakter oder die Kenntnis der totalitären Dynamik je hätten vermuten lassen. Ja, es wird die Behauptung zu vertreten und sie wird noch näher zu begründen sein, daß die deutsche Opposition gegen Hitler – in Ansehung der beispiellosen Erschwerungen, unter denen ihre Aufgabe stand, wie auch ihrer grundsätzlichen Ausrichtung auf die Integrität des Menschentums und auf Ziele, die sich weder auf ein Land noch auf eine Klasse beschränkten – eine potentielle Bedeutung gewonnen hat, die über die jeder nur nationalen oder sozialen Freiheitsbewegung weit hinausgeht.

2. Stufen der »Nicht-Gleichschaltung«

Man kann sagen, daß das deutsche Volk während des Dritten Reiches, grob gesprochen, in vier Gruppen zerfiel: tatsächliche und nominelle Nazis, Nicht-Nazis und Anti-Nazis. Über ihr Verhältnis zueinander genaue Angaben zu machen, ist naturgemäß unmöglich; die Scheidelinien werden sich durch die Jahre hin mannigfach verschoben haben, und eine Gruppe ging in die andere über. Als die amerikanische Militärregierung eine Zahl von mehr als 1 Million Bewerbern für Anstellung in der US-Zone überprüfte, ergab sich, daß in 50 Prozent der Fälle »kein Anzeichen von Nazi-Betätigung« vorlag.[6] Nun wird man gewiß nach allen Fragebogen-Erfahrungen die berechtigtsten Zweifel haben dürfen am Genauigkeitswert solch negativer Feststellungen, insbesondere bei dem Anlaß, um den es ging. Es mag dabei ein gut Teil erfolgreicher Camouflage mit im Spiel gewesen sein, und in dieser Kunst hatte man während der Hitler-Zeit eine sehr gründliche Schulung durchgemacht und erneuerte sie in der Besatzungszeit. Es bedurfte dazu nach 1945 keiner »re-education«. Aber auch wenn man diese Fehlerquelle einsetzt, bleibt der Prozentsatz anerkannter Nicht-Nazis überraschend hoch. In einer weiteren kritischen Auswertung mag man annehmen, daß die Zahl der 50 Prozent in unmerklichen Abstufungen in die der nominellen Nazis hinübergeht. Und man mag sich ferner der Klagen v. Schlabrendorffs über die Nicht-Nazis erinnern. »Ihr mangelnder Charakter«, so drückt er es aus, »hat uns mehr zu schaffen gemacht als die Willkür und Brutalität der Nazis.«
In Wahrheit ist das Problem solch einer amorphen und nur negativ bestimmten Gruppe offenbar von sehr komplizierter Art. Die gleiche Erscheinung tritt in allen totalitären Staaten auf. Sie dürfte in der Sowjetunion Stalins nicht weniger bemerkbar gewesen sein als unter anderen Diktaturen und wäre einer gründlicheren Erforschung wert. In Deutschland waren sicher unter den Nicht-Nazis viele, die eine Vogel-Strauß-Politik trieben und denen jene Züge der Lauheit und der Neutralität eigen waren, die im Vergleich einen überzeugten Pg. sympathisch machen konnten. Aber die gleiche Gruppe schloß auch jenes sehr zahlreiche Element ein, das man als »schweigende Opposition« bezeichnen darf. Und dies Phänomen muß gemessen werden an dem totalen Anspruch des herrschenden Systems gegenüber allen, auch den privatesten Formen bürgerlichen Lebens. Dieser Anspruch war – in der Theorie jedenfalls – in Deutschland umfassender als irgendwo sonst und fand seinen klassischen Ausdruck in Dr. Leys, des Führers der Arbeitsfront, prahlender Feststellung: »Im nationalsozialistischen Deutschland gibt es nicht so etwas wie ein privates Individuum.« Wenn man dies in Rechnung stellt, so wird klar,

daß es schon eine Art von Opposition war oder besser eine »potentielle« Form des Widerstands, »kein Anzeichen von Nazi-Betätigung« zu geben.
Solch eine Haltung der Abstinenz war nicht ohne Gefahr, wenngleich sie durch Unauffälligkeit gemildert werden konnte. Es war daher für namenlose Männer und Frauen leichter, zur schweigenden Opposition zu gehören, als für »Prominente« oder solche, die irgendwie im Rampenlicht standen. Aber die Bedeutung des Phänomens sollte nicht unterschätzt werden. Es zeigt ein Reservoir von Kräften an, auf die der aktive Widerstand für den Augenblick zählen konnte, wenn die Macht den Unterdrükkern aus der Hand geschlagen war. Auf jeden Fall läßt diese »Reserve-Front« vermuten, daß relativ breite Schichten des Volkes sich in ihrer Weise undurchdringlich zeigten. Sie ließen nicht ab von den Geboten einfach menschlichen Anstands in den gewöhnlichen Dingen des täglichen Lebens. Während sie das unerläßliche Minimum von Konzessionen machten, blieben sie moralisch unberührt. Sie nahmen das Regime nicht als Dauerzustand an und gaben die Hoffnung auf sein Ende nie auf, wenngleich sie wohl wußten, daß sie sich nicht mit ihren bloßen Händen gegen die Gestapo erheben konnten.
Diese Verhaltensweise entzieht sich zwar der ausdrücklichen Definition, aber sie ließ sich in vielen Fällen mit überraschender Anschaulichkeit beobachten. In Fabriken und Dienstzimmern pflegte das Gesprächsthema automatisch zu wechseln, sobald die wohlbekannten Parteimitglieder oder die Aufpasser außer Hörweite waren. Wer die Zeit bis August 1939 in Deutschland miterlebt hat und zwecks Ermöglichung der Auswanderung mit Polizeibüros und Finanzämtern zu tun hatte, wird sich mancher solcher Szenen erinnern. Es gab zwischen den Nicht-Nazis eine schweigende, mitunter fast geheimnisvolle Verständigung. Nur in einer Form wurde sie laut: in jenen beißenden Witzen, die sich mit rätselhafter Schnelle verbreiteten.[7] Als die Nazi-Behörden es gelegentlich für weise hielten, ein Sicherheitsventil zu öffnen, indem sie eine unzensierte Ausgabe der Münchener Faschings-Zeitung, der »Blauesten Nachrichten«, gestatteten, müssen sie recht unliebsam überrascht worden sein, und zwar nicht nur durch den Inhalt des Blattes, sondern auch durch die Geschwindigkeit seiner Verbreitung über ganz Deutschland hin.
Ein anderer auffallender Zug, der die schweigende Opposition bezeugt, war die sich ausdehnende »Vereinsmeierei«, d. h. das zahlenmäßige Anwachsen kleiner Kreise, die philosophische oder religiöse, künstlerische oder zwischenstaatliche Probleme erörterten. Auch diese Form von »Separatismus« konnte sich zuzeiten als gefährlich erweisen und mochte eines Tages mit dem gefürchteten Läuten der Wohnungsklingel um 5 Uhr

morgens beantwortet werden. Die Gruppe der Nicht-Nazis ging tatsächlich zum mindesten ebensosehr in die der Anti-Nazis über wie in die der nominellen Parteianhänger. Als Graf Moltke, bei Gelegenheit des Mussolini-Besuches in Berlin im Jahre 1937, sich weigerte, die Fenster seines Büros Unter den Linden mit dem üblichen Festschmuck zu versehen, und die anderen Mieter zu der gleichen Haltung überredete, geschah sicherlich mehr, als daß »kein Anzeichen von Nazi-Betätigung« an der Schauseite dieses Hauses erschien.

Nicht weniger entzieht sich die Gruppe der nominellen Nazis einer schematischen Beurteilung. In der Haltung derer, die »mitmachten«, waren egoistische und idealistische Motive oft unentwirrbar verwoben. Es kann die Ansicht vertreten werden, daß es keine gefährlichere Fehlmeinung gab als den Glauben, daß man Exzesse mildern und »Schlimmeres verhüten« könne, wenn man sich nur beteilige oder in die Partei eintrete. Im Gesamtbild und ins Große gesehen war dies ohne Zweifel eine Fehlmeinung. Es war oft nicht mehr als ein Mittel bequemer Selbsttäuschung. Manche rückblickende Beobachter sind der Ansicht, daß es ohne die Mitarbeit und Sachkunde von Beamten, Betriebsführern und anderem geschulten Personal sehr frühzeitig schon zu einem Zusammenbruch in Verwaltung und Wirtschaft des nationalsozialistischen Regimes gekommen wäre. Darüber hinaus läßt sich diese These vertreten, daß die Gläubigen der Technik und die hochspezialisierten »Fachleute« eine besondere Verantwortung auf sich genommen haben durch die sozusagen abstrakte Hingabe an Höchstleistungen, die mit dem dahinter liegenden Zweck nichts zu tun zu haben vorgibt.[8]

Aber das viel erörterte Problem des »Dabei-Bleibens«, das als Gewissensfrage etwa die Erinnerungen des Staatssekretärs von Weizsäcker durchzieht, ist mit solchen Bemerkungen nicht abzutun. Es gab Männer, die in sehr bewußter Einsicht und mit dem Opfer der Selbstdemütigung wie auch der vorauszusehenden Teilnahme an der für sicher gehaltenen Niederlage in ein Amt oder die Partei eintraten, weil nur »von innen« eine wirksame Gegenfront aufzubauen war. So hat es Adam von Trott zu Solz, als er noch die Wahl hatte, im Ausland zu bleiben, für sich in sehr persönlicher Weise bezeugt. Es wird für manchen anderen ähnlich gelten. Auch ist durchaus erkennbar, daß einige derjenigen, die in hohen Stellungen verblieben und mittaten, nicht nur ein gewisses Maß innerer Unabhängigkeit sich bewahrten, sondern auch früher oder später, mit geringerer oder größerer Entschiedenheit, am Widerstand teilhatten.[9]

Mehrere unter ihnen waren oder wurden Mitglieder der aktiven Opposition. Sie arbeiteten wirksam unter den deckenden Falten ihrer Zugehörigkeit zum offiziellen Macht-Apparat und wohl gar unter dem Schutz einer hohen Stellung in der Gestapo oder SS.[10] Aber neben diesen zugespitzten Fällen gab es noch ein anderes, sehr wichtiges, wenngleich weniger greifbares Phänomen. In den technischen Zweigen des Beamtentums blieb die Zahl der Nicht-Parteimitglieder verhältnismäßig hoch; hier konnten auch nominelle Nazis, die der Form nach mitmachten, oft und mit Erfolg gewisse »anachronistische« Grundsätze beruflicher Ethik aufrechterhalten.[11] Nicht wenige Männer und Frauen, die der Verfolgung und dem Terror entkamen, danken ihr Leben dieser Tatsache oder fanden Sympathie und Hilfe von höchst unerwarteter Seite. Bei einer »nicht-arischen« Frau, die nach einer der diskriminierenden Verordnungen, in denen das Regime so erfinderisch war, zwangsweise den Namen Sarah führen mußte, mochte ein Polizeibeamter bei der Meldung diesen Zusatznamen stillschweigend unter den Tisch fallenlassen und ihr damit in aller Wahrscheinlichkeit das Leben retten. Es ist nicht zu bezweifeln, daß innerhalb des gleichgeschalteten Beamtentums ganze Gruppen in schweigender, aber wirksamer Opposition standen und Notausgänge öffneten, wo immer sie konnten.

Dies ist in einem Nachtrag zu dem amtlichen amerikanischen Bericht über die Wirkungen des Luftkrieges anerkannt worden, der im Jahre 1947 erschienen ist. Unter dem Stichwort »Deutsche Moral« heißt es da[12]: »Es gab Elemente, die sich dem Nationalsozialismus widersetzten, indem sie unauffällig innerhalb des Bereiches der amtlichen Maschinerie an der Arbeit waren. Soweit dies die Polizei betrifft, ist es klar, daß sie unter den Kriminalbeamten eine beträchtliche Anzahl von alten Anhängern der Republik enthielt, die meist zu der sozialdemokratischen Partei gehört hatten. Leute dieser Art mochten so weit gehen, die Flucht von vorgemerkten Opfern der Gestapo zu ermöglichen, indem sie ihnen eine warnende Mitteilung der bevorstehenden Verhaftung zukommen ließen und dann ihre Namen in den Listen ›vermißter Personen‹ eintrugen. Unter ›Eingeweihten‹ war es bekannt, daß recht aktive Zellen solcher Art in hohen Regierungsbehörden bestanden, so etwa im Ministerium des Innern, im Justizministerium, im Arbeitsministerium, in gewissen Gerichtshöfen und Staatsanwaltschaften sowie besonders in lokalen Regierungsbehörden. Mitglieder solcher Zellen konnten wirksam die Vollziehung von Strafmaßnahmen sabotieren und taten es nicht selten.«

3. Haltung gegenüber Juden

Im Rahmen einer schweigenden Opposition, die Widerstand und eine Sabotage dieser Art organisierte, bedarf die Haltung des deutschen Volkes gegenüber den verfolgten Juden besonderer Aufmerksamkeit. Daß Anti-Semitismus zum Urbestand der nationalsozialistischen Bewegung gehörte – auf der Grundlage einer tendenziösen Rassentheorie, aber auch in Verbindung mit Anti-Kapitalismus oder Anti-Kommunismus –, daß er auf breite Schichten eine starke Anziehungskraft hatte und Gelegenheit zu schlimmsten Exzessen wie auch widerlicher Bereicherung bot, braucht nicht betont zu werden. Aber daß diese Gesinnungen und Handlungsweisen sich mehr oder weniger allgemeiner Zustimmung erfreuten oder bereitwillig hingenommen wurden, trifft keineswegs zu. Als die britische Regierung nach Kriegsausbruch ein Weißbuch betreffend »Behandlung von deutschen Staatsbürgern in Deutschland« veröffentlichte[13], erschienen darin auch die Briefe einiger Deutscher. Sie gaben der Empörung Ausdruck, die nach den sogenannten »spontanen« Pogromen des 9. November 1938 sicherlich in weiten Kreisen der Bevölkerung verbreitet war. Nicht weniger interessant ist der Bericht des britischen Generalkonsuls in Frankfurt, der am 14. Dezember 1938 schrieb: »Es scheint mir, daß eine sexuelle Massenperversion die Erklärung für diesen sonst unerklärlichen Ausbruch bieten mag. Ich bin überzeugt, daß, wenn die Regierung Deutschlands von der Wahl des Volkes abhinge, die Machthaber, die für diese Schandtaten verantwortlich sind, von einem Sturm der Entrüstung hinweggefegt worden wären, wenn man sie nicht an die Wand gestellt und erschossen hätte.«

Es mag sein, daß dieser britische Beobachter zu optimistisch war. Und sicherlich geht jener deutsche Beamte zu weit, der an einen anderen Engländer schrieb, daß »das deutsche Volk nicht das geringste mit diesen Tumulten zu tun gehabt habe«. Aber es verdient immerhin festgehalten zu werden, daß, während Goebbels die These von der spontanen Reaktion des deutschen Volkes auf die Ermordung des Herrn vom Rath unaufhörlich propagierte, das oberste Parteigericht an Göring berichtete: »... auch die Öffentlichkeit weiß bis auf den letzten Mann, daß politische Aktionen wie die des 9. November von der Partei organisiert und durchgeführt sind, ob dies zugegeben wird oder nicht ...«[14] Nicht ohne Interesse ist ferner, was ein SS-Brigadeführer in einem Brief an Himmler zugeben mußte[15]: »Einheimische antisemitische Kräfte«, so schrieb er, »wurden während der ersten Stunden *veranlaßt*, mit Pogromen gegen die Juden zu beginnen ..., wenngleich es sich *als sehr schwierig erwies*, sie dazu zu bringen.«

Diese Zeugnisse des Widerstrebens werden ergänzt durch viele Beispiele von Sympathie, Hilfe und positiver Unterstützung, die sich einwandfrei belegen lassen. Bestimmte Gruppen wie die Quäker und protestantische sowohl wie katholische Vereine waren in solcher Art tätig. Propst Heinrich Grüber mit seiner Berliner »Hilfsstelle für Nichtarier« sei als Beispiel herausgegriffen.[16] Hingegen konnte, nach allen menschlichen und allzu menschlichen Gegebenheiten, die Zahl derer, die einen öffentlichen Protest wagten, nur gering sein. Ihre Stimmen wurden bald zum Schweigen gebracht. Unter denen, die Mut genug hatten, sich unmißverständlich zu äußern, mag der Dekan der Hedwigs-Kirche in Berlin, Monsignore Bernhard Lichtenberg, genannt werden.[17] Seit den Pogromen des November 1938 pflegte er selbst und veranlaßte er die Gemeinde der Berliner Kathedrale, »für Juden und Insassen von Konzentrationslagern« zu beten. Diese und andere Demonstrationen, wie der Protest gegen die »Gnadentötung« von Geisteskranken, führten zu seiner Verhaftung im Oktober 1942. Während er im Gefängnis war, bot er an, sich freiwillig in das Ghetto von Lodz verlegen zu lassen. Er starb auf dem Wege nach Dachau im November 1943. Parallelen auf protestantischer Seite fehlten nicht.[18] Auch gab es viele Einzelfälle von Hilfe durch Individuen und Gruppen, über die naturgemäß keine Akten geführt worden sind. Juden wurden versteckt gehalten, im Entweichen über die Grenze unterstützt oder mit Lebensmittelkarten versorgt. Aus der Zahl derer, die an der illegalen Arbeit für die Verfolgten teilnahmen, mag der Solf-Kreis hervorgehoben werden, der sich um die Witwe des früheren deutschen Außenministers und Botschafters in Tokio und ihre Tochter sammelte. Enge Beziehungen bestanden zu Beamten des diplomatischen Dienstes, insbesondere zum früheren deutschen Generalkonsul in New York, Otto C. Kiep, der wegen Teilnahme an einer Ehrung Einsteins dieses Postens enthoben worden war, und zu Geheimrat Kuenzer im Auswärtigen Amt. Wie in vielen anderen Fällen führte nicht zuletzt der Rassenfanatismus des Regimes Menschen humanitärer Gesinnung zur Gegenwehr zusammen. Auch eine Gestalt wie Elisabeth v. Thadden, Direktorin eines Landschulheims für Mädchen und Mitglied des Solf-Kreises, sollte nicht unerwähnt bleiben.[19] Sie trieb nicht aktive Opposition im politischen Sinne, aber in ihrem beispielhaften Sein war sie eine Quelle der Kraft für andere und ein Vorwurf gegen das Regime, solange sie lebte.
Eine weitere Einsicht in die mehr systematische und ausgesprochen verschwörerhafte Tätigkeit solch humanitärer Kreise läßt sich aus Ruth Andreas-Friedrichs Buch »Der Schattenmann« gewinnen.[20] Ihr Bericht über die Widerstandsgruppe »Onkel Emil«, in Tagebuchform vorgelegt und sicher nicht frei von romanhaften Zügen, trägt doch in allem Wesentli-

chen den unverkennbaren Stempel der Wahrheit. Für den, der etwas Fühlung mit solchen Vorgängen hatte, sind selbst einige der Pseudonyme durchsichtig genug. Es gab kein politisches Ziel, über das alle Mitglieder dieses Kreises sich einig gewesen wären. Ihr gemeinsamer Ausgangspunkt waren leidenschaftliche Abneigung gegen die Hitler-Tyrannei, der sie mit allen, auch defaitistischen Mitteln entgegenarbeiteten, und vor allem eine grundsätzliche Entschlossenheit, »der Menschlichkeit zu dienen« und die Mühsal der Beladenen nach Kräften zu mildern. Es wird sich im Verlauf dieser Studie immer wieder herausstellen, daß für viele die innerste Triebkraft der Opposition und daß ihre über den Einzelfall hinausgehende Tragweite auf ethischen und religiösen Überzeugungen oder auf den ununterdrückbaren Forderungen einfach menschlichen Anstands beruhten. »Was wir tun«, schreibt Frau Andreas in ihrem Tagebuch, »ist Einzelarbeit.« Aber sie fügt die sehr berechtigte Mahnung hinzu: »Nur daß diese Einzelarbeit Tausender und aber Tausender Deutscher im Dienste der Menschlichkeit getan wird, trotz Drangsal, Verfolgung und Tyrannei, das sollte, wenn der Tag der Abrechnung kommt, von denen nicht vergessen werden, die es leichter haben als wir, gute und hilfreiche Menschen zu sein.«

Es muß solche Gruppen in anderen Städten gleichfalls gegeben haben; Beispiele sind bekannt aus München und Augsburg. Auch war in Berlin »Onkel Emil« sicher keine vereinzelte Erscheinung. Im Jahre 1947 stellte der Sachbearbeiter jüdischer Angelegenheiten beim Berliner Magistrat fest, daß die Mehrheit der »Arier« niemals den Nazi-Antisemitismus angenommen habe, was vielleicht eine zu summarische Behauptung ist, und daß in der Reichshauptstadt allein, was er nachprüfen konnte, 5000 Juden von ihren Landsleuten mit Erfolg versteckt worden seien.[21] Das ist gewiß eine erbarmungswürdig kleine Zahl, wenn man sie mit denen vergleicht, die zugrunde gingen. Aber die Zahl der Deutschen, die ihr Leben aufs Spiel gesetzt haben, um auch nur dieses verhältnismäßig geringe Ergebnis zu erreichen, muß um ein Mannigfaches größer gewesen sein – und sie sollten nicht der Vergessenheit anheimfallen.

4. Intellektuelle und Kirchen

Die Erörterung einer schweigenden Opposition, die gradweise übergeht in offene Nicht-Gleichschaltung oder sehr bestimmte Formen von Untergrundarbeit, führt zu dem zentralen Problem, vor das sich Intellektuelle und Kirchen in besonderem Maße gestellt sahen. Ihnen, so möchte man sagen, fiel es spezifisch zu, menschliche Unantastbarkeit zu bewahren und geistigen Widerstand zu leisten. Die Frage ist, wieweit sie dieser Aufgabe genügt haben.

In Antwort darauf ist keine Gruppe heftiger getadelt worden als die der Professoren und Journalisten, der Schriftsteller und Künstler. Und wenn es wahr ist, daß sie, zu einem gewissen Grade, das Gewissen eines Volkes repräsentieren, so kann in der Tat kein Maßstab streng genug sein. Auch hier, wie im Fall des Beamtentums, ist geltend gemacht worden, daß ein weitverbreiteter oder, wie manche fordern, ein »einmütiger« Protest der deutschen Intellektuellen das nationalsozialistische Regime hoffnungslos kompromittiert und vielleicht gar zum Einsturz gebracht haben würde, ehe es noch Zeit fand, seine Machtstellung auszubauen. Es mag einiges für diese Auffassung sprechen, obwohl sie an sehr überlebte Formen und eine jedenfalls der Sozialstruktur des frühen 20. Jahrhunderts nicht mehr adäquate Rolle des »politischen Professorentums« erinnert und insofern »anachronistischer« ist, als die tatsächlichen Pläne und Handlungen der deutschen Opposition waren. Wie dem auch sei, es ist richtig, daß kein Aufstand der Intelligenz im Jahr 1933 erfolgte und daß Beispiele von Schwäche und Zersetzung sich häuften. Nur mit einem Gefühl der Scham kann man sich der Erfindung »deutscher« Mathematik und »deutscher« Physik erinnern oder der vielen anderen Formen geistiger Prostitution; und die zahlreichen »Umfälle« von Gelehrten und Schriftstellern waren kläglich genug. Auch ist es unzweifelhaft wahr, daß manche Richtungen im deutschen akademischen Leben nicht nur einem übersteigerten Nationalismus vorgearbeitet, sondern auch zu jener »Anarchie der Werte« beigetragen hatten, die für die Brutalität der nationalsozialistischen Diktatur und für die Flachheit des Rosenbergschen »Mythus« einen nur zu fruchtbaren Nährboden schuf. Zwar war die Zahl »alter Kämpfer« an den Universitäten ganz außerordentlich gering, und fast in jedem dieser Einzelfälle ließen sich persönliche Beweggründe beruflicher Zurücksetzung oder menschlichen Versagens leicht genug nachweisen. Aber die Gleichschaltung des Akademischen und des Lebens überhaupt ging mit einer beschämenden Hast vor sich und kam oft der tatsächlichen Erzwingung, an der es nicht gefehlt haben würde, mit unnötigen Verbeugungen zuvor.[22]

Dies alles muß so nachdrücklich festgestellt werden, wie es der Ernst des Phänomens erfordert. Es fällt unter das Stichwort des »Verrats der Intellektuellen« oder ist Teil jener breiteren Erscheinung, die ein französischer Autor als *»trahison des clercs«* bezeichnet hat. Aber die Anklage ist einseitig. Um sie ins Gleichgewicht zu rücken und um der Gerechtigkeit genugzutun, würde es nötig sein, auch diejenigen zu nennen, die sich nicht unterwarfen. Es gab führende Männer in Philosophie und Erziehungswissenschaft, in Geschichte und Jurisprudenz – übrigen auch in der juristischen Praxis – wie in den philologischen Fächern, in Nationalökonomie und Physik, und es gab jüngere unter ihren Kollegen, die sich intakt erhielten. Auch die Studentenschaft war keineswegs durchgehend gleichgeschaltet. Im Durchschnitt schloß sich nur etwa ein Viertel nicht dem nationalsozialistischen Studentenbund an, obwohl eine solche Enthaltung den Verbleib an der Universität wie die spätere berufliche Laufbahn ernstlich gefährden mußte. Auch kann man auf weitere Umstände verweisen, die das Bild positiver erscheinen lassen und vermutlich einen mehr ins Allgemeine gehenden Einfluß hatten. Es ist bekannt, daß eine Reihe von Zeitschriften ihre weltanschauliche Linie und ihre redaktionelle Unabhängigkeit keineswegs aufgegeben haben, das »Hochland« und »Die Weißen Blätter« etwa oder die »Corona« und die »Deutsche Rundschau«. Eine beträchtliche Anzahl von Schriftstellern, Dichtern und anderen Künstlern weigerte sich gleichfalls, offiziellen Parolen zu folgen und mit dem Strom zu schwimmen, oder stand in offener Opposition. Man wird nicht annehmen dürfen, daß irgendeine dieser Haltungen dem Regime merklichen Abbruch tat; die Wirkung war vielmehr eine moralische Verstärkung der Front derer, die aktiven Widerstand leisteten.

Auch sonst läßt sich im Rückblick gerade auf die Jahre stärksten Druckes einiges sagen, das für die Unzerstörbarkeit geistigen Lebens und seine reinigende Kraft spricht. Man kann dies sowohl in der Intensität intellektueller Bemühung in kleinen Kreisen und nachbarlichen Vereinigungen bezeugt sehen wie in der Haltung des lesenden Publikums im Ganzen, in Theaterprogrammen und in den allgemeinen Richtungen der literarischen Produktion. Am 18. April 1942 erörterte die »Frankfurter Zeitung«, was sie vorsichtig eine »gewisse Reaktion« nannte, das heißt die Vorliebe der Leser für »alte« Bücher und »Werke von größerer Tiefe«. In die gleiche Richtung weist das Beispiel eines Buchhändlers in einer kleinen württembergischen Stadt, der seinen Laden zum Mittelpunkt eines lebhaften Austausches zwischen Autoren und Kunden zu machen wußte.[23] In den Schaufenstern der Verleger und Buchhändler war zwar, wie nicht anders zu erwarten, das offizielle Schrifttum der Partei breit ausgelegt, aber das wirkliche Geschäft ging andere Wege und bot dem Käufer Ware, notfalls »unter dem Ladentisch«, die nicht den Stempel öder Gleichmacherei und staatlich verordneter Langeweile trug. Große Nachfrage war nach theologischen Abhandlungen und sowohl nach »Klassikern« wie nach Übersetzungen ausländischer Literatur. Es erschienen Volksausgaben antiker Schriftsteller, darunter eine zweisprachige der Vor-Sokratiker. Die populären Texte schlossen chinesische Denker ebenso ein wie Dante und Thomas von Aquino.

Auch wissenschaftliche Literatur wurde weiterhin mit erstaunlicher Stetigkeit veröffentlicht. Nicht selten erweist sie sich frei von jeder Nazifärbung, ja, gelegentlich ist sie noch imstande gewesen, ihren legitimen Beitrag zur Abwehr von Legenden zu leisten. Das gilt sogar von der Geschichtswissenschaft, die naturgemäß unter stärkstem Druck stand. Eine kritische Durchsicht der Fachzeitschriften führt zu dem Schluß, daß die Zahl der von offiziellen Parolen unberührten Aufsätze und Besprechungen größer war, als zu vermuten stand.[24] Es konnte immerhin 1940 in der Zeitschrift »Deutsches Archiv« ein Artikel erscheinen mit dem Nachweis, daß das von Himmler zum Nationalheiligtum erklärte »Grab Heinrichs I.« – das einer christlichen Heiligen sei. Und auf dem deutschen Historikertag von 1937 erklärte ein auf dem Gebiet des Mittelalters führender Forscher in sehr unorthodoxen Worten, daß das Herauswachsen des »Deutschen« aus dem »Germanischen« dem Einfluß von Altertum und Christentum zu verdanken sei. In der Tat trifft es nicht zu, daß der Acker so sehr schrumpfte. Im Jahr 1946 brachte die Bonner Universität eine Liste wissenschaftlicher Veröffentlichungen aus der Zeit von 1939 bis 1945 heraus.[25] Es waren darin sichtlich alle nationalsozialistischen oder dem Parteigeist hörigen Bücher und alle sonstigen Werke, die auf dem »Index« der Alliierten stehen mochten, ausgelassen worden. Gleichwohl enthielt der Katalog ungefähr 3000 Titel, vornehmlich aus dem Gebiet der Geisteswissenschaften. Von ihnen deuten gewiß viele ein Ausweichen (einen »escapism«) in entlegene Gebiete oder zum mindesten eine Themenwahl an, die von der Gefahrenzone sich fernhält. Aber die Gegenstände, auf denen der Nachdruck liegt, sind nicht weniger auffallend als die Breite der Interessen im Ganzen. In erster Linie ist die Blickrichtung gesamteuropäisch. Soweit sie sich mit deutscher Kultur befaßt, geht sie aufs entschiedenste zu älteren Überlieferungen zurück, zu biblischen Traditionen, zu Plato und Aristoteles oder zu Meister Eckhart, Nikolaus von Cusa und Jakob Böhme, zu Humboldt und Schleiermacher, zu Goethe und Stifter. Ein deutscher, in die Schweiz emigrierter Professor wie W. Röpke, der im allgemeinen recht kritisch gegen seine Kollegen jenseits der Grenze ist, hat 1945 mit gutem Recht festgestellt[26], daß man in dem Bestehen auf geistiger Kontinuität »bereits eine Art von Opposition« erblicken könne, wenn auch nur eine passive. Aber er spricht auch von dem Übergang, der von da aus zu den Kräften aktiven Widerstands führe, und fügt hinzu: »Wir haben allen Anlaß, vor der Zivilcourage, die da bewiesen wurde, tief den Hut zu ziehen.«
In der Tat überkreuzte sich »Nicht-Gleichschaltung« wiederum mit mehr oder weniger verhüllten Formen des Widerstands. Von der Abstinenz war es nur ein Schritt bis zu einer Haltung, die mit vollem Bewußtsein natio-

nalsozialistische Lehrmeinungen unterminiert oder zur Opposition gegen ein tyrannisches Regime in allen seinen Formen und Auswirkungen aufruft. Selbst die dem Anschein nach gleichgeschalteten »bürgerlichen« Zeitungen, so das »Berliner Tageblatt«[27] und die »Frankfurter Zeitung«, konnten gewisse Angriffswaffen benutzen, wie z. B. den Handelsteil. Wenn kein anderes Mittel mehr verfügbar war, blieb immer noch der scheinheilige Abdruck parteioffiziöser Äußerungen, wie der, daß die Japaner »Gelbe Arier« oder daß Tomaten die »nordische Frucht« des Südens seien.

Individuen mochten weitergehen. Im Jahr 1935 gab Adam von Trott zu Solz, ein früherer Cecil-Rhodes-Stipendiat, der zu den führenden Männern der Verschwörung gegen Hitler gehören sollte, die Schriften Heinrich von Kleists heraus und begleitete sie mit einem Kommentar.[28] Es war klar genug, welchen Bezug die Angriffe des Dichters auf Napoleons Tyrannei zu den Ereignissen des Tages hatten. Und Trotts Einleitung stellte unmißverständlich fest, daß Kleist zum Rebellen wurde, weil er die »göttliche Bestimmung« des Menschen in den Staub getreten sah, und daß er seine Hoffnung auf den »rechtschaffenen Sinn des einzelnen Staatsbürgers«, der sich gegen einen unmoralischen und demoralisierenden Despotismus erheben würde, setzte. – Auch an Beispielen aus der – im engeren Sinn – »schönen Literatur« fehlt es nicht. Genannt sei Reinhold Schneider, der 1937 in seinem Buch »Las Casas vor Karl V.« den spanischen Dominikaner den Kaiser anflehen läßt, den Leiden der Indios ein Ende zu setzen, und ihm zur Begründung die Worte in den Mund legt: »Herr, Dein Volk ist krank, laß es gesunden. Zerbrich das Unrecht, an dem es erstickt.« Selbst ein durchschnittlicher Leser konnte verstehen, worauf sich diese Worte bezogen, und das Buch war ein großer Erfolg. Dasselbe gilt von dem Königsroman von Jochen Klepper vom gleichen Jahr – einem Roman, in dem es scheinbar um einen nationalsozialistischen Vorläufer, den »Führer von Potsdam« ging, tatsächlich aber um das Bild eines preußischen Menschen in seiner Verantwortung vor Gott. Auch in Werner Bergengruens »Der Großtyrann und das Gericht« von 1935 konnte, wer immer sich mit dem Nationalsozialismus kritisch auseinandersetzte, die Handschrift an der Wand erblicken. Es gab viele Beispiele für ein solches »indirektes Richtverfahren«, wie es der Artillerist nennen würde. Man konnte ins Ziel treffen, wenn man sich mit Demosthenes gegen Philipp von Mazedonien wandte oder mit Burckardt gegen Nietzsche. Man konnte dem Angriff die Form eines Buches geben, das von Cromwell oder von Robespierre, von Pilsudski oder von der Massenhysterie der Münsterer Wiedertäufer im 16. Jahrhundert handelte. Die gleiche Technik der Camouflage wurde von der »Deutschen Rundschau« erfolgreich in Artikeln angewandt, die für ein breiteres Publikum bestimmt waren und in der Tat in hektographierten Abschriften umliefen. Sie beschäftigten sich mit Themen wie Sibirien oder dem südamerikanischen Diktator Lopez, und es war gewiß nicht schwer, die zeitgeschichtliche Nutzanwendung herauszufinden. Mit allem Freimut erklärte zudem die gleiche Zeitschrift im April 1941, daß Großmannssucht »eine der gefährlichsten Erkrankungen eines Volkes« sei.

Die Frage kann aufgeworfen werden, wie es überhaupt möglich war, solche indirekten Angriffe vorzutragen und eine gewisse Selbständigkeit zu bewahren, während doch die Augen und Ohren der Gestapo und des Propagandaministeriums für allgegenwärtig galten. Dazu wird zu sagen sein, daß es gerade wegen der Vielfalt und der Konkurrenz der Kontrollorgane einige Ausweichmöglichkeiten gab. In einem bestimmten Fall, dem der »Marmorklippen« Ernst Jüngers, ist wohl vermutet worden, daß Goebbels selbst trotz der Beschwerde des Reichsleiters Bouhler seine geheime Freude an dem Buch hatte, weil es den Hauptangriff gegen die düstere Gestalt eines »Oberförsters« (Göring) zu richten schien. Jedenfalls war Goebbels klug genug, sich keine Illusionen über die tödliche Langeweile der offiziellen Literatur und Parteipresse zu machen. Dem Theater zum mindesten gewährte er einige Freiheit. Und auch sonst verdankte das kulturelle Leben den Rivalitäten innerhalb der Führungsschicht gewisse Schlupflöcher. In den Jahren 1933/34 erlaubte der Machtkampf zwischen Rosenberg und Goebbels einer studentischen Gruppe in Berlin, der offiziellen völkischen Kunstdoktrin Widerstand zu leisten und in aller Öffentlichkeit einen Kampf für die moderne Kunst zu wagen, der dann freilich mit Unterdrückung endete.

Somit hatte das alles doch sehr bestimmte Grenzen. Rudolf Pechel, der Herausgeber der »Deutschen Rundschau« und ein Angehöriger der aktiven Widerstandsbewegung von ihren Anfängen an, wurde im April 1942 verhaftet, als einer seiner Artikel das Mißgeschick hatte, vom Britischen Rundfunk in London nach Deutschland gesendet zu werden. Er, wie auch seine Frau und seine Freunde, wurden mit den üblichen Methoden verhört, und in den drei Jahren bis Kriegsende, die er in Untersuchungshaft und in Konzentrationslagern zu verbringen hatte, entging er dem Tod mit knapper Not. Auch an Ernst Wiechert wird zu erinnern sein. In einer »Ansprache an die deutsche Jugend«, die er 1935 in der Münchener Universität hielt, beschwor er seine Zuhörer, »... nicht zu schweigen, wenn das Gewissen ... zu reden befiehlt, ... weil nichts und nichts das Mark eines Mannes so zerfrißt wie die Feigheit«. Wiechert selbst mußte für seine kompromißlose Haltung schließlich in Buchenwald büßen.[29] Auf andere Intellektuelle und Universitätslehrer, die sich der aktiven Opposition anschlossen, wird später zu verweisen sein. Jedenfalls, ein Bild, das nur in schwarzen Farben malt, wäre sehr ungerecht. Auch trifft es keineswegs zu, daß die Opposition von Intellektuellen sich auf einen exklusiven Zirkel »reaktionärer« oder »liberalistischer« Geistigkeit beschränkte und nur vom Eingeweihten verstanden werden konnte. Es wäre angemessener, von einer Bewegung der »Reaktionäre« im besten Sinne des Wortes zu sprechen, das heißt von einer Rückwendung zum Wertbeständigen, von einer Wiederbelebung von Energien, die der politischen Opposition eine breitere und grundsätzlichere Basis gaben.

Das gleiche gilt für die Kirchen, und zwar für sie mehr als für irgendeine andere Gruppe der Opposition. Auch hier war es nicht leicht, Zögern und die Neigung zum Kompromiß zu überwinden. Der unüberbrückbare Widerspruch im Prinzipiellen war nicht von allem Anfang an klar. Nur Sekten wie die Quäker und die Mennoniten blieben von Schwankungen verschont. Sie haben unausgesetzt passiven Widerstand geleistet. Die »Ernsten Bibelforscher« – in ihrem Glauben ebenso »totalitär« wie der nationalsozialistische Gegner – ließen es darüber hinaus an literarischer Agitation und Untergrundarbeit nicht fehlen. Aber die Zahl der Anhänger von »Freikirchen« war im Ganzen gering.[30] Was die katholische Kirche betrifft, so versuchte der Vatikan zunächst, durch den Abschluß eines Konkordats (20. Juli 1933) eine Politik fortzusetzen, die zur Weimarer Zeit nicht zum Erfolg gekommen war, und zugleich gewisse Dämme gegen die Ansprüche des totalitären Systems wie gegen die Ausbreitung des Neu-Heidentums zu errichten. Für Hitler ging es bei diesen Verhandlungen um möglichste Eliminierung des Zentrums oder irgendwelcher Opposition von seiten des deutschen Klerus und um eine propagandistisch nutzbare Widerlegung des Vorwurfs eigener Kirchenfeindlichkeit. Mit überschwenglichen Worten telegraphierte der Vizekanzler von Papen nach dem Abschluß aus Rom: »... Dank Ihrer großzügigen und weisen staatsmännischen Auffassung von der bedeutsamen Aufgabe der christlichen Kirchen beim Aufbau des Dritten Reiches ist damit ein Werk vollendet, das späterhin als eine historische Tat des Nationalsozialismus anerkannt werden wird ...«[31] In der Praxis war dieser »Vorschuß an Vertrauen« seitens der Kurie, wie sich am Weitergang der Gleichschaltung, an den Eingriffen in die Jugenderziehung und katholisches Vereinswesen bald genug zeigen sollte, wirkungslos, zudem bedeutete das Konkordat politisch, daß die höchste kirchliche Autorität die Reihe internationaler Verträge eröffnete, die mithalfen, das nationalsozialistische Regime zu legitimieren oder sozusagen respektabel zu machen.

Was andererseits den deutschen Protestantismus betrifft, so war er im Widerstand gehemmt durch die Tradition des Landeskirchentums und die

herkömmliche Auffassung »christlicher Obrigkeit« sowie durch bestimmte Eigenheiten der sozialen Zusammensetzung seiner Anhänger. Es kam hinzu, daß der überwiegend lutherische Teil des deutschen Protestantismus auf eine Lehre zurückging, die mehr Nachdruck auf die übersinnliche als auf die sichtbare Welt legte, die mehr interessiert war an Seelsorge als an der christlichen Gestaltung gesellschaftlichen Lebens. In der Tat ist für Luther die äußere Ordnung der Dinge, die sowieso zum Reich der Sünde gehörte, von verhältnismäßig geringer Bedeutung gewesen. Sie konnte nicht durch menschliche Anstrengung »reformiert« werden, sondern nur durch Glauben und christliche Liebe. Die Ansätze zu einem religiös begründeten Widerstandsrecht, an denen es auch bei ihm nicht fehlte, waren durch die geschichtliche Entwicklung des deutschen Protestantismus überdeckt worden[32]; nach herkömmlicher Auffassung war Luthers Lehre von den »Zwei Reichen« im Vergleich mit der Calvins durch ihre transzendentale Ausrichtung unterschieden. All dies waren Überlieferungen und Haltungen, die Konservatismus im politischen und sozialen Sinn nahelegten, sie waren ein Hindernis im Wege der Gehorsamsverweigerung oder gar direkter Aktion und betonten das biblische Gebot, »dem Kaiser zu geben, was des Kaisers ist«.
Gleichwohl fand auf kirchlichem Gebiet der Widerstand gegen die Gleichschaltungstendenz frühzeitig einen bedeutsamen Ansatzpunkt.[33] Während die nationalsozialistische Führung in den ersten Wochen beflissen und – gemäß der damaligen Koalition mit einem konservativen Partner – den christlich-nationalen Charakter der Neuordnung betonte und ja auch das NS-Programm sich zum positiven Christentum bekannte, setzte die von der Partei begünstigte, schon seit 1932 aktive »Deutschchristliche Bewegung« zu einer eigenen Art von Machtergreifung an, mit der Proklamierung der rassischen Säuberung und des Führerprinzips zur Gleichschaltung von Staat und Kirche. Es kam zu heftigen Zusammenstößen.[34] Aber nach dem manipulierten Wahlsieg vom Juli 1933 drang die »SA Jesu Christ« wie die Deutschen Christen sich nannten, maßgeblich in die Kirchenbehörden ein. Demgegenüber erhob sich jetzt die Stimme des Protests. Am 7. September 1933 rief der Dahlemer Pfarrer Martin Niemöller zusammen mit Dietrich Bonhoeffer zum Kampf gegen den kirchlichen Antisemitismus des Arierparagraphen und zur theologischen Neuorientierung auf. Während eine Nationalsynode wenige Tage später den Königsberger Wehrkreispfarrer Ludwig Müller zum Reichsbischof wählte, stimmten dem Dahlemer Aufruf innerhalb weniger Wochen an 2000 Pfarrer zu, und bis zum Jahresende wuchs der »Pfarrer-Notbund« auf 6000 Mitglieder an.
Damit war von protestantischer Seite das Signal zum Kirchenkampf gege-

ben. Zu seiner Geschichte gibt es eine umfängliche und auch dokumentarisch reich belegte Literatur. Selbst im Ausland, das sonst so ungern vom Widerstand Kenntnis nahm, ist dieser Teil einer oppositionellen Bewegung frühzeitig bekanntgeworden.[35] Es wird hier nicht auf Einzelheiten des Verlaufs einzugehen sein, auch nicht auf die aufgebauschten oder künstlich fabrizierten Anklagen gegen einzelne katholische Priester oder Orden. Vollends die auf Hochhuths Drama »Der Stellvertreter« folgende lebhafte Diskussion über die Stellungnahme Pius' XII., insbesondere zur Judenfrage, fällt aus der Themastellung dieses Buches heraus oder berührt sie nur insofern, als die Publikation aus den vatikanischen Archiven in der Korrespondenz des Papstes mit den deutschen Bischöfen deren in der Taktik zum Teil verschiedene Haltung deutlicher erkennen läßt.[36]
Aber was immer diese Verschiedenheiten waren, an denen es, wie zu zeigen sein wird, auch auf protestantischer Seite nicht fehlte, der national sozialistische Angriff auf die beiden Kirchen brachte den zum Teil noch schleichenden Konflikt mehr und mehr zu offenem Ausbruch. Mit innerer Folgerichtigkeit – und das ist für den Charakter der kirchlichen Opposition entscheidend – brach der grundsätzliche Widerstreit der Prinzipien auf, für die Kreuz und Hakenkreuz die Symbole waren. Somit erhoben die katholischen Bischöfe und die im Verfolg der Dahlemer Aktion gegründete Bekenntniskirche ihre Stimmen nicht nur gegen Gestapo-Einmischung oder die Versuche, die Kirchen von innen her zu zersetzen. Was sie angriffen, war vielmehr das nationalsozialistische System selbst in seinen wesenhaften Zügen: der Totalitätsanspruch mit seiner vollständigen Mißachtung der Heiligkeit persönlichen Lebens und seiner Verspottung elementarster Rechtsbegriffe; die rassendogmatische Umdeutung des christlichen Glaubens; die Vergöttlichung Hitlers und die Verherrlichung der Blutsgemeinschaft des auserwählten deutschen Volkes.
Sobald dieser wesenhafte Widerstreit einmal klar geworden war, gab es keine Möglichkeit, ihm auszuweichen. Und es ist ihm nicht ausgewichen worden. Wer Kardinal Faulhabers Predigten über das Alte Testament oder die Hirtenbriefe der deutschen Bischöfe schon aus dem Sommer 1933, die »Barmer Erklärung« vom Mai 1934 oder die amtlichen Verkündigungen der Bekenntniskirche liest, wird nicht länger anzunehmen bereit sein, daß »feige Unterwerfung« die Regel war. Mit den Ereignissen selbst verschärfte sich die Tonart: Im März 1935 wurde ein Manifest gegen die »Rassenmystik« von protestantischen Kanzeln verlesen. Die Folge war die Verhaftung von 700 Geistlichen. Noch weiter ging die Denkschrift, die zu Pfingsten 1936 von den Führern der Bekenntniskirche entworfen wurde, um Hitler selbst eingereicht zu werden. Darin hieß es[37]:
»Wenn Blut, Rasse, Volkstum und Ehre den Rang von Ewigkeitswerten

erhalten, so wird der evangelische Christ durch das erste Gebot gezwungen, diese Bewertung abzulehnen. Wenn der arische Mensch verherrlicht wird, so bezeugt Gottes Wort die Sündhaftigkeit aller Menschen. Wenn dem Christen im Rahmen der nationalsozialistischen Weltanschauung ein Antisemitismus aufgedrängt wird, der zum Judenhaß verpflichtet, so steht für ihn dagegen das christliche Gebot der Nächstenliebe.« Mit der gleichen Hinwendung zu einer grundsätzlichen menschheitlichen Fragestellung erklärte ein Hirtenbrief der deutschen Bischöfe im Jahre 1942: »Wir möchten ganz besonders betonen, daß wir nicht nur für religiöse und kirchliche Rechte eintreten, sondern auch für menschliche Rechte schlechthin ... Ohne ihre Gewähr muß der ganze Bau westlicher Kultur zusammenfallen.«

All dies wurde nicht nur gepredigt, sondern es wurde gelebt und bekräftigt durch Hunderte von Pastoren und Kirchenbeamten, die von ihren Kanzeln und Ämtern entfernt oder in Gefängnisse und Konzentrationslager gebracht wurden. Dachau insbesondere scheint für Priester – polnische, von denen an 800 starben, andere ausländische, aber auch deutsche Priester und evangelische Geistliche (an Zahl etwa 70–80) – bestimmt gewesen zu sein.[38]

Dies ist das allgemeine Bild eines geistlichen Widerstandes, über das insoweit Einverständnis vorausgesetzt werden darf. Aber innerhalb eines solchen Rahmens bedürfen einige Einzelfragen der kritischen Erörterung. Zunächst einmal: Wie weit dehnte sich die kirchliche Opposition aus? Es gab sicherlich, wie schon erwähnt, Unterschiede taktischen Verhaltens bei den beiden Konfessionen und in allen kirchlichen Lagern; es gab aus der gegebenen Situation heraus Unterschiede zwischen den sogenannten »unzerstörten« protestantischen Kirchen in Süd- und Westdeutschland wie auch in Hannover, die in der Kirchenverfassungsfrage weniger gefährdet waren, und der altpreußischen Kirche, der Union, die tatsächlich mit dem Rücken gegen die Wand stand. Es gab den Antagonismus zwischen Bischof Heckels kirchlichem Außenamt und seinen Mitarbeitern in der Ökumene (die für eine Zeitlang in Fühlung mit dem offiziellen Kirchenregiment zu bleiben versuchten) einerseits und den entschlossenen Widerständlern in der Bekennenden Kirche andererseits, einen Antagonismus, für den Bonhoeffer unter anderen ein Zeuge ist und den Karl Barth 1945 in seiner Kritik an Gerstenmaier (im Kirchenblatt für die Reformierte Schweiz) so scharf betont hat. Auch gegen den württembergischen Landesbischof Wurm, dessen »spontanes tapferes Handeln« gerühmt wird, der aber den Bruch mit der Reichskirchenleitung zu vermeiden suchte, stellten sich im Lande selbst, in einer mehr kämpferischen Front, die »Dahlemiten« der »Kirchlich-Theologischen Sozietät«. Sogar

in Berlin, das mit Dahlem das inoffizielle Hauptquartier der Bekennenden Kirche stellte, gab es 1937 nur 160 Geistliche, die der B. K. angehörten, 40 waren Deutsche Christen und 200 hielten eine mittlere Position.[39]
Diese Zahlen können gewiß nicht irgendwie in schematischer Weise auf Parteiungen im »Kirchenvolk« übertragen werden, sie deuten auch – mit der breiteren Mittelgruppe – weniger eine Spaltung in der menschlichen als eben gerade in der theologischen Haltung an. Damit wird ein Problem von erheblicher Bedeutung berührt.
In mancher Hinsicht kann der Nationalsozialismus als eine letzte Gipfelung und Übersteigerung der Säkularisationsbewegung des 19. Jahrhunderts betrachtet werden. Es ist daher nicht überraschend, daß der »liberale« Protestantismus, der mit einer idealistischen Kulturphilosophie und einer »Fortschrittsmetaphysik« (Tillich) durchsetzt war, mehr einem Geschehenlassen der äußeren Dinge zuneigte und weniger Widerstandskraft gegenüber dem Nazitum besaß. Man muß klar herausstellen, daß die »radikalen« Gegner des Regimes überwiegend im Lager der Orthodoxie standen, das heißt im Lager derjenigen, die einer unverdünnten Glaubenslehre und einer pessimistischen Auffassung von den sogenannten natürlichen oder den »dämonischen« Kräften in der Welt anhingen. Während die Widerstandsbewegung unzweifelhaft von dem orthodoxen Teil der Geistlichkeit und dem »Bruderrat« geführt wurde, wird man gewiß zweifeln dürfen, ob und wieweit der dogmatische Ansatz den vielen bewußt wurde, die in die Kirchen strömten. Aber auch unter dem Laienelement breitete sich theologisches Interesse zu einem erstaunlichen Grade aus.
Eine zweite Frage, die sich erhebt, ist die, ob nicht die energische Hinwendung zu religiöser Opposition nur eine andere Art des »Ausweichens« war und die politische Gegenwehr geradezu verzögern half. Martin Niemöller, der meistgenannte unter den Leitern der Bekenntniskirche, hat die Berechtigung dieses Vorwurfs offen zugegeben oder ihn zum mindesten in dem Ausmaß anerkannt, daß die evangelische Kirche zur Erkenntnis der allgemeinen Gefahr erst erwachte, nachdem sie in ihren eigensten und innersten Anliegen angegriffen worden war. Als protestantische Vertreter Deutschlands mit denen der westeuropäischen Länder und der Vereinigten Staaten im Herbst 1945 in Stuttgart zusammentrafen, erklärten sie sich der Unterlassung schuldig, dem Nationalsozialismus nicht früher und wirksamer Widerstand geleistet zu haben. Sie übernahmen für die Kirche einen Teil der »Kriegsschuld« in dem Sinne, daß kein rechtzeitiger Versuch gemacht worden war, die Regierung zu stürzen.[40]
Eine solche Feststellung, wie jeder andere Ausdruck kritischer Selbstprüfung, hat in sich selbst einen Wert, der nicht durch die Unterstellung takti-

scher oder gar opportunistischer Motive verdunkelt werden sollte. Eine pharisäische Werkgerechtigkeit würde in besonderem Maße den Antrieben widersprochen haben, die in der kirchlichen Opposition ans Licht getreten waren. Ob diese Impulse der Selbstkritik jedoch dazu führen konnten oder in einem früheren Stadium dazu hätten führen sollen, in unmittelbare politische Aktion umzuschlagen, ist eine ganz andere Frage. Bei einer dynamischen Persönlichkeit wie Bonhoeffer geschah diese Wendung in sehr entschiedener Weise. Aber es lag offenbar in der Natur der Dinge, und man sollte es in der historischen Betrachtung nicht bedauern, daß im allgemeinen geistlicher Protest und die Verteidigung des Evangeliums als erstes Anliegen voranstanden. Nur so konnte eine Festigkeit der Haltung erreicht werden, die im Leiden für die Sache des christlichen Glaubens wurzelte. Nur so konnte passiver Widerstand sich, wenngleich langsam, in einen Frontalangriff gegen den Kernbestand des Nationalsozialismus fortbilden und damit zur »totalen« Opposition gegen jeden weltlichen Totalitätsanspruch werden – nicht nur gegen einzelne Übergriffe der Staatsgewalt, sondern gegen ihren Anspruch auf Manipulierung des Menschen überhaupt. Vom Standpunkt geschichtlicher Würdigung liegt es nahe zu fragen, ob die Kirchen nicht dadurch, daß sie innerhalb ihres eigensten Bereichs sich zur Wehr setzten, die Kräfte des aktiven Widerstands mit einem härteren Kern und einer schärferen Schneide versahen, als irgendeine äußere Revolte es hätte tun können.

Dies führt zu einer letzten Frage, die den Grad der Wirksamkeit kirchlicher Opposition betrifft. Sie hat zweifellos mehr als einmal die Regierung vor extremen Maßregeln zurückscheuen lassen. Es ist zum Beispiel bekannt, daß der Gauleiter von Ostpreußen die Parteiführung vor einer Politik warnen mußte, die das Bauerntum der Provinz, deutsche und masurische Protestanten, zu offener Auflehnung treiben würde. Die Einsetzung des »Reichsbischofs« Müller endete mit einem kläglichen Mißerfolg. Eine Art Volkserhebung im Münsterland setzte im Jahr 1936 die Wiederaufstellung des Kruzifixes in Schulgebäuden durch.[41] Es gab mehr als einen solchen Rückschlag, wenn auch manchmal nur in der Form, daß Maßnahmen, gegen die sich der geistliche Protest richtete, in der Folge mehr im geheimen vollzogen wurden. Immerhin war die kirchliche Opposition die einzige, von der sich sagen ließ, daß sie in ihrem Bereich einige sichtbare Erfolge hatte. Zusammen damit aber wuchs die Zahl der Verfolgten an, bis seit Kriegsausbruch die »kalte« Methode, mit der man Geistliche durch vorzugsweise Einberufung zum Frontdienst aus dem Wege schaffte, zu weitgehender Anwendung kam.[42] Aber allzu drastische Zusammenstöße mußten vermieden werden. So wurde zum Beispiel im Fall des Bischofs von Münster Zurückhaltung geübt. Es fand kein Eingriff der

Staatsgewalt und der Partei statt, als Graf von Galen 1941 seine berühmten »Drei Predigten« hielt oder als er im folgenden Jahr die verbrecherischen Methoden des Regimes in den besetzten Gebieten und die »Gnadentötungen« angriff.
Noch wesentlicher indessen war wohl die Wirkung der Opposition auf die Kirchen selbst. Sie gewannen unverkennbar an innerer Lebendigkeit. Obwohl dogmatische Fragen ernster genommen wurden als in den vorhergehenden Jahrzehnten, so verloren zugleich doch die Grenzlinien zwischen den Bekenntnissen erheblich an Bedeutung. Liturgische Bewegungen, die zur Una Sancta tendierten, machten ihren Einfluß geltend, und eine gemeinsame Front wurde offenbar. So erklärte der Bischof von Berlin, Graf Preysing, im Jahr 1937: »Niemals zuvor ... sind wir so tief in Liebe und Mitleiden mit unseren Brüdern verbunden gewesen, die im Glauben von uns abweichen.«[43] Diese christliche Solidarität war ein wesentlicher Zug im Bilde der deutschen Opposition. Sie fand ihren Ausdruck in vielen Fällen wechselseitiger Unterstützung oder vereinten Handelns. Dazu kam, daß zum erstenmal seit der Mitte des 19. Jahrhunderts die Kirche verlorenen Raum zurückgewann. Nicht allein lernten sich kommunistische und christliche Häftlinge gegenseitig in der Echtheit der Gesinnung und im Opferwillen schätzen, wie das Pechel, Wiechert und Poelchau bezeugt haben und wie es viele erlebten. Offenbar erwies sich der Mut, den Geistliche und Männer der Kirche bewährten, auch als ein werbendes Element in marxistischen Kreisen, die seit langem dem Christentum entfremdet waren. Eindrückliche Beweise dafür lassen sich in der Zusammenarbeit zwischen den leitenden Gruppen der Verschwörung oder im Christlichen Sozialismus des Kreisauer Kreises finden. Gewiß waren die Menschenmengen, die sich trotz aller Bespitzelungen in die Gottesdienste etwa der Dahlemer Kirche drängten, nicht nur von religiösen Motiven getrieben. Sie suchten sichtlich nach einem Ausdruck der Opposition in der einzigen Form, die ihnen erreichbar war. Aber es konnte nicht ausbleiben, daß sie von der Intensität des Glaubens, die ihnen hier entgegentrat, ergriffen wurden. Mitunter, wenn ein Manifest verlesen war oder die Gestapo mit Beschlagnahme der für die Verfolgten gesammelten Spenden eingriff, begann die Gemeinde aus eigenem Antrieb Luthers Lied zu singen: »Ein feste Burg ist unser Gott.« Die alte Hymne wurde ein Ausdruck politischer sowohl wie religiöser Protestation.
Doch noch eine andere Seite des Kirchenkampfes muß betont werden. Gerade weil die Opposition, um die es sich hier handelte, letztlich religiösem Grunde entstammte, richtete sich ihre Front gegen jede Form von Unterdrückung. Es war daher nicht entscheidend, ob der Angriff auf die

Menschenwürde nationalsozialistische oder irgendeine andere Farbe trug. Das totalitäre Prinzip (wie der Friede) war »unteilbar«, und rote Konzentrationslager waren nicht besser als braune oder schwarze. Diese Einstellung führte zu gewissen Schwierigkeiten, als amerikanische Behörden nach Kriegsende zuerst mit Männern der deutschen Kirchen Fühlung nahmen. War die Opposition gegen das Sowjetsystem, die ihnen hier entgegentrat, nicht ein Nachhall Goebbelscher Propaganda oder ein Überbleibsel nationalistischer und reaktionärer Bestrebungen oder eine plumpe Spekulation auf die wachsende Uneinigkeit zwischen den damaligen Alliierten?[44] Man wird annehmen dürfen, daß ein besseres Verständnis der Motive und der inneren Notwendigkeit dieser Haltung sich inzwischen eingestellt hat. Auf jeden Fall ist es nötig, sich darüber klar zu sein, daß eine echte kirchliche Opposition nur möglich war auf dem Boden von Prinzipien, die nichts mit Opportunismus zu tun hatten und die daher die gleiche anti-totalitäre Front aufrechterhielten auch nach dem Sturz der Nazis. »Wenn wir Christen zu sein beanspruchen«, sagte Bonhoeffer einmal – wenngleich in anderem Zusammenhang –, »dürfen wir keinerlei taktischen Rücksichten Raum geben.«[45]

Nur auf solcher Grundlage konnte eine kompromißlose Haltung gepredigt und der Protest der Kirchen hinüberentwickelt werden in Untergrundarbeit und aktiven politischen Widerstand. Es war nicht leicht für die Bekenntniskirche, zum Zweck der Ausbildung ihrer Geistlichen eine Geheimorganisation aufzubauen, die alle Listen politischer Verschwörung anwenden mußte. Solche Methoden mochten wohl empfindliche Gewissen bedrücken. Es war noch schwieriger für Christen des 20. Jahrhunderts, gleichsam zurückzufallen auf die »monarchomachischen« Theorien, die von Calvinisten und Jesuiten mehr als 3 Jahrhunderte früher entwickelt worden waren und die es dem »Frommen« auferlegten, »gottlose« Regierungen zu stürzen oder gar aus dem Weg zu räumen. Das heißt nicht, daß der Konflikt notwendigerweise in solch historischer Perspektive gesehen wurde. Bonhoeffer in seinen tiefgreifenden Aufzeichnungen im Gefängnis meinte, der Deutsche beginne jetzt erst zu entdekken, »was freie Verantwortung heißt. Sie beruht auf einem Gott, der das freie Glaubensbekenntnis verantwortlicher Tat fordert und der dem, der darüber zum Sünder wird, Vergebung und Trost zuspricht«. Die Besten des Widerstands wußten, daß ihr Handeln der »letzten Gerechtigkeit« entbehrte und der Gnade unterworfen blieb. Es wird hier das innere Gewicht deutlich, das die Tiefe solcher Auseinandersetzung, wenn sie einmal ausgekämpft war, der politischen Oppositionsfront hinzufügen mußte.[46]

Diese Front gilt es nunmehr ins Auge zu fassen.

Pläne und Aktionen

1. Frühe Widerstandszentren

Es ist müßig zu fragen, zu welchem Zeitpunkt der aktive politische Widerstand gegen Hitler tatsächlich begonnen hat. In manchen der Erscheinungsformen des Anfangs handelte es sich um eine bloße Fortsetzung der Kämpfe, die der Machtergreifung durch die Nationalsozialisten vorangegangen waren. Träger dieser frühen Oppositionen waren vor allem linksgerichtete und insbesondere sich selbst schon mit dem späteren Sammelbegriff als »antifaschistisch« bezeichnende Kreise. Aber die Bedingungen der »Illegalität« zwangen ihnen neue Methoden auf. Die erste Partei, die in Ausnahmezustand versetzt wurde, waren die Kommunisten. Sie sahen sich mit einem Schlage fast all ihrer Funktionäre (an 4000) und ihres Führers Thälmann beraubt. Von 300000 Mitgliedern sollen 150000 schon 1933 gefangengesetzt worden sein. Aber die Partei hatte den Vorzug einer Schulung in revolutionärer Technik und schuf so ein Muster für die Organisation von Widerstandszellen. Eine Zusammenstellung der Richtlinien, die für die Untergrundarbeit erlassen wurden, ist erhalten geblieben.[1] Ein Haupterfordernis war, daß »die Mitglieder unter keinen Umständen von der Tätigkeit irgendeiner anderen Zelle als ihrer eigenen Kenntnis haben durften«. Neben ausgedehnten Maßnahmen zum Zwecke der Geheimhaltung wurde in den Anweisungen großer Nachdruck auf Sabotage in Fabriken und auf Flugblatt-Propaganda gelegt. Die These, daß die Kommunisten »die standhaftesten und entschlossensten Kämpfer gegen die faschistische Diktatur« gewesen seien, die u. a. der russische Historiker Melnikow vertritt, wird sich so freilich nicht halten lassen. Nach dem Stalin-Hitler-Pakt setzte eine erhebliche Verwirrung ein, und die Liquidierung deutscher Altkommunisten in Moskau war gleichfalls ein lähmendes Ereignis. Erst in den späteren Kriegsjahren, insbesondere nach dem Angriff Hitlers auf die Sowjetunion, trat eine Erholung und, wie noch zu erwähnen sein wird, eine Belebung der kommunistischen Agitation durch namhaft zu machende Gruppen und in bestimmten lokalen Zentren ein.

Was die Parteien der Weimarer Koalition betrifft, die sozialdemokratische, die demokratische und die Zentrumspartei, so gaben sie sich für einige Zeit der Selbsttäuschung einer möglichen legalen politischen Opposition hin. Es schien noch Hoffnung auf die Wiederherstellung einer Herrschaft des Rechts und einer Kontrolle durch den Reichstag zu bestehen. Hatten die Wahlen vom März 1933 nicht klar bewiesen, daß trotz massenhaftem Terror und schlimmster Einschüchterung, die nicht-nationalsozialistischen Parteien noch die Mehrheit besaßen? Von einer solidarischen Aktion ihrerseits konnte indessen nicht die Rede sein. Während die Kommunisten in der dogmatischen Auffassung verharrten und vom Exekutiv-Komitee der Komintern in einer Resolution vom 1. April 1933 darin bestärkt wurden, daß Hitler ihnen in die Hände arbeitete und »das Tempo der Entwicklung zur proletarischen Revolution« nur beschleunige, waren die Sozialisten zunächst geneigt, in dem Regime einen bloß zeitweiligen Rückschlag gegenüber einer normalen demokratischen Ordnung zu sehen. So erklärte der Vorsitzende der Sozialdemokraten, Otto Wels, bei der letzten Massenversammlung seiner Partei in Berlin: »Gestrenge Herren regieren nicht lange.«[2] Aber diese Illusionen wurden Stück um Stück zerstört durch den Reichstagsbrand und die Verhaftungen, die ihm folgten, durch das »Ermächtigungsgesetz« vom 23. März, das praktisch die Befugnisse des Reichstages wie die des Reichspräsidenten aufhob und dem nur Wels in offener Sitzung zu widersprechen wagte, durch die Auflösung und Enteignung der Gewerkschaften und schließlich durch das Verbot aller Parteien mit Ausnahme der Nationalsozialisten im Juli 1933. So blieb nichts übrig als die Illegalität.

Es ist oft gefragt worden, warum man nicht von den ersten Anfängen an Gewalt mit Gewalt erwiderte oder, wenn das offenbar nicht möglich war, Zuflucht zum Generalstreik nahm, der sich 13 Jahre früher in der Niederwerfung des Kapp-Putsches so erfolgreich erwiesen hatte. Wer so argumentiert, ist geneigt, die verwirrende und lähmende Wirkung völlig neuer Erfahrungen ebenso zu übersehen wie das Gewicht der evolutionären und legalistischen Überlieferungen, denen Sozialdemokraten und Gewerkschaften anhingen.[3] Dazu kam, daß die Machtübernahme der Nationalsozialisten eben kein »Putsch« war; sie wurde ausgeführt in pseudorechtlichen und scheindemokratischen Formen, als eine »stufenweise« Revolution[4], die Unterstützung in breiten Schichten, besonders des unteren Mittelstandes, fand. Selbst wenn man davon absieht, so fiel weiterhin die Uneinigkeit des deutschen Proletariats schwer ins Gewicht. Kommunisten und Nationalsozialisten hatten, ungeachtet ihrer häufigen blutigen Kämpfe, mehr als einmal sich als Bundesgenossen die Hände gereicht. Das war der Fall gewesen im Sommer 1931, zur Zeit der gemeinsamen

Attacken gegen die sozialdemokratische Regierung in Preußen, und ebenso im Herbst 1932, als beide Parteien einen wilden Streik bei den Berliner Verkehrsbetrieben unterstützten. Auch ist keine Frage, daß nach dem Januar 1933 manche der aktiven Rotfrontkämpfer zur SA hinüberschwenkten, wenn auch die Fälle wohl kaum so zahlreich und drastisch waren, wie behauptet wird[5] und wie sie in umgekehrter Richtung sich in der Sowjetzone nach 1945 ereignen sollten. Weiterhin leuchtet ein, wie sehr die Phase des Hitler-Stalin-Bündnisses (August 1939 bis Juni 1941) zu einer Verwirrung der innerdeutschen kommunistischen Front führen mußte, wie sie noch ausgesprochener die französische Kriegführung gegen Hitler lähmte. Wenn es darüber auch nicht zu einem taktischen Bündnis der beiden Extreme kam – das der außenpolitischen Konstellation entsprochen hätte –, so sahen beide doch gerade in der SPD – wenn auch aus verschiedenen Gründen – die eigentlichen »Verräter«, die Sklaven des Finanzkapitals oder die Sozial-Faschisten, während diese weniger als je Anlaß hatte, sich Moskau zu unterwerfen.
Dies sind Tatsachen, die eine sehr erhebliche Rolle in der Geschichte der deutschen Opposition spielen sollten. Sozialisten und Kommunisten fuhren fort, ihre getrennten Wege zu gehen. Auch nicht in der Zeit der »Volksfront«-Politik (1936–1939)[6] trat – trotz der Beschlüsse des VII. Weltkongresses der Kommunistischen Internationale und der parallelen Brüsseler Konferenz der KPD gegen die »ultralinke« Taktik – eine wirkliche Verständigung ein. Wohl hat auch die zunächst nach Prag ausgewanderte Exekutive der SO(zialdemokratischen) PA(rtei) DE(utschlands) 1934 ein revolutionär-klassenkämpferisches Programm angenommen. Aber sie kehrte in der Grundhaltung bald zum Reformismus zurück, besonders nachdem das Exil nach Paris, London und Washington hatte verlegt werden müssen. Und der 3. Internationale (auch einer getarnten) sich zu unterstellen, wurde durchweg abgelehnt.[7]
Nun gab es daneben freilich noch mancherlei sozialistische Sondergruppen radikaler Art, wesentlich von der jüngeren Generation getragen, die sich von den vorhitlerschen Gruppierungen und den überholten Parteibegriffen loszusagen wünschten. Im Herbst 1933 erschien, noch in Deutschland geschrieben, aber in Karlsbad veröffentlicht, eine Broschüre unter dem Titel »Neubeginnen, Faschismus oder Sozialismus«.[8] Der Verfasser (»Miles«) drängte nicht nur auf Einigkeit innerhalb der proletarischen Front, sondern versuchte, die Wesensart der national-sozialistischen Diktatur realistisch zu deuten und daraus praktische Folgerungen zu ziehen. Er wandte sich gegen die Hoffnung auf eine zwangsläufige Selbstauflösung des Gewaltregimes als einer bloßen Erscheinungsform des Spätkapitalismus, die an ihren Widersprüchen zugrunde gehen werde. Es gelte

vielmehr, »Elite-Kader« zu schaffen, eine geschlossene Geheimorganisation erfahrener Funktionäre, die, theoretisch wie praktisch geschult, mit wichtigen industriellen Belegschaften Kontakt halten würden. Während dieses Programm, das von vornherein mit einer großen internationalen Krise rechnete, sich in langer Sicht als der Lage entsprechend erwies, gingen die »Illegalen« in der Zwischenzeit durch bittere Erfahrungen hindurch. Auch die »Neubeginner« mußten bis auf kleine Reste ins Exil gehen. Führer der demokratischen und der Zentrumspartei, zunehmender Verfolgung ausgesetzt,[9] wurden gleichfalls früher oder später gezwungen, die Heimat zu verlassen. Sie alle hielten nach Möglichkeit Verbindung mit den Resten ihrer Parteien. Aber die Zusammenarbeit zwischen den drei Weimarer Hauptgruppen wurde vielfach durch Mißtrauen gehemmt. Und das geringe Maß von Unterstützung, das sie im Ausland fanden, bedeutete eine schwere Enttäuschung.

Trotz dieser Rückschläge stieg die Geheimtätigkeit eine Zeitlang steil an. Deutschland wurde überflutet mit illegalen Broschüren und Flugblättern. Sie wurden eingeschmuggelt durch die »Grenz-Sekretariate« oder in geheimen Druckereien hergestellt. Alle möglichen Listen und Tricks wurden angewandt, um den Propaganda-Feldzug zu tarnen und die Verteilung anonym zu machen. Man könnte Seiten füllen mit der Beschreibung dieser Praktiken oder mit Zitaten aus der Untergrundliteratur.[10] Ein anderes Arbeitsfeld war das Herausschmuggeln von Berichten aus Deutschland. Sie gaben Nachrichten über politische, wirtschaftliche und militärische Vorgänge weiter oder über Beispiele von Widerstand, über planmäßige Verzögerungstaktiken der Arbeiter oder über die Niederlage der Nazikandidaten bei Betriebswahlen. Auch die politischen Ausschüsse in der Verbannung bemühten sich, in ihren Berichten »Aus Deutschland« alles, was zur Ermutigung der Opposition drinnen oder draußen dienen konnte, zu verbreiten.

Aber die Gestapo verbesserte ihre Technik und schloß ihre Netze immer dichter. Insbesondere in kommunistische Gruppen gelang die Infiltration.[11] Es war die arbeitende Bevölkerung, die das Hauptgewicht der Gegenangriffe zu tragen hatte. Die Verluste waren schwer. Im Jahr 1934 schrieb der »Manchester Guardian« mit Bezug darauf von den »zehntausend unbekannten Helden«[12]. Im folgenden Jahr setzte eine neue Terrorwelle ein. Beobachter, die Erfahrung in Untergrund-Parteiarbeit hatten, stimmten darin überein, daß im Hinblick auf die bestehenden Bedingungen eher zu viel als zuwenig in Deutschland vor sich ging. Sie kritisierten die Beteiligung einer großen Menge von Menschen, die, wie der österreichische Sozialist Otto Bauer meinte, sich durch die Romantik des Geheimbündlerwesens angezogen fühlten oder deren Abenteuerlust im

Kampf mit der Polizei Befriedigung fand. Konnte Massenpropaganda irgendwie das Nazi-Regime ernstlich gefährden, oder konnte das Stehlen und Verstecken von einigen Waffen zu irgendeiner Änderung der Situation führen, die dem Ausmaß der dabei in Kauf zu nehmenden Verluste entsprach? Stand der moralische Nutzeffekt von Plakaten, die man anschlug, oder von Parolen, die man an die Mauern malte, in einem verantwortbaren Verhältnis zu dem Wagnis? Wohl mochte es seinen Reiz haben, die Gestapo in Bewegung zu halten oder irrezuführen. Aber diese Methoden erwiesen sich letzten Endes als selbstmörderisch. Es erschien wichtiger, die Zellen des Widerstandes in der Arbeiterbewegung wie in den sozialistischen und christlichen Gewerkschaften zu retten. Es galt, alte Zentren intakt zu halten, neue Mitglieder sorgfältig zu wählen und methodisch zu schulen. Man darf die Wirkung nicht außer acht lassen, die diese Umorientierung auf weitere Sicht haben mußte. Sie trug zur Bildung jener früher erörterten »Reservefront« einer schweigenden Opposition bei, auf die man zählen konnte. Aber das unmittelbare Ergebnis des Wechsels in der Taktik war, daß von 1935 an eine gewisse Verringerung in dem Umfang nachweisbarer agitatorischer Tätigkeit eintrat.
Inzwischen freilich hatte sich innerhalb der Partei die schwere Krise ereignet, die unter dem Namen des Röhm-Putsches in die offizielle Geschichte des Dritten Reiches eingegangen ist und im Blutbad des 30. Juni 1934 und der Tage danach sich entlud.[13] Die Frage erhebt sich, ob sich hier nicht Möglichkeiten einer frühen Aktion des Widerstandes ergaben oder in die Krise hineingewirkt haben und diese deshalb zum Gegenstand unserer Studie gehört. In unmittelbarem Sinn ist das gewiß nicht der Fall. Es handelte sich primär bei den Juni-Ereignissen um die Niederwerfung der Unzufriedenen und der Tendenzen zur »zweiten Revolution« innerhalb der Partei, sekundär um den Machtkampf zwischen Armee und SA und dies mit dem Erfolg, daß die SS der eigentliche Gewinner war. Auf indirektem Wege allerdings hat das Massaker entschieden etwas mit der Geschichte der aktiven Widerstandsbewegung zu tun. Es gab zunächst manchen, die dessen noch bedurften, endgültige Klarheit über den Charakter des Regimes. Zwar war es damals noch nicht bekannt, daß die Zahl der Opfer sich auf das Vielfache der offiziell zugegebenen »nur« 77 Ermordungen belief. Aber auch so öffnete die zynische Brutalität der herrschenden Clique und die Erklärung des Mordes zum legalen Mittel vielen die Augen.[14] Zudem führt die Ausdehnung des Blutbades den heutigen Betrachter auf die Frage hin, ob dabei nur »alte Konten« gleichsam mit beglichen wurden oder ob Gegner außerhalb der Partei an der Krise mindestens teilhatten.
Ein Symptom in dieser Richtung bedeutete der ungewöhnlich polemische

Wortlaut einer Rede, die der Vizekanzler von Papen am 17. Juni 1934 an Marburger Studenten richtete. Als ihr Inspirator, ja nach neueren Feststellungen weitgehend als ihr Verfasser, darf der Münchener Rechtsanwalt Edgar J. Jung gelten. Wieweit Papen selbst aus den erhobenen Vorwürfen Konsequenzen zu ziehen bereit war, bleibt eine offene Frage. In seinen Memoiren distanziert er sich bei aller Hochschätzung Jungs von dem »Kugelgießer« und meint, er würde noch am Leben sein, wenn er sich nicht als »Seele des Papenschen Widerstands« deklariert hätte.[15] Für Jung jedenfalls ist an echter Opposition und an einer Beziehung zur Juni-Krise nicht zu zweifeln. Er gehörte zu einer Gruppe der »Jungkonservativen«, die in den späten zwanziger Jahren einen nicht unerheblichen Einfluß hatten und deren Ideen in führenden Kreisen der Opposition vielfach wieder auftauchten.[16] Sie hatten, gleich anderen Anhängern der Rechten, seit langem mit den nationalistischen und materialistischen Anschauungen des Hugenbergschen Pseudo-Konservatismus gebrochen. Aber sie erkannten auch die Gefahren, die mit gewissen Auswüchsen eines Pseudo-Liberalismus verbunden waren, mit der Bindungslosigkeit einer atomisierten und entchristlichten Gesellschaft oder einer verweltlichten Massenzivilisation, die dem Umschlag in Demagogie und Diktatur ausgesetzt war. Die meisten von ihnen sympathisierten mit föderalistischen Prinzipien und einer europäischen Ordnung, gegründet auf nationale Autonomie (nicht auf zentralisierte souveräne Staaten) und auf genossenschaftliche Organisationen, für die ein Muster in den Gewerkschaften vorlag. Jung selbst, der den Aufstieg und den Charakter der nationalsozialistischen Bewegung in München aus nächster Nähe hatte beobachten können, war gegen das Weimarer »System« mit einem polemischen Buch, das den herausfordernden Titel »Die Herrschaft der Minderwertigen« trug, (1928/30) hervorgetreten. Daß er auf Hitler als den »Antichristen« noch schärfer reagierte, steht außer Frage. Er mochte (wie auch andere) an dem durch die Entwicklung desillusionierten Vizekanzler den Hebelpunkt zum Handeln zu finden hoffen, insbesondere dann, wenn der sich abzeichnende Konflikt in der Partei zum Ausbruch kam. Pechel, der zum gleichen Kreis der »linken Leute von rechts« gehörte, versichert, daß Jung und seine Freunde bestimmte Pläne für den Sturz der Regierung hatten und daß die Marburger Rede als Signal gedacht war.[17] Wie dem auch sein mag, es bestanden Beziehungen zu Treviranus, der zu Beginn der dreißiger Jahre eine Anti-Hugenberg- und Anti-Nazi-Front der gemäßigten Rechten aufgebaut hatte, und zu Dr. Brüning, dem Zentrumsführer und letzten demokratischen Kanzler der Weimarer Republik. Es scheint, daß beiden Männern ein aktiver Anteil in der Krise zugedacht war; beide entgingen dem Blutbad mit knapper Not. Hingegen sind an-

dere außerhalb der Partei, die ihm zum Opfer fielen, wohl als Gegner bekannt und verhaßt gewesen, auch wohl aus dem Instinkt heraus hingemordet worden, daß hier mögliche Ansatzpunkte einer Opposition bestanden, ohne daß diese Männer indessen in Aktionen oder Planungen verwickelt gewesen zu sein scheinen. Das gilt von Papens Referenten, dem Oberregierungsrat von Bose, wie seinem Ministerialdirektor, dem Führer der »Katholischen Aktion«, Erich Klausener[18]. Und es gilt wohl auch von den Generalen von Schleicher und von Bredow.[19] Von konspirativen Beziehungen ihrerseits zu Röhm oder zu Frankreich, wie der öffentlich erhobene Vorwurf lautete, kann ernsthaft nicht die Rede sein.
Was immer sonst im Hintergrund dieser Tage gespielt haben mag – im Hin und Her von Beziehungen aus verschiedenen gesellschaftlichen Lagern und über alle Parteigrenzen hinweg bestätigt sich der Eindruck, daß die Opposition in ihrem Charakter sich wandelte und mehr aus Einzelpersönlichkeiten profilierter Art oder aus Gruppen zu bestehen begann, die sich spontan zusammenschlossen auf Grund von Motiven, die oft in moralischer Empörung ihren gemeinsamen Nenner haben mochten oder in wechselseitiger Sympathie mit jeder Form der Auflehnung, was auch ihr spezifischer Ansatzpunkt war. Ein bezeichnendes Beispiel dafür bietet die Figur eines so typischen Nonkonformisten und nationalrevolutionären Radikalen wie Ernst Niekisch. Nach einem Überfall durch die SA im März 1933 holte er sich Rat bei Schlabrendorff und Ewald v. Kleist-Schmenzin. Dieser seinerseits, Abkömmling einer altpreußischen Junkerfamilie aus Pommern und von Anfang an ein entschiedener Gegner des Regimes, wußte sich nach dem 30. Juni 1934, als er selbst verhaftet werden sollte, keinen besseren Rat, als bei Niekisch in Berlin um Unterschlupf zu bitten.[20] Verbindungen dieser Art sind von großem symptomatischem Interesse. Niekisch war bekannt als Leiter eines Verlages und Herausgeber einer Zeitschrift, die beide den Namen »Widerstand« trugen. Seine national-revolutionäre Form richtete sich ursprünglich ebenso gegen Weimar wie gegen die NSDAP und die KPD.[21] Und wenn er 1932 eine Schrift mit dem Titel »Hitler – ein deutsches Verhängnis« veröffentlichte, so griff er damals den kommenden Diktator mit deshalb an, weil er als »Westler« die echte Revolution verderbe. Zugleich aber war in Niekisch ein Stück Preußentum lebendig, das ihn in dieser Schrift niederschreiben ließ: »Hitler ist die Rache für Königgrätz.« In Broschüren von äußerster Schärfe und – wie es scheint – nicht ohne Unterstützung aus Kreisen der Reichswehr setzte Niekisch die Polemik fort. Daß ein Mann dieser Art mit der jungkonservativen Opposition zusammenarbeiten konnte, weist auf gewiß ungewöhnliche Querverbindungen hin. Im Jahr 1937 wurde Niekisch wegen Vorberei-

tung zum Hochverrat verhaftet und zu lebenslänglichem Zuchthaus verurteilt.
Es gab viele andere Gruppen oppositioneller Männer und Frauen, die in lockerer Form, in örtlicher Verbundenheit oder mit einer Persönlichkeit als Kristallisationskern, organisiert waren. Eine dieser Gruppen, um einen Haudegen aus dem Freikorps Oberland, »Beppo« Roemer, geschart, bekannte sich in einem frühen Stadium zur Notwendigkeit der Ermordung Hitlers. Durch Verbindungsleute in der Berliner Kommandantur und dem Auswärtigen Amt erhielt der Kreis regelmäßig Informationen über des Führers jeweilige Reisedispositionen, aber die Attentatspläne verwirklichten sich nie.[22] Nikolaus von Halem, ein oberschlesischer Industrieller und Freund Schlabrendorffs, der schon nach dem 30. Juni zur Erkenntnis kam, daß nur Gewaltanwendung gegen den »Postboten des Chaos« helfen könne, unterstützte Roemers Vorbereitungen und wurde durch ihre Aufdeckung zusammen mit dem Legationsrat Mumm von Schwarzenstein in den Untergang hineingerissen. Während er dem Tod entgegensah, schrieb er an seinen Freund Karl Ludwig Freiherr von Guttenberg von der in alle Tiefen dringenden Erfahrung, wenn »... das Ich so schattenhaft zu werden beginnt«, und an die Mutter wenige Minuten vor der Hinrichtung: »Jetzt habe ich auch die letzte kleine Unruhe überwunden, die den Baumwipfel faßt, ehe er stürzt ...«
Von wesentlich anderer Farbe waren vermutlich die »R. R.« (Rächer Röhms). Daneben verfolgten Einzelgänger und Außenseiter ihre besonderen Wege. Freilich, ob man den Tischler G. Elser, der am 8. November 1939 den Anschlag im Bürgerbräukeller verübte, unter die einsamen Fanatiker zu rechnen hat, ist eine umstrittene und noch immer umstreitbare Frage. Man hat wohl versucht, ihn als kommunistischen Meisterattentäter in die Geschichte des Widerstandes einzureihen.[23] Aber ganz abgesehen von der merkwürdigen Form seiner Inhaftierung zuletzt im »Prominentenflügel« des Dachauer Lagers und der Tatsache, daß Elser erst unmittelbar vor Kriegsende beseitigt worden ist, bleibt es schwer erklärlich, wie die Installation einer Höllenmaschine für einen einzelnen technisch möglich gewesen sein soll und warum Hitler seine Rede früher als sonst üblich begann, so daß er vor der Explosion den Saal verlassen konnte. Übrigens arbeitete der Anschlag in gewisser Weise gegen die Opposition, indem er nicht nur Hitlers Missionsbewußtsein stärkte und die Reihe der »providentiellen« Rettungen zu eröffnen schien, er hat auch, wie noch zu belegen sein wird, als ausgesprochener Störungsfaktor in eine wirklich geplante Aktion hineingewirkt. Im übrigen benutzte Himmler den Vorfall, um die Verhaftung von 40 bayerischen Legitimisten als Komplicen zu fordern, und offiziell wurde der britische Geheimdienst

der Anstiftung beschuldigt. Dies ist das einzige Bombenattentat, das aus der Zeit vor dem Kriege der Öffentlichkeit mitgeteilt wurde, aber es kann angenommen werden, daß es andere Sprengstoffexplosionen gab, die nicht so allgemein bekannt wurden. Selbst der amerikanische Korrespondent William L. Shirer, der gewiß nicht grade den Symptomen von Widerstand in seiner Umgebung besondere Aufmerksamkeit schenkte, berichtet in seinem »Berliner Tagebuch« von zwei solchen Explosionen in einer einzigen Nacht.[24]

Im Rahmen dieser Studie erscheint es jedoch wichtiger, zu betonen, daß bereits innerhalb der frühen Widerstandszentren viele der Namen erscheinen, die vorausdeuten auf die Geschichte des 20. Juli 1944. Die Zusammensetzung dieser Gruppen veranschaulicht die Verbreitung eines oppositionellen Geistes, der herauswuchs aus grundsätzlich neuen Erfahrungen unter dem Nazi-Regime. So wurden in diesen Jahren von Individuen und Gruppen die Keime einer Saat gelegt, die nicht so sehr für unmittelbare Aktion als für die Vorbereitung zum Handeln bedeutsam war. Pechel, der vielseitige Berührungen hatte, führt unter anderen die folgenden wohlbekannten Persönlichkeiten an: die Kommunisten Saefkow, Jacob und Bästlein; die Sozialisten Ernst von Harnack (den Sohn des Theologen), Dr. Mischler und Markwitz; die Zentrumsangehörigen Andreas Hermes und Jakob Kaiser. Er erwähnt mit besonderem Nachdruck Männer wie Schulze-Boysen und Arvid Harnack, die uns schon als Führer der »Roten Kappelle« begegneten. Er nennt ferner Industrielle wie von Halem und Reusch oder den Kreis um Robert Bosch in Stuttgart, der neben anderen oppositionellen Unternehmungen die »Deutsche Rundschau« finanzierte und von dem noch im Zusammenhang mit Goerdeler mehr zu sagen sein wird. Weiterhin umfaßt Pechels Liste Künstler und Professoren, Anwälte, Ärzte und Einzelpersonen aus allen Lebenssphären.[25]

Von besonderem Interesse für dieses Entwicklungsstadium ist eine Beobachtung, die Schlabrendorff im Jahre 1938 machte.[26] Nachdem er für einige Zeit als Rechtsanwalt in der Provinz (Rhein-Hessen und Pommern) am Aufbau anti-nationalsozialistischer Zellen gearbeitet hatte, fand er bei seiner Rückkehr nach Berlin ein »verändertes« Bild vor. Während die Opposition früher ein loses Mosaikbild der vor 1933 führenden Kräfte gewesen sei, bestand jetzt zwar »keine feste Organisation«, aber ein Zusammenspiel, in dem diese Kräfte sich entfalteten. »Es war eine Vielfalt von Kreisen vorhanden, die sich gegenseitig überschnitten ...« Das Band, das so mannigfache Elemente zusammenhielt, war offenbar mehr die Gemeinsamkeit sittlicher Überzeugung als die sozialer Interessen. Zum verwandelten Bilde paßt die Gründung der »Deutschen Freiheitspartei« in den Jahren 1937/38. Ihr erstes Flugblatt betonte »die

Würde der menschlichen Persönlichkeit« als den Vereinigungspunkt aller Gegner des Nazi-Regimes. Es unterstrich weiterhin die Tatsache, daß das politische Ziel nicht eine bloße Rückkehr zu Weimar sein dürfe. Auch das war eine Forderung grundsätzlicher Umstellung, die auf verbreitete Zustimmung rechnen konnte.[27]

Es erhebt sich die Frage, ob es noch andere und festere Kerne neben den Untergrundzellen der Arbeiterschaft und der Linksparteien gab sowie neben den lockeren, neuerdings sich formenden Gruppen von Menschen, die in ihrem Gewissen aufgerüttelt waren. Gab es insbesondere solche aktiven Kerne innerhalb der staatlichen Schlüsselstellungen, die bisher vom Nazi-Geist noch nicht oder vergleichsweise wenig durchsetzt waren, d. h. im Auswärtigen Amt, in der Verwaltung und in der Armee?

Es ist früher schon einmal das Problem des »Dabei-Bleibens« berührt worden, das für hohe Beamte eine besondere Dringlichkeit hatte. In einer tiefgreifenden Studie über Obrigkeit und Widerstand (»Zur politischen Soziologie des Beamtentums«)[28] ist Herbert von Borch zu der Folgerung gekommen, daß Opposition unter der Diktatur »am ehesten in den allerersten Anfängen effektiv werden« könnte; und zugleich, daß sie, wenn überhaupt, so nur »innerhalb des zivilen oder militärischen Herrschaftsapparates wirksam erfolgen kann«. Das führt auf die Frage einer »Institutionalisierung« des Rechts oder der Pflicht des Beamten zum Widerstand, die hier nicht zu behandeln ist.[29] Das Problem als solches war zweifellos 1933 nicht im Bewußtsein lebendig, obwohl es ein gewisses Vorspiel gehabt hatte im »Widerstand der Staatssekretäre« während des Kapp-Putsches. Aber, wie schon betont, die Machtergreifung war ja eben kein Putsch. Irgendeine solidarische Front des hohen Beamtentums gegenüber der Scheinlegalität war praktisch undenkbar, und nur in Ansätzen individueller Art wird man von einer frühen Opposition in diesen Kernbereichen staatlichen Lebens sprechen können.

Für das Auswärtige Amt etwa läßt sich durch die Jahre hin, ohne daß in jedem einzelnen Falle genaue Datierungen möglich sind, eine Reihe von Persönlichkeiten der frühen Opposition zurechnen.[30] Neben denen, die schon erwähnt wurden oder noch besondere Erwähnung finden werden, seien Namen genannt wie die von Dr. Johannes Ullrich, E. v. Selzam, Dr. Siegfried, von der Heyden-Rynsch, Dr. Georg von Bruns, Dr. Ad. Velhagen, Herbert Blankenhorn, Gottfried von Nostiz, Dr. von Twardowski und Dr. Aschmann. Auf der Ehrentafel in der Deutschen Botschaft in London stehen die Namen von Albrecht Graf von Bernstorff, Eduard Brücklmeier und Herbert Mumm von Schwarzenstein. Bei der feierlichen Enthüllung der Tafel sprach Harold Nicolson mit Bezug auf diese Namen von dem Mut, der »fackelgleich durch die Finsternis und den Propagan-

danebel strahlt«. Die Gegenarbeit gegen das Regime innerhalb des Amtes wurde ferner durch Weitergabe von Informationen an die oppositionellen Kreise ergänzt. In diesem Betracht war Dr. Paul Schmidt eine nicht unwichtige Figur, da er als Dolmetscher an allen internationalen Besprechungen Hitlers teilnahm. Es ist gewiß, daß viele Mitglieder des Auswärtigen Amtes (wie die anderer Behörden) Anstoß nahmen, wenn nicht an Schlimmerem, so doch an der Korruption und Willkür, der sie in Erfüllung ihrer Pflichten auf Schritt und Tritt begegneten. Sie waren sich bewußt, der Nation und nicht einer besonderen Regierungsform oder gar einer Ideologie und dem daraus hergeleiteten System zu dienen. Es trifft fernerhin zu, daß Bernhard Wilhelm von Bülow, der Staatssekretär in den Anfangsjahren des Regimes, erfolgreich die Versuche nationalsozialistischer Infiltration abwehrte und Zugeständnisse auf ein Minimum beschränkte. Noch im Herbst 1944 beklagte sich Gauleiter Bohle bei Himmler, daß unter 690 hohen Beamten des auswärtigen Dienstes mehr als 600 noch nicht »den richtigen Glauben« hätten.[31] Die Außenpolitik der nationalsozialistischen Regierung mußte sich daher ihr eigenes Organ schaffen, zunächst in dem wenig erfolgreichen Außenpolitischen Amt der NSDAP unter Rosenberg, dann im Büro Ribbentrop. Als dieses im April 1934 errichtet wurde, zunächst mit einem Spezialauftrag für »Abrüstung«, aber mit der deutlichen Tendenz, mehr und mehr Angelegenheiten an sich zu ziehen, wurde Dr. Erich Kordt dem Büro als Verbindungsmann zugeteilt. Bei seiner Ernennung wurde ihm die Anweisung gegeben, dem Auswärtigen Amt laufend über die Tätigkeit Ribbentrops zu berichten und seine Einmischung in Dinge, die ihn nichts angingen, möglichst zu verhindern.[32] Damit begann ein »Kleinkrieg«, der gewiß technisch Opposition war; aber die Maxime hieß zunächst offenbar abwarten, bis das Regime, möglicherweise nach gewissen Anfangserfolgen, in einer Sackgasse enden werde. Auf die Länge hin war das Ergebnis dann allerdings die Bildung eines wichtigen Widerstandszentrums in der unmittelbarsten Umgebung von Ribbentrop. Die Bedeutung dieser Tatsache wird noch zu belegen sein. Es sei hier nur erwähnt, daß Kordt auch laufende Beziehungen zu Dr. Brüning unterhielt. Die Verbindung zwischen dem Auswärtigen Amt und dem Oberkommando der Wehrmacht lag gleichfalls in nazi-gegnerischen Händen. Von Kessel, ein Freund Kieps, und von Etzdorf waren mit dieser Aufgabe betraut.
In der Inneren Verwaltung wird man gleichfalls nicht (und noch weniger als im Auswärtigen Amt) von der Bildung einer frühen und bestimmten Oppositionsfront sprechen dürfen. Aber auch hier gab es neben dem erwähnten Phänomen schweigenden Widerstands oder geheimer Sabotage einige hervorragende einzelne, die im Anfangsstadium sich schon zur

Wehr setzten. Als Beispiel sei der Fall des Staatssekretärs im Preußischen Innenministerium, Herbert von Bismarck, erwähnt. Er protestierte gegen die Gesetzwidrigkeit der Verfolgungen und trat zurück, als es ihm nicht gelang, die Nicht-Nazi-Minister (insbesondere v. Blomberg) zum gleichen Schritt zu bewegen.[33] Ein weiteres Beispiel ist das des Landrats Theodor Steltzer im Kreis Rendsburg, dessen Name im Zusammenhang mit dem Kreisauer Kreis uns wieder begegnen wird. Im April 1933 schrieb er für den österreichischen Bundeskanzler Schuschnigg eine sehr kritisch gehaltene Denkschrift, »Grundsätzliche Gedanken über die deutsche Führung«[34], von der eine Abschrift in die Hände der Gestapo fiel. Es wurde ein Verfahren wegen Hochverrats gegen ihn eingeleitet, das aber, um kein zu großes Aufsehen in der Provinz zu erregen, unter einem Amnestievorwand eingestellt wurde. Von einem anderen Opponenten in der Verwaltung, Carl Friedrich Goerdeler und den ihm Nahestehenden, wird noch ausführlicher zu berichten sein. Er ist ja zu einer der Zentralfiguren des Widerstands geworden. Aber auch er blieb zunächst »im Amte«: Aus der Selbstverwaltung herkommend und zu einem führenden Kommunalpolitiker Deutschlands geworden, erst als zweiter Bürgermeister in Königsberg, dann als Oberbürgermeister in Leipzig, dazu unter Brüning Preiskommissar, hat er später wohl bedauert, die Möglichkeit eines Ministeriums unter Papen nicht ergriffen zu haben. Aus tief gefaßtem Verantwortungsgefühl und in dem bei ihm je und je wiederkehrenden Glauben, durch »vernünftiges Zureden immer noch Gutes wirken zu können« (Ritter), übernahm er im November 1934 erneut den von Hitler ihm angebotenen Posten des Preiskommissars im Nebenamt und hat ihn bis Juli 1935 innegehabt. Sein Denkschriften-Kampf blieb jedoch erfolglos. Es ist keine Frage, daß er, auch schon ehe es zum Bruch kam und weiter dann durch die Vorkriegsjahre hindurch, für den engen Zusammenhalt zwischen Nazigegnern innerhalb wie außerhalb Deutschlands arbeitete. Er widmete sich dem Aufbau einer aktiven Opposition in seinem Bekanntenkreis, vornehmlich unter hohen Beamten und Männern der Wirtschaft.[35] Zu Schachts Finanzpolitik stand er schon als Preiskommissar in sich verschärfendem Gegensatz. Dieser selbst, über dessen intellektuelle Fähigkeiten kein Zweifel besteht, ging wohl spätestens im Jahr 1936 und im Protest gegen das Aufrüstungsprogramm zur Opposition über. Gisevius hat einen dramatischen (und vermutlich überdramatisierten) Bericht gegeben von einer geplanten, aber gescheiterten Geheimzusammenkunft zwischen Schacht und dem Kommandierenden General in Münster, von Kluge, die er selbst zu Beginn des Jahres 1937 arrangiert haben will.[36] Nach einer anderen Informationsquelle hat Schacht spät im Jahre 1936 einen Vertrauten zu Generaloberst Beck mit der Anfrage gesandt, ob er

zum Vorgehen gegen Hitler bereit sei. Beck soll geantwortet haben, daß eine Änderung des Regimes eine zivile Angelegenheit sei, daß aber, wenn die zivile Opposition die Initiative ergreife, die Armee es nicht an sich fehlen lassen würde.[37] Es war in der Tat eine Angelegenheit der Zivilisten, d. h. der Staatsbürger, und dieser Charakter eines im Wesen bürgerlichen Widerstands sollte der Opposition erhalten bleiben. Und doch stimmten um das Jahr 1937 herum alle Widerstandskreise in einer Erfahrung überein: Es gab unter dem Nazisystem schlechterdings nicht die geringste Aussicht für den Erfolg einer oppositionellen Bewegung, weder für eine Revolution im Barrikadenstil, für einen Volksaufstand oder irgendeine andere Form spontaner Erhebung, noch für eine Revolution von oben, sei sie ausgelöst durch eine Verschwörung innerhalb des Regimes oder durch führende Männer der Gesellschaft und der Beamtenschaft. Was immer die vorbereitende Bedeutung der frühen Widerstandszentren war, das nächste Erfordernis mußte sein, die Ketten der Gestapo und der SS zu zerbrechen. Das konnte nur durch die »Waffenträger« der Nation geschehen. Man begann von der »Generalität« zu sprechen – ein Begriff, der in Deutschland früher nicht üblich gewesen war.
Damit tauchten eine Reihe von Problemen auf, die einer besonderen Erörterung bedürfen.

2. Krise im Herbst 1938

Zunächst freilich – vor der Erörterung militärischen Widerstands und der erneuten Betonung des grundsätzlich zivilen Charakters der Opposition – muß des ersten Versuchs gemeinsamen Handelns gedacht werden, der sich aus allen bisherigen Ansätzen scharf heraushebt und durch die zur Katastrophe drängende Kriegspolitik Hitlers sein besonderes Profil erhält. In der Besprechung vom 5. November 1937, deren Hauptinhalt in der Aufzeichnung durch Oberst Hoßbach vorliegt, hatte Hitler zum erstenmal seinen Entschluß zur gewaltsamen, kurzfristig in Aussicht zu nehmenden Lösung der deutschen Raumfrage enthüllt, und zwar vor dem Außenminister, dem Kriegsminister und den Oberbefehlshabern der drei Wehrmachtsteile.[38] Er erfuhr Widerspruch – zeitweilig in scharfen Formen, wie sich Hoßbach erinnert – von seiten Neuraths sowohl wie von Blomberg und Fritsch – einen Widerspruch, der sich naturgemäß im diplomatischen und militärisch-technischen Rahmen hielt.[39] Schärfer noch war die Reaktion des Generalstabschefs, Generaloberst Beck, der von der Hoßbach-Aufzeichnung, wie bezeugt ist, einen niederschmetternden Eindruck empfing.[40] Die Einwände des Fachmannes gegen dilettantischen Leichtsinn, die übrigens von der Seekriegsleitung geteilt wurden, wie die Gewissensbedenken des an verantwortlicher Stelle Stehenden gegenüber einer Katastrophenpolitik wuchsen in dem Maße, wie Hitlers Angriffsplan gegen die Tschechei sich verdichtete und Ende Mai 1938 in der Weisung »Grün« als »unabänderlicher Entschluß« festgelegt wurde. In drei tiefgreifenden Denkschriften hat der Generalstabschef gegenüber dem Befehlshaber des Heeres, von Brauchitsch, dem Nachfolger von Fritsch, seinen Widerspruch entwickelt und ihn durch mündliche Vorträge ergänzt. In Ausführungen vom 16. Juli finden sich die seitdem oft zitierten Worte von der »Grenze« des soldatischen Gehorsams: »Es ist ein Mangel an Größe und an Erkenntnis der Aufgabe, wenn ein Soldat in höchster Stellung in solchen Zeiten seine Pflichten und Aufgaben nur in dem begrenzten Rahmen seiner militärischen Aufträge sieht, ohne sich der höchsten Verantwortung vor dem gesamten Volk bewußt zu werden. Außergewöhnliche Zeiten verlangen außergewöhnliche Handlungen.«

Der Widerstand, der bei Beck so zu Worte kam, sollte sich indessen nicht auf Kritik vom Standpunkt des Sachverständigen oder auf rein militärische Obstruktion beschränken, die vom Generalstabschef zunächst als solidarische Verweigerung der Mitwirkung am Kriegsplan seitens der höheren Führung geplant war. Schon die Vortragsnotiz vom 16. Juli rechnete darüber hinaus mit »innerpolitischen Spannungen«. Am 29. Juli hieß es dann deutlicher: Das Heer müsse sich nicht nur auf einen möglichen Krieg, sondern auch »auf eine innere Auseinandersetzung, die sich nur in Berlin abzuspielen braucht«, vorbereiten. Es seien entsprechende Aufträge zu erteilen, wobei von Witzleben, der Kommandierende General in Berlin, und der Polizeipräsident, Graf Helldorff, genannt wurden.

Mit Recht hat man diesen Vortrag vom 29. Juli 1938 als ersten Keim für eine Staatsstreichplanung bezeichnet[41], die von Becks Nachfolger Halder fortgesetzt worden ist. Insbesondere die Berater des Generalstabschefs im Nachrichten- und Abwehrdienst waren der Ansicht, wenn das deutsche Volk über die immer deutlicher werdende, verhängnisvolle Perspektive einer Aggressionspolitik aufgeklärt würde, so werde der Zauber weichen, den die Kette der außenpolitischen Erfolge Hitlers – von der Erlangung der Wehrfreiheit über die Rheinlandbesetzung bis zum Anschluß hin – auf viele ausgeübt hatte. Wenn die Politik des Regimes sich als unzweifelhaft zum Kriege treibend erwies, dann würde es leicht sein, die Regierung zu stürzen. Die verschiedenen Gruppen von Verschwörern, die sich seit 1937 einander genähert hatten, waren in diesen Folgerungen einig. Sie beschlossen, nicht nur alles zu tun, um einen

europäischen Krieg zu verhindern. Darüber hinaus sahen sie in der Bedrohung des Friedens eine einmalig günstige Gelegenheit, sich eine breite Front der Unterstützung für einen Staatsstreich zu sichern.
Es ist kein Zweifel, daß ihre Analyse der öffentlichen Meinung zutraf. Das kann von jedermann bestätigt werden, der in Deutschland die kritischen Wochen vor dem Münchener Abkommen bewußt erlebt hat. Nicht nur feierte das Publikum auf der Straße, das nach einem Wunschbild und ohne Kenntnis der inneren Zusammenhänge urteilte, den britischen Premierminister, den Friedensbringer »in unserer Zeit«, ebenso enthusiastisch, wie es die englische Öffentlichkeit tat. Es ereigneten sich noch andere sehr auffallende Dinge. Als Hitler am 27. September, im Sinne einer drohenden Geste, aber wohl auch um die Stimmung zu erproben oder zu heben, eine der neuen Panzerdivisionen durch Berlin marschieren ließ, wurde diese Demonstration mit eisigem Schweigen beantwortet. Ein ähnliches Echo erfuhr Hitler selbst, als er auf dem Balkon der Reichskanzlei »sich dem Volke zeigte«. Die gewohnte Huldigung blieb aus.[42] Auf dem Höhepunkt der internationalen Spannung waren deutliche Anzeichen für eine schwere Vertrauenskrise des Regimes erkennbar.
Ob das von den Verschwörern in vollem Umfang vorausgesehen wurde, steht dahin. Jedenfalls rechneten sie mit einem Rückschlag, der entweder zum Nachgeben und damit zum Gesichtsverlust des Diktators führen oder, wenn er auf dem Weg zur Katastrophe fortschreite, es möglich machen werde, ihn als Kriegstreiber vor Gericht zu stellen. Neben den schon von Beck genannten und für die Machtlage in Berlin entscheidenden Persönlichkeiten (von Witzleben und Graf Helldorff, ferner auch noch dessen Stellvertreter Graf Fritz Dietloff von der Schulenburg) war der Stadtkommandant von Potsdam, Graf Brockdorff-Ahlefeldt, für die Verschwörung gewonnen. Zudem stand in Thüringen eine Panzerdivision unter General Hoepner bereit, die einen etwaigen Versuch zum Entsatz Berlins von seiten der Münchener Leibstandarte auffangen sollte. Es besteht kein Grund und würde anmaßend sein zu sagen, daß die Pläne vom technischen Standpunkt aus mangelhaft waren oder daß nicht genug Kräfte zur Verfügung standen, um den Putsch durchzuführen.[43] Die Schwäche des Plans lag vielmehr in der Annahme, die westlichen Demokratien würden sich Hitlers Vorgehen gegen die Tschechoslowakei widersetzen und dadurch die drohende Gefahr eines allgemeinen Krieges sichtbar machen. Man muß jedoch hinzufügen, daß alles nur Erdenkliche getan wurde, um zum mindesten England zu einer solchen Handlung zu bewegen.
Dies führt zur politischen Seite der Aktion. Goerdeler, der es im Sommer 1937 in England nicht an Warnungen hatte fehlen lassen, war in diesem

Stadium unbeteiligt. Er befand sich von August bis Oktober 1938 auf Reisen.[44] Die im August einsetzende außenpolitische Initiative ging teils von der Abwehr, teils vom Widerstandskreis in der Wilhelmstraße aus und hat zu Schritten sehr ungewöhnlicher Art geführt.

Ein gewisses Vorspiel mag darin erblickt werden, daß der Rittmeister a. D. von Koerber im Laufe des August mehrmals mit dem Militärattaché der Britischen Botschaft in Berlin in Verbindung trat und unter Andeutung monarchistischer Restaurationspläne erklärte, der Umsturz müsse zwar von innen geschehen, könnte aber von außen unterstützt werden.[45]

Diese reichlich naiv erscheinende Anregung einer Unterstützung von außen wird in ihrem konkreten Bezug deutlicher und gewinnt ihre eigentliche politische Dimension durch den Auftrag, den der früher bereits erwähnte preußische Junker Ewald von Kleist übernahm und im August 1939 ausführte. Schon 1932 hatte er eine Schrift geschrieben »Der Nationalsozialismus – Eine Gefahr«. Aus Protest gegen das Eindringen der »Deutschen Christen« in die Schmenziner Gemeinde war er 1935 der Bekennenden Kirche beigetreten; von Anfang an entschlossen zum Widerstand, scheute er sich nicht, sein Leben einzusetzen. Die ihm vorschwebende Mission nach London zu übernehmen hieß in der Tat »den Kopf in die Schlinge« stecken. Kleist besprach seinen Plan mit dem Berliner Korrespondenten des »London News Chronicle« Jan Colvin, der bereit war, den Besuch durch einen Brief an Lord Lloyd vorzubereiten, und der auch sonst detaillierte Angaben über die Inszenierung der Reise überliefert hat. Man wird ihnen nur insoweit folgen dürfen, als sie durch andere Zeugnisse gestützt sind. Sicher ist, daß Kleists Plan von den Männern der Abwehr, von Canaris und Oster, zu denen er durch seinen Schwager Zutritt hatte, lebhaft begrüßt worden ist. Nach Colvin hat Canaris Kleist auch Beck zugeführt, der geäußert habe: »Bringen Sie mir den sicheren Beweis, daß England kämpfen wird, wenn wir die Tschechoslowakei angreifen, und ich werde diesem Regime ein Ende bereiten.« – Es muß im Gegensatz zum Biographen Kleists betont werden, daß diese Worte – in der deutschen Ausgabe von Colvins Buch sind sie etwas anders formuliert – weder von Schlabrendorff noch von Kleists Sohn bestätigt werden. Hier bleibt ein Fragezeichen. An der mindestens nachträglichen Mitwisserschaft Becks ist indessen nach anderen Indizien nicht zu zweifeln.[46]

Nachdem die Abwehr technisch die Wege zur Reise nach England wie auch für die Rückkehr geebnet hatte und der britische Botschafter in Berlin informiert worden war, traf Kleist am 18. August in London ein. Außer mit Lord Lloyd, dem »zweiten Mann« der Konservativen, hatte er Unterredungen mit Vansittart und Churchill. Er machte rückhaltlos klar, daß Hitlers Kriegsplan gefaßt sei und nach dem 27. September ausgeführt werden würde. Die Generale, die gegen einen solchen Kurs stünden, bedürften indessen der Ermutigung von außen. Kleist regte daher eine feste Erklärung Englands und einen Appell an die Opposition an. Wenn der Krieg vermieden werden könne, würde dies das Vorspiel zum Ende des Regimes sein. Churchill gegenüber ging er weiter und betonte, daß, wenn die Generale auf Frieden bestünden, eine neue Regierung innerhalb von 48 Stunden gebildet werden würde. Während Vansittart dem Premierminister berichtete, schrieb Churchill einen Brief an Kleist, in dem er die Folgen eines allgemeinen Blutbades vorausschilderte, wenn die Deutschen zum Angriff schritten, und – freilich nur als Führer der Opposition – versicherte, daß England mit Frankreich marschieren werde. Der Premierminister, Neville Chamberlain, aber gab keine der gewünschten Erklärungen ab, seine Gedanken über die Erhaltung des Friedens gingen in anderer Richtung. Und während er die Echtheit der Nazigegnerschaft Kleists anerkannte, schrak er sichtlich vor dessen Bereitschaft zu »civil disobedience« zurück, die doch in den Glaubenskämpfen eine sehr rühmliche englische Tradition gewesen war: Das Ganze erinnere ihn, so schrieb er, an die Jakobiten in Frankreich (d. h. die Stuartanhänger) zur Zeit Wilhelms III.

Das nächste, was geschah, war, daß der Staatssekretär von Weizsäcker, der auf Drängen oppositioneller Elemente hin von Bülows Nachfolge angenommen hatte, mit dem Herannahen des kritischen Termins, d. h. der Eröffnung des Nürnberger Parteitages (5. September) im Einvernehmen mit Beck zu einer höchst ungewöhnlichen Maßnahme schritt. Eine Cousine Erich Kordts wurde mit einer Botschaft, deren Wortlaut sie auswendig gelernt hatte, an seinen Bruder Theo, der damals Geschäftsträger in London war, gesandt. Nach einer Fühlungnahme mit Sir Horace Wilson, dem nächsten Berater Chamberlains, bat Theo Kordt, vom Außenminister insgeheim empfangen zu werden. In der Nacht des 7. September betrat er Downing Street 10 durch den Garteneingang. Er legte Lord Halifax eine von Staatssekretär von Weizsäcker formulierte Erklärung vor.[47] Sie wurde ausdrücklich im Namen »politischer und militärischer Kreise in Berlin, die mit allen Mitteln einen Krieg verhindern wollen« abgegeben. Die Erklärung betonte die Notwendigkeit einer unzweideutigen Stellungnahme der britischen Regierung gegen Hitlers Kriegstreiberei. Lasse man seiner Gewaltpolitik freie Bahn, so werde »der Weg für eine Rückkehr zu den Begriffen von Anstand und Ehre unter europäischen Nationen endgültig versperrt«. Es sei wahrscheinlich, daß eine offene britische Erklärung den Krieg verhindern werde, und eine solche diplomatische Niederlage könne das nationalsozialistische Regime nicht überleben. Sollte gleichwohl Hitler auf seiner kriegerischen Politik bestehen, so erklärte Kordt, in der Lage zu sein zu versichern, daß die politischen und militärischen Kreise, für die er spreche, »will take arms against a sea of troubles and by opposing end them«.

Indem das Zitat aus Hamlets großem Monolog über »Sein oder Nichtsein« den dramatischen Charakter der Unterredung unterstrich, endete Weizsäckers Botschaft in einer klaren Zusage: »Wenn die erbetene Erklärung gegeben wird, sind die Führer der Armee bereit, gegen Hitlers Politik mit Waffengewalt aufzutreten.« Der britische Außenminister, der diesen höchst freimütigen Eröffnungen aufmerksam zugehört hatte, erwiderte, er werde den Premierminister und ein oder zwei Kollegen unterrichten, und versprach, die Angelegenheit aufs vertraulichste zu behandeln.

Während man in Berlin auf entsprechende Schritte wartete – und nur eine öffentliche Warnung hätte dem Zweck der Aktion entsprochen –, waren unter den Militärs die verschiedensten Pläne für eine Aktion im Gange. Ein Rückschlag erfolgte naturgemäß, als Chamberlain sich entschloß, nach Berchtesgaden zu fliegen. Aber in den kritischen Tagen von Godesberg, als die erhöhten Forderungen Hitlers zu einem Stillstand in den Verhandlungen führten, schien noch einmal die Aussicht zu bestehen, die früher gefaßten Pläne wiederaufzunehmen. Beck war inzwischen entlassen worden, wenngleich diese Tatsache absichtlich für einige Zeit noch verhüllt blieb. Aber auch sein Nachfolger Halder, der am 27. August sein Amt antrat, aus dem bayerischen Generalstab hervorgegangen und an sich ein Offizier von typischer Korrektheit, verschloß sich der Einsicht nicht, daß Hitler und sein Regime beseitigt werden müßten, ehe es zu einem bewaffneten Konflikt mit der Tschechoslowakei kam. Der »Aktionsplan Halder–Witzleben–Oster« – unter dieser Überschrift ist er in die Darstellung des militärischen Widerstandes eingegangen[48], rechnete mit den schon früher als bereitstehend erwähnten Kräften, er zielte auf eine Besetzung der Reichskanzlei, der zentralen Nachrichtenanlagen und der Hauptstützpunkte der SS und der Gestapo, auf die Gefangennahme Hitlers und möglicherweise auf seine Verwahrung als Geisteskranker, wenn ein entsprechendes Gutachten einer Ärztekommission unter Vorsitz des Berliner Psychiaters Bonhoeffer ergangen sei. Mitte September 1938 fand eine Besprechung in der Wohnung Osters statt, der eigentlich zentralen Figur. An ihr nahm neben Witzleben u. a. ein früherer Stahlhelmführer, Friedrich-Wilhelm Heinz, teil. Er sollte mit einem Stoßtrupp, der tatsächlich auch aufgestellt wurde, Witzleben in die Reichskanzlei begleiten, war aber seinerseits zu drastischerem Handeln bereit.

Er wollte – im Einverständnis mit Oster – es gar nicht erst zur Verhaftung Hitlers kommen lassen, sondern ihn sogleich während des zu erwartenden Tumultes erschießen. Auch Erich Kordt war in die Verschwörung eingeweiht. Er beschaffte Oster einen Grundriß der Reichskanzlei und stellte fest, daß keine besonderen Sicherheitsmaßnahmen getroffen waren. Auch erbot er sich, da er Zugang zu dem Gebäude hatte, die Doppeltür hinter den Posten zu öffnen. Am Morgen des 29. September sollte die Aktion erfolgen. Auch der Oberbefehlshaber von Brauchitsch scheint angesichts der offenbaren Zuspitzung der Kriegsgefahr dafür gewonnen gewesen zu sein. Da traf am Mittag des 28. September die Nachricht ein, daß Chamberlain und Daladier die Einladung zur Zusammenkunft in München angenommen hatten. Wie »ein elektrischer Schlag«, so ist bezeugt, lief diese sensationelle Mitteilung durch die beteiligten Kreise, und das Ergebnis war, daß die Grundlage des Planes zusammenbrach.

Zwei Wochen später schrieb Goerdeler an einen amerikanischen Freund: »... das deutsche Volk wollte keinen Krieg; die Armee würde alles getan haben, ihn zu vermeiden; ... die Welt war rechtzeitig gewarnt und unterrichtet worden. Wenn man die Warnung beachtet und danach gehandelt hätte, würde Deutschland schon heute frei von seinem Diktator sein und sich gegen Mussolini wenden. In wenigen Wochen könnten wir damit beginnen, einen dauerhaften Weltfrieden zu gestalten, der auf Gerechtigkeit, Vernunft und Anstand beruht. Ein geläutertes Deutschland mit einer Regierung anständiger Menschen würde bereit gewesen sein, zusammen mit England und Frankreich unverzüglich auch das spanische Problem zu lösen, Mussolini zu beseitigen und in Zusammenarbeit mit den Vereinigten Staaten Frieden im Fernen Osten zu schaffen. Der Weg wäre für eine gute Zusammenarbeit auf wirtschaftlichen und sozialen Gebieten offen gewesen, für eine Befriedigung der Beziehungen zwischen Kapital, Arbeit und Staat, für eine Hebung der sittlichen Begriffe und für einen neuen Versuch, den allgemeinen Lebensstandard zu heben ...«[49]

Man mag diese Deutung zu optimistisch finden in dem Vertrauen, das sie auf eine grundsätzliche Wendung und ihre Tragweite setzte. Es liegt in der Natur der Dinge, daß niemand festzustellen vermag, ob allein schon der erste Schritt, der geplante Staatsstreich, Erfolg gehabt haben würde. Außer Zweifel aber steht, daß es sich hier um eine in sehr allgemeinem Sinn verheißungsvolle und eine mehr als militärische Perspektive handelte. Die Aktion war nicht nur geplant, um einen Krieg zu vermeiden, den Deutschland nach nüchterner Abschätzung der Möglichkeiten verlieren mußte. Sie war vielmehr Bestandteil einer Zielsetzung, die auf europäische Befriedung und auf die Wiederherstellung menschlichen Anstands im zwischenvölkischen sowohl wie im innerstaatlichen Bereich ausgerichtet war. Es ist diese Sicht auf ein »Bündnis der Friedensfreunde« über Landesgrenzen hin, die der Episode geschichtliche Bedeutung und menschliche Würde im scheinbar unaufhaltsamen Strom tragischen Geschehens gibt. Mit dem ausgesprochenen Sinn für Gerechtigkeit, den schon die Inder an dem früheren Vizekönig Lord Halifax gerühmt hatten – den »tall Christian« nannten sie ihn –, sagte der britische Außenminister zu Theo Kordt einige Tage nach München: »Wir sind nicht imstande gewesen, so freimütig zu Ihnen zu sein, wie Sie zu uns waren. Zu der Zeit, als Sie uns Ihre Botschaft übermittelten, erwogen wir bereits die Entsendung Chamberlains nach Deutschland.«[50] Dieselbe Gerechtigkeit sollte auf den Gesamtverlauf der Krise angewandt werden, während deren deutsche Generale und Diplomaten im Interesse einer höheren Aufgabe die üblichen Maßstäbe amtlicher Pflichterfüllung entschlossen beiseite setzten. Ihre Haltung beweist ganz gewiß nicht die so oft berufene »Unterwürfigkeit« gegenüber einer abstrakten Staatsidee und zeugt von allem anderen eher als von einer Gewohnheit blinden Gehorsams.

Es würde zu weit führen, hier noch von den zahlreichen Einzelakten oppositioneller Diplomatie vor und nach München zu berichten. Parallel mit der Aktion Kordt suchte Weizsäcker durch den Hohen Kommissar des Völkerbundes in Danzig, den Schweizer Historiker Carl J. Burckhardt, auf London im Sinne einer kräftigen und sofortigen diplomatischen Aktion zu wirken. Man solle, so äußerte er sich, Hitler gegenüber eine unzweideutige Sprache führen, nur davor werde er zurückweichen. Am geeignetsten sei etwa »ein General mit einem Reitstock«, der Hitler aufhorchen lassen könnte. – Aber Weizsäcker machte auch kein Hehl daraus, daß eine Rettung des Friedens und Deutschlands nur möglich sei, wenn »die eine verderbliche Person« verschwinde. Burckhardt sah die ihm zugedachte Mission als so wichtig an, daß er ohne Aufenthalt von Berlin nach Bern durchfuhr, um sich der Aufgabe beim britischen Gesandten dort zu entledigen.[51] Mehr und mehr ging es dann für die oppositionellen Elemente des Auswärtigen Amts um das Ziel des »Vermeidens«, wie es der italienische Botschafter Attolico für sich und von Weizsäcker formuliert hat. Eine solche Politik stand in klarem Widerspruch zu Hitlers Plänen und Ribbentrops Anweisungen. Sie führte die Linie von 1938 fort, d. h. sie warb für Festigkeit in London gegen Erpressungen unter Gewaltandrohung, aber sie warb auch für friedliche Lösung der deutsch-polnischen Streitfragen. Für beide Linien liegen reichlich Zeugnisse vor. Diese Studie ist jedoch nicht so sehr an der Politik der Friedensbewahrung als solcher interessiert – wie sehr diese auch unter die moralischen Titel der deutschen Opposition gehört – als vielmehr an

ihrer Verbindung mit direkter Auflehnung gegen das Regime und mit Plänen zu seinem Sturz. Sie verschwanden auch nach München nicht, ohne doch an die schicksalsschwere Dramatik der Krise vom September 1938 heranzureichen. Halder selbst war nicht eine Persönlichkeit von der unbedingten Entschlossenheit Becks, und Hitlers Erfolg in München wie auch die Hinnahme der Besetzung von Prag im März 1939 erhöhten das Prestige des »Schlafwandlers«. Es erschien zudem einerseits fraglich, ob die westlichen Demokratien wirklich je zu bewaffnetem Widerstand bei einem Hitlerischen Angriff bereit sein würden, auf der anderen Seite konnte der Wilhelmstraße nicht daran gelegen sein, daß das englische Schutzbündnis mit Polen die Möglichkeit eines Kompromisses in der Korridorfrage zunehmend ausschloß.
Während es unter diesen Umständen zu einem dramatischen Akt der Opposition nicht kam, gingen einzelne Elemente des Widerstands sehr weit in ihren namentlich nach England gerichteten Bemühungen. Es sei nur kurz der Besuche Goerdelers, Pechels und Schlabrendorffs in London oder Schritte von Trotts gedacht.[52] Ein besonders dramatischer Versuch, die amtliche Politik zu durchkreuzen, ist wiederum mit dem Namen der Brüder Kordt verknüpft. Laut ausdrücklicher Anerkenntnis durch Lord Halifax haben sie – und zwar durch den in seiner eidesstattlichen Erklärung zum Wilhelmstraßenprozeß so »vergeßlichen« Baron Vansittart – die englische Regierung von der Verfinsterung des politischen Horizonts laufend in Kenntnis gesetzt und insbesondere sie rechtzeitig vor der Gefahr des bevorstehenden Abschlusses zwischen Hitler und der Sowjetunion gewarnt.[53] – Auch das gehört zu den auffallenden Vorgängen auf dem diplomatischen Gebiet, die aus aller Konvention herausfallen. Wenn ein »Balancezustand«, auf den Weizsäcker im Sinne des »Vermeidens« des Krieges noch hoffte, nicht erreicht werden konnte, so war es immer noch besser, der Westen kam seinerseits zur Einigung mit Moskau. Wie Theo Kordt gegenüber Vansittart formulierte: »Wir müssen in der jetzigen Lage selbst das Risiko einer zeitweiligen Einkreisung des nationalsozialistischen Deutschlands der Gewißheit eines zweiten Weltkrieges vorziehen, der das Ende der westlichen Zivilisation bedeuten kann.« Man bewegte sich also mit der Opposition gegen das Regime auf schmalem Grat, indem man schon um der Friedenserhaltung willen eine diplomatische Niederlage Deutschlands wünschen mußte.
Von den Einzelheiten, die ein Nachspiel des Handelns zusammen mit der »Generalität« in der Herbstkrise 1938 sind, wenden wir uns zu einer mehr grundsätzlichen Erörterung der Rolle, die der militärische Sektor unter der Naziherrschaft und im Gesamtrahmen der Widerstandsbewegung gespielt hat. Dabei soll in diese Erörterung auch die nächste größere Aktion

eingeschlossen werden, die wesentlich von der Abwehr ausging und in der Zeit zwischen Polenfeldzug und Westoffensive spielte, als die volle Katastrope noch aufhaltbar zu sein schien.

3. Militärischer Sektor

Das Verhältnis zwischen Armee und Partei bildet eines der Hauptprobleme in der Geschichte des Dritten Reiches.[54] Es läßt sich nicht mit einer von zwei einfachen Formeln erledigen. Weder trifft die Goebbelsche abwertende Erklärung zu vom angeblich »natürlichen« Zusammenstoß zweier »Eliten«, einer alten aristokratischen und einigermaßen degenerierten mit einer jungen, die aus dem Volke kam mit allen Anzeichen einer angeblich biologischen Höherwertigkeit. Noch ist die während des Krieges in den westlichen Ländern so weit verbreitet gewesene polemische Ansicht haltbar, die von einer »natürlichen« Allianz zwischen »preußischem Militarismus« und »Nazismus« sprach. In Wirklichkeit hat das Problem dieses Verhältnisses sehr vielfältige Aspekte, es hat eine Reihe von Stadien durchlaufen und entzieht sich jeder vereinfachenden Plakatierung.
Zunächst muß man feststellen, daß in den einzelnen Zweigen der Wehrmacht unterschiedliche Voraussetzungen für die Stellungnahme gegenüber der Partei bestanden. Die deutsche Marine, deren eigentlicher Ausbau den Tagen Wilhelms II. angehört, war schon durch den Auslandsdienst in einem höheren Grad weltzugewandt und von den imperialistischen Strömungen ergriffen, also in einem geringeren Grad »preußisch« als diejenigen militärischen Institutionen, die hinter die Reichsgründung von 1870 zurückgingen. In ihrer modernen Gestalt rekrutierte sie sich aus ganz Deutschland; sie hatte ein Offizierkorps, in dem bürgerliche Elemente überwogen, ein »ausgezeichnetes Spezialistenkorps« (Baum). Dies trifft in noch höherem Grade für die Luftwaffe (und die ihr unterstellte Luftabwehr) zu. Als eine Neugründung ohne Tradition hatte sie keinerlei Wurzeln im geschichtlichen Erdreich, auch übte sie naturgemäß besondere Anziehung auf Männer mit technischen Interessen und technischer Ausbildung aus. Daß »Fallschirmjäger« soziologisch eine besondere Kategorie darstellen, drängt sich dem zeitgeschichtlichen Beobachter späterer nordafrikanischer, speziell algerischer Vorgänge auf, hat aber in der Geschichte des Dritten Reiches noch keine politisch erhebliche Rolle gespielt. Soweit man in diesen Dingen überhaupt verallgemeinern kann, läßt sich indessen die Behauptung vertreten, daß Marine und Luftwaffe wenig vom Geist der Opposition zeigten, sie waren mehr vom Nazitum durchdrungen oder mehr gleichgeschaltet als die »preußische« Ar-

mee mit ihrem überwiegend »aristokratischen« Offizierkorps. Während der Korvettenkapitän Kranzfelder, der Verbindungsoffizier zum Auswärtigen Amt, sich unter den Opfern des 20. Juli befand, und Graf Berthold von Stauffenberg, im Dienst des Oberkommandos der Marine, zusammen mit anderen Zivilisten den Anstoß seines Bruders weitergab, war Canaris der einzige Admiral unter den führenden militärischen Verschwörern, und er kann, in seiner damaligen Stellung zumal, sicherlich nicht als ein irgendwie typischer Marineoffizier gelten. Erst recht waren die Verschwörer in Görings Luftfahrtministerium Außenseiter. Hinzu kommt, daß die Armee naturgemäß in Kriegszeiten die größte Massenorganisation und im Frieden die einzige schlagkräftige Macht darstellte, die es mit der Gestapo und der SS aufnehmen konnte. Es muß bezweifelt werden, daß, rein technisch gesehen, die Luftwaffe für solche Zwecke einsatzfähig war. Eher fürchtete man, sie würde gegen oppositionelle Truppenbewegungen verwendbar sein. Und was die Marine betrifft, so sind die Unterschiede gegenüber der Lage deutlich, die den Matrosenrevolutionen von Kronstadt oder Kiel in den Jahren 1917 und 1918 ihre Bedeutung gab. Ja, die Vorwürfe wegen der Flottenmeuterei von 1918 hatten in der deutschen Marine, wie Baum betont, ein Trauma geschaffen, das jede Abweichung von der Legalität besonders erschweren mußte.

Es ist daher die Armee und die mit ihr verbundene Begriffswelt preußischer und aristokratischer Traditionen, auf die sich der Blick vor allem richten muß. Soweit dieser militärische Sektor des Dritten Reiches in Betracht kommt, bestand ein bestimmter Zwiespalt ohne Zweifel von Anfang an. Wie hoch man auch immer den Beitrag der Münchener Reichswehr zum Aufstieg der Partei oder den Beitrag des Königsberger Wehrkreiskommandeurs von Blomberg und seines Stabschefs von Reichenau auf dem Wege zu Hitlers Machtergreifung veranschlagen mag, es war eine Unterstützung, die nicht der Ideenwelt des Nationalsozialismus galt (so sehr manche jüngere Offiziere und Aktivisten wie andere Teile der Jugend von ihr ergriffen sein mochten), sondern ihrer Nutzbarmachung für die Landesverteidigung und die Wiederbelebung des Wehrwillens. Sie wurde vielfach mit denselben Vorbehalten gegeben, wie sie auf seiten anderer gesellschaftlicher Gruppen, innerhalb wie außerhalb Deutschlands, bestanden. Man gefiel sich in der Hoffnung, daß man den »Trommler«, den »böhmischen Gefreiten« als Werkzeug benutzen und beliebig wieder loswerden könne, wenn er »seine Schuldigkeit« getan habe. Dies war ein *proton pseudos*, das weithin verhängnisvoll nachwirken sollte. Aber neben dieser Art von Verständigungsbereitschaft militärischer Opportunisten gab es genug der hohen Offiziere, die als unbedingte

Gegner gelten durften. Unter ihnen stand an erster Stelle der Chef der Heeresleitung von 1930 bis 1934, Generaloberst Freiherr von Hammerstein-Equord – der »rote General«, wie er mitunter genannt wurde.[55] Unter der Kanzlerschaft Schleichers sah er nach seinem eigenen Zeugnis keinen Anlaß, »sich mit Politik zu befassen«. Als sie zu Ende ging, hat er beim Reichspräsidenten interveniert, offenbar nicht nur gegen ein Diktaturkabinett Papen-Hugenberg, sondern auch gegen den Eintritt der Nationalsozialisten in die Regierung. Das geht daraus hervor, daß Hindenburg, indem er sich die Einmischung des Militärs höchst empfindlich verbat, Hammerstein zugleich beruhigte, er denke nicht daran, den österreichischen Gefreiten zum Wehrminister oder Reichskanzler zu machen.

Die Maxime des »Sich-Heraushaltens« blieb mehr oder weniger bewußt die maßgebliche während der ersten Jahre des Regimes. Sie schien im Einklang mit preußischen militärischen Traditionen und mit aristokratischen Standesbegriffen zu stehen. Aber das Prinzip der Absage an politische Tätigkeit konnte je nach der Situation sehr verschiedenartige Inhalte decken. Es bedeutete vor 1914 das Vermeiden einer Einmischung in öffentliche Angelegenheiten, die damals »unangemessen« erschien. Es bedeutete nach 1919, daß die Reichswehr eine Art Staat im Staate bildete und sich ihre eigene Politik reservierte, wie das Seeckt beim Kapp-Putsch und bei anderen Gelegenheiten deutlich zu erkennen gab. Unter den Bedingungen, die das Naziregime schuf, erhielt jedoch die gleiche Haltung des »Hände weg« einen völlig veränderten Sinn: Sie bedeutete praktisch die Duldung von Verbrechen und Mord durch diejenigen, die im Besitz der Machtmittel zu ihrer Verhütung waren. Die traditionelle Maxime des Sich-Heraushaltens widersprach insoweit einer anderen militärischen und aristokratischen Tradition, der des *noblesse oblige* und der Pflicht, dem Schwachen Schutz zu gewähren.

Gewiß waren viele Offiziere empört über die Ermordnung Schleichers und die Art, wie die Sühne der Tat umgangen wurde, oder über das Ränkespiel, dem ihr eigener Oberbefehlshaber von Fritsch zum Opfer fiel, oder, soweit sie das nicht durchschauen konnten, über seine schmachvolle Behandlung, die keine formale Rehabilitation gutzumachen vermochte. Gewiß fühlen sich viele durch die Rassengesetzgebung beschämt, die so manche ihrer Kameraden oder manche Familie ihrer Kameraden traf und die das Band mit den jüdischen Kriegsveteranen zerriß oder deren Platz in der nationalen Gemeinschaft – oft genug deren Leben selbst – zerstörte.[56] Es mag wohl sein, daß viele mit Empörung auf die brutalen Vorgänge reagierten, die sich außerhalb des militärisch-beruflichen Bereichs ereigneten, auf die Schandtaten und Greuel, von denen sie nicht umhin konnten zu hören, oder die sie in den Straßen beobachten mochten. Es war vielleicht ein Zeichen des Protestes und jedenfalls ein ungewöhnlicher Anblick, daß Offiziere in großer Zahl und in Uniform an öffentlichen Gottesdiensten teilnahmen. Auch ist kein Zweifel, daß die Armee der Bekennenden Kirche Rückhalt gewährte und im Angriff auf die christliche Religion eine Bedrohung der sittlichen Grundlagen des Soldatentums erblickte. Das »wehrpsychologische« Handbuch, das im Auftrag des Reichswehrministeriums veröffentlicht wurde, betonte diesen Gesichtspunkt sehr stark, wie denn überhaupt die ganze Atmosphäre, die das Regime umgab, seine Prahlsucht, seine Demagogie, sein Appell an niedrige Instinkte sicherlich so »unpreußisch« wie möglich waren. Und doch folgte aus diesem Zwiespalt keine unmittelbare Gegenwehr oder Auflehnung.

Man kann sehr wohl verstehen, daß Generaloberst von Fritsch nicht das Zeichen zu einem militärischen Aufstand gab, als es sich um seine eigene Verteidigung handelte. Aber es gab genug Angriffe auf Ehre und Moralität, die allgemeineren Charakter hatten und zum Ausgangspunkt einer Säuberungsaktion hätten dienen können. In der Tat wurden Berichte über die Verbrechen des Regimes, worauf noch zurückzukommen ist, von der »Abwehr« systematisch gesammelt, um sie als Material für ein Vorgehen an der Hand zu haben. Aber naheliegende Anlässe dazu wurden nicht ausgenutzt. Als im November 1938 Mord, Plünderung und brennende Synagogen das Antlitz vieler deutscher Städte und den deutschen Namen schändeten, erwies sich das Band der Disziplin so stark, daß kein spontaner militärischer Eingriff erfolgte. Es war, wenn man diese Linie zunächst weiterverfolgt, erst im Polen-Feldzug, daß eine aus echtem militärischem Geist gespeiste Empörung sich Luft machte und zu Taten führte. Man weiß von Regimentskommandeuren, die mit Waffengewalt dem Rauben und Morden der SS ein Ende zu machen suchten, ohne jedoch bei ihren Vorgesetzten Deckung zu finden. Und man hat das bedeutsame Zeugnis eines hohen Offiziers, des späteren Generalmajors Helmuth Stieff, der gerade aus den im Polenfeldzug empfangenen Eindrücken heraus als aktives Mitglied zur Verschwörung gestoßen ist. Angesichts der Offenbarungen des »Untermenschentums« schrieb er damals an seine Frau: »Ich schäme mich, ein Deutscher zu sein.« Aber solche Einzelreaktionen, so wichtig sie – im Falle Stieffs – auf weitere Sicht werden sollten, konnten angesichts der konkreten Vorgänge keine Wendung herbeiführen. Das gilt auch von den kriegsgerichtlichen Verfahren, die der General von Küchler im Befehlsbereich seiner Armee einleitete. Die Verbrechen der Einsatzgruppen nahmen gleichwohl immer größeren Umfang an. Vergebens protestierten Reichenau und vor allem der Armeeführer, Generaloberst Blaskowitz. Er ging so weit, in einer Denkschrift für den Führer nicht nur auf die Kompromittierung einer – »Verbrechen tatenlos zusehenden« – Wehrmacht hinzuweisen, sondern auch auf die »massenhafte Verrohung und sittliche Verkommenheit«, die sich in kürzester Zeit unter wertvollem deutschem Menschenmaterial wie eine Seuche ausbreiten werde. Er wurde bald darauf auf einen anderen Posten abgeschoben, und die anfängliche Empörung machte einem Gefühl der Ohnmacht und Resignation Platz. So wurde wieder eine Gelegenheit versäumt, die Ehre der deutschen Armee zu bewahren.[57]

Während manche Unterlassungssünden solcher Art unmißverständlich festgestellt werden müssen, ist freilich zugleich zu sagen, daß militärisches »Sich-Heraushalten« doch auch ebenso eine Art von Opposition war, wie das für andere »undurchdringliche« Teile der Bevölkerung festgestellt wurde. Im Falle der Armee galt das in noch höherem Maße. Sie war in der Tat das einzige gesellschaftliche Gefüge innerhalb des Staatsganzen, das in der Lage war und entschlossen schien, die Poren des Einsickerns zu verschließen. Soldaten war es nicht erlaubt, Mitglied der Partei zu sein, Politik wurde vom militärischen Leben ausgeschlossen, und die wiederholten Versuche von Dr. Ley, die Organisation »Kraft durch Freude« mit der »Freizeitgestaltung« der Soldaten zu betrauen, wurden erfolgreich abgewehrt. Überdies war es genugsam bekannt, daß Nazi-Funktionäre, die zu den Fahnen eingezogen wurden, sich nicht gerade der Vorliebe des Feldwebels zu erfreuen pflegten und daß ihnen ihre Arroganz in der Regel bald ausgetrieben wurde. Ein Autor im Exil hat mit Recht gesagt[58]: »Die Reichswehr versuchte nie, die Ansicht zu verhehlen, daß junge Leute, die direkt aus den Nazi-Schulungslagern kamen, erst einmal von dem größten Teil der ideologischen Phrasen, die ihnen beigebracht worden waren, befreit werden mußten ...« In den Kriegsschulen gab es keinen »neumodischen« Unsinn dieser Art. Auch die vormilitärische Erziehung durch die Hitler-Jugend wurde keineswegs mit günstigeren Augen angesehen.[59] Wie ein alter Offizier sarkastisch bemerkte: »Das einzige Resultat des beständigen Marschierens sind Widerwille gegen alles Militärische und – Plattfüße.« Nicht selten wurden Rekruten bevorzugt, die Mitglieder sozialistischer Jugendorganisationen gewesen waren. »Dies sind die Art Leute, wie wir sie uns wünschen.«

Das Ergebnis läßt sich dahin zusammenfassen, daß in den ersten Jahren des Regimes die Armee in hohem Maße nazifrei war. Diese Tatsache stärkte vermutlich ein Selbstgefühl, das sich doch als Illusion erweisen sollte. Man glaubte, auf einige der Früchte Hitlerscher Politik in Fragen der Vertragsrevision und der Aufrüstung warten zu können, ohne in Gefahr zu sein, mitgerissen zu werden. Die Armee erschien in der Tat als eine Zufluchtsstätte für junge Leute, die von der Partei sich freihalten und die Möglichkeit des Widerstands innerhalb Deutschlands sich sichern wollten. Als man von Hammerstein einmal von der wachsenden Zahl von Abiturienten erzählte, die sich für die Offizierslaufbahn erklärten, soll er geantwortet haben: »Ich weiß wohl, das ist auch so eine Form der inneren Emigration.«

In Wahrheit jedoch wurde die Integrität der Armee Schritt für Schritt abgebaut, teils durch die Schuld der Führung, besonders von Blombergs, teils durch die berechnende Politik, die Hitler verfolgte. Im Februar 1934 wurde Hammerstein verabschiedet, und die Niederlage der SA am 30. Juni des gleichen Jahres erwies sich als ein Pyrrhussieg der Generale. Nicht nur erntete die SS den Erfolg, sich eines Wettbewerbers entledigen und den eigenen Machtbereich ausdehnen zu können, auch Röhms Plan, die Reichswehr durch eine Masseneingliederung der SA in eine dem Regime verpflichtete »Volksarmee« zu verwandeln und damit unschädlich zu machen, kam auf indirektem Wege zum Zuge. Der erste Schritt geschah im August 1934. Wenige Stunden nach dem Tode des Reichspräsidenten ordnete Blomberg die Vereidigung der Angehörigen der Wehrmacht auf die Person des Führers des Deutschen Reiches an. Der Wortlaut der neuen Formel, die Reichenau nach dem Zeugnis von General Röhricht selbst einem Offizier des Ministeramtes diktierte, verpflichtete an Stelle der bisherigen Eidesleistung gegenüber Volk und Vaterland die Reichswehr, Hitler als Oberstem Befehlshaber unbedingten Gehorsam zu leisten. Dies bedeutete eine moralische Bindung, wie unmoralisch immer sie sich auswirken mochte, und ein Hindernis, das nach allen überlieferten Maßstäben nicht leicht zu überwinden war, selbst im Fall von offenbar ungesetzlichen Befehlen oder einer verbrecherischen Führung. Der nächste Schritt war die Wiederherstellung der allgemeinen Wehrpflicht im März 1935. Beck, der Freund von Hammersteins, der seit 1. Oktober 1933 Chef des Truppenamtes, seit 1. Juli 1935 des Generalstabs war, hat sich dieser Maßnahme als einer »Frühgeburt« widersetzt, zum mindesten ihrem Tempo und ihrem Ausmaß. Er hatte technische sowohl wie politische Bedenken. Er sah nicht nur eine Minderung der rein militärischen Qualität der Armee und die ansteigende Gefahr tollkühner Abenteuer voraus, sondern auch eine Vermassung und Erweichung des Gefüges, auf dem der vergleichsweise nazifreie Charakter der Armee beruht hatte.

In der Tat öffnete das rasche Anwachsen der Zahlen die Dämme. Es führte zu einer Aushöhlung jener Abseitsstellung, die unter normalen Umständen zweideutig sein mochte, aber unter den Bedingungen des Naziregimes immerhin noch positive Möglichkeiten einschloß. Die schlagartige Vermehrung bedeutete zugleich rasche Karriere für junge Offiziere und ein ungewöhnlich rasches Aufrücken für die höheren Führer. Ohne

Zweifel trieb Hitler mit alldem eine planvolle Politik der Bestechung. Während allein schon die Tatsache, daß die Armee das Instrument eines verbrecherischen Regimes war, zu Korruption Anlaß gab, breitete das Lockmittel materieller Versuchung den Ansteckungsherd aus. Man begann ironisch von der »Fachschaft Wehrmacht« zu sprechen. In vielen Fällen erwies sich die Fassade des »Preußentums« als ebenso hohl wie andere Überlieferungen einer bescheideneren Vergangenheit, die für breite Kreise des deutschen Volkes längst zur Schauseite geworden waren. Mit anderen Worten: Das Offizierkorps wurde genauso wie die Mitglieder anderer Gruppen von dem materialistischen Geist verseucht, der sich seit dem späteren 19. Jahrhundert ausgebreitet hatte. Man kann schlechterdings keine Verbindung zwischen »militärischem Geist« oder zwischen dem »kategorischen Imperativ« einer Offizierskaste und der Haltung von Generalen herstellen, die sich vom Führer ihre Mesalliancen sanktionieren und ihre Privatschulden bezahlen ließen oder die späterhin »persönliche« Dotationen in Geld oder Land von ihm annehmen werden.
Hinzu kam, daß noch andere Faktoren den Elementen des Widerstands in der Armee entgegenarbeiteten. Einmal erhöhte sich Hitlers Prestige durch jene Reihe überraschender Erfolge, die von der Aufkündigung der Militärklauseln des Versailler Vertrages und dem Marsch ins Rheinland (März 1936) über die Angliederung Österreichs und des Sudetenlandes bis zur Besetzung von Prag (März 1939) eine, wie es schien, lückenlose Kette bildeten. In jedem dieser Fälle schlug Hitler die Warnungen der Armeeführung in den Wind, und – er schien allemal in der Beurteilung der Gegner den Militärs überlegen zu sein. Dies steigerte sein Selbstgefühl ganz ungemein und untergrub die Autorität aller derer, die aus »altmodischen« Gesichtspunkten ihm mit Bedenken entgegentreten mochten. Weiterhin geschah dann, kurz vor dem Einmarsch in Wien, eine »Wachablösung« in der Führung der Armee, die ihre Selbständigkeit entscheidend schwächte. Im Verlauf einer heimtückischen Intrige wurden sowohl der in der privaten Lebenssphäre schwer kompromittierte Reichskriegsminister von Blomberg wie auch der moralisch völlig integre Oberbefehlshaber des Heeres von Fritsch entlassen.[60] Am 4. Februar 1938 übernahm Hitler persönlich die oberste Befehlsgewalt. Er errichtete ein neues Einheitskommando, das Oberkommando der Wehrmacht (OKW) mit einem typischen Ja-Sager (Keitel – oder »Lakaitel«, wie die Mitglieder der Opposition ihn wohl nannten) als Chef des Führungsstabes. Das Oberkommando des Heeres (OKH) ging auf Brauchitsch über. Im gleichen Zeitpunkt wurde eine Anzahl von Generalen (zehn bis zwölf Korps- und Divisionskommandeure), die sich als unzugänglich erwiesen hatten, entlassen. Die meisten von ihnen waren Träger altpreußischer Namen.

Dies war die Lage, in der sich die Armee bei Ausbruch des Krieges befand. Die Niederlage, die der militärische Teil der Revolte am 20. Juli durch »loyale« Offiziere erfuhr, läßt sich bis zu einem gewissen Grade, wenn auch bei weitem nicht zureichend, aus der Aufweichung des alten Gefüges erklären. Sie liegt auch als einer der mitwirkenden Umstände dem Fehlschlag aller Bemühungen und der »Sisyphus«-Arbeit der Opposition in den Jahren 1939 bis 1944 zugrunde. Es war eine Sisyphusarbeit vom Standpunkt derer, die auf eine militärische Aktion drängten, und der geschichtliche Betrachter kann sich angesichts so vieler Ansätze dem gleichen Eindruck quälender Vergeblichkeit nicht entziehen.
Einige wenige Worte werden genügen, den »Widerstand gegen den Widerstand« zu charakterisieren. Alle Zeugen, wie sehr sie auch in der Tonart voneinander abweichen, die Gisevius und Goerdeler, die Hassell und Schlabrendorff, stimmen praktisch in ihren Klagen über das Zögern und Ausweichen der Oberbefehlshaber von Armeen und Heeresgruppen überein. Einige Frontkommandeure konnten schließlich für die Sache der Opposition gewonnen werden, wie vor allem gegen Ende hin Marschall Rommel. Andere mußten monatelang bearbeitet werden und glitten doch immer wieder in Entschlußlosigkeit zurück oder fielen im letzten Moment um. Es wird im Einzelfall schwer zu entscheiden sein, ob solche Haltung auf herkömmlicher Loyalität oder mißverstandener Vaterlandsliebe oder auf Schwächen des Charakters beruhte. Der Hauptmann der Reserve Hermann Kaiser, der sich im Stabe des Generalobersten Fromm, des Befehlshabers des Ersatzheeres, befand und ein wichtiger Verbindungsoffizier zwischen Goerdeler und den Militärs war, schrieb über die Generale in seinem Tagebuch (20. Februar 1943): »... der eine will handeln, wenn er Befehl erhält, der andere befehlen, wenn gehandelt ist.«[61] Dies ist vermutlich die beste und objektivste Darlegung der durchschnittlichen militärischen Haltung, die man geben kann. Von den meisten der höheren Kommandeure mochte angenommen werden, daß sie den oppositionellen Führern folgen würden, wenn es zum Bruche kam oder, besser noch, wenn das Band des Eides durch die Ermordung Hitlers fortfiel. Aber während sie nicht bereit waren, sich festzulegen, neigten sie doch auch in keiner Weise dazu – wie sich in zahlreichen Fällen kontrollieren läßt –, diejenigen etwa anzuzeigen, die sie zum Abfall zu überreden versuchten.[62] Auch waren sie gelähmt durch den Zweifel, wie die jüngeren Offiziere sich stellen würden. Die Verschwörer sahen mit Verachtung auf eine solche Haltung herab. Von Beck wird der Ausruf berichtet: »Diese Feiglinge machen aus mir, einem alten Soldaten, einen Antimilitaristen.«[63] Hassell zürnte in seinem Tagebuch über die »hoffnungslosen Feldwebel«.[64] Und Kaiser schrieb sich die Bemerkung auf: »Man braucht

nur an Scharnhorst oder Clausewitz oder Gneisenau zu denken, um gewahr zu werden, auf welche Stufe der Offizier von heute herabgesunken ist.«

Goerdelers Briefe äußern die gleiche Empörung in schneidenden Worten. An General Olbricht, den Stellvertretenden Befehlshaber des Ersatzheeres, der dem Verschwörerkreis von Anfang an zugehörte, schrieb er, es komme nicht darauf an, den »psychologisch richtigen« Zeitpunkt abzuwarten, sondern ihn herbeizuführen.[65] Eine besonders bittere Klage richtete er an Feldmarschall von Kluge, dessen ausweichende Haltung ein Haupthindernis bildete. Er erklärte, nicht mehr länger in der Lage zu sein, den »preußischen Militarismus« gegenüber seinen Freunden, besonders in Süddeutschland, zu verteidigen. Es seien das Männer, schrieb er, »die ein warmes Herz für Deutschland und für den deutschen Soldaten haben, die aber darüber verzweifeln, daß man sehenden Auges, denkenden Verstandes und fühlenden Herzens von Verbrechern und Narren das Vaterland in den Abgrund führen und die deutsche Jugend und die deutschen Männer willenlos in Tod und Verstümmelung treiben läßt«.

Von diesem Hintergrund heben sich um so heller die Namen der Berufssoldaten ab, die zu handeln entschlossen waren. Beck, obwohl in den Ruhestand versetzt, blieb unter den Militärs und über sie hinaus die »geheime Mitte« (Zeller) des Willens zum Widerstand. Er stammte aus einer bürgerlich-westdeutschen Familie. Der Vater war Fabrikant, doch fehlte es in der nahen Verwandtschaft und unter den Vorfahren nicht an Berufssoldaten, so daß man aus der sozialen Umwelt kaum Schlüsse auf eine besondere Wesensart des zum Generalstabschef aufsteigenden Offiziers ziehen kann. Man hat ihn beschrieben als »eine der seltenen Erscheinungen, in welchen sich die universale Bildung und europäische Weite des 18. Jahrhunderts mit den wesentlichen Prinzipien preußischer Tradition verband«.[66] In der Tat erinnert er an die gedankenreichen Offiziere der preußischen Reformzeit nach Jena, deren Namen Kaisers Tagebuch heraufbeschwor. Beck galt gleich ihnen als ein militärischer Denker von hohem Rang, und die Zeugnisse aus seiner Feder bestätigen diesen Ruf. Zugleich war er tief verwurzelt im christlichen Glauben und alles andere eher als ein »Militarist«. Er stand in lebendiger Beziehung zu den Problemen der Zeit weit über sein Fachgebiet hinaus. Und wenn man ihm in Kreisen der hohen Militärs – und zwar keineswegs nur seiner Anhänger und Schüler – die höchsten Führerqualitäten für den Ernstfall zutraute, so nicht nur wegen seiner intellektuellen Klarheit, sondern vor allem wegen der Festigkeit seines Charakters. Aus charakterlichen Gründen hatte er sich 1930 vor die drei jungen Offiziere seines Ulmer Regiments gestellt, die wegen nationalsozialistischer Propaganda gerichtlich verfolgt wurden. Er mißbilligte zwar ihre Handlungsweise, aber ebenso ihre Verhaftung in aller Öffentlichkeit und protestierte mit einem Abschiedsgesuch. Er wird geurteilt haben wie ein anderer Offizier (Stieff), der zum Widerstand stieß: »Wir reinigen uns selbst.« Als Charakter trat er dann Hitler in den Weg – nicht nur weil dessen Kriegspolitik zur vernichtenden Niederlage Deutschlands führen müsse, sondern weil ein Regime von Verbrechern Land und Volk überhaupt und in jedem Falle – auch dem des Sieges – verderbe. Aus dieser ethischen Grundkraft, aus »Festigkeit der Seele und Härte des Geistes« lebte sein Widerstand. »Auch im totalen Krieg«, so hatte er 1942 formuliert, »geht es um die Hervorhebung der sittlichen Postulate aller Politik.«

Nicht weniger ungewöhnlich als militärischer Typ war der Oberst Claus Graf Schenk von Stauffenberg. Nach einer schweren Verwundung, die ihm ein Auge, die rechte Hand und zwei Finger der linken raubte, wurde er im Oktober 1943 erster Gehilfe Olbrichts, des Chefs des Allgemeinen Heeresamtes, und – mit seiner Zustimmung – schließlich Stabschef bei Generaloberst Fromm, dem Befehlshaber des Ersatzheeres. Er rückte dadurch in eine Schlüsselstellung ein, die er mit seiner eigenen Dynamik erfüllte und die ihn kraft der Möglichkeiten, die sie bot – sowohl zum organisatorischen Leiter und Vorantreiber der Verschwörung wie zum Täter des 20. Juli werden ließ. Ein Katholik aus alter schwäbischer Familie und mütterlicherseits ein Nachkomme Gneisenaus, ein Mann von musischer Begabung und humanistischer Bildung, in jungen Jahren schon ein Mitglied des auserwählten Kreises um den als »Meister« verehrten Dichter Stefan George, ließ er sich wohl vom »nationalen Aufbruch« des Jahres 1933 mit ergreifen, wenn auch die Überlieferung, er sei – was durchaus nicht gegen den damals 26jährigen zu sprechen brauchte – am 30. Januar in Uniform an der Spitze eines begeisterten Demonstrationszuges marschiert, sich als legendär erwiesen hat.[67] Was immer ihm an der »Volkserhebung« oder an Hitler als »Massenlenker« positiv erscheinen mochte, wurde von der Brutalität der Tatsachen bald genug widerlegt. Es läßt sich Schritt für Schritt verfolgen, ohne daß die Zitate hier gehäuft werden sollen, wie Stauffenberg schon vor dem Kriege und erst recht nach seinem Ausbruch zum Opponenten grundsätzlicher Art wurde, zu einem Feind des totalitären Systems in allen seinen Auswirkungen, den politischen und sozialen wie den kulturellen und religiösen. Seit etwa Herbst 1936, so hat ein nahestehender Freund bezeugt, hatten alle unsere Zusammenkünfte das gleiche Thema: »Wann, wie und wo konnte der Durchbruch geschehen?« Man braucht nur das Bild Stauffenbergs, des »Bamberger Reiters«, zu betrachten oder die Urteile nachzulesen, die von seiner faszinierenden Erscheinung sprechen, um dessen gewahr zu sein, daß dies kein gewöhnlicher Kavallerist und kein Mann von engem militärischem Ehrgeiz war – wie sehr er sich auch als Soldat ausgezeichnet hatte. In ihm, wie in anderen, verband sich die intellektuelle Klarheit des in der preußischen Schule erzogenen Generalstabsoffiziers mit einer Reinheit und Geistigkeit, die ihn zum natürlichen Führer im Kampf gegen die dunklen Kräfte der Zeit, gegen jede Art entmenschlichter Politik in Krieg und Frieden machte. Durch seinen gleichgesinnten Vetter, Peter Graf Yorck von Wartenburg, sowie durch seinen Bruder Berthold, der Berater in Völkerrechtsfragen beim Oberkommando der Marine in Berlin war, stand er in Verbindung mit dem Kreisauer Kreis. Manche der dort erörterten politischen und sozialen Reformgedanken fanden bei ihm Widerhall. Durch Fritz-Dietloff von der Schulenburg kam er in nahen Kontakt auch mit dem Sozialdemokraten Julius Leber. Im Freundeskreis liebte Stauffenberg, das Gedicht Stefan Georges über den »Widerchrist« zu rezitieren, in dem des Sehers Auge in einer ebenso erstaunlichen wie schaurigen Vision im voraus erblickt hatte, was jetzt mit Deutschland zu geschehen drohte. In ihm wie den Stauffenberg nah verbundenen Mitgliedern der Opposition lebte ein Bild geistlich-sittlicher, aber auch gesellschaftlicher Erneuerung, die für den Soldaten von der erlösenden Tat abhing: »Wenn einst dies Geschlecht sich gereinigt von Schande, – Vom Nacken geschleudert die Fessel des Fröhners ...«

Daneben aber gab es genug andere, zum Widerstand entschlossene Offiziere, die in erster Linie Soldaten waren, und zwar durchaus Soldaten des normalen beruflichen Typs.[68] Viele dieser Oppositionellen trugen altpreußische Adelsnamen, und man könnte aus ihren Reihen ohne Mühe eine eindrucksvolle Liste von Generalen und anderen Offizieren zusammenstellen, von Obersten, Stabsoffizieren, Hauptleuten und Leutnants. Eine stattliche Anzahl von ihnen findet sich unter den Namen, die auf der Ehrentafel der Opfer des 20. Juli verzeichnet sind. Nicht wenige hielten Schlüsselstellungen. Der stellvertretende Befehlshaber des Ersatzheeres, General Olbricht, ist schon erwähnt worden. In seinem Stabe wird neben Stauffenberg der Oberst Mertz von Quirnheim zu nennen sein. Feldmarschall von Witzleben gehörte – wie der Generaloberst Hoepner – von Anfang an zu dem oppositionellen Kreis. Er war, wie gezeigt wurde, schon während der Septemberkrise von 1938 zum Handeln bereit, er verfolgte bestimmte Pläne der Konspiration zusammen mit Goerdeler im Sommer 1939, und seine Haltung blieb die gleiche durch die Jahre. Ihm sollte, im Fall der Beseitigung Hitlers, der Oberbefehl der Wehrmacht übertragen werden. Im OKW waren die Obersten von Freytag-Loringhoven und Hansen Mitglieder der Verschwörung, im OKH die Abteilungsleiter Heusinger, Stieff, Wagner, von Roenne, Fellgiebel und Lindemann.

Eine Abteilung »zur besonderen Verwendung« stand unter Oberstleutnant Groscurth und wurde im Winter 1939 (von Halder und Canaris) mit der Vorbereitung des damals bestehenden Umsturzplans beauftragt. Durch Legationsrat von Etzdorf hatte die Abteilung Verbindung mit dem Auswärtigen Amt, sie verbreitete Material über die Kirchen- und Judenverfolgungen sowie über die Polengreuel der SS unter den höheren Stäben.

Wieweit die Truppenführung für die Opposition gewonnen war, läßt sich nicht mit Sicherheit feststellen. Es ist gewiß zu Recht gesagt worden, daß die militärische Gegnerschaft zu Hitler sich in konzentrischen Kreisen von verschiedener Dichte bewegte. Es bestanden Unterschiede zwischen denen, die wußten, daß etwas unternommen werden sollte, denen, die sich bereit hielten, falls etwas geschah, und denen, die nicht eingeweiht wurden, weil man gewiß war, daß sie ohnehin mitmachen würden. Aber während man eine gesunde Skepsis gegen manche Zugehörigkeitsansprüche bewahren mag, die sich nur auf eine in der Tasche geballte Faust berufen können, steht man in vielen Fällen doch auf sicherem Grund. Der Stadtkommandant von Berlin, General von Hase, gehörte der Verschwörung an, und Olbricht, zusammen mit Oberst Mertz von Quirnheim, und der Generalquartiermeister Wagner übernahmen es, die Befehlshaberstellen in anderen Großstädten mit eingeweihten oder in ihrem Sinn verläßlichen Offizieren zu besetzen. An der östlichen Front war der wichtigste unter den Verschworenen der Generalmajor Henning von Tresckow, bis Oktober 1943 erster Generalstabsoffizier der Heeresgruppe Mitte. Was ihn – und zwar schon lange vor dem Krieg – zum Gegner Hitlers machte, war in den Worten des ihm besonders nahestehenden Schlabrendorff: »... Widerwillen gegen alles, was der Wurzel der Gemeinheit entsprang ...« Er hat »seine ganze Persönlichkeit für den politischen Kampf eingesetzt«.[69] Es gelang ihm, eine Gruppe entschlossener Nazigegner in seinen Stab zu ziehen, darunter Berndt von Kleist und Rudolf von Gersdorff, Graf Hardenberg und Graf Lehndorff-Steinort. Er hatte gleichfalls Vertraute im Stab der Heeresgruppe Süd. Im Westen war der Militärbefehlshaber in Belgien, General von Falkenhausen, frühzeitig für die Verschwörung gewonnen worden; er wurde allerdings kurz vor dem 20. Juli abberufen. Vor allem gehörte zu ihrem Kreis General Karl Heinrich von Stülpnagel, der 1941 seinem gleichnamigen Vetter als Befehlshaber in Frankreich folgte. Er war eine bedeutende, universell gebildete Persönlichkeit, Beck nahestehend und wesensverwandt. Schon in den Jahren 1939/40 hatte er an den Putschplänen, von denen noch zu sprechen sein wird, teilgehabt. Sein Stab in Paris, dem eine Zeitlang Graf Fritz von der Schulenburg angehörte und in dem der Oberstleutnant der Reserve Caesar von Hofacker, ein Vetter Stauffenbergs, besonders zum Handeln drängte und die Verbindung mit der Berliner Gruppe unterhielt, wurde ein Zentrum des Widerstandes. Stülpnagel vor allem gelang es, Rommel zu gewinnen, wobei er in dessen Stabschef General Speidel einen entschlossenen Helfer fand. Es ist eine paradoxe Tatsache, daß nur in Paris der Aufstand des 20. Juli zu erfolgreicher Ausführung kam. Wenige Tage vor dem Attentat schrieb Hofacker: »Heute wäre jedes ungenützte Verstreichenlassen auch nur weniger Stunden eine Sünde wider den heiligen Geist ...« – Auf das Stichwort »Abgelaufen« gab Stülpnagel den Befehl zur Verhaftung der Pariser Gestapo, des SD und der SS-Führer, die sich reibungslos vollzog.[70]

Hier drängt sich die Frage auf, wie es kam, daß trotz der Teilnahme oder Bereitschaft so vieler Offiziere in wichtigen Stellungen alle militärischen Pläne zum Handeln schließlich mißglückten. Eine Teilerklärung liegt in der Tatsache, daß im allgemeinen das preußisch-deutsche Militär – vielleicht mit Ausnahme derer, die im Nachrichten- und Abwehrdienst standen – nicht gerade für ein Verschwörerhandwerk vorgebildet war.[71] Es gab keine revolutionäre Tradition, wie sie – und zwar im allgemeinen Urteil nicht gerade als ein Ruhmestitel – in südeuropäischen und südamerikanischen Armeen bestand.

Eine andere Erklärung liegt nahe und hat weitgehend Annahme gefunden: Die Nazi-Anhänger oder die schwankenden Nicht-Nazis vereitelten alle Versuche. Bis zu einem gewissen Grade trifft dies zu. Wie schon festgestellt wurde, verbrauchte sich ein gut Teil der Energie der Verschwörer in einer wahren Sisyphusarbeit: Immer wieder rollte der Stein zurück. So geschah es bei den Vorstößen, die man u. a. bei den Heerführern von Manstein, von Bock, von Kluge unternahm. Über Brauchitsch, um den bei dem Aktionsplan von 1939/40 intensiv gerungen worden ist, schrieb Hassell in seinem Tagebuch unter dem 29. September 1938: »... schlägt den Kragen hoch und sagt: Ich bin Soldat und habe zu gehorchen«. Trotzdem wurde seine Entlassung in der schweren Winterkrise im Dezember 1941 als ein Rückschlag empfunden, der – nach der Meinung wiederum Hassells – »die Arbeit von Monaten zunichte machte«. Freilich, ob Brauchitsch je den Absprung gefunden hätte, bleibt zweifelhaft. Auch der Befehlshaber des Ersatzheeres, Generaloberst Fromm, war in seiner Haltung mehr als unsicher. Und die meisten der Kommandeure von aktiven Feldtruppen beobachteten wohl eine Art abwartender Neutralität. Es gab gewichtige Argumente, die dafür anzuführen waren. Sollte man es riskieren, daß sich eine neue »Dolchstoßlegende« bildete, und zwar diesmal eine, die sich gegen das Offizierkorps wenden würde? Wie konnte man das deutsche Volk und die deutsche Armee davon überzeugen, daß

Hitler sie ins Verderben führte, während der Weg zum Siege noch offen zu sein schien? Und umgekehrt, wie konnte man angesichts der drohenden Niederlage die Katastrophe noch beschleunigen oder verschärfen durch eine Revolutionierung der Front? General Halder, in seiner Aussage im Weizsäcker-Prozeß, hat seine Auffassung von diesem Dilemma in etwas anderer Weise so ausgedrückt: Außenpolitisch war ein militärischer Erfolg, innenpolitisch ein Rückschlag die Voraussetzung erfolgreicher Auflehnung. Wir sahen, daß Goerdeler mit Schärfe vor dem Warten auf den »psychologisch richtigen« Zeitpunkt warnte. Und es ist anzunehmen, daß in manchen Fällen dieses Warten und seine Begründung in der Tat ein Sichvorbeidrücken an der Entscheidung war.

Aber innerhalb des rein militärischen Gedankenkreises gab es kaum einen Ausweg aus diesem Zirkel. Auch kann man sehr wohl verstehen, daß in den späteren Jahren die Kommandeure fechtender Truppen, besonders derer im Osten, die einen Damm gegen eine Überflutung der Heimat und gegen ein sozialrevolutionäres System bildeten, sich für grimmiges Ausharren entschieden. Die Männer des deutschen militärischen Widerstands wären sicherlich die letzten gewesen, der opferreichen Kameradschaftsgesinnung, in der ihre Söhne, Verwandten und Freunde lebten, und der illusionslosen Härte der Pflichterfüllung, wie sie tagaus, tagein an der Front geübt wurde, die Hochachtung zu versagen, die ihnen für immer gebührt. Daß die »Heimatstäbe« die Front im Stich gelassen, ihre Versorgung sabotiert, oder daß Verrat zum schweren Zusammenbruch der Heeresgruppe Mitte beigetragen habe, ist schlechterdings nicht wahr.[72] So wie Zuckmayer in seinem Ingenieur Oderbruch sich mit dem Problem der Sabotage abfindet, erscheint es zugleich übergrell belichtet und in unzulässiger Weise vereinfacht. Die sittliche Frage, um die es hier geht, hatte indessen noch eine andere Dimension. Wer am tiefsten lotete, war überzeugt, daß man unter dem gegebenen Regime einen deutschen Sieg nicht einmal wünschen dürfe. Daß er unwahrscheinlich war, auch im äußeren Triumpf der ersten Jahre, und immer unwahrscheinlicher wurde, daß, als es schließlich zur Erhebung kam, die Lage völlig aussichtslos war und daher die Opposition gewiß nicht die Niederlage des Vaterlandes »herbeigeführt« hat, steht außer Frage, sollte aber nicht den Blick trüben für die Schwere des Konflikts, vor dem eine militärische Opposition gegen die eigene Regierung mitten im Kriege der Natur der Dinge nach steht.[73] Einige Offiziere von hohem sittlichen Bewußtsein (wie von Fritsch oder der deutsche Kommandierende General vor Cherbourg, der Sohn des Historikers Erich Marcks) suchten den Tod auf dem Schlachtfeld als die einzige ehrenvolle Lösung eines tragischen Dilemmas. Die Verschwörer hofften naturgemäß ihrerseits, nach Möglichkeit eine Aufspaltung der Armee oder den offenen Bürgerkrieg zu vermeiden. Ihre Pläne bewegten sich im Rahmen einer »Blitz-Revolution«, die mit ungeteilter bewaffneter Macht durchgeführt werden sollte. Die Folge war, daß eine Reihe an sich wohl bestehender »psychologischer« Momente versäumt wurde.

Doch der Hinweis auf Widerstände und Hemmnisse reicht nicht zur Erklärung hin. Es ist eine unleugbare Tatsache, daß viele Aktionen geplant wurden, obwohl sie der Unterstützung durch die höhere Truppenführung entbehrten. Und der Grund für ihr Fehlschlagen lag nicht im Vorhandensein rückgratloser Neutralität oder eines Widerstandes gegen den Widerstand. Als im August und September 1943 Anweisungen ausgearbeitet wurden für »den Tag« – das Stichwort war »Walküre« –, setzten sie Hitlers Tod als ein fait accompli voraus und ebenso einen Putschversuch »frontfremder Parteiführer«.[74] Die Befehle verhängten den Belagerungszustand, während dessen die Ausführungsgewalt bei dem neuen Oberbefehlshaber von Witzleben liegen sollte. Sie wurde delegiert an die Kommandierenden Generale des Ersatzheeres und der Besatzungsarmee. SS-Truppen waren zu entwaffnen und nötigenfalls mit Waffengewalt niederzuwerfen. Konzentrationslager sollten von der Armee besetzt werden und so fort. Den einen dieser Befehle unterschrieb Witzleben »ohne Zögern«, der andere trug den Namen des Generaloberst Fromm, der jedoch tatsächlich nicht eingeweiht war, und dazu die Unterschrift Stauffenbergs. Die Ausfertigung beider Befehle geschah durch Frau von Tresckow und eine frühere Sekretärin Hammersteins, Fräulein von Oven. Sie wurden – versiegelt – von Olbricht in Verwahrung genommen. Man kann nicht sagen, daß dieses Arbeiten mit Fiktionen ein sehr orthodoxes militärisches Verfahren war; es zeigt, daß man keine Rücksicht nahm auf formale Hindernisse oder im Weg stehende Persönlichkeiten. Das gleiche läßt sich von einer Reihe anderer Versuche sagen, die nahe an den Punkt der Ausführung kamen und deren Scheitern wenig mit der Erwägung zu tun hatte, was die Haltung der Abseitsstehenden oder Nazihörigen sein würde.

Der erste, der bereit war zu handeln – und zwar zu handeln im Zeitpunkt militärischen Triumphes –, war von Hammerstein. Während des Polenfeldzugs war er Befehlshaber der Armeeabteilung A an der nördlichen Rheinfront. Es wurde Hitler mit Erfolg nahegelegt, die deutsche Bereitschaft im Westen durch einen Besuch an dieser Front zu bekunden, und Hammerstein war entschlossen, den Führer bei Erscheinen festzunehmen.[75] Hitler jedoch hatte eine seiner »Vorahnungen«; der Besuch wurde abgesagt und Hammerstein aufs neue in den Ruhestand versetzt.

Sehr viel dringlichere Gestalt nahmen die Widerstandspläne seit Novem-

ber 1939 an, nach Beendigung des Polenfeldzuges und ehe die Offensive im Westen begann, in einem Zeitraum also, da die Geschichte gleichsam den Atem anhielt. Der amerikanische Historiker Harold C. Deutsch hat diese Phase mit Recht die »2. Runde« der oppositionellen Aktion genannt, sie geht wie die erste (während der Tschechenkrise) vom Militär und von militärischen Erwägungen aus, nimmt aber sehr rasch, besonders bei Oster und seinen Freunden, grundsätzlichen Charakter an und wird von einer diplomatischen Aktion begleitet. Diese Phase ist auch bisher nicht unbeachtet geblieben, aber der eben genannte Autor hat die Einsicht in ihren Verlauf und ihre Probleme durch die Erschließung wichtiger Quellen und durch Befragungen ungemein bereichert.[76]
Der nächste Ansatzpunkt zum Handeln war die Opposition gegen Hitlers Angriffsplan im Westen – vom militärisch-technischen Standpunkt aus besonders gegen den frühen Ansatz im Winter, aber auch von der moralisch-politischen Sicht aus gegen neue Aggressionen und Neutralitätsverletzungen. Von den Heeresgruppenführern im Westen erhoben Generaloberst von Leeb und sein Stabschef General von Sodenstern im Oktober in einem Memorandum für Halder und Brauchitsch lebhaften Einspruch, gegründet auf militärische wie auf moralische Erwägungen. Bock und Rundstedt schlossen sich an, beide freilich nur unter technischem Gesichtspunkt. Selbst Reichenau, der als »Hitlers Mann« galt, hatte Anfang November einen scharfen Zusammenstoß mit dem Führer; im Anschluß daran ging er, um die für verhängnisvoll gehaltene Offensive zu vermeiden, in einer Unterredung mit Goerdeler und einem anderen Angehörigen der zivilen Opposition (Elsas), wie erst jetzt bekanntgeworden ist, so weit, eine Warnung an England und die Niederlande zu empfehlen. Und Halder hat einen Eintrag in Groscurths Tagebuch dahin gehend bestätigt, daß er im Oktober wochenlang eine Pistole in seiner Tasche trug, wenn er in die Reichskanzlei ging.[77]
Zur Krise kam es Anfang November, als der Termin für die Offensive auf Mitte des Monats angesetzt war. Schon im Oktober hatte Halder im OKH in Zossen eine Arbeitsgruppe für die Vorbereitung des Putsches gebildet, bei der u. a. von Stülpnagel beteiligt war. Am 4. November ließ Halder Oster den Auftrag zukommen, den Staatsstreichplan vom Herbst 1938 zu »rekonstruieren«. Einen Tag später trug Brauchitsch Hitler seine Bedenken vor, dieser antwortete mit einem orkanartigen Ausbruch, der den Oberkommandierenden in eine Art »inneren Niemandslandes« (Zeller) verschlug und mit der Drohung endete, den »Geist von Zossen auszurotten«. Zugleich befestigte sich in den beiden Aktionszentren, im OKH und bei der Abwehr (Abteilung Ausland) in der Bendlerstraße, die Meinung, daß angesichts der Bindung durch den Eid, die auch trotz Becks Mahnung

»Das Herz voraus« Halder immer wieder hemmte, ein Vorgehen gegen den »lebendigen Hitler« auf zu große Schwierigkeiten stoßen würde. So kam es zu einem neuen Attentatsplan, bei dem Oster wieder auf Erich Kordt rechnete, weil er freien Zugang zur Reichskanzlei hatte. Dieser erklärte sich bereit und sollte bis zum 11. November den nötigen Sprengstoff erhalten. Am 8. erfolgte die Explosion im Bürgerbräukeller. Dadurch war, so erklärte Oster am 11., die versprochene Lieferung wegen verschärfter Sperrmaßnahmen unmöglich geworden. Im übrigen, so teilte er Kordt mit, sei der Angriffstermin verschoben. Er ist bekanntlich mehrfach noch hinausgeschoben worden, schließlich bis in den Mai 1940, so daß mit besserer Wetterlage und auch sonst steigender Erfolgsaussicht die rein militärischen Einwände sich abschwächten. Gleichwohl ging die Vorbereitung der Aktion weiter, vor allem von Oster, Etzdorf und Groscurth vorwärtsgetrieben. Kordt bemühte sich noch zweimal um Sprengstoff. Vor allem sollte die Sammlung des Anklagematerials durch die Abteilung z. b. V., wie erwähnt, die Kommandeure der Feldtruppen von der Notwendigkeit des Vorgehens gegen ein verbrecherisches Regime überzeugen.[78] Frontreisen Groscurths und anderer dienten diesem Ziel. Seine Tagebücher sind somit ein besonders eindrücklicher Beleg für das moralische Grundmotiv des Widerstands.

Mit diesem Versuch direkter Einwirkung war ein indirekter verknüpft, der sich auf diplomatischem Felde abspielte, aber wiederum von Oster und der Abwehr ausging. Es handelt sich um die Mission Joseph Müllers, der über Rom und die päpstliche Vermittlung Zusicherungen gegen einen Rachefrieden und für ein zeitweiliges Stillhalten beim Staatsstreich erlangen sollte, um den Militärs das Handeln möglich zu machen. Darauf ist im Zusammenhang der Außenpolitik des Widerstands zurückzukommen.

Zunächst sei der Faden militärischer Aktion weiterverfolgt. Es bestanden Pläne, gegen Hitler in Paris vorzugehen, etwa bei einer in Aussicht genommenen Siegesparade, und ihn bei der zu erwartenden Gegenwehr zu erschießen. Auch im Stabe Witzlebens gab es 1941 Pläne für ein Attentat, zu deren Ausführung Graf Schwerin von Schwanenfeld bereit war, wenn die Gelegenheit sich bieten sollte. Aber Hitler führte den Besuch in Paris nicht aus. Immerhin, es traten zunehmend die religiösen und moralischen Bedenken zurück, die gegen die Tötung Hitlers bestanden. Goerdeler vor allem hatte darauf gedrängt, den Führer lebend vor Gericht zu stellen, und ließ sich nur sehr schwer von der Notwendigkeit des Attentats überzeugen. Die Soldaten indessen betonten, daß eine Gefangennahme Hitlers wegen der sich ständig verschärfenden Sicherheitsmaßnahmen[79] nicht mehr möglich war und daß es notwendig sei, die Armee vom Eidschwur zu befreien. Aber sie wußten auch, daß der »Initialzündung« eine planvolle militärische Aktion folgen mußte, die genauer Ausarbeitung im voraus bedurfte. Dieser Teil der Aufgabe fiel Olbricht und seinem Stabe zu.[80] Es wird berichtet, daß er gegen Ende Februar 1943 fertig war, und – wie erwähnt – wurden versiegelte Befehle im Herbst dieses Jahres niedergelegt. Für den auslösenden Funken zu sorgen, lag Tresckow ob. Da er den Oberbefehlshaber der Heeresgruppe Mitte, von Kluge, nicht gewinnen konnte, beschloß er auf eigene Verantwortung zu handeln, wenn auch in enger Verbindung mit der Abwehr. Nach sorgfältigen vorbereitenden Versuchen, gelang es Schlabrendorff, am 13. März 1943 eine Zeitbombe, getarnt als ein Cointreau-Päckchen für den Oberst Stieff, in Hitlers Flugzeug einzuschmuggeln. Aber der Zündmechanismus versagte. Einige Tage später wurde der Attentatsversuch während der Eröffnung einer Ausstellung von Beutestücken im Berliner Zeughaus wiederholt. Major von Gersdorff, Abwehroffizier der Heeresgruppe Mitte, der gleichfalls zu den Vertrauten Tresckows gehörte, erklärte sich bereit, diese Gelegenheit zu benutzen. Er hatte in jeder seiner Manteltaschen eine Zeitbombe. Nachdem er bei der einen die auslösende Säureampulle eingedrückt hatte, versuchte er, Hitler möglichst nahe zu bleiben. Aber dieser »eilte« nur durch die Ausstellung und verließ sie schon nach zwei Minuten. Gersdorff gelang es gerade noch, den Zünder auf der Toilette loszuwerden.[81]

Trotz dieser enttäuschenden Fehlschläge und trotz immer verschärfter Sperrmaßnahmen wurden die Versuche nicht aufgegeben. Schlabrendorff berichtet von dem Plan eines Gemeinschaftsattentats, zu dem er und sechs andere Offiziere des Tresckow-Stabes sich verschworen. Aber der Führer unterließ jeden weiteren Besuch bei der Heeresgruppe Mitte. Anfang 1944 ging die weitere Initiative dann von Berlin aus. Über den jüngeren Schulenburg kam Stauffenberg in Kontakt mit dem Hauptmann Axel Freiherr von dem Bussche. Ihm war in der Ukraine der Anblick einer Massenerschießung von Juden zum entscheidenden Erlebnis geworden. Er willigte ein, bei einer Vorführung neuer Uniformen das Attentat auf Hitler auszuführen. Aber kurz darauf wurde er schwer verwundet. An seiner Stelle gewann Stauffenberg Ewald von Kleist, den Sohn des Schmenziner, für den Plan. Der Vater gab ausdrücklich seine Zustimmung: »Ja, das mußt du tun«, soll er gesagt haben. »Wer in einem solchen Moment versagt, wird nie wieder froh in seinem Leben.« – Aber die Vorführung, die für Januar geplant war, fiel wegen eines Luftangriffs aus. – Ein Pistolenattentat, zu dem sich Rittmeister von Breitenbuch bereit erklärt hatte, scheiterte an den verschärften Sicherheitsmaßnahmen auf dem Berghof.[82]

Schließlich wurde dann das Attentat durch Stauffenberg unternommen.

Aber auch diesmal stand die Aktion unter einem unglücklichen Stern. Es war von Anfang an mißlich, daß der »Stabschef« der Verschwörung selbst die auslösende Tat begehen mußte, weil nur er Zugang zum Hauptquartier hatte. Zudem verschob er zweimal den Anschlag wegen der Abwesenheit von Göring und Himmler, bis er ihn am 20. Juli zur Ausführung brachte. Und wieder blieb Hitler bewahrt. Die Wirkung der Explosion wurde durch eine Reihe von zufälligen Umständen verhängnisvoll abgeschwächt, und die Tatsache, daß Hitler am Leben blieb, erwies sich als schwerstes Hindernis (neben anderen) für die Durchführung der Walküre-Aktion.[83]

Wenn man die Summe dieser Vorgänge überblickt, kann man sich der Feststellung nicht entziehen, daß eine ganze Anzahl von Fehlschlägen keinem anderen Versagen als einer kaum glaublichen Anhäufung trivialer Zwischenfälle zuzuschreiben ist. Hitler mochte wohl von »der Hand der Vorsehung« sprechen, und der Historiker wird geneigt sein, in einem bestimmten Sinn dem beizupflichten – nicht mit den prahlerischen Obertönen, in denen die Hysterie des Führers sich entlud, wohl aber im Sinn einer Ehrfurcht vor dem Unerforschlichen. In der Kette der Ereignisse von 1939 bis 1945 scheint eine eherne Logik sich anzudeuten, eine innere Ausrichtung auf eine unabgeschwächte und unausweichbare Katastrophe hin, die das Beiläufige und Banale unerheblich macht. Und doch haben die vielfachen Zwischenfälle eine nachweisbare Rolle gespielt. Sie waren zum Teil veranlaßt oder möglich gemacht durch Hitlers argwöhnische Vorsicht, aber sie hatten schlechterdings gar nichts mit Vorsicht, Zögern oder fehlender Entschlußkraft auf seiten der beteiligten Offiziere zu tun. Zudem kann Mißerfolg an und für sich niemals, oder sollte jedenfalls niemals, ein endgültiger Maßstab der Beurteilung sein.

Aber eine andere kritische Frage mag sich hier erheben: Was konnte – selbst wenn die auslösende Aktion Erfolg hatte – das Ergebnis eines darauffolgenden militärischen Putsches sein? Die nächste Antwort darauf muß lauten, daß es sich in gar keiner Weise – auch nicht, was die Beteiligten oder Eingeweihten betrifft – um ein rein militärisches Vorgehen handelte. Es hatte seine Motive sowohl als seine Ziele im politischen und moralischen Bereich. Diese Studie ist daher nicht befaßt mit den mannigfachen oppositionellen Regungen unter den Feldmarschällen und anderen hohen Militärs, die im Sinne beruflicher Überlegenheit Hitlers strategische »Intuitionen« kritisierten und sich hier und da (sehr anders etwa als Keitel und Jodl) gegen das Verhängnis zu stemmen suchten. Sie mochten mit Empörung von »diesem Burschen« sprechen, aber darin lag noch kein Widerstand in irgendeinem grundsätzlichen Sinn. Auch die verschiedentlich gemachten Ansätze, Hitler vom militärischen Oberbefehl zu entfernen, sind nicht Gegenstand unserer Untersuchung. Selbst eine Persönlichkeit wie der General Georg Thomas, der Chef des Wehrwirtschafts- und Rüstungsamts, der unzweifelhaft in echter Opposition stand und an den frühen Aufstandsplänen beteiligt war, hat für die späteren Jahre nur eine lockere Beziehung zum Hauptthema dieses Buches. Als Fachmann in allen Fragen militärischer Bereitschaft widersetzte er sich von Anfang an den Hitlerschen Abenteuern. Im übrigen kannte er die Hilfsquellen Rußlands gut genug, um sich auf die Seite Becks und der warnenden Voraussagen zu stellen. Auch war er als Leiter der Wehrwirtschaft in besonders naher Berührung mit Männern der zivilen Opposition.[84] Zu Beginn des Jahres 1940 hatte auch er darauf gedrängt, daß die Generalität den Angriff auf Belgien und Holland verweigere; die Berliner Garnison würde dann Hitler verhaften und die Armee das Regiment übernehmen. Er fuhr fort, die Notwendigkeit eines baldigen Kriegsendes zu betonen, bis er gegen Ende des Jahres 1942 entlassen wurde. Aber der Widerstand, für den er eintrat, richtete sich offenbar mehr gegen eine Politik, die zur Niederlage führen mußte, als gegen das Regime an und für sich. Und wenngleich seine Warnung vor einem Attentat auf Hitler, das den Führer zum Märtyrer machen würde, aus Gewissensbedenken stammte, die auch andere teilten, und zudem vom Standpunkt politischer Taktik nicht unbegründet war, so offenbart sich doch gerade an diesem Punkt eine feine, aber scharfe Linie der Unterscheidung.

Sie wurde mit sicherem Instinkt von Tresckow gezogen, wenn er im Sommer 1944 sagte[85]: »Das Attentat auf Hitler muß erfolgen um jeden Preis. Sollte es nicht gelingen, so muß trotzdem der Staatsstreich versucht werden. Denn es kommt nicht mehr auf den praktischen Zweck an, sondern darauf, daß die deutsche Widerstandsbewegung vor der Welt und der Geschichte unter Einsatz des Lebens den entscheidenden Wurf gewagt hat. Alles andere ist daneben gleichgültig.« Natürlich wünschten die Militärs, die sich zu solcher Unbedingtheit des Handelns notfalls auch ohne Aussicht auf Erfolg bekannten, zugleich auch, nach Möglichkeit das Weißbluten Deutschlands zu verhüten. Sie waren sich bewußt, für ihr Vaterland einzutreten, aber ebenso auch gegen eine Gefahr, die ganz Europa mit Chaos bedrohte. Es handelte sich für sie im letzten um Abwehr einer moralischen Krise. Sie waren daher überzeugt, daß zur Überwindung ihre eigene Tat und, wenn nötig, das Opfer ihrer selbst erforderlich war. Wir sahen, daß es Soldaten gewesen sind, die in den kritischen Wochen des Jahres 1938 sich dem Krieg nicht nur deshalb widersetzten, weil er verhängnisvoll für Deutschland sein würde, sondern weil die Aufdeckung und Bekämpfung dieser Gefahr eine Gelegenheit für den Sturz einer verbrecherischen Regierung und für die Rückkehr zu Begriffen nationalen

und internationalen Anstands zu bieten schien, die besser übereinstimmten mit echten militärischen und adligen Überlieferungen.
Es war dies eine Haltung, die auch im Krieg nichts an Gültigkeit verlor. Vor ihr verblaßte für die kräftigsten und charaktervollsten Naturen das Gespenst des »Dolchstoßes« und das der Anklage wegen Landesverrats. Als nach dem Fehlschlag des Attentats vom 20. Juli Tresckow im Begriff stand, an die Front zu gehen, um sich dort das Leben zu nehmen, verabschiedete er sich von Schlabrendorff mit den Worten: »Jetzt wird die ganze Welt über uns herfallen und uns beschimpfen. Aber ich bin nach wie vor der felsenfesten Überzeugung, daß wir recht gehandelt haben. Ich halte Hitler nicht nur für den Erzfeind Deutschlands, sondern auch für den Erzfeind der Welt. Wenn ich in wenigen Stunden vor den Richterstuhl Gottes treten werde, um Rechenschaft abzulegen über mein Tun und Unterlassen, so glaube ich mit gutem Gewissen das vertreten zu können, was ich im Kampf gegen Hitler getan habe. Wenn einst Gott Abraham verheißen hat, er werde Sodom nicht verderben, wenn auch nur zehn Gerechte darin seien, so hoffe ich, daß Gott auch Deutschland um unseretwillen nicht vernichten wird. Niemand von uns kann über seinen Tod Klage führen. Wer in unseren Kreis getreten ist, hat damit das Nessushemd angezogen. Der sittliche Wert eines Menschen beginnt erst dort, wo er bereit ist, für seine Überzeugungen das Leben hinzugeben.« Ein anderer der militärischen Verschwörer, Graf Lehndorff-Steinort, schrieb im Abschiedsbrief an seine Frau: »Du wirst immer davon überzeugt sein, daß ich nicht leichtfertig Eure Zukunft zerstört habe, sondern einer Idee gedient habe, von der ich glaube, daß sie eine Rücksicht auf Familie und Privates nicht rechtfertigt.« »Der Weg zum himmlischen Reich«, fährt der Brief fort, »führt aber wohl nur über Leid, und es muß erst mal alles Alte gewaltsam von einem gerissen werden. Erst dann kann man eine ›neue Kreatur‹ werden. Jedenfalls werde ich in diesem Glauben sterben und ohne Furcht und Angst ...«
Solche Gedanken und Motive also waren lebendig in Mitgliedern jener »ehrgeizigen Clique«, die angeblich nur den Folgen des Krieges zu entkommen wünschte, als er verloren war. Mit Beschämung erinnert man sich, daß diese Männer verdächtigt worden sind, auf die Rettung ihres eigenen Lebens oder ihrer Klasseninteressen oder auf die Aufsparung des Generalstabs für einen neuen Krieg bedacht gewesen zu sein. Vollends im Fall des deutschen militärischen Nachrichtendienstes handelt es sich um Vorgänge, die noch weitgehender aus aller Konvention herausfallen und die noch schneidender der These widersprechen, daß es sich beim deutschen Widerstand um unzufriedene Generale und »anachronistische« Edelleute gehandelt habe. Der Leiter der Abwehr, Admiral Canaris, sah

so früh und so klar wie nur irgend jemand das Verhängnis, zu dem der Angriffskrieg schließlich führen werde, voraus. Von Mitte August 1939 ist in den italienischen Akten sein warnendes Wort überliefert: »Das wird das Ende Deutschlands sein.« Zugleich aber war er aus genauester Kenntnis der Hitlerschen Methoden und Ziele auch überzeugt, daß dessen Triumph, wenn überhaupt möglich, »ein noch größeres Unglück« sein werde. Er ist nicht selbst in direkte Handlungen gegen das Regime eingetreten, seiner Natur nach mehr »zur konspirativen Resistenz als zur revolutionären Aktion« geneigt. Aber er hat andere unterrichtet und gedeckt, Verfolgte gerettet und Exzesse abgestumpft. Weizsäcker, der ihm nahestand, spricht in seinen Erinnerungen davon, daß er für einen »listenreichen Odysseus« galt, und bezeugt doch seinen »glockenklaren Charakter«. An seiner Gesinnung und seinem sittlichen Willen kann kein Zweifel bestehen, und doch bleibt für den Betrachter seine geschichtliche Rolle, zumal bei der Lückenhaftigkeit der Unterlagen, von einem gewissen Geheimnis umhüllt.[86] Hingegen steht sein Stabschef, Generalmajor Oster, als eine scharfumrissene Figur da. Schlabrendorff hat von ihm gesagt, er sei »ein Mann nach dem Herzen Gottes« gewesen. Oster war nicht nur der »Techniker« (Boveri), der die Verschwörung abschirmte und für sie wertvollste Verbindungen unterhielt. Er war selbst eines der Haupttriebräder, und er scheute nicht vor Handlungen zurück, die der deutschen Armee zu schwerem Schaden gereichen konnten.

Es ist an diesem Punkte, daß zur Frage des »Landesverrates« im Umkreis der deutschen Opposition in aller Klarheit Stellung genommen werden muß. Man wird sich nicht mit der These vom »Unrechtscharakter« des Regimes begnügen dürfen, dem gegenüber man nicht habe unrecht tun können, wie wohltuend immer diese Auffassung sich von dem formalen Legalitätsbegriff des juristischen Positivismus unterscheidet.[87] Man wird auch das Problem nicht bagatellisieren dürfen durch den Hinweis, die Mitteilungen, die Oster den holländischen Militärattaché G. J. Sas über Tatsache und Daten des bevorstehenden Angriffs auf Dänemark, Norwegen, Belgien und Holland machte, hätten keinen Schaden getan, da man ihnen in Belgien offenbar keinen Glauben schenkte oder da im holländischen Fall Vorsichtsmaßnahmen sowieso getroffen waren. Und es genügt auch nicht, auf die diplomatisch-taktische Situation und die noch zu berührenden Sondierungen bei den Gegnern zu verweisen, durch die man auf seiten der Opposition ein militärisches Stillhalten während des inneren Aufstands zu erreichen hoffte. Insoweit ging es dringend um den Nachweis, daß man dies bona fide betrieben habe. Aber ohne Zweifel handelte Oster wie aus dem Gefühl der Empörung und der europäischen Solidarität, so zugleich mit der Zielsetzung, entweder die Offensive über-

haupt zu verhindern oder mindestens für sein Land durch einen geringeren den totalen Verlust zu vermeiden sowie durch einen Rückschlag den Sturz des Regimes zu ermöglichen. Die Frage, ob die Weitergabe eines Angriffstermins dazu ein geeignetes Mittel und die »Tat« daher überflüssig war, wird dem Phänomen eines Durchbruchs nicht gerecht, der nur aus dem Gewissen vollzogen werden konnte – eines Durchbruchs durch die berufliche Ethik des Offiziers und seinen sozusagen normalen Patriotismus, der dem militärischen Sektor im ganzen und auch in weniger zugespitzten Formen auferlegt war. Der Fall Oster wird daher gewiß nicht als »überflüssiges«, sondern als vollgültiges Zeugnis für die Rangordnung der Werte zu betrachten sein, um deren Austrag es in kritischer Situation geht und immer wieder gehen kann. Mit Recht hat daher H. C. Deutsch für Oster und seine Freunde eine »Spezial-Nische« reserviert, er sieht in ihrem Handeln einen Beweis von äußerstem Opferwillen und höchstem Patriotismus.
Wird diese Wertung im menschlichen wie im politischen Bereich vom Grenzfall her auf das Ganze und auch auf die durchschnittlicheren Phänomene der militärischen Opposition angewandt, so ergibt sich ein Bild, das wenig mit der Vorstellung eines kriegshetzerischen Generalstabs übereinstimmt, ihn vielmehr in entscheidenden Phasen und entscheidenden Persönlichkeiten als durchaus »zivilen« Anwalt des Friedens und einer rechtlich geordneten Gemeinsamkeit der Völker erweist. Vielleicht kann man den Kontrast zu gewissen karikierenden Vorstellungen, die mit dem Schlagwort vom »preußischen Militarismus« sich so leicht verbinden, am besten durch ein Hitlerzitat veranschaulichen, das Schlabrendorff überliefert hat[88]: »Als ich noch nicht Reichskanzler war, habe ich geglaubt, der Generalstab gleiche einem Fleischerhund, den man fest am Halsband halten müsse, weil er sonst jeden anderen Menschen anzufallen drohe. Nachdem ich Reichskanzler wurde, habe ich feststellen müssen, daß der deutsche Generalstab alles andere als ein Fleischerhund ist. Dieser Generalstab hat mich immer hindern wollen, das zu tun, was ich für nötig hielt. Der Generalstab hat der Aufrüstung, der Rheinlandbesetzung, dem Einmarsch in Österreich, der Besetzung der Tschechei und schließlich dem Krieg gegen Polen widersprochen. Der Generalstab hat mir abgeraten, gegen Frankreich offensiv vorzugehen und gegen Rußland Krieg zu führen. Ich bin es, der diesen Fleischerhund immer erst antreiben muß.«
Man mag demnach abschließend sagen, daß die Motive der militärischen Opposition, soweit sie uns hier angehen, weder von rein beruflicher noch von klassenbedingter Art waren. Das gleiche gilt für ihre Ziele. Die Widerstandsbewegung der Armee war ein »Sektor«, war Teil eines Ganzen. Und wenn in ihr ein Stück besten Preußentums lebendig war – wie denn

die Fülle altpreußischer Namen jedem Betrachter auffallen wird –, so walteten doch sichtlich »zivile« Ideen von Anfang an vor und blieben bestimmend bis zum Ende. Es ist in dieser Hinsicht erwähnenswert, daß im Stab des Ersatzheeres und im Kreis um Canaris und Oster – an den beiden Stellen also, wo die Zahl der Verschwörer am größten war – der Prozentsatz von Reserveoffizieren und Zivilisten gleichfalls sehr hoch gewesen ist. Anwälte, Richter, Lehrer, Professoren, Landwirte, Geschäftsleute und Männer der Kirche hatten teil am militärischen Planen: die Brüder Kaiser und Bonhoeffer, Justus Delbrück und Hans von Dohnanyi, ein Schwager der Bonhoeffers. Während Oster die militärische Seite bearbeitete, war Dohnanyi für die politische Vorbereitung des Staatsstreiches in Fühlung mit der Abwehr tätig. In nahem Zusammenhang mit ihnen standen ein anderer Bonhoeffer-Schwager, Dr. R. Schleicher, und Dr. Karl Sack, Freiherr von Guttenberg und Graf von Schwerin-Schwanenfeld, Strünck und Dr. O. John, der wie Klaus Bonhoeffer durch eine Stellung bei der Lufthansa besondere Möglichkeiten hatte. Auch war die Zusammenarbeit zwischen dem militärischen und zivilen Sektor sehr eng. Während in den Beratungen der politischen Kreise, wie später an einem konkreten Beispiel gezeigt werden wird, Vertreter von Beck und der Abwehr anwesend waren, berieten die Führer der politischen Rechten sowohl wie der Linken mit den militärischen Verschwörern und erteilten ihnen Ratschläge. Einige Zivilisten wie Goerdeler und von Hassell waren ständig und mit verzweifelter Anstrengung bemüht, widerstrebende Generale vorwärtszutreiben. Es gab andere jedoch, die, wie es scheint, zuzeiten das Handeln des Militärs eher zu verzögern als zu beschleunigen suchten. Nach einem der vorliegenden Zeugnisse[89] haben drei der jüngeren sozialistischen Führer am Ende des Jahres 1942 den Generalen zugeredet, das Attentat zu verschieben bis zu dem Zeitpunkt der Landung der Westmächte auf dem Festland. Bei zu frühem Losschlagen, so meinten sie, werde der Sturz der deutschen Regierung nur die Eroberung durch Rußland und eine kommunistische Überflutung von ganz Europa bedeuten. Wenn man diese Angabe für zutreffend halten darf, so könnte sie eine gewisse Pause im militärischen Handeln mit erklären. In jedem Falle kam, wie später zu zeigen sein wird, die internationale Auswirkung eines Attentats sehr wesentlich in den Kreis der Erwägungen. Auch von hier aus ergibt sich der grundsätzlich politische Charakter der militärischen Opposition.

Es war daher eine vollkommen berechtigte, wenngleich wohl kaum erschöpfende Schlußfolgerung, wenn Gustav Dahrendorf, einer der wenigen Überlebenden unter den leitenden sozialistischen Verschwörern, später sagte[90]: »Der revolutionäre Anschlag vom 20. Juli 1944 sollte nicht als ein schlecht ausgeführtes Unternehmen von Offizieren betrachtet werden, die alle Hoffnung aufgegeben hatten und einer Zwangslage zu entkommen suchten. Es war auch kein Versuch, von seiten murrender reaktionärer Militaristen das Band zu zerschneiden, das sie an den Faschismus fesselte. Beide Beschreibungen würden falsch und ungerecht sein. Die motivierende Kraft, die hinter allen Vorbereitungen stand, war ein fester politischer Wille. Es gab nur ein Ziel, den Faschismus zu beseitigen und den Krieg zu beenden.« Die militärische Revolte war in der Tat nur der erste, wenngleich unentbehrliche Schritt auf dieses Ziel hin. Sie bildete »die schlagkräftige ›Vorhut‹ der Widerstandsbewegung ... bestimmte aber weder ihren Körper noch ihren Geist«.[91] Der Belagerungszustand unter militärischer Kontrolle, den man plante, war nur als eine vorübergehende Notstandsmaßnahme gedacht. Zivilisten und Soldaten zusammen hatten Entwürfe für eine neue verfassungsmäßige Regierung ausgearbeitet, für die Wiederherstellung der Herrschaft des Rechts, für Freiheit der Religion, für politische und soziale Reform.

Unsere Betrachtung hat sich nunmehr dieser Seite der Probleme, d. h. dem politischen Aufbau und den politischen wie den sozialen Zielen der Opposition, zuzuwenden.

Ansätze zur Neuordnung

1. Politischer Aufbau der Opposition

Unter den nichtmilitärischen Leitern der Opposition ragt Carl Friedrich Goerdeler als Persönlichkeit hervor. Er ist zugleich auch derjenige, der Verbindungsfäden nach vielen Seiten schlug und der eine große Zahl von Programmen und Reformentwürfen für die nachhitlersche Regierung hinterlassen hat. Sie sind zwar nicht der Ausdruck eines Gedankengutes, das etwa dem Ganzen der Widerstandsbewegung gemeinsam gewesen wäre, aber sie geben eine erste und verhältnismäßig breite Grundlage für eine Würdigung ihrer Ideen und Ziele, insbesondere insoweit, als es sich dabei um die sogenannten »Honoratioren« handelt. Goerdeler, Westpreuße von Geburt, hatte sich in den Jahren, die dem Naziregime vorangingen, durch persönliche Initiative und politisches Verantwortungsgefühl in einem Maße ausgezeichnet, wie es für einen höheren Beamten, und selbst im Bereich der Selbstverwaltung, nicht gerade die Regel war. Es wurde erwähnt, daß er neben der Stellung als Oberbürgermeister von Leipzig eine Zeitlang (1934 bis 1935) die eines Preiskommissars unter Hitler innehatte. Er versuchte in dieser Funktion vergeblich, einen mäßigenden Einfluß auszuüben. Gleich anderen unantastbaren Gegnern des Nationalsozialismus hielt er es für seine Pflicht, sich nicht sofort zurückzuziehen oder gar das Land zu verlassen. Wohl aber weigerte er sich, seine Prinzipien zu kompromittieren. Als es ihm nicht gelang, eine antisemitische Demonstration der Partei in Leipzig zu verhindern (die Beseitigung des Mendelssohn-Denkmals im November 1936), legte er sein Amt nieder. Er trat dann als Berater in den Dienst von Robert Bosch in Stuttgart, einem der sozial fortgeschrittensten deutschen Industrie-Unternehmer[1], der, wie schon erwähnt, auch Pechels so mutige »Deutsche Rundschau« unterstützte. Er versah Goerdeler mit den Geldmitteln und, was noch wichtiger war, mit der Deckung, wie sie seine weitausgedehnte Tätigkeit zur Bekämpfung des Regimes erforderte. Goerdelers Beziehungen reichten praktisch zu allen nichtkommunistischen Gruppen der Opposition. Manche von ihnen hatten in ihm ihren Vereinigungspunkt. Er war selbstverständlich in naher Berührung mit den Militärs und mit Männern der Geschäftswelt, mit hohen Beamten in Ruhestand und mit Mitgliedern der Widerstandsgruppe im Auswärtigen Amt, aber auch mit Professoren und Kirchenmännern (besonders mit dem Bischof von Berlin, Graf Preysing, und dem protestantischen Bischof Wurm von Württemberg) sowie mit Sozialisten und Gewerkschaftsführern. Hinzu kam, daß er viele Freunde im Ausland hatte; er machte wiederholt Reisen durch England und Frankreich, Italien und die Schweiz, Schweden und Belgien, den Nahen Osten und die Balkanländer, durch die Vereinigten Staaten und Kanada. In den Jahren vor dem Krieg tat er unzweifelhaft alles, was in seiner Macht stand, um das Ausland von der Gefahr, die im Charakter des Naziregimes lag, zu überzeugen.

Während Goerdeler im Jahre 1937 in den Vereinigten Staaten weilte, deponierte er bei einem amerikanischen Vertrauensmann ein »Politisches Testament«[2]. Es zeigt nicht nur, daß er sehr wohl wußte, welchem Abgrund er selbst und das ganze deutsche Volk zutrieben; es zeigt auch, wie er in erster Linie durch die Gesetzlosigkeit und Korruption, durch den Niederbruch der Gerechtigkeit und die Angriffe auf das Christentum alarmiert war und wie er in diesen Erscheinungen das Wesen eines Systems erblickte, dem man, besonders im Ausland, noch immer einige wirtschaftliche Errungenschaften wie »namentlich« Beseitigung der Arbeitslosigkeit, gutzuschreiben geneigt war. Als ein Fachmann in Verwaltung und Finanz gehörte er nicht zu jenen »Experten«, die sich von der Schauseite des Erreichten bestechen ließen. Lange vor dem Kriege schon – und auch für den Fall, daß es zum Krieg kam – war er dessen gewiß, daß Hitler Deutschland in eine wirtschaftliche und vor allem in eine moralische Katastrophe hineinführen werde. Nach seiner Meinung zog die Diktatur ihre Kraft recht eigentlich aus den Wurzeln der Krankheit, die das Zeitalter befallen hatte. In einem Artikel vom April 1938 klagte er die materialistische Gesinnung der Epoche als ihren »großen Irrtum« an. Befreiung von dieser Sklaverei, so erklärte er, »kann nur durch äußerste Anspannung der moralischen Kräfte gewonnen werden, die Gott dem Menschen verliehen hat«.[3]

In der Tat, es war von diesem Gesichtspunkt mehr als von irgendeinem anderen aus, daß Goerdeler seine Agitation begann und betrieb. Es ging ihm um die Wiederherstellung der grundlegenden Werte menschlichen Daseins. Er versuchte unermüdlich, die Generale von der Gefahr eines vollständigen moralischen Chaos zu überzeugen, das aus der Fortdauer eines zynischen Regimes von verbrecherischer Brutalität sich ergeben müsse. Und er ersparte ihnen nicht den beständigen Hinweis auf ihre besondere Verantwortlichkeit für einen solchen Niederbruch. Sie hätten es mit angesehen, erklärte er ihnen, wie das Prinzip der allgemeinen Wehrpflicht seines sittlichen Inhalts beraubt und zum Werkzeug egoistischer und verbrecherischer Zwecke gemacht wurde. Ehre und Anstand waren ihm kein »altes Eisen«, sondern enthielten, wie er es ausdrückte, »gerade diejenige lebendige Kraft, die jede Gemeinschaft zu ihrem Bestande nötig braucht, insbesondere eine Gemeinschaft, die höchste Opfer verlangt«. In einer ausführlichen Denkschrift, die Goerdeler am 26. März 1943 unter der Überschrift »Lage und Möglichkeiten« an »die Generalität« richtete[4], kam er zu der Schlußfolgerung, daß nichts zwischen den Generationen stehe, sondern daß es nur eine einzige Grenzlinie in Deutschland geben dürfe, »die zwischen anständig und unanständig«. Weiterhin warf er die gleiche Frage auf, die man – mit etwas anderem Akzent – so oft im Ausland gestellt hat: »Wie ist es möglich, daß das (im Grunde) so anständige deutsche Volk so lange ein so unhaltbares System erträgt?« Seine Antwort war: »Nur weil sich alle Verstöße gegen Recht und Anstand im Schutze der Geheimhaltung und unter dem Druck des Terrors vollziehen ...« Worum es sich praktisch handele, so schrieb er, sei die Herstellung eines Zustandes, »in dem es auch nur für 24 Stunden möglich ist, die Wahrheit wieder zu Worte kommen zu lassen ...« Diesen Zustand aber herbeizuführen sei Sache des »entschlossen Handelnden«. – »Das Volk ist nicht nur reif, sondern es erwartet, daß eine rettende Tat geschieht.« Knapp zwei Monate später schrieb Goerdeler den schon einmal erwähnten Brief an Olbricht, der die Klage über das Warten auf den »psychologisch richtigen Zeitpunkt« enthält und mit dem überraschenden Vorschlag endet, er wolle selbst in einer Aussprache Hitler sagen, »daß sein Rücktritt vom Lebensinteresse des deutschen Volkes erfordert wird«. – Nur müsse er allerdings Sicherheit verlangen, »daß dann unmittelbar gehandelt wird«.[5]

Man wird an dem Mut und Opferwillen nicht zweifeln, wie er aus solchen Worten spricht, die gewiß nicht ein taktisches Pressionsmittel sein sollten, sondern echtester Wesensausdruck sind, aber zugleich doch an der Wirklichkeit der Situation in dem Maße vorbeigehen, wie sie sich »anständigen« Mitteln entzog. In der Tat wird sich zeigen lassen, daß Goerdeler, wenngleich ein Mann von umfassender praktischer Kenntnis und langjähriger Schulung im Bereich städtischer Selbstverwaltung, sich allzu leicht in idealistischen Vereinfachungen und einem übertriebenen Optimismus erging. Oft genug hatten seine Mitverschworenen Anlaß, sich über diese Züge seines Wesens zu beklagen. Aber niemand konnte oder kann leugnen, daß sie ihre Wurzel in einer Zuversicht des Glaubens hatten, die mit geistigen mehr als mit materiellen Kräften rechnete. Und sie erwiesen sich als ein ununterdrückbarer Antrieb.

Eine andere führende Gestalt unter den Nicht-Militärs war der frühere Botschafter in Rom, Ulrich von Hassell, der sich nach seiner Entlassung zu Ende des Jahres 1937 der aktiven Opposition anschloß. Er war Schwiegersohn von Tirpitz und Abkömmling einer adeligen Beamten- und Gelehrtenfamilie aus Hannover und kann gewiß als Vertreter der »alten Elite« gelten. Er war voll Verachtung für die Emporkömmlinge, empört über ihre dummen und anmaßenden Mißgriffe: ein Diplomat, der noch in der echten Überlieferung Bismarcks lebte – sosehr sie inzwischen zur Karikatur geworden war. Bedauerlicherweise habe man in Deutschland selbst, schrieb Hassell[6], ein Bild geschaffen von »dem Gewaltpolitiker mit Kürassierstiefeln ... In Wahrheit waren die höchste Diplomatie und das Maßhalten seine große Gabe.« Nach Gedankenwelt und Wesensart stand Hassell dem Typ des Revolutionärs oder des Verschwörers sicherlich so fern wie nur irgend jemand. Seine Tagebücher, die ebenso überraschend durch die Tatsache ihrer Existenz wie die ihrer Erhaltung sind, zeigen das zur Genüge. Keinem Gestapo-Mann würde es schwergefallen sein, sie zu entschlüsseln und in ihnen alles zu finden, was er sich nur wünschen konnte. Zu gleicher Zeit aber enthüllten die Tagebücher auch die Reichweite von Hassells geistigen Interessen und das Ausmaß seiner Tätigkeit in Deutschland wie im Ausland, einer Tätigkeit, die, wie die Goerdelers, von einem Wirtschaftsunternehmen gedeckt wurde. Weiterhin geben sie Aufklärung über seine Verhandlungen mit Mittelsmännern der Feindmächte sowie über seine zahlreichen Berührungen mit oppositionellen Elementen, und zwar solchen fast aller Kreise.[7] Er bewegte sich keineswegs nur, wie gelegentlich behauptet wird, in der »höheren Gesellschaft«, sosehr die Vornehmheit seiner Erscheinung aus allen schriftlichen und bildlichen Zeugnissen spricht. Eher wird zu sagen sein, daß er in der auswärtigen Politik, die er für die Widerstandsbewegung verfolgte und auf die zurückzukommen sein wird, unter Illusionen hinsichtlich des noch Erreichbaren sich befand, wobei er übrigens durchaus nicht so eindeutig »westlich« orientiert war, wie es der russische Historiker Melnikow darstellt, und daß seine Gedankenwelt in der Tat stark vom Bild einer besseren Vergangenheit bestimmt war.
Es war deshalb in den ersten Jahren nach dem Krieg im Ausland – und ist noch heute, und zwar keineswegs nur im östlich beeinflußten Schrifttum – nicht unüblich, in Hassell das spezifische Beispiel eines Mannes, der »hoffnungslos überlebt war«, zu sehen oder ihn als »Anachronismus in der modernen Welt« zu charakterisieren. Man mochte wohl auch über »hochgesinnte Junker, die Hitler mit Tagebüchern bekämpften«, spotten. Solche Zuspitzungen bedürfen heute keiner Abwehr mehr. In Wahrheit bedeutete es wohl alles andere eher als einen »Anachronismus«, daß ein

Aristokrat (der v. Hassell sicherlich war, wenngleich von dem nichtjunkerlichen, westdeutschen Typ) inmitten einer großen Weltkrise Dante las oder von Werner Jaegers PAIDEIA sagte, es sei dies ein Buch mit überraschenden Ein- und Ausblicken in Altertum und Zukunft.[8] All denen, die in Europas Rückkehr zu humanistischen und christlichen Überlieferungen ein für die damalige Zeit berechtigtes Hoffnungssymptom erblicken, mag Hassell vielmehr als einer unter anderen eine mögliche Zukunftssaat bezeugen, die in einer Zeit des Chaos gelegt wurde. Weiterhin spiegeln die Tagebücher, besser vielleicht als irgendein sonst verfügbares Dokument, den Antrieb des Entsetzens wider, der in Menschen aller Stände lebendig war, der bei Hassell aber mit der besonderen Empfindlichkeit des kultivierten Aristokraten zum Ausdruck kam. Er bekannte sich aufs klarste zur Mitverantwortung für die grauenvollen Verbrechen, die im Namen Deutschlands begangen wurden; er drängte darauf, diese Schmach abzuwaschen, oft genug mit der Unvorsichtigkeit »des die Gefahr nicht achtenden Edelmannes« (Zeller). Mit der gleichen Gefaßtheit, ja fast Nonchalance, sah er seiner Verhaftung nach dem 20. Juli entgegen. Soweit man ihn als klassengebunden bezeichnen kann, war er es im Sinne der Bemühung, die in den Staub gesunkene Devise, daß Adel verpflichtet, aufs neue in Kraft zu setzen.
Viele Männer des Adels und des Großgrundbesitzes standen im gleichen Lager: der frühere Botschafter in Moskau, Graf Werner von der Schulenburg, ferner pommersche »Junker«, wie zum Beispiel von Zitzewitz-Muttrin und von Puttkammer-Nippoglense, oder ein Landwirt und Oberamtmann in der preußischen Provinz Sachsen wie Wenzel-Teutschental oder der von den Verschwörern zum politischen Beauftragten in Ostpreußen vorgesehene Graf Dohna-Tolksdorf. Aus der nämlichen aristokratischen Gruppe seien genannt der bayerische Fürst Fugger von Glött[9] sowie Karl Ludwig, Freiherr zu Guttenberg, der Herausgeber der »Weißen Blätter«. Viele Männer der Rechten von dieser Art hatten schon in den Jahren, die dem Naziregime vorangingen, sich dem Hugenbergschen Kurs widersetzt. Ein hervorragendes Mitglied der konservativen Opposition innerhalb des Landadels war der mehrfach schon erwähnte Ewald von Kleist-Schmenzin, der im Prozeß vor dem Volksgericht im Februar 1945 erklärte: »Jawohl, ich habe Hochverrat getrieben seit dem 30. Januar 1933 ...« Er fuhr fort, er halte »diesen Kampf für ein gottverordnetes Gebot. Nur Gott werde sein Richter sein.«[10] Und in einer letzten Betrachtung vor dem Tode schrieb er nieder: »Wer ist größer, wer hat für die Welt mehr geleistet: Caesar oder ein schlichter, pflichttreuer, frommer Arbeiter, dessen ganzes Leben Vorbild eines gläubigen Menschen war? ...«
Der Einsatz und das Sterben solcher Männer war nicht von Interessen

einer Klasse bestimmt, sondern bezeugt eine Auflehnung von Individuen, die den echten Geboten konservativer Gesinnung und christlicher Frömmigkeit folgten.[11] Daneben sollten die aktiven oder im Ruhestand lebenden Beamten der städtischen Verwaltung genannt werden, die mit Goerdeler zusammenarbeiteten: sein Bruder Fritz, zuletzt Stadt-Kämmerer von Königsberg, der das Schicksal der Hinrichtung mit ihm teilte, sowie die Doktoren Elsas, bis 1933 stellvertretender Bürgermeister von Berlin, und Lehr, zuletzt Oberbürgermeister von Düsseldorf; desgleichen Juristen wie Friedrich Justus Perels, der Rechtsberater der Bekennenden Kirche, oder die katholischen Anwälte Dr. Wirmer und der in anderem Zusammenhang schon erwähnte Joseph Müller. Weiterhin schloß die eine oder die andere der locker verknüpften Gruppen Persönlichkeiten ein, die in der Leitung der volkskonservativen, der demokratischen und der Zentrumspartei tätig gewesen waren. Darunter befanden sich der frühere Reichstagsabgeordnete Lejeune-Jung, die früheren Minister Geßler und Hermes, der ehemalige Staatspräsident von Württemberg, Bolz; ferner eine Anzahl hoher Beamter im Ruhestand, so etwa Freiherr von Lüninck, der Oberpräsident von Westfalen gewesen war, und drei frühere Staatssekretäre der Reichskanzlei, Hamm, Pünder[11a] und Planck. Andere Mitglieder der gleichen Kreise sind zuvor schon genannt worden, und mehr Namen könnten der Liste von hochgestellten Persönlichkeiten des öffentlichen Lebens unschwer hinzugefügt werden.
Unter ihnen verdient der preußische Finanzminister Johannes Popitz besondere Erwähnung, und zwar nicht nur, weil sein spezifischer Beitrag zur Opposition umstritten ist, sondern auch, weil er ohne Zweifel einer der bedeutendsten Köpfe in ihren Reihen darstellte.[12] Er war ein Mann von persönlicher Unantastbarkeit und humaner Bildung, ein angesehener Wissenschaftler auf dem Gebiet der Staats- und Finanzlehre, der sich auch als Archäologe einen Namen gemacht hatte. Als Theoretiker und Praktiker der Verwaltung hatte er schon in den Jahren nach 1918, besonders als Staatssekretär, unter dem sozialistischen Reichsfinanzminister Hilferding, seinen Ruf begründet. Nach raschem Aufstieg wurde er für einige Zeit Professor an der Berliner Universität. Im Jahre 1932 übernahm er das preußische Finanzministerium; er verblieb in diesem Amt, auch als Hitler zur Macht gekommen war. Wie andere Experten mußte er erfahren, daß die Hoffnung, »Schlimmeres zu verhüten«, sich als Illusion erwies. Es ist unzweifelhaft, daß er spätestens seit 1938 ein bitterer Feind des Regimes war, tief besorgt über die sich ausbreitende Korruption und entschlossen zum Widerstand von innen. Seit Ausbruch des Krieges war auch er überzeugt, daß das Ende verhängnisvoll und daß unter Hitler und Ribbentrop kein Friede möglich sein werde. Er hatte, durch Goerdeler

eingeweiht, teil an den Versuchen, den Angriff im Westen durch militärischen Aufstand zu verhindern. Er stand in mehr oder weniger naher Verbindung zu Hassell, Schacht und Oster. Von Goerdeler allerdings trennte ihn trotz vieler menschlicher Berührungen ein erheblicher Unterschied in Fragen der Staats- und Gesellschaftsauffassung, auf den zurückzukommen ist. Eben das hielt Popitz wohl auch vom Gewerkschaftsflügel der Opposition fern. Außerdem wurde ihm von Arbeiterführern, wie offenbar ebenso von Goerdeler und Beck, sein langes Verbleiben in der Regierung verdacht.[13] Auf der anderen Seite scheint sein Eintreten für einen durchdachten Neubau des Staates sowie seine Vorliebe für eine Art Planwirtschaft und für bestimmte staatssozialistische Maßnahmen ihm Anhänger unter der jüngeren Generation der Widerstandselemente gewonnen zu haben, besonders im Kreisauer Kreis.

Wie dem auch sei – Popitz kam zu der Überzeugung, daß auf die Generale nicht zu rechnen sei (»sie denken nur an ihre Medaillen«). Seine Maxime soll gewesen sein: »Man kann nicht mit gewöhnlichen Mitteln aus einer ungewöhnlichen Katastrophe herausführen.« – So betrieb er den Plan, das Regime durch eine Aufspaltung seiner Kräfte, d. h. durch »Palastrevolution« oder einen »Prätorianeraufstand« zu stürzen. In der Tat sind dies ja – neben einem Militärputsch – die beiden typischen, aber auch die bedenklichsten Wege zur Beseitigung einer Diktatur. Nachdem Popitz, nicht ohne gelegentlichen Erfolg, Göring unter seinen Einfluß zu bringen versucht und damit in der Tat die Milderung einiger Härtefälle erreicht hatte, setzte er schließlich seine Hoffnung auf Himmler, der ja seit 1943 unter anderem Reichsminister des Inneren war. Über diese merkwürdige Episode hat A. W. Dulles zuerst auf der Grundlage von Mitteilungen berichtet, die ihm Marie-Louise Sarré, die Tochter des bekannten Archäologen, machte, die selbst an mancherlei Verschwörertätigkeit beteiligt war.[14] Ein Zufallsfund hat ihm dann die Anklageschrift gegen Popitz und den Rechtsanwalt Dr. Langbehn, seinen Berater, in die Hände gespielt, die bei vielen unbestreitbaren Einzelheiten jedenfalls die Tatsache bestätigt, daß Popitz Ende August 1943 eine Unterhaltung mit Himmler hatte. Sie bewegte sich in vorsichtigen Wendungen um das Thema der Beschränkung der Machtbefugnisse des Führers, seiner »Entlastung« als Reichskanzler oder als Oberbefehlshaber und der Berufung von Menschen in seine Umgebung, die verhandlungsfähig nach außen seien. Man weiß aus anderen Quellen, daß Himmler während der letzten Phase des Krieges – wenn nicht schon vorher – in der Tat auf beiden Seiten zu spielen versucht hat. Es geschah das unter dem Einfluß seines »Leibmasseurs« Kersten und Schellenbergs, in dessen Memoiren Popitz allerdings nicht vorkommt und Langbehn nur als »Mitarbeiter«. Die inneren Gegensätze und Zersetzungserscheinungen im Parteiapparat sind indessen nicht Gegenstand dieser Studie, und bei der Popitz-Himmler-Episode handelte es sich offenbar um eine isolierte Nebenlinie. Beck und insbesondere Tresckow, der eingeweiht gewesen zu sein scheint, hätten gewiß einen Spalt im Lager der Gegner lebhaft begrüßt, Goerdeler wußte von dem Plan, wollte aber nichts mit ihm zu tun haben und war entsetzt über das Ausmaß der dem Reichsführer gemachten Andeutungen.[15] Man mag Langbehns und Popitz' persönlichen Mut, ja ihrer Verwegenheit vollen Tribut zollen; man mag anerkennen, daß sie ihren Zugang zu Göring und Himmler benutzt haben, um einer Anzahl von Menschen Leben oder Freiheit zu retten. Aber ihre Separataktion war zum Fehlschlag verurteilt. Bormann, der Chef der Partei und Rivale von Himmler, war binnen einem Monat auf ihrer Spur. Im September wurde Langbehn bereits verhaftet, zu der verabredeten zweiten Unterredung Himmlers mit Popitz kam es nicht mehr. Dieser selbst blieb noch in Freiheit bis zum Zeitpunkt der allgemeinen Verhaftungswelle nach dem 20. Juli, die es erlaubte, ihn in die allgemeine Kategorie der Verschwörer einzuordnen. Aber nach der Verurteilung am 8. September wurde er noch bis zum 2. Februar 1945 aufgespart. Dasselbe geschah mit Goerdeler. Doch bei Popitz lag offenbar ein motiviertes Interesse von Himmler vor. Er blieb ein Sonderfall.

Auch Schacht wird man nicht eigentlich in die Gruppe der politischen Führer des Widerstandes einzureihen haben. Er war zweifellos ein tätiges Mitglied der Opposition seit 1936, und seit seiner Entlassung im Jahre 1939 galt das in verstärktem Maße. Aber die Interpretation seiner Rolle als eines Vermittlers zwischen den Verschwörern und den »an der Rettung des preußischen Militarismus interessierten Gruppen des internationalen Finanzkapitals« (Melnikow) verkennt den Charakter seiner Auslandsbeziehungen sowie die Tatsache, daß er durch seine persönlichen Eigenschaften von voller Partnerschaft mit den Führern der Verschwörung ausgeschlossen war.[16] Offenbar hielten sie ihn in bewußter Distanz. Soweit der Quellenbefund eine solche Trennungslinie zu ziehen erlaubt, war er an keiner der Zusammenkünfte beteiligt, bei denen sich Mitglieder verschiedener oppositioneller Gruppen trafen. Er betonte im Rückblick mit Stolz, sein »eigener Kreis« gewesen zu sein: Es wird das kaum nur an seiner Eigenwilligkeit gelegen haben. Jedenfalls war ihm kein Platz in einem der Entwürfe für eine »Schattenregierung« zugedacht.

Sehr anders stand es mit den führenden Verschwörern auf der Linken. Sie hatten ihren vollen Anteil an der Vorbereitung des Schlags und würden in hohem Maß Verantwortung getragen haben, nachdem einmal das Regime gestürzt war.

Unter den Arbeiterführern wird Wilhelm Leuschner an erster Stelle zu nennen sein. Er war seit 1929 hessischer Minister des Inneren gewesen und seit 1932 stellvertretender Vorsitzender des Allgemeinen Deutschen Gewerkschaftsbundes. Nach zweijährigem Aufenthalt im Konzentrationslager errichtete er eine kleine Fabrik in Berlin, die ihm nicht nur seinen Lebensunterhalt und Geldmittel zum Agitieren gewährte, sondern es ihm auch möglich machte, eine Reihe von verläßlichen Kollegen und Freunden zu beschäftigen. Er reiste als unscheinbarer Geschäftsmann umher oder sandte »Handlungsreisende« aus, die zwischen den Zellen der Gewerkschaftsbewegung die Verbindung wiederherstellten, auch die zu den britischen Trade Unions. An ihren Generalsekretär ließ er im August 1939 die Mitteilung gelangen,[17] daß »wir sind, was wir waren. Aber wir sind gänzlich unfähig, die Katastrophe zu verhindern. Wir sind Gefangene in einem großen Zuchthaus. Zu rebellieren wäre genauso Selbstmord, als wenn Gefangene sich gegen ihre schwerbewaffneten Aufseher erheben würden«.

In klarer Erkenntnis dieser Lage war Leuschner ein gegebener Koordinator zwischen der Arbeiterbewegung und den »Waffenträgern der Nation«. Seine Fabrik stellte eine besondere Art von Bierhähnen her, die Schneppenhorst, gleichfalls ein Gewerkschaftsführer und ein Opfer des 20. Juli, erfunden hatte. Bald begannen die Militärs an diesem Artikel ein ungewöhnliches Interesse zu nehmen. Es wird berichtet, daß Generaloberst Beck die Fabrik des öfteren besuchte, wobei er sich zur Unkenntlichmachung blauer Augengläser bedient haben soll. Nach Angabe von Pechel versorgte Olbricht die Handlungsreisenden mit besonderen Ausweispapieren. Leuschner selbst, der von Beruf Holzschneider war, ein Mann von hervorragendem Geschick und großer Zähigkeit, muß die Gabe gehabt haben, allen denen, die in Berührung mit ihm kamen oder in ihm eine verwandte Saite berührten, Vertrauen einzuflößen. Sein Deckname war »Onkel«, und von Hammerstein, der »Rote General«, behandelte ihn als einen alten Freund.

Tatsächlich hatten ja schon einmal unmittelbar vor der Machtergreifung Hitlers Bündnismöglichkeiten zwischen der ADGB-Führung (Leipart) und der Reichswehr gespielt. Erwin Planck, der Sohn des berühmten Physikers und Staatssekretär der Reichskanzlei unter Schleicher, war für eine solche Front tätig gewesen und mag aufs neue als Verbindungsmann in der gleichen Richtung gewirkt haben. Auch mit Goerdeler war eine enge Zusammenarbeit bald hergestellt. Pechel berichtet, daß er eine erste Begegnung Goerdelers mit Leuschner herbeiführte und ebenso mit dessen Mitarbeiter Hermann Maaß, dem früheren Obmann der sozialistischen Jugendverbände. Seit 1941 ist eine engere Zusammenarbeit zwischen ihnen bezeugt (Ritter). Man fand sich zu gemeinsamem Handeln, und zwar offenbar nicht nur mit dem negativen Zweck, die Regierung zu stürzen. Darüber hinaus war das Bündnis auf verwandten Überzeugungen begründet, auf wechselseitiger Achtung, auf der Abwesenheit persönlichen Ehrgeizes und, allem Anschein nach, auf einem beträchtlichen Maß von Übereinstimmung in politischen und sozialen Zielen. Hassell kennzeichnete diese Annäherung mit den ihm naheliegenden Begriffen, wenn er in seinen Tagebüchern vermerkte,[18] daß bei Leuschner und seinen Freunden die »nationale Note« klar vorhanden sei und daß weite Kreise der ehemaligen Sozialdemokratie »Christentum-freundliche« Ansichten hegten.

Der religiöse Charakter der Opposition in Arbeiterkreisen war naturgemäß am stärksten bei den christlichen Gewerkschaften ausgeprägt. Ihr Führer, Jakob Kaiser, stand gleichfalls in nahen Beziehungen zu von Hammerstein und hatte in den Tagen vor Hitlers Machtübernahme mit Dr. Brüning zusammengearbeitet. Er war verbunden mit Männern wie Bernhard Letterhaus, einem ehemaligen Mitglied des preußischen Landtags und zeitweise als Hauptmann zur Abwehr gehörig, mit Nikolaus Groß, einem früheren Bergarbeiter, mit Heinrich Koerner und Franz Leuninger, die alle in katholischen Arbeitervereinen tätig gewesen waren. Sie bemühten sich, ihre eigenen Zellen des Widerstandes aufzubauen, und fanden dabei Unterstützung durch den Prälaten und Präses der katholischen Arbeitervereine, Otto Müller in Köln, wie durch ihren Generalsekretär, den späteren katholischen Studenten-Pfarrer in Berlin, Dr. Schmitt. Gemeinsamer Grund mit Goerdeler konnte leicht hergestellt werden, und es ist kein Anlaß zu vermuten, daß es irgendwie schwieriger war, in enge Berührung zu Leuschners Kreisen zu treten.[19] Die Lage hatte sich doch sehr verändert gegenüber den Anfangsjahren der Opposition und gegenüber dem Zustand der Verfeindung, wie er vielfach unter den Emigranten auf Grund ihres verschiedenen weltanschaulichen oder politischen Hintergrunds noch fortbestand. Innerhalb des Gewerkschaftslagers wenigstens hatten alte Grenzlinien ihren Sinn verloren; der Kampf gegen jede Form von totalitärem Regime waren gemeinsames Anliegen von Katholiken und Sozialisten, wie ebenso der für die verantwortliche Partnerschaft der Arbeitnehmer in Staat und Wirtschaft. Bis Ende 1942 war in den Umrissen der Organisationsplan für eine »Einheitsgewerkschaft«[20] fertiggestellt.

In der gleichen Front des gewerkschaftlichen Widerstandsbereiches stand als »der Dritte im Bunde« (Nebgen) Max Habermann, der frühere Leiter des Deutschnationalen Handlungsgehilfenverbandes. Er war ein persönlicher Freund Goerdelers, in dessen Haus in Leipzig er zeitweise lebte;[21] auch er unterhielt Verbindungen mit Resten seiner Organisation. Während die Gewerkschaftler und die Männer der Arbeitervereine die Opposition mit einem Netzwerk von Funktionären versahen, die zum Teil dieselben sein mochten wie die der sozialdemokratischen Untergrundbewegung, während sie eine Organisation von Kontaktleuten aufbauten-ähnlich der, wie sie die Abwehr besaß, kamen die eigentlichen politischen Antriebe von einzelnen sozialistischen Führern. Mehrere von ihnen hatten als Hessen schon früher mit Leuschner in enger landsmannschaftlicher Beziehung gestanden, so etwa der Staatsrat Ludwig Schwamb, wie vor allem Dr. Carlo Mierendorff und Dr. Theodor Haubach. Mierendorff galt im allgemeinen Urteil als einer der kraftvollsten und begabtesten Gegner des Regimes. Er war nicht nur ein Intellektueller von großer geistiger Klarheit, sondern auch eine vollblütige Persönlichkeit und zu volkstümlicher Führerschaft wie geboren.[22] Mehr als vier Jahre war er in einem Konzentrationslager gequält worden. Nach seiner Entlassung verband er sich in ungebrochener Energie mit seinem Freund Dr. Theo Haubach, dem früheren Herausgeber des sozialistischen »Hamburger Echos«, der gleichfalls eine lange Haftzeit hinter sich hatte und zu den religiös Ergriffenen unter den Männern der Linken gehörte. Nicht unähnlich Goerdeler sah er in dem Vordringen einer bloß »materialistischen« Lebenshaltung die Grundursache des kulturellen und politischen Verfalls (Briefe an Alma de l'Aigle). Mierendorff stand in Beziehung zu Canaris und war ein wichtiges Mitglied des Kreisauer Kreises. Nach der Angabe Steltzers hat er einem der geistlichen Mitglieder dieses Kreises bekannt: »Ich habe ohne Religion gelebt. Aber ich bin zu der Überzeugung gekommen, daß nur das Christentum dem Leben Sinn und Haltung geben kann.« Um Fragen wesentlich der inneren Erneuerung ging es auch Adolf Reichwein[23], der Referent des preußischen Kultusministers Becker und dann bis 1933 Professor an einer pädagogischen Akademie gewesen war. Er widmete sich besonders den Fragen der Erwachsenenbildung; sein Entschluß, der SPD beizutreten, hinderte ihn nicht, gleichzeitig in den Ideen Grundtvigs zu leben. In einer Schrift, die er 1933 unter einem Pseudonym erscheinen ließ, zitierte er die Worte des dänischen Volkspädagogen: »Freiheit ist das Element des Geistes.« Es würde irreführend sein, diese Männer »Rechts«-Sozialisten zu nennen. Man mag sie in kultureller Hinsicht als »Konservative« bezeichnen, weil ihnen die Erhaltung schöpferischer, religiöser und künstlerischer Kräfte im Leben des Volkes ein sehr ernstes Anliegen war. In sozialen und politischen Fragen jedoch gehörten sie eher zum radikalen Flügel. Alle drei verkörperten in vorbildlicher Weise diese nicht ungewöhnliche Verbindung. Es war ein schwerer Verlust für alle oppositionellen Gruppen, als Mierendorff einem Luftangriff auf Leipzig im Dezember 1943 zum Opfer fiel. Dr. Julius Leber trat seine

Nachfolge als der berufene Führer der entschiedenen Sozialisten an. Viereinhalb Jahre brutaler Mißhandlung durch die SS hatten seinen Willen nicht brechen können; als ein Mann, dem Politik Leidenschaft war, stieß er bald zu dem Vortrupp der Verschwörung. Durch Dahrendorf und Ernst v. Harnack kam er in Berührung mit Goerdeler[24], und auch mit Leuschner fand er sich trotz starker Verschiedenartigkeit zusammen. Enger war das Verhältnis zu Haubach und Reichwein, vor allem aber kam Leber zu einer vertrauensvollen Zusammenarbeit mit Adam von Trott und Claus von Stauffenberg, wie er denn nach seiner elementaren Natur zum Militärischen eine starke Affinität hatte. So füllten sich auch von »links« her die Reihen derer, die fähig und ausersehen waren, die Zügel der Regierung zu übernehmen, sobald der militärische Schlag fiel.

Die Vorbereitungen für diesen Augenblick waren mit den Jahren vervollkommnet worden und gingen sehr weit. Es würde kein Leerraum entstanden sein, hätte das Hitler-Regime am 20. Juli sein Ende erreicht, und man würde sich demgemäß nicht in jener Verlegenheit befunden haben, wie sie dann nach der Kapitulation im Mai 1945 tatsächlich bestand. Naturgemäß gab es Meinungsverschiedenheiten zwischen den politischen Führern. Sie betrafen sachliche Positionen sowohl wie strittige Fragen in personaler Hinsicht. Die letzteren sind zeitweise sehr scharf gewesen, worüber man viele Einzelheiten in der Biographie Goerdelers nachlesen kann. Diese Spannungen verbanden sich mit Gegensätzen der Auffassung namentlich in wirtschaftlichen und sozialpolitischen Fragen, auf die zurückzukommen ist. Aber auch sonst war es begreiflich genug, daß unter schwerster seelischer Belastung Temperamente und Charaktere sich rieben. Ohne darauf näher hier einzugehen, mag es einstweilen genügen, das ungefähre Ergebnis der Beratungen anzuführen. Im Verlauf des Jahres 1943/44 hatte man sich auf eine »Schattenregierung« geeinigt, wobei einige Besetzungen von Posten offenbar noch als auswechselbar galten.[25] Beck jedenfalls sollte vorläufiges Staatsoberhaupt werden, Goerdeler Kanzler und Leuschner Vizekanzler mit Jakob Kaiser als seinem Stellvertreter, dies vielleicht für den Fall, daß Leuschner, wenn es zur republikanischen Staatsform kam, als Reichspräsident kandidierte. Für das Ministerium der Auswärtigen Angelegenheiten war von Hassell ausersehen, an dessen Platz, je nach der allgemeinen politischen Situation zwischen Westen und Osten, von der Schulenburg treten mochte, der frühere Botschafter in Moskau. Landwirtschaftsminister sollte Hermes, der Zentrumspolitiker und Reichsernährungsminister aus den Anfängen der Weimarer Republik, werden. Für den Posten des Kriegsministers dachte man an Olbricht oder Hoepner, mit Stauffenberg als Unterstaatssekretär. Das wichtige Ministerium des Inneren (dessen entscheidende Bedeutung in der Kontrolle der Polizei lag) sollte Leber übernehmen, dem somit eine Schlüsselstellung zugefallen sein würde. Es ist bezeichnend, daß für das Propagandaministerium, falls es zu einem solchen komme, gleichfalls ein Sozialist, Haubach, ausersehen war. Der katholische Arbeiterführer Letterhaus war Kandidat für das Wiederaufbauministerium. Die Liste umfaßte ferner: Lejeune-Jung als Wirtschaftsminister, Bolz (nach Ausfall von Popitz) als Kultusminister und Dr. Wirmer als Justizminister. Das Finanzministerium sollte Loeser übernehmen, ein früherer Bürgermeister von Leipzig, der als Generaldirektor von Krupp sich der Opposition angeschlossen hatte. Für die leitenden Posten in der Verwaltung der Einzelstaaten waren Männer mit einwandfreiem Anti-Nazi-Charakter vorgesehen (z. B. Geßler, Steltzer und v. Lüninck), ebenso für die in den größeren Städten.

Wenn man diese Personal-Listen überblickt, so mögen sie auf den ersten Blick an die oft so künstlichen und wenig haltbaren Koalitionen der Weimarer Tage erinnern – mit einer militärischen »Korsettstange« als eigentlichem Rückhalt. Aber die Unterschiede gegenüber der Zeit vor 1933 sind deutlich. Einer liegt darin, daß die Männer, die jetzt eine Koalition so mannigfacher Elemente bildeten, sich unter dem Druck höchst ungewöhnlicher Umstände zusammengefunden hatten. Keiner von ihnen vertrat den Durchschnittstyp des ehrgeizigen Politikers oder war an überalterte Programmpunkte einer Partei gebunden. Überdies galt es für sie alle, daß sie ihr Leben für ihre Überzeugung aufs Spiel zu setzen gegenwärtig sein mußten. Sie alle trugen nach den Worten Tresckows das »Nessus«-Hemd. In einer solchen Situation kommen andere Auswahlprinzipien zur Wirkung als unter normalen Bedingungen politischen Lebens, und die Vermutung spricht demgemäß für die Herauskristallisierung einer wirklichen Führerschicht. Auch wenn man so argumentiert, wird man das Ergebnis nicht im Sinn der Einheitlichkeit und Gesinnungsgemeinschaft einer »Elite« idealisieren wollen. Hassells Wort von der »Band of Brothers« entspricht wohl mehr einem Imperativ als der Wirklichkeit. Sehr deutlich ist das bei Leuschners letzter Mahnung: »Seid einig!« Sie bezog sich ganz offenbar auf die verschiedenen zum Handeln verbundenen Gruppen, aber nicht, wie man sie hat deuten wollen (Melnikow), auf ein Hereinnehmen der Kommunisten, denen gegenüber gerade Leuschner nach seinen Erfahrungen im Konzentrationslager wegen ihrer »Labilität« im Verhältnis zu den Nationalsozialisten sehr mißtrauisch war. Die Frage des Gegensatzes zwischen Alten (den »Honoratioren«) und Jungen (den »Aktivisten«), zwischen Konservativen und Radikalen wird uns noch beschäftigen müssen. Aber was immer die sachlichen Meinungsverschiedenheiten waren, diese Männer fanden sich auf einem Boden zu-

sammen, der gegenüber dem verbrecherischen Regime, um dessen Ersetzung es ging, im Grundsätzlichen ihnen allen gemeinsam war.
In jedem Fall sollte die Zusammensetzung der Schattenregierung mit ihrem starken Linksakzent die Beantwortung der Frage leicht machen, ob es sich bei der Verschwörung um eine Gruppe von anachronistischen Edelleuten, unzufriedenen Generalen und reaktionären Zivilisten gehandelt habe, die sich nur vereinigten oder erst dann zu rühren begannen, »als der Krieg endgültig verloren war«. Aber die politische Zusammensetzung der Opposition gibt noch zu anderen Fragen Anlaß: Wieweit fand die Führerschicht Widerhall im Lande? Stand sie auf breiterem Grunde? Hatte sie nicht nur mit lose verbundenen Kreisen, sondern mit den Massen des deutschen Volkes Fühlung? Oder bewegte sich der Widerstand in einer Art von luftleerem Raum, zum Fehlschlag verurteilt, selbst wenn der militärische Putsch Erfolg haben sollte?
Wenn man hierauf zu antworten sucht, werden zwei Tatsachengruppen zu unterscheiden sein: Die eine bezieht sich auf das Vorhandensein einer umfänglichen Massenopposition an und für sich, die andere auf das Vorhandensein organischer Verbindungsglieder zwischen der »Elite« und den breiteren oppositionellen Bewegungen.
Ein früherer deutscher Gewerkschaftsführer, Paul Maerker, der selbst während der ersten Jahre des Regimes an Untergrundarbeit aktiv teilgenommen hatte, glaubte in einer Aussage im Exil, die Zahl der Arbeiter, die in einer Anti-Nazi-Front »organisiert« waren, auf 125000 schätzen zu sollen; das würden 3 Prozent der Mitglieder sein, die vor 1933 den Freien Gewerkschaften angehörten. Er fügte hinzu, daß diese Gruppen durch den 20. Juli völlig überrascht worden seien: »Keine Vorbereitungen waren getroffen für ein Zusammenarbeiten mit den Generalen.«[26]
Nach anderen Zeugnissen können jedoch erhebliche Zweifel erhoben werden sowohl bezüglich der Zahl der Organisierten wie bezüglich der allgemein gehaltenen Feststellung eines mangelnden Operationsplanes. Es scheint immer noch eine verbreitete Idee zu sein, daß es keine Organisation oder keine Vorbereitung gegeben haben könne, wenn weder ein Hauptquartier mit Telephonen und Sekretärinnen bestand noch Aktenbelege sich gefunden haben. Es ist sicherlich richtig, daß über das bevorstehende Attentat keine »Voranzeige« durchgegeben wurde. Nach Lage der Dinge verbot sich das von selbst. Nicht einmal alle politisch leitenden Persönlichkeiten waren über Einzelheiten unterrichtet. Aber das Vorhandensein eines Netzwerkes von Zellen ist als gesichert anzunehmen, und die Frage ist dann eher die, wieweit sie konspirativ tätig waren oder nur »bereit« standen. Einige allgemeinere Feststellungen sind dazu schon gemacht worden, als die neue Taktik der Illegalen nach 1935 erörtert

wurde. Für die späteren Jahre liegen speziellere Angaben vor. Das gilt besonders für die kommunistischen Zellen, die trotz der verwirrenden Episode des Hitler-Stalin-Pakts und aller Rückschläge sich nicht aufgelöst hatten. Eine Gruppe Uhrig – mit dem Kern in den Osram-Werken in Berlin – wurde Anfang 1942 von der Gestapo aufgehoben. Aber Berlin blieb ein Widerstandszentrum mit Anton Saefkow als Leiter der kommunistischen Konspiration. Andere Zentren waren Hamburg, Leipzig und Thüringen. Die subversive Tätigkeit der entsprechenden Gruppen, insbesondere ihre Flugblatt-Agitation, ist durch neuere ostdeutsche Veröffentlichungen belichtet worden.[27] Irgendwie verläßliche zahlenmäßige Schätzungen sind allerdings für das »Netzwerk« kommunistischer oder sozialistischer Art kaum möglich. Es mag als zu summarisch beanstandet werden, hat aber doch eine gewisse symptomatische Bedeutung, wenn ein französischer Arbeiter 1942 aus Deutschland berichtete: In der Fabrik gehören »vier oder fünf Mann zu den organisierten Sozialisten«. Von den übrigen glaubte er, daß sie mit dieser Zelle sympathisierten.[28] Überzeugender vielleicht ist die, wie die Autoren ausdrücklich sagen, »konservative« Schätzung, die sich in dem amtlichen amerikanischen Bericht über die Wirkungen des Luftkriegs findet.[29] Hier heißt es: »Im Jahre 1944 wurde je einer unter ungefähr 1200 Erwachsenen durch die Gestapo wegen eines politischen oder religiösen Vergehens verhaftet. Organisierte Oppositionsgruppen bestanden in den meisten deutschen Städten.« Weiterhin stellt der Bericht fest, daß oppositionelle Tätigkeit zwar »in der Regel notwendigerweise lokal beschränkt war«, daß aber die Untergrundarbeit von Gewerkschaftlern, Sozialisten und Kommunisten sich auch »über ganz Deutschland erstreckte«.

Es gibt indessen Äußerungen, die noch viel weiter gehen und einen direkten konspirativen Zusammenhang zwischen oben und unten nahelegen. So hat der Heidelberger Soziologe Alfred Weber einem amerikanischen Korrespondenten gegenüber geglaubt feststellen zu können: »Tausende, wörtlich Tausende von Zivilisten waren in das Attentat mit verwikkelt.«[30]

Sehr viel detaillierter sind die Angaben, die ein deutscher Pastor bei der Zusammenkunft mit dem Bischof von Chichester, auf die noch einzugehen sein wird, im Mai 1942 machte. Danach hätten die Gewerkschaftsmitglieder »während der letzten sechs Monate« ein Netzwerk von Verbindungsleuten entwickelt, das ihnen die Kontrolle über »Schlüsselstellungen in großen Städten wie Berlin, Hamburg, Köln und über das ganze Land hin erlaube«.[31] Und vollends ins einzelne glaubt der Sozialdemokrat Emil Henk in seinen Feststellungen gehen zu können.[32] Er schreibt Leuschner insbesondere das Verdienst am Aufbau eines

»unsichtbaren Netzes« zu, das ganz Deutschland überzogen habe. Er selbst zählt für bestimmte Teile von Baden und Hessen (von Heidelberg bis Kassel) Verbindungsleute auf, von denen jeder, nach seiner Aussage, im gegebenen Augenblick zehn bis zwanzig weitere Nazigegner aufzurufen hatte. Henks Namensliste nennt nicht nur Einwohner großer Städte, sondern auch solche kleinerer Gemeinwesen bis zu Dörfern hinab. Seine Schätzung geht dahin, daß in diesem einen landschaftlichen Bezirk allein zehn- bis fünfzehntausend Oppositionelle zum Handeln am 20. Juli bereitstanden.

Selbst wenn man diese Aussagen – wogegen sicher Bedenken erhoben werden können – in vollem Umfang annehmen wollte, würden sie noch nicht eine Fühlungnahme mit wirklich breiten Kreisen belegen. An eine Massenorganisation konnte man schlechterdings nicht denken. Und da der militärische Putsch fehlschlug, wurden auch etwaige Verbindungsleute in den einzelnen Örtlichkeiten nicht aufgerufen. Die Maßnahmen der Bendlerstraße vom 20. Juli rechneten nur mit »politischen Beauftragten« und »Verbindungsoffizieren« in den einzelnen Wehrkreisen.[33] Gleichwohl sollte der Wahrheitskern, der in den genannten und nicht einfach beiseite zu schiebenden Angaben enthalten sein wird, allein schon genügen, dem Gerede von einer volksfernen Opposition ein Ende zu machen.[34] Überdies läßt sich kaum bezweifeln, daß die Massen der schweigenden Opposition, dieses breiten Widerstandsreservoirs unter totalitärer Herrschaft, sich im Jahre 1944 ohne weiteres und mit Wut gegen ihre Unterdrücker erhoben haben würden, sobald die Zwangsherrschaft des Systems erst einmal gebrochen war.

Solch eine Annahme wird nicht widerlegt durch die Tatsache, daß kein spontaner Aufstand erfolgt ist, als die Alliierten 1945 einmarschierten. Die psychologischen Bedingungen waren doch sehr andere nach einem weiteren Jahr des Luftkrieges, nach einer unvorstellbaren Anhäufung physischer und moralischer Zerstörung und in einer Lage, die zwar eine »Befreiung«, aber zugleich Eroberung durch die Befreier bedeutete.

Nimmt man das Vorhandensein einer breiteren revolutionären Bewegung mehr oder weniger entschieden kommunistischer Art und eines Massenanhangs insbesondere unter Sozialdemokraten und Gewerkschaftlern aller Richtungen für den linken Flügel der Koalition als gesichert an, so ergeben sich freilich andere Probleme: Gab es eine tiefer gegründete politische Einheit neben der Gemeinsamkeit moralischer Überzeugungen und jenseits des negativen Ziels, »den Faschismus zu beseitigen und den Krieg zu beendigen«? Gab es eine Gemeinsamkeit der Ideen, die von der bloßen Errichtung einer nachhitlerischen Regierung zu konstruktivem Handeln hinüberführen konnte? Gab es eine begründete Aussicht, daß

die Lebensform politischer und sozialer Demokratie Wurzeln schlagen würde? Oder war der Staatsstreich zur Episode (einer »Badoglio-Episode«) verurteilt wegen des inneren Zwiespalts zwischen »konservativen« und »radikalen« Tendenzen oder wegen der »natürlichen« Dynamik revolutionärer Bewegungen?
Dies sind Fragen spekulativer Art, auf die naturgemäß keine endgültige Antwort gegeben werden kann. Aber es sind immerhin Zeugnisse zum Ideengehalt der Oppsition verfügbar, die bedeutsam genug sind, um ihre Erörterung zu rechtfertigen, und die über alles Praktische hinweg die Betrachtung wieder zum Grundsätzlichen hinführen mögen.

2. Ideen zur Verfassungs- und Sozial-Reform

Goerdeler, der so unermüdlich zum Handeln, d. h. zu einem Staatsstreich drängte, war zugleich auch derjenige, der sich immer wieder und bis in sehr detaillierte Einzelheiten hinein mit Plänen für die Zukunft beschäftigte. Er hat mehr oder weniger ausführliche Proklamationen, Programme, Denkschriften und Richtlinien niedergelegt. Aber er folgte dabei keineswegs nur seinen eigenen, etwa am Schreibtisch gewonnenen Ideen. Beratungen wurden abgehalten mit Beck, Hassell, Jessen und Popitz, mit Mitgliedern der Kirchen und mit der Gruppe der jüngeren Männer, die sich im Kreisauer Kreis zusammenfanden. Auch ein steter Meinungsaustausch mit Kaiser und Leuschner ist, wie schon berührt, konkret nachweisbar. Durch Jahre hindurch schrieb und verbesserte Goerdeler an einer »Wirtschaftsfibel«, die nach der Angabe seiner Witwe durch Gespräche mit Gewerkschaftsführern veranlaßt war und die den Arbeiter in den Stand setzen sollte, ein stärkeres Interesse und einen tätigeren Anteil am Betrieb »seiner« Fabrik zu nehmen. Es würde eine falsche Note in diese Schilderung tragen, wollte man Goerdeler einen »Mann des Volkes« nennen. Aber ebenso sicher ist, daß er in einer aufrichtigen und echten Weise sozial gesinnt war. Auch der Geist des Bosch-Betriebes, in dem man ganz bewußt den Arbeitern das Bewußtsein verantwortlicher Teilhaberschaft zu geben bemüht war, mag ihn darin bestärkt haben. – Es ist weiter zu erwähnen, daß an Goerdelers politischen und sozialen Vorstellungen eine Reihe von Schriftstellern und Gelehrten teilhatten, die der politischen Opposition mehr oder weniger nahestanden. Insbesondere war eine Gruppe von Staatswissenschaftlern, Nationalökonomen und Historikern, die an der Freiburger Universität lehrten, in der Mitarbeit tätig[35]: Eric Wolf, Adolf Lampe, Constantin von Dietze, Walter Eukken, Gerhard Ritter. Sie gehörten der Bekennenden Kirche an, und einige von ihnen wurden durch Bonhoeffer mit Goerdeler in Verbindung gebracht. An den Beratungen mit ihm nahmen auch Bischof Dibelius, der damalige Liz. Helmut Thielicke und Dr. Walter Bauer teil. Auch hier war die Basis der Zusammenarbeit eine, die über den Bereich des bloß Politischen hinausging. Für sozialpolitische Probleme wurde Professor Albrecht, Marburg, herangezogen, während in Erziehungsfragen Professor Litt, Leipzig, Goerdelers Berater war.

Das erste förmliche verfassungspolitische Programm, das schon kurz nach dem Krieg bekanntgeworden ist[36], war noch sehr skizzenhaft. Es wurde im Januar/Februar 1940 von Hassell niedergeschrieben[37], der dabei mit Beck, Goerdeler und Popitz zusammenarbeitete. Es sollte in Kraft treten für den Fall, daß der Widerstand gegen den Angriff im Westen zu dem erhofften Sturz des Regimes führte. Das Programm sah eine Regentschaft mit drei Mitgliedern vor, die an der Macht bleiben sollten, bis »normales verfassungsmäßiges Leben« wiederhergestellt werden könnte. Die Aufgabe, Vorbereitungen für diesen Zeitpunkt zu treffen, fiel einem ernannten Verfassungsrat zu. Inzwischen lag die ausführende Gewalt bei dem Haupt der Regentschaft (Beck?), der sie an die Wehrkreiskommandeure weitergab. Die Verhängung des Belagerungszustandes erschien unvermeidlich, wenn man Chaos vermeiden und die »Würde des Gesetzes« wiederherstellen wollte. Dies Ziel stellt das Programm ausdrücklich in scharfen Kontrast zu der moralischen Verwüstung, die das Ergebnis des vorhergehenden Regimes gewesen war. Die unseligen Folgen der Nazi-Regierung wie die ersten Gegenmaßnahmen, die man zu ergreifen gedachte, wurden dann des weiteren in Kürze dargelegt.[38] Es scheint, daß Goerdeler daran dachte, die Zwischenregierung sofort auf eine volkstümliche Grundlage zu stellen. Nach Hassell plante er ein Plebiszit unmittelbar nach dem Sturz des Regimes.[39] Es ist früher erwähnt worden, daß er an schnellen Wandel glaubte, wenn man die Wahrheit wieder zu Worte kommen lassen könne, und wäre es auch »nur für 24 Stunden«. Aber sein Optimismus wurde von den anderen Mitgliedern des Kreises nicht geteilt. In zusätzlichen Entwürfen skizzierten Langbehn und Jessen ein Gesetz über den Ausnahmezustand, das sehr scharf gehalten war. Popitz verfaßte dazu »Richtlinien« zur Handhabung und weiter dann den Entwurf zu einem »Gesetz über die Wiederherstellung geordneter Verhältnisse im Staats- und Rechtsleben«. Er legte dabei großen Nachdruck auf die Reinigung wie auf die Leistungsfähigkeit der Beamtenschaft. Die vorläufige Ordnung, so wurde erklärt, sollte in Kraft bleiben, bis »unter Mitwirkung aller Schichten des Volkes dem Deutschen Reich eine endgültige Verfassung gegeben werden kann«.[40]

Soweit die ausführende Gewalt in Frage kam, erwogen Goerdeler und seine Freunde für einige Zeit die Wiederherstellung der Monarchie. Sie wünschten, die höchste Autorität auf einen »festen zentralen Pfeiler« (Popitz), das heißt außerhalb und oberhalb der wechselnden Meinungen und des Drucks der Parteien, zu begründen. Angesichts der Erfahrungen der Hitler-Zeit, die durch das Verkoppeln der beiden Stellungen, der des Parteiführers und der des Staatsoberhauptes, das totalitäre System zum Gipfel geführt hatte, ließ sich einiges für die monarchische Spitze sagen. Ein alter demokratischer und süddeutscher Minister der Weimarer Republik wie Geßler befürwortete eine Wiederherstellung des Hauses Wittelsbach.[41] Wie der Nationalsozialismus seinen Ursprung von Österreich und Bayern nahm, so hatten auch die Legitimisten ihre stärksten Wurzeln in Süddeutschland. Es war anzunehmen, daß die bayrischen Mitglieder der Verschwörung den Kronprinz Rupprecht, den Erben der Wittelsbacher Linie, bevorzugen würden. Aber auch der hohenzollernsche Thronerbe, Kronprinz Wilhelm, wurde erwogen. Nach Hassells Angabe erklärte er, »... daß er bereit sei, in die Bresche zu springen und alle Opfer und Gefahren, über die er sich völlig klar sei, in Kauf zu nehmen«.[42] Es ist indessen zweifelhaft, ob dabei an mehr als eine Form der Überleitung gedacht war. Als ein geeigneter Kandidat jedenfalls erschien sein zweiter Sohn, Louis Ferdinand. Für ihn sprach, neben seinen persönlichen Beziehungen zu Widerstandskreisen, daß er als entschiedener Gegner des Hitler-Regimes gelten durfte, daß er zudem in besonderer Gunst bei der Königinmutter von England, Queen Mary, stand und daß er für einige Zeit als Ford-Arbeiter in den Vereinigten Staaten tätig gewesen war. Ein amerikanischer Geschäftsmann, Stallforth, mit dem Hassell in Fühlung war, glaubte ihm versichern zu können, Prinz Louis Ferdinand würde jenseits des Ozeans »geradezu populär sein«.[43]

Es besteht begründeter Anlaß zu bezweifeln, daß diese Voraussage, selbst vor dem Angriff auf Pearl Harbor, irgendwie begründet war. Aber es würde übereilt sein, den Gedanken der monarchischen Wiederherstellung von vornherein als wesenhaft undemokratisch zu bezeichnen. Was vorschwebte, war sichtlich das englische Beispiel einer monarchischen Präsidentschaft innerhalb mehr oder weniger weit gezogener verfassungsmäßiger Grenzen. Goerdeler insbesondere war fern davon, die Restauration des preußischen Königtums und seiner alten Macht auch nur zu wünschen. Er sagte ausdrücklich vom Präsidenten, einerlei, ob er ein Monarch oder ein Regent war: »Er soll nicht regieren, sondern über die Verfassung wachen und den Staat repräsentieren.«[44] Des weiteren war man sich über eines völlig einig: In nichts durfte das neue Regime in Ursprung und Charakter an einen »Kapp-Putsch« erinnern. Dies war ein Gesichtspunkt, auf den die Militärs selbst, Hammerstein und Beck vor allem, drangen. Die jüngere Generation aus dem Kreisauer Kreis nahm noch energischer Stellung. Trott zu Solz focht in einem Gespräch mit Hassell leidenschaftlich dafür, »nach innen und außen jeden Anstrich von ›Reaktion‹, ›Herrenklub‹, ›Militarismus‹ zu vermeiden«.[45] Diese Auseinandersetzung vom Dezember 1941 scheint entscheidend gewesen zu sein. Soviel man sehen kann, verschwand seitdem der monarchische Gedanke völlig aus der Erörterung.

Von größerem Interesse als diese Einzelfrage sind Goerdelers Verfassungspläne im ganzen. Sie enthalten keinen Grundrechts-Katalog, aber fordern sehr entschieden: »Alle Beschränkungen der Freiheit des Geistes, des Gewissens und der Forschung werden *sofort* aufgehoben.« In der Frage der Institutionen zeigen sie, wie zu erwarten, eine hohe Bewertung der Selbstverwaltung. Sie erheben daher einerseits die Forderung der Dezentralisierung und eines föderalistischen Aufbaues; andererseits entwerfen sie ein Wahlverfahren, bestimmt, Persönlichkeiten zu begünstigen, die sich bereits in örtlichen oder in beruflichen Angelegenheiten die Sporen verdient und bei ihren Wählern einen Namen erworben hatten. Mit alldem beabsichtigte Goerdeler eine Rückkehr zu deutschen Überlieferungen einer Zeit, in der die Politik noch nicht eine Angelegenheit amorpher Wählerschaft geworden war, also eine »Entmassung der Masse« (Ritter). Um weiterhin den Reichstag zu verantwortlichem Handeln zu befähigen, schlug Goerdeler eine Beschränkung auf drei Parteien vor. Aus dem gleichen Grunde wünschte er, dem englischen Beispiel zu folgen, das nur persönliche Wahlkandidaten (statt der Listenwahl) und nur die Entscheidung in einem Wahlgang mit einfacher Mehrheit kennt. Jedoch sollte nur die eine Hälfte der Volksvertretung direkt auf der Grundlage des allgemeinen Stimmrechts gewählt werden, wobei Goerdeler seine Verdoppelung für Familienväter mit mindestens drei ehelichen Kindern vorschlug. Für die andere Hälfte sah Goerdeler indirekte Wahlen in einer Stufenfolge vor, die von den örtlichen Vertreterschaften über Gemeinden, Kreise und Gaue aufstieg. Reichstagsabgeordnete mußten wenigstens 35 Jahre alt und mindestens vier Jahre in der örtlichen Selbstverwaltung tätig gewesen sein, des weiteren mußten sie ihren Wohnsitz in dem Wahlkreis haben, für den sie kandidierten. All dieses hatte offenbar den Sinn, sachliche Erfahrung und lokale Verwurzelung gegenüber den eigentlich politischen Elementen parteigebundener Art zu begünstigen. Fernerhin plante Goerdeler ein Oberhaus, ein »Reichsständehaus«, das aus Vertretern der größeren Berufsgruppen, der Unternehmervereinigungen, einer umfassenden Gewerkschaftsorganisation (der Einheitsgewerkschaft) – in Parität mit den Betriebsführern – sowie der Kirchen und Universitäten bestehen sollte. Neben diesen ständischen Vertretern

wurde die freie Berufung von 50 »angesehenen Deutschen« aller Klassen in Aussicht genommen. Um der Regierung größere Stetigkeit zu geben, war nach Goerdelers Plan für ihren Sturz eine qualifizierte Mehrheit des Reichstages oder die Übereinstimmung beider Häuser erforderlich.
Dies alles wurde zuerst skizzenhaft im Abschnitt IV der Denkschrift »Das Ziel« von Ende 1941 ausgeführt, als schon Kontakte mit den Kreisauern vorlagen. Es handelte sich dabei noch in keiner Weise um endgültige Entwürfe und ein vereinbartes Programm der Widerstandsbewegung. Charakteristisch aber ist dabei gewiß die Hinneigung zu einem konservativen System der Gegengewichte. In Übereinstimmung damit hieß es in der Denkschrift »Das Ziel«: »... in einem ... durch Unfreiheit und Propaganda kritiklos gewordenen Volke die gesamte Politik und damit das Wohl der Menschen sowie die Sicherheit des Staates ganz auf das direkte Wahlrecht zu gründen«, sei nicht vertretbar. Und weiter: »Der diktatorische oder tyrannische Führerstaat ist ebenso unmöglich wie der entfesselte überdemokratische Parlamentarismus.« Das sind gewiß deutliche Aussagen.
Insofern kann mit einem gewissen Recht gesagt werden, daß Goerdeler zurückstrebte zu den Gedanken und dem Werk des Freiherrn vom Stein, nur daß er, was nicht übersehen werden sollte, dessen rein geschichtliche Bevorzugung der mit Besitz »eingesessenen« Klassen nicht teilte. Von einem Zensus war nicht die Rede. Er wünschte offenbar die ursprünglichen Ideen der Steinschen Städte-Ordnung mit seinen eigenen praktischen Erfahrungen in der Selbstverwaltung großer Gemeinwesen zu verbinden. Aber die Rückkehr zu wertvollen Überlieferungen ist nicht gleichbedeutend mit »reaktionärer« Einstellung im weiteren Sinn, und gerade die Richtung dieser Rückkehr ist schlecht verträglich mit einer angeblich immer wieder hervortretenden gouvernementalen Tendenz. Wir haben fernerhin das Zeugnis von Pechel, der Goerdeler einen Mann von ständig wachsender Aufgeschlossenheit nennt. In der Tat weisen seine Gedanken in manchen Einzelheiten eine beträchtliche Entwicklung auf. Jakob Kaiser, der christliche Gewerkschaftsführer, der die Hinrichtungswelle überlebte und nach 1945 in Berlin einer der mannhaftesten Verteidiger der Demokratie gegen ihre neue Bedrohung von Osten werden sollte, hat, noch während er in diesem Kampf sich befand, von Goerdeler gesagt, er würde heute »auf der Seite der fortschrittlichen Kräfte des Volkes stehen«. Ähnlich die Feststellung von E. Nebgen, daß Goerdeler für den Tag nach der Beseitigung Hitlers mit einer »Volksbewegung« rechnete, die seine Regierung tragen würde, und die Betonung seiner Bereitschaft zur Verständigung mit den sozial fortschrittlichen Kräften.[46]
Vollends von dem Programm weitgehender Dezentralisierung, das die

Auflösung Preußens in seine Provinzen einschloß, wie überhaupt von dem eines föderalistischen Aufbaus, wird man gewiß nicht sagen können, es sei »anachronistisch« gewesen.
Auch von anderen Elementen seiner Pläne gilt, daß sie nicht mit einer eilfertigen Abstempelung beiseite geschoben werden sollten.[47] Sie atmen eine gewisse Nüchternheit, man könnte sagen: einen angelsächsischen Sinn für das Konkrete, der mit dem sachlich Notwendigsten beginnt, mit der Wiederherstellung eines durchaus zerrütteten Gemeinschaftslebens von Grund auf. Bei solcher Einstellung erschien es unendlich viel wichtiger, sich des elementaren Inhalts politischen Lebens und seiner sachverständigen Verwaltung anzunehmen, als für die Schauseite der Parteipolitik und für Massenveranstaltungen Interesse zu zeigen. Ohnehin, so fürchtete man, könnte in einem besiegten und teilweise zerstörten Deutschland die Wiederbelebung einer mehr zentralistischen und rational durchgestalteten Demokratie, wie man sie im Jahre 1919 einzuführen versucht hatte, nur auf ein Scheinbild hinauskommen. Außerdem wußten Goerdeler und seine Mitarbeiter sehr wohl, daß auch aus anderen Gründen keine einfache Rückkehr zum System von Weimar möglich war. Sie wünschten insbesondere, die Fehlerquellen im parlamentarischen Aufbau zu vermeiden, die zur Entstehung einer Diktatur beigetragen hatten: den häufigen Wechsel der Regierungen und die Vielfalt der Parteien. Sie warnten deshalb vor der Wiedereinführung des Listen- und Verhältniswahlsystems. Alles dies waren sicherlich keine überlebten Gedanken. Das gleiche gilt von dem Wunsch nach Gegengewichten gegen die Tendenzen unverantwortlicher Massenpropaganda und demagogischer Führung, die sich bei raffinierter Ausnutzung dieser Waffen so verhängnisvoll unter einem pseudolegalen Regime ausgewirkt hatten.[48]
Ob die Mittel, die diesen Zwecken dienen sollten, wie zum Beispiel die Verbindung direkter mit indirekter Vertretung, und der Nachdruck, der auf das berufsständische Prinzip gelegt wurde, angemessen waren und ob sie Aussicht boten, die echten demokratischen Bedürfnisse eines von der Tyrannei befreiten Volkes zu befriedigen, kann durchaus als fraglich gelten. Es handelte sich hier um nicht mehr als ein Bündel von Vorschlägen, die nur für die allgemeine Gedankenrichtung bezeichnend sind. Ihre Erörterung durch eine beratende Körperschaft, den Reichsrat, war vorgesehen und mochte zu erheblichen Änderungen führen. Ja, Goerdeler dachte, wie erwähnt, an ein Plebiszit zur Legitimierung der neuen Ordnung. Eines jedenfalls ist klar: Innerhalb des »organischen Gefüges«, von dem er in einem seiner Aufrufe von Ende 1943 sprach[49], war den Gewerkschaften eine wesentliche Rolle zugedacht, und, falls ihre Vereinigung glückte, konnte ihr Anteil ein entscheidender sein. Zur Frage der Ein-

heitsgewerkschaft nahm Goerdeler die Gedanken auf, die in Gemeinschaftsarbeit zwischen Leuschner, Kaiser und Habermann entwickelt worden waren. Sie begegneten sich durchaus mit seinen eigenen früheren Erwägungen. Zudem war es eine überlieferte Linie der Gewerkschaftspolitik (wie der Kommunalpolitik), praktische Erfolge und Fortschritte von Stufe zu Stufe höher zu schätzen als Parteidoktrin, demagogische Agitation und den direkten Weg zum tausendjährigen Reich. Hier denn scheint eine Gemeinsamkeit sachlicher Zielsetzung bestanden zu haben, die Aussicht bieten mochte für das erfolgreiche Einwurzeln politischer und sozialer Demokratie.

Aber darüber hinaus muß ein Gesichtspunkt von prinzipieller Tragweite betont werden. Goerdeler berührte ihn, wenn er von der »Demokratie der zehn Gebote« sprach.[50] Was immer die Einzelheiten seiner Verfassungspläne waren, sie fanden ihren Mittelpunkt in jenen religiösen und humanistischen Traditionen und in jenen unveräußerlichen Werten, die den Schulbegriffen westlicher Demokratie schließlich auch als tieferes Fundament zugrunde liegen. So hieß es in einem der zahlreichen Entwürfe für die Rundfunkansprache, die Goerdeler nach Übernahme der Kanzlerschaft halten sollte: »Das deutsche Volk muß durch allen Propagandanebel hindurch die Wahrheit und nichts als die Wahrheit erfahren.« Die Regierung, erklärte ein anderer Satz desselben Dokuments, wird einen der christlichen Überlieferung des Abendlandes entsprechenden Staat wiedererrichten, »der auf der Pflicht seiner Bürger und Glieder zu Treue, Opfer, Dienst und Leistung für das Gemeinwohl ebenso ruht wie auf der Achtung der Person und ihren ursprünglichen Persönlichkeitsrechten«. Sie »beginnt ihr Werk damit, daß sie die Staatsgewalt unter das Gesetz der Moral und des Rechtes stellt... Alle Religionsgemeinschaften sollen frei von staatlicher Vormundschaft ihren göttlichen Auftrag erfüllen ... die Schulen aller Gattungen werden sofort von der ihrem Wesen ganz unzuträglichen Rolle befreit, dazu zu dienen, Tatsachen zu verfälschen, den Wahrheitssinn der Jugend zu beleidigen und sie Phrasen statt Wissen, Heuchelei statt edlem Mut, Kraftmeierei statt wahrem Können zu lehren ... Die begabten Kinder aller Schichten des Volkes sollen zu allen Schulen zugelassen werden, für die sie sich eignen.« Die gleichen Prinzipien, »Achtung der Wahrheit« und »Verehrung der Gerechtigkeit«, durchdringen alle Dokumente, die bekanntgeworden sind. In einem Aufruf an das deutsche Volk, den Generaloberst Beck herausgeben sollte, war starker Nachdruck auf die moralische Herabwürdigung gelegt, zu der das bisherige Regime geführt habe, auf die gotteslästerliche Rassentheorie, die schmählichen Verbrechen, die Beschmutzung der deutschen Ehre und des deutschen Namens. Keine leichten Versprechungen wurden gemacht. Wir werden hart zu ringen haben, hieß es statt dessen, aber wir werden es als »freie Menschen« tun und uns dadurch wieder die »Ruhe des Gewissens« sichern. Die dringlichste Aufgabe, erklärte eine andere Fassung der Rundfunkansprache, sei die Wiederherstellung der »Majestät des Gesetzes«. Es gelte Sühne zu leisten für die Verfolgung der Juden, »die sich in den unmenschlichsten und unbarmherzigsten, tief beschämenden und gar nicht wiedergutzumachenden Formen vollzogen hat«[51], sowie ebenso für die Verbrechen in den besetzten Gebieten; und noch einmal, in einem Schlußappell, wurde es als Aufgabe bezeichnet, »den vielfach entehrten deutschen Namen wieder reinzuwaschen. Wir Deutschen allein können und werden sie erfüllen.«

Mit einem erst später geläufig gewordenen Ausdruck möchte man dies als ein Programm selbstauferlegter »Umerziehung« (»reeducation«) bezeichnen, das zur Sinnesänderung, zur Reue und zu einer moralischen Lebensführung aufrief. Es legte mehr Nachdruck auf die Rückwendung zu christlichen und humanistischen Überlieferungen als auf äußere Erfordernisse und formale Verhaltensweisen. Es hatte das Ziel, die nationalsozialistische Sklaven-Moral auszuwurzeln, nicht aber eine neue einzupflanzen durch Propaganda und Zensur. Es stellte eine Aufgabe, die nur mit einem Gefühl der Demut in Angriff genommen werden konnte, mit einem aufgestörten Gewissen und einem Bewußtsein dessen, daß letztlich alle Menschen Sünder sind.

In dem gleichen Zusammenhang mag es von Interesse sein zu fragen, was die Mitglieder der »Schattenregierung« an Plänen hatten für die Lösung eines anderen Problems, das – der Wortbildung wie der Sache nach – unter dem Begriff der »Entnazifizierung« in der Folge so unglücklich behandelt worden ist. In einem ihrer Aufrufe beabsichtigten sie zu sagen[52]: »Das Schwert der Gerechtigkeit muß ohne Mitleid diejenigen treffen, die unser Vaterland zur Karikatur eines Staates herabwürdigten, die Anstand und Gesetz verbannt, die Korruption erlaubt oder befördert und die sich selbst bereichert haben, während die Massen des Volkes verarmten ... Weiterhin muß die Verantwortung aller festgestellt werden, die in leitenden Stellungen Befehle empfingen und ohne Widerstand ausführten, von denen sie wußten, daß sie dem Gesetz, dem Gewissen und den Tatsachen zuwiderliefen. Auch diejenigen müssen zur Rechenschaft gezogen werden, die im Ausland das Völkerrecht und die Ehre und Würde rechtschaffener Menschen verletzt haben.«

Es kann geltend gemacht werden, daß dies keine vollständige Liste begangener Verbrechen war und daß weniger greifbare Formen des Vergiftungsprozesses, der über zehn Jahre hin vor sich gegangen war, unerwähnt blieben. Auch hier stand Goerdeler zu seinem Glauben, daß es nur eine Front gab, auf die es ankam, die zwischen den anständigen Leuten und den »anderen«, und daß diese Trennungslinie sich nicht nach äußeren Merkmalen bestimmte.[53] Bloße Mitgliedschaft in einer nationalsozialistischen Organisation war daher noch nicht an und für sich ein Verbrechen. Anonyme Anzeigen sollen unbeachtet bleiben, falsche Denunziationen strafbar sein, aber jedermann wurde aufgerufen, den Justizminister von tatsächlichen Verbrechen zu unterrichten, seien es solche der Unterlassung oder der Begehung. Kein Zögern sollte erlaubt sein bezüglich der wirklich Schuldigen, aber man fühlte wenig Neigung, die bloßen Mitläufer auszustoßen. Man war sich voll bewußt, daß man im Kampf gegen das Gift selbst der Gefahr der Vergiftung und schließlich der Versuchung ausgesetzt sein mochte, Hitlerische Kollektiv-Methoden anzunehmen – eine Gefahr, von der die amerikanische Publizistin Dorothy Thompson auch die Alliierten nachdrücklich warnte. Wenn Wiederherstellung der Majestät des Rechts ein Hauptzweck der Neuordnung war, so konnte man nicht damit beginnen, Gesetze mit nachträglicher Wirkung einzuführen. Es erschien unchristlich, allgemein zu einer Rache aufzurufen, in die sich viele schäbige Motive einmischen mochten. Auch stand es offenbar zu allen Grundsätzen eines zivilisierten Gerichtsverfahrens im Widerspruch, die Schuld des Angeklagten vorauszusetzen, falls er nicht den Gegenbeweis führen konnte. Die Beweislast oblag vielmehr der Anklagebehörde. Soweit man auf der Grundlage der beabsichtigten Aufrufe urteilen kann, war die Schattenregierung entschlossen, sich an diese Kernstücke westlicher Rechtsüberlieferungen zu halten.

In wirtschaftlichen und sozialen Fragen[54] war Goerdeler, in einem speziellen Sinn des Wortes, »westlicher« als die meisten seiner Freunde aus der älteren Generation. Zu seinen frühen und nie erschütterten Überzeugungen gehörte die vom Segen freien Wettbewerbs. Das wirtschaftliche Leben sollte so wenig wie möglich durch den Staat gestört und alles bürokratische Hineinregieren sollte vermieden werden. Damit vertrug sich durchaus – jedenfalls in dem Entwurf vom September 1944 (den »Gedanken eines zum Tode Verurteilten«) – die Forderung nach einem gewissen Maße von Sozialisierung. Aus Gründen »sozialer Gerechtigkeit« und von der Sache her sei sie angebracht für »Bodenschätze« und für der ganzen Wirtschaft dienende »Monopolbetriebe (Eisenbahn, Post, Elektrizitätsversorgung, Gas, Wasser, die Monopole sein müssen, weil Wettbewerb unwirtschaftlich wäre ...«). Aber im Prinzip gingen seine Wünsche auf Wiederherstellung von Gewerbefreiheit und Freihandel, soweit sie mit dem allgemeinen Wohl verträglich waren, und zwar im nationalen wie im internationalen Bereich. Während er das Recht des Eigentums betonte, zeigte er sich (jedenfalls in den vorliegenden Programmen) am Problem des Großgrundbesitzes nicht besonders interessiert[55], an der Einschränkung von Trusts und Konzernen nur in dem Sinne, daß die nötige Kontrolle die Aufrechterhaltung des freien Wettbewerbs ermöglichen und »der schöpferischen Einzelpersönlichkeit und ihrem Verantwortungsbewußtsein Raum« gewähren sollte. Nur jene Unternehmer sollten aus dem Geschäftsleben ausgemerzt werden, »die ihre wirtschaftliche Verantwortung erniedrigt und sich zu geistlosen Befehlsempfängern politischer Machthaber entwürdigt« hätten.

Es war offenbar dies liberale Credo Goerdelers, das zum Zusammenstoß zwischen ihm und der jüngeren Generation, insbesondere der Männer aus dem Kreisauer Kreis, führte.[56] Verglichen mit seinen Ansichten standen einige der Älteren, Popitz und Jessen zumal, die eine Art von Planwirtschaft und Staatssozialismus befürworteten, Moltke und einigen seiner Freunde näher, ohne doch ihre Position zu teilen. Sie nahmen – ebenso wie Beck es vermöge seiner moralischen Autorität tat – eine Art Vermittlerstellung ein. Es wird im Hinblick auf diese Unterschiede wie auf andere »restaurative« Züge gewesen sein – vielleicht aber auch im Hinblick auf Goerdelers Neigung, baldmöglichst zu parlamentarischen Institutionen zurückzukehren –, daß Hassell ihn »eine Art Reaktionär« nannte.[57] Es mag das überraschend erscheinen im Zusammenhang mit zweifellos liberalen Überzeugungen und aus der Feder eines Aristokraten, und man wird im Licht späterer Erfahrungen zuzugeben haben, daß ohne Freisetzung persönlichster Initiative und auch des persönlichsten Gewinnstrebens ein wirtschaftlicher Wiederaufstieg nach so langer Zwangsfesselung und völligem Zusammenbruch nicht möglich war. Das wäre dann in der Tat notwendige »Reaktion« gegen das Dritte Reich im nächsten Wortsinn gewesen. Aber es war doch zu fragen – und wird auch heute zu fragen sein –, ob die Wiederherstellung eines westlichen Systems der kapitalistischen Wettbewerbsgesellschaft im Sinne des klassischen Liberalismus aus der Mitte des 19. Jahrhunderts, und zwar gerade in der Grenzzone des Westens gegenüber einer so anders strukturierten östlichen Welt, der neuen gesellschaftlichen und der neuen internationalen Lage entsprach und ob Goerdelers Glaube an die Front der Anständigkeit zur Bindung von extremen Egoismen genügte. Nur vom Boden solcher Erwägungen, die wir im Kreisauer Kreis antreffen werden und die sich insbesondere auf die Entwicklungstendenzen eines neuen Jahrhunderts bezogen, erhält das Wort »Reaktionär« eine ernsthaftere Bedeutung.

Hingegen wäre es zweifellos sehr ungerecht, Goerdelers wirtschaftlichen Liberalismus mit sozialer Beschränktheit und reaktionärer Klassenbefangenheit zu verwechseln. In der städtischen Verwaltung schon hatte er eng mit den Gewerkschaften zusammengearbeitet. In dem Entwurf seiner Rundfunkansprache hieß es: »... auch der deutsche Arbeiter muß und wird Gelegenheit erhalten, an der Verantwortung der Wirtschaft schöpferisch teilzunehmen.« Und eine Denkschrift, die er im Gefängnis schrieb, stellte dem Staat die Aufgabe, »die Arbeiter zu Mitträgern der politischen Verantwortung zu machen«[58]. Auch in den wirtschaftlichen Teilen seines Programms sprach er von der tätigen Anteilnahme der Belegschaft an der Betriebsleitung und von der Wiederherstellung eines gerechten Ausgleichs zwischen den Klassen durch die Organe wirtschaftlicher Selbstverwaltung. Es wird sich dabei wohl einwenden lassen (Mommsen), daß Goerdeler das »volle Verständnis für die Grundlagen des Klassenkonflikts« fehlte, aber seinen sittlich geforderten »Härteausgleich« mit einem »patriarchalischen Herr-im-Hause-Standpunkt« gleichzusetzen erscheint abwegig. »Die Lohnentwicklung«, erklärte Goerdeler, »soll soweit wie möglich durch freie Tarifvereinbarungen von Unternehmern und Gewerkschaften gelenkt werden, wobei das bewährte staatliche Schlichtungswesen wie in vergangenen Jahrzehnten hilfreichen Beistand zu leisten hat.« Auch empfahl er, die Überführung »der einstmals in der Welt vorbildlichen Sozialversicherung ... in die Selbstverwaltung der Arbeiter und Angestellten«.

Während man allen Anlaß hat, die Aufrichtigkeit dieser Absichten zu betonen, kann man nicht leugnen (und sollte man nicht leugnen), daß sich hier, wie schon berührt, gegenüber einem anderen Lager in der Widerstandsbewegung eine Trennungslinie auftut. Es ist gewiß nicht zufällig, daß als Wort oder dem Sinn nach der Begriff »Restauration« so oft in Goerdelers Programm vorkommt. Wiederherstellung der Majestät des Rechts und des anständigen Verhaltens zwischen Menschen, Wiederherstellung unabdingbarer humaner Werte, der Würde des Menschen, der Gedanken- und Glaubensfreiheit – all dieses waren vordringliche Forderungen. Sie beruhten auf Überzeugungen, die im Feuer gestählt waren; sie wurden von der »Rechten« wie von der »Linken« geteilt und nehmen insoweit diesen Begriffen selbst jeden Sinn. Aber die Anhänger der »Blitzrevolution« von oben wünschten zugleich auch, die Ordnung so rasch wie möglich wiederherzustellen. Das heißt, sie wollten einen wirklichen Aufstand vermeiden, der nicht nur Ausbrüche von »Lynchjustiz« und einen anderen »November«, sondern auch tiefgreifende soziale Umwandlungen, etwa im Sinn der kommunistischen Agitation, einschließen mochte.[59] Daß die westlichen Mächte nach der Besetzung Deutschlands vermutlich das gleiche Ziel haben würden, ist nicht wesentlich für diese hypothetische Erörterung. Der kritische Punkt scheint vielmehr das Programm wirtschaftlicher Freiheit und das der möglichsten Wiederherstellung einer vorwiegend bürgerlichen Gesellschaftsordnung zu sein. Gab es noch eine Grundlage für eine solche Restauration, und, soweit es sie gab, war sie nicht in raschem Verfall begriffen? Die Gewerkschaften, die den Aufstieg der Arbeiterschaft in die Mittelklasse förderten, mochten mit Goerdeler zusammengehen, aber würden und konnten die entschiedenen Sozialisten der gleichen Linie folgen? Und wie war es möglich, die Massen, die durch Unterdrückung radikalisiert, die verarmt und durch Bombenangriffe, Räumungsaktionen und Umsiedlungen ausgewurzelt waren, in eine solche Ordnung einzufügen?

Es kann geltend gemacht werden und ist in der Tat geltend gemacht worden, so etwa von Paul Sethe, daß der Sturz der Nazis nur der erste Schritt gewesen, daß eine »zweite« Revolution auf die der Elite gefolgt sein würde. Diese Möglichkeit besteht und gibt Anlaß zu mehr oder weniger aufschlußreicher Spekulation. Die Vermutung jedoch, daß die sozialistischen Mitglieder der Verschwörung, sosehr sie Widersprüche und Ansprüche anmelden mochten, sich mit einem solchen inneren Vorbehalt beteiligten oder daß sie die Rolle der bewaffneten Männer im Bauch des Trojanischen Pferdes zu spielen gedacht hätten, mischt offenbar dem Bild der Vorgänge sehr falsche Farben bei. Man wird die Spannungen, die bestanden, gewiß nicht harmonisieren dürfen oder gar wollen, und die Gegensätze sind durchaus des Nachdenkens wert. Aber man wird sie auch nicht übertreiben und verhärten dürfen im Sinne von Schablonen und Parteischlagworten, weder denen vorhergehender noch denen nachfolgender Jahre. Wie die Schranken zwischen den Kirchen und den Gewerkschaften verschiedener Richtung niedergelegt waren, so haben sich auch zwischen anderen Lagern immer wieder Verbindungen und Einschmelzungen vollzogen, die zum Vermächtnis der Jahre des Widerstands gehören oder gehören sollten.

Eine solche Auffassung des politischen Charakters der Opposition kann sich gerade in besonderem Maße und als eine Art Sauerteig auf den Kreisauer Kreis berufen, der nebeneinander die stärksten konservativen, christlichen und sozialistischen Elemente umfaßte, ohne die Grundwerte des »Liberalen« auszuschließen, während der bis zu einem gewissen Grad »radikale« Wille einer jungen Generation ihm die besondere Farbe gab. Der Erörterung ihrer Ideen wenden wir uns nunmehr zu.

3. Der Kreisauer Kreis

Seit dem Sommer 1940 hatte sich, in allmählicher Entwicklung und im Bestand nicht immer gleichbleibend, eine Gruppe von Männern, meistens zwischen 30 und 40, zu einem Kreis zusammengefunden, dessen Mittelpunkt James Graf Helmuth von Moltke war, der Urgroßneffe des Feldmarschalls aus Bismarckscher Zeit und der Enkel eines Chief Justice der Südafrikanischen Union. Vor dem Kriege hatte er als Anwalt in Berlin gewirkt, war aber auch in England in dieser Eigenschaft zugelassen, nachdem er die dortigen Examina bestanden hatte. Er wurde Mitglied des »Inner Temple«. Bei seinen Freunden aus Oxforder und Londoner Tagen, zu denen Adam von Trott gehörte und insbesondere Lionel Curtis, war er als ein unversöhnlicher Nazi-Gegner bekannt. Während des Krieges diente er beim Oberkommando der Wehrmacht als Sachverständiger für Kriegs- und Völkerrecht. Diese Stellung ermöglichte es ihm, eine Reihe von gefährdeten Personen zu schützen, wie es auch andere auf verschiedenen Wegen taten. Zudem konnte er die militärischen Stellen mit juristischen – nebenbei auch auch mit pragmatischen – Argumenten versehen, die sie in ihrem Widerstand gegen einige der übelsten Methoden Hitlerischer Kriegführung benutzten.
Die Gruppe, deren anerkannter, wenngleich nicht irgendwie dominierender Mittelpunkt er wurde, empfing ihren Namen von dem Moltkeschen Gut Kreisau in Schlesien.[60] Unter den Mitgliedern befanden sich noch einige weitere Aristokraten sowie Träger alter preußischer Namen. Moltke besonders nahe stand Peter Graf Yorck von Wartenburg, der bereits als Vetter Stauffenbergs erwähnt worden ist. Er stammte aus einer Familie, die sich nicht nur in der militärischen und politischen Geschichte Preußens, sondern auch in der des Geistes und der Wissenschaft einen Namen gemacht hatte. Einer seiner Vorfahren war der General, der im Jahre 1812 durch seinen »Ungehorsam«, d. h. durch den Abschluß der Konvention von Tauroggen, den Befreiungskrieg eröffnete, ein anderer ist durch die Briefe bekanntgeworden, die er mit seinem Freund, dem Philosophen Dilthey, gewechselt hat. Demselben aristokratischen Flügel der Gruppe gehörten von Einsiedel, ein gebürtiger Dresdener, Mitglied der SPD und dem Kreis der religiösen Sozialisten nahestehend, sowie von Trotha, ein schlesischer Vetter Moltkes, an. Dieser hat von Januar bis November 1940 in einer Korrespondenz mit Yorck und Einsiedel Grundsatzfragen diskutiert.[61] Es sei daraus eine Formulierung Moltkes angeführt: »Man kann ... nicht fragen, ob Staatsrecht noch Recht oder selbst schon Macht ist. Es wird immer beides sein, wenn es in Ordnung ist. Es wird staatsloses, d. h. wirkungsloses

Recht, wenn die Macht fehlt, und es wird bloße, d. h. böse Macht, wenn es nur Macht ist.«

Die Teilnahme junger, zum Teil ostelbischer Adeliger an einem radikalen Kreis ist nicht so überraschend, wie es erscheinen mag, vorausgesetzt, daß man das Wort »radikal« in seinem Wortsinn, d. h. als ein Zurückgehen auf die Wurzel versteht. Manche der Kreisauer hatten an der deutschen Jugendbewegung der zwanziger Jahre teilgenommen, die sich vor allem um Einfachheit des Lebens, um Reinheit der Sitten und ein Gefühl sozialer Verantwortung bemühte und die mit alledem im Gegensatz zu leer gewordenen gesellschaftlichen Konventionen stand. Söhne des schlesischen Adels waren an der Universität Breslau von den Ideen von Rosenstock-Huessy stark beeinflußt worden und nahmen an den von ihm gegründeten freiwilligen Arbeitslagern teil, die junge Menschen aller Klassen in einem Austausch von Gedanken und Interessen zusammenführten. Unter solchen Erfahrungen, deren Wert durch die nationalsozialistische Verzerrung dieser Formen »gemeinsamen Lebens« nicht entkräftet wird, und in starker religiöser Gebundenheit wuchsen sie ins Mannesalter hinein. Das Erbe großer Güter bedeutete ihnen mehr eine Verantwortung als ein Vorrecht. Sie waren bereit, die Dringlichkeit einer Landreform sachlich und ohne Ansehung des eigenen Interesses zu erwägen, wenngleich sie sicherlich gegen jede Form von »agrarischem Vandalismus« sich gewandt haben würden. Hinzu kamen bestimmte Einsichten und Antriebe, die sich in den östlichen Provinzen des Nach-Versailler-Deutschland aufdrängten und die lebendig wurden an Universitäten wie Breslau und Königsberg. Die grundsätzlichen Fragen, die hier in Vorlesungen und Seminaren, in studentischen Vereinigungen und Freizeiten erörtert wurden, bezogen sich auf eine Grenzlandzone, in der Deutsche und Nicht-Deutsche in einem solchen Grade miteinander verschränkt und vermischt waren, daß der westliche Begriff des souveränen Staats und der politische Nationsbegriff des 19. Jahrhunderts zu reaktionären Schatten verblaßten. Man erörterte hier aufs ernsthafteste übernationale und förderalistische Lösungen, eine Trennung der Nationalität vom Politischen, wofür die Form kultureller Selbstverwaltung (Autonomie) sich theoretisch darbot und praktisch in Estland erprobt wurde; man suchte nach Maßstäben zwischenvölkischer Sittlichkeit, die für Minderheiten beiderseits der Grenzen bindend sein sollten. Der ganze Nachdruck dieser Bemühungen kreiste um das Problem des Friedens zwischen Völkern als der einzigen gesunden Grundlage für Frieden zwischen Staaten. Es ging hier letzten Endes um die Bejahung einer göttlichen Ordnung, die der Würde des Individuums wie der Familie, der Würde jeder Arbeit, einerlei ob der Hand oder des Geistes, und der Würde jeder nationalen Gemeinschaft Gewähr verlei-

hen und damit einer neuen völkischen und zwischenvölkischen Gesellschaft erst den innersten Antrieb geben würde.
Es kann wiederum nicht überraschen, daß mit Männern von solch grundsätzlichen Ansichten entschiedene Sozialisten sich eng verbanden. Es ist erwähnt worden, daß Mierendorff, Haubach und Reichwein aktive Mitglieder des Kreisauer Kreises waren und daß nach Mierendorffs Tod Leber bis zu einem gewissen Grade an seine Stelle trat, mindestens durch engere Beziehungen zu Fritz v. d. Schulenburg und Adam v. Trott. Moltke empfand ihn als »viel weniger verwandt«, während mehrere Kreisauer eher Leber statt Goerdeler als Kanzler wünschten.[62]
Das religiöse Element, das die beiden Flügel verknüpfte, war insbesondere durch fünf Mitglieder der Gruppe vertreten. Auf der einen Seite durch den früher schon erwähnten Jesuitenpater Delp, der Pfarrer in einem Münchener Vorort und einflußreich unter der katholischen Jugend war, und durch den Jesuiten-Provinzial in Bayern, Roesch, einen der älteren Männer der Gruppe, bedeutsam durch sein ausgewogenes und reifes Urteil. Mit ihm stand in naher Verbindung, als seine »rechte Hand«, Pater König S. J. Auf der anderen Seite waren zwei Mitglieder der Bekennenden Kirche innerhalb des Kreises tätig: Harald Poelchau, ein Potsdamer aus deutsch-baltischer Familie, der uns als Gefängnisgeistlicher in Tegel schon begegnete, und Eugen Gerstenmaier, ein Mitglied des Außenamtes der deutschen protestantischen Kirche, der dem Tod nach dem 20. Juli mit knapper Not entkam.[63] Er war schon seit langem überzeugt, daß »eine rein geistige Opposition gegen den Nationalsozialismus nicht zureichte, daß dieser vielmehr ausgerottet werden mußte, um des Fortbestands des christlichen Glaubens in Deutschland willen«.[64] Während des Krieges oblag ihm die Seelsorge für die Fremdarbeiter. Diese Tätigkeit, zusammen mit seiner Teilnahme an der protestantisch-ökumenischen Bewegung, gab ihm oft Gelegenheit zu Auslandsreisen. Die Stärke seiner religiösen Überzeugung und seine Weltoffenheit machten ihn zu einem sehr wertvollen Mitglied des Kreises.
Weiterhin gehörten Männer der Gruppe an, die zu dem gemeinsamen Gedanken durch besondere Erfahrungen oder durch Sachkunde auf besonderen Gebieten beitragen konnten: Paulus van Husen, ein westfälischer Katholik, der Mitglied der »Gemischten Kommission« in Oberschlesien sowie des Oberverwaltungsgerichts gewesen war, Hans Lukaschek, ein katholischer Anwalt, ehemals Oberpräsident von Oberschlesien, und Theodor Steltzer, der nach seiner Entfernung vom Landratsamt in Rendsburg ebenso wie Gerstenmaier in der ökumenischen Arbeit tätig war und während des Krieges als Transportoffizier in Norwegen einige der Verfolgungsmaßnahmen zu verhindern verstand. So insbesondere die

gegen Bischof Berggrav. Er seinerseits entging dem Tode durch die Hilfe seiner norwegischen Freunde, die 1945 einen Weg fanden, ihn vor der Hinrichtung zu bewahren. Gleichfalls zum Kreise gehörte der Jurist Hans Peters, damals Professor an der Universität Breslau, später in Köln. Er war bis 1933 Abgeordneter der Zentrumspartei im preußischen Landtag gewesen, auch er trat gegen eine zu »streng durchgeführte« Demokratie für die Prinzipien der Selbstverwaltung ein. Aus seinen handschriftlich niedergelegten Erinnerungen ergibt sich für die Entstehung des Kreises eine anfängliche Tarnung der Art, daß Offiziere verschiedener Dienststellen und Beamte zusammentreten sollten »mit dem offiziellen vom OKW zu genehmigenden Ziel, die Wünsche der Wehrmacht im Falle eines endgültigen Sieges auszuarbeiten«.
Die Verbindung mit Goerdeler lief über Fritz-Dietlof, den jüngeren Graf von der Schulenburg[65], der im Zusammenhang mit den Aufstandsplänen in Berlin und Paris schon erwähnt wurde, ebenso als besonders interessiert an Fragen der Neugliederung des Reiches und der Raumordnung. Eine kraftvolle und höchst individuelle Persönlichkeit, unterhielt er die mannigfachsten Beziehungen, stand aber im wesentlichen in naher Verbindung zu den Kreisauern; die Verbindung mit der oppositionellen Gruppe im Auswärtigen Amt wurde durch Legationsrat Hans-Bernd von Haeften und Adam von Trott zu Solz aufrechterhalten. Von dem letzteren wird mehr in Verbindung mit seiner diplomatischen Tätigkeit zu sagen sein. Er nahm als glänzende und dynamische Persönlichkeit einen besonderen Platz in dem Kreise ein. Von Haeften war der Sohn eines hochkultivierten Offiziers im Generalstab, der im Ersten Weltkrieg durch einen Konflikt mit Ludendorff Aufsehen erregt hatte. Hans-Bernd, wie sein Bruder Werner, der Adjutant Stauffenbergs, wurzelte tief im evangelischen Glauben und zudem in der Überzeugung, daß auch eine Kirche, die nicht eine verbindliche Gesellschaftsdoktrin besitze, zum christlichen Rat in weltlichen Dingen verpflichtet sei.[66] Die Festigkeit seines Charakters und die Empfindsamkeit seines Gewissens wird von den Kreisauer Freunden besonders hervorgehoben. In Fühlung mit Moltke stand ferner Graf von Schwerin-Schwanenfeld, der durch nahe Beziehung zu Oster und Dohnanyi wie als Ordonnanzoffizier Witzlebens schon frühzeitig zum Kreis der Verschwörer gehört hatte. Über ihn und den jüngeren Grafen Schulenburg (wie über Yorck und Stauffenberg) liefen die Fäden zur militärischen Widerstandsbewegung. Damit sind noch keineswegs die Namen all derer genannt, die über bestimmte Fragen sich öfters besprachen oder für besondere Sachgebiete zum Ideengut der Kreisauer beitrugen. So etwa der Bankier Abs und der Nationalökonom Schmölders, der mit Yorck in naher Fühlung stand und in einer Denkschrift zu »Wirtschaft

und Wirtschaftsführung nach dem Krieg« Stellung nahm.[67] Sie betonte stark die Notwendigkeit des »fühlbaren sozialen Aufstiegs«. Mit Einsiedel war insbesondere v. d. Gablentz seit ihrer gemeinsamen Tätigkeit im Statistischen Reichsamt in Verbindung. Erwähnt seien auch Prof. C. v. Dietze und Hermann Maaß, der frühere Obmann der sozialistischen Jugendverbände. – Aufs Ganze gesehen war das eine Gruppenbildung, die gewiß nicht ohne weiteres in ein soziologisches Schema paßt.

Die im wörtlichen Sinn »Kreisauer« Begegnungen fanden innerhalb einer engeren Gruppe von Männern statt, die, wenngleich nicht immer vollzählig, zusammenzukommen pflegten, sooft die Gelegenheit sich bot, und die versuchten, gewisse programmatische Gesichtspunkte herauszuarbeiten, ohne daß dabei Mehrheitsentscheidungen beabsichtigt waren. »Es wurde nicht abgestimmt oder majorisiert« (Steltzer). Es kam zu drei solchen Treffen in Kreisau, an denen jeweils 8–9 Mitglieder teilnahmen, dazu die beiden Gräfinnen. Die erste Tagung fand zu Pfingsten 1942 statt, die zweite im Oktober 1942, die dritte zu Pfingsten 1943. Daneben bestanden noch einzelne Arbeitskreise. – Wie Moltke selbst inmitten dieser Tätigkeit die Lage ansah, mag durch einen Brief illustriert werden, den er 1942 aus der Türkei an einen englischen Freund (Lionel Curtis) gelangen lassen konnte.[68] Er sprach darin von der ständigen Gefahr, in der sie lebten, und von der Freisetzung der »Bestie im Menschen«. Aber er erwähnte auch Symptome der Hoffnung. Das Wichtigste sei, so sagte er, »ein religiöses Erwachen, das beginnt und, wenn nötig, mit einer Bereitschaft zum Tode verbunden ist«. Er bestätigt damit die Ansicht (der in dieser Studie verschiedentlich Ausdruck gegeben worden ist), daß eine Erneuerung des Geistes und eine Rückkehr zu Überzeugungen grundsätzlicher Art in denjenigen Kreisen des deutschen Volkes sich ankündigte, die bewußt durch »den Feuerofen« gegangen waren. Moltke fand, daß nicht nur die Kirchen im allgemeinen an Einfluß zunahmen, sondern auch, daß die junge Generation in einer Wendung begriffen war. »Heute«, so schrieb er, »beginnt es einem nicht zu zahlreichen, aber aktiven Teil des deutschen Volkes zu dämmern, nicht daß sie in die Irre geführt worden sind, nicht daß schlimme Zeiten ihnen bevorstehen, nicht daß der Krieg mit einer Niederlage enden mag, sondern daß Sünde ist, was geschieht, und daß sie persönlich verantwortlich sind für jede furchtbare Tat, die begangen worden ist – natürlich nicht im irdischen Sinne, aber als Christen.«

Angesichts einer solchen Lage sahen Moltke und seine Freunde es als ihre Aufgabe an, sich »ein Bild Europas nach dem Krieg« zu machen. »Wir können nur erwarten«, fährt der Brief fort, »unser Volk zum Sturz dieser Regierung des Schreckens und Grauens zu bewegen, wenn wir imstande sind, ein Ziel jenseits der lähmenden und hoffnungslosen nächsten Zukunft zu zeigen ... Für uns ist Europa nach dem Krieg weniger ein Problem von Grenzen und Soldaten, von wasserkopfartigen Organisationen und großartigen Planungen. Die eigentliche Frage, vor die Europa nach dem Krieg gestellt sein wird, ist die, wie das Bild des Menschen im Herzen unserer Mitbürger wiederhergestellt werden kann. Dies aber ist eine Frage der Religion und der Erziehung, der organischen Verbundenheit mit Beruf und Familie, des rechten Verhältnisses zwischen Verantwortung und Anspruch.« Er fügte hinzu, daß er und seine Freunde sich wesentlich ermutigt fühlten durch die Berührung mit »christlichen Gruppen in den verschiedenen besetzten Gebieten«. Nur in Frankreich, glaubte er feststellen zu müssen, gebe es, »wenngleich gelegentliches Handeln, so doch keine Opposition von wirklich grundsätzlichem Charakter«.[69]

Diese Haltung, die mehr Nachdruck auf prinzipielle Gesinnung als auf Taten zu legen scheint, ist dem Gandhischen »Nichtwiderstand« verglichen worden. Es gibt in der Tat Punkte der Berührung, und doch bedarf eine solche Parallele, wie noch zu zeigen sein wird, erheblicher Einschränkung. Es mag schon hier betont werden, daß Moltke selbst in dem eben genannten Brief davon sprach, das Volk »zum Sturz der Regierung« durch die Aufstellung eines Zieles zu bewegen, »wonach zu streben, wofür zu arbeiten, wofür neu zu beginnen, es sich ... lohnt«. Aber es trifft zu, daß der vornehmliche Zweck des Kreisauer Kreises nicht Verschwörertätigkeit und die Vorbereitung eines Putsches war, wenn auch einige Mitglieder in dieser Richtung aktiv waren; Moltke und seine näheren Freunde wünschten vielmehr, die Grundlage für ein nach-nationalsozialistisches Deutschland und ein nach-nationalsozialistisches Europa zu schaffen, in denen beiden die falschen NS-Götter durch bitterste Erfahrungen ausgewurzelt wären. Kein Aufstand an und für sich konnte, wie sich versteht, das tief eingefressene Übel heilen. Moltke neigte eher zu der Auffassung, daß das Unheil seine volle Bahn durchlaufen müsse und daß eine innere Revolte nur die Fronten verwischen würde. Es ist daher richtig, daß er bis zu einem gewissen Grade Abstand wahrte von den Aktivisten, was freilich noch zu präzisieren sein wird. Es gilt somit in erster Linie das Gedankengut des Kreisauer Kreises zu erörtern.

Die Leitideen, auf die sich die Mitglieder der Gruppe einigten, kommen in einer Reihe von Dokumenten zum Ausdruck, von denen jetzt zehn, davon einige in verschiedenen Versionen, vorliegen.[70] Sie tragen zum Teil die Daten vom Mai 1942 und August 1943. Wieder, wie in dem Fall von Goerdeler und seinem Kreis, handelt es sich dabei nicht um irgendwie endgültige Programme. Spätere Fassungen sind verlorengegangen, und abändernde Zusätze waren vorgesehen. Aber die prinzipiellen Punkte zeichnen sich mit aller wünschenswerten Klarheit ab. Zunächst ist die Unterstreichung der Grundansicht hervorzuheben, daß der Wiederaufbau auf »die freiheitlich gesonnene Arbeiterschaft« und auf die christlichen Kirchen gestützt werden müsse. Es würde ein schweres Mißverständnis sein, anzunehmen, daß es sich hierbei um einen taktischen Kompromiß handelte, etwa um ein Zugeständnis an die Sozialisten, um sie so zur Akzeptierung christlicher Prinzipien zu gewinnen. Es herrschte weitgehend Einverständnis darüber, daß der totalitäre Anspruch des Staates nur durch einen ebenso totalitären überweltlichen Anspruch überwunden werden könne, das heißt durch Hingabe an letzte und unbedingte Forderungen. Peter Graf Yorck brachte diese Gegenposition mit höchster Entschlossenheit und logischer Klarheit zum Ausdruck, wenn er in dem Verfahren vor dem Volksgerichtshof erklärte: »Das Wesentliche ist der Totalitätsanspruch des Staates gegenüber dem Bürger unter Ausschaltung seiner religiösen und sittlichen Verpflichtungen vor Gott.«[71] Auch der vorsitzende Richter in Moltkes Prozeß, der berüchtigte Freisler, erkannte unwissentlich und auf indirektem Wege an, was in der Tat ein Kernstück in den Überzeugungen des Kreisauer Kreises war. »Nur in einer Hinsicht«, sagte er, »ähnelt der Nationalsozialismus dem Christentum: wir fordern den ganzen Mann.«

Es ist im Hinblick auf die Grundansicht des Kreises nicht ohne Interesse, festzustellen, daß Moltkes Gedanken erst allmählich diesen äußersten Punkt des Gegensatzes erreichten. In dem Brief an seinen englischen Freund, aus dem Sätze zitiert worden sind, spricht er davon, daß er vor dem Kriege noch angenommen habe, der Glaube an Gott sei nicht wesentlich, »um dahin zu kommen, wo wir jetzt sind«. Er wisse heute, fügte er hinzu, daß dies »falsch, ganz falsch« gewesen und daß Grundsätze reiner Sittlichkeit nicht genügten, um Menschen in den Stand zu setzen, alles zu wagen und alles zu opfern.

Wie immer man zu einem solchen Bekenntnis stehen mag, Tresckow oder Lehndorff, Beck oder Hermann Kaiser, Hammerstein oder von Kleist und vermutlich Hunderte von Namenlosen könnten das gleiche gesagt haben. Und auch die entschiedenen Vertreter sozialistischer Weltanschauung standen nicht anders, was für Mierendorff, wie schon früher erwähnt, ausdrücklich durch Steltzer bezeugt ist. Persönliche Erfahrung muß sie mit der Kraftquelle in nahe Berührung gebracht haben, deren Wirkung so offenbar im Kreise der konservativen Radikalen war. Daß sie den Bannkreis marxistischer Rechtgläubigkeit oder läßlichen Freidenkertums überschritten, kann kaum bezweifelt werden. Wäre es anders, so würde es undenkbar sein, daß die gemeinsam vereinbarten Richtlinien so starken Nachdruck auf die »göttliche Ordnung« als den »Maßstab der

Beziehungen zwischen Menschen und Völkern« legen, als die Bindekraft, die allein die Anarchie »ausschließlich auf die Herrschaft der Technik gegründeter Machtgestaltung« überwinden könne. In den »Grundsätzen« wurden daher vollkommene Freiheit des Gewissens, Würde des Individuums, Schutz des Familienlebens, Recht auf Arbeit und eine organische Entfaltung des Gemeinschaftslebens besonders betont. Die staatlichen Schulen sollten keine Bekenntnisschulen, sondern »Christliche Schulen« mit Religionsunterricht beider Konfessionen als Pflichtfach sein, und zwar sollte dieser Unterricht nach Möglichkeit von Vertretern der Kirchen selbst gegeben werden.

Es kann hier nicht auf die weiteren Vorschläge, die der Kreisauer Kreis in Erziehungsfragen machte, eingegangen werden, wenngleich sie für manche noch sehr aktuelle Probleme von Interesse sind. So hieß es in einer Aufzeichnung über die Besprechungen vom Mai 1942: »Fachschulen und Höhere Schulen, die auf der Volksschule oder deren Grundstufe aufbauen, schaffen in lebendiger Fortführung der Volksschularbeit bei wachsender Mitverantwortung der Schüler ein organisch gefügtes Wissen und Können«, und weiter: »Tätiges Lernen formt den Charakter für das spätere Leben.« Zugleich jedoch waren Moltke und seine Freunde entschiedene Gegner jedes bloßen Pragmatismus und aller sogenannten »Lebensnähe«. Sie bestanden auf der Bewahrung der klassischen Überlieferung des deutschen Gymnasiums und auf der Trennung der Berufsschulen von den Universitäten; die letzteren sollten Stätten universalgerichteter Forschung und Lehre sein und auch in der »Lebensform«, in der Durchdringung von Arbeitsstätte und Wohnbezirk, gemeinschaftsbildend wirken – wobei Moltke sichtlich das englische College-System vor Augen stand. Die Beziehung zwischen dem Staat und den Kirchen war im Wege freien Vertrages zu regeln. Für die Zukunft hoffte man auf eine »Deutsche Christenschaft«, der alle Gläubigen angehören mochten, ohne Rücksicht auf ihr Bekenntnis.

Eine sehr konkrete Anwendung christlicher Ethik und der Überzeugung von der »Würde des Menschen« geschah im wirtschaftlichen Teil des Programms. An diesem Punkte tritt das fordernde Gedankengut wohl am klarsten hervor. Man wird zwar nicht unbedingt den Aufruf Mierendorffs vom 14.6.1943, in dem am entschiedensten die sozialistische Ordnung der Wirtschaft, »um Menschenwürde und politische Freiheit zu verwirklichen«, und die Enteignung der Schlüsselbetriebe gefordert wurde[72], als repräsentativ für den Kreis anzusehen haben, wenn auch Moltke den Aufruf den Grundtexten beifügte und in einem Brief an seine Frau mit Bezug auf Mierendorff eine »spontane Gleichschaltung« feststellte. Bei den übrigen wirtschaftspolitischen Dokumenten, etwa den Denkschriften von Trotha und Einsiedel (Agrarpolitik) wie bei der Grundsatzerklärung vom Mai 1943 war zentral der Gedanke, daß im Gegensatz zur »liberalen Unordnung« und zur »nationalsozialistischen Zwangsordnung« der Mensch wieder zum Mittelpunkt wirtschaftlichen Geschehens werden müsse und die soziale Ordnung ihm den »Raum sichern sollte«, in dem er sich »als Person entfalten kann«. Damit ist im Prinzip das angesprochen, was man den »personalen Sozialismus« der Kreisauer genannt hat.

Im einzelnen traten sie für »einen geordneten Leistungswettbewerb« ein, verbunden mit einem starken Ausmaß wirtschaftlicher Selbstverwaltung. In diesem Programm war eingeschlossen: eine »Entflechtung« monopolistischer Kartelle und Konzerne nach dem Gesichtspunkt der Gesamtinteressen, eine Landreform, die Überführung der Schlüsselunternehmungen des Bergbaus, der eisen- und metallschaffenden Industrie, der Grundchemie und der Energiewirtschaft in das Eigentum der öffentlichen Hand sowie der Aufbau von Betriebsgemeinschaften mit Teilnahme der Belegschaft an der Betriebsführung wie »an den Betriebsergebnissen, insbesondere dem Wertzuwachs«. Vorgesehen war gleichfalls die Errichtung der einen »Deutschen Gewerkschaft«, die auch von Goerdeler, Kaiser und Leuschner geplant wurde. Es scheint jedoch, daß der Kreisauer Kreis dieser Organisation nur die »Überleitung« zudachte, bis die von ihr wahrgenommenen Aufgaben dem Staat und den Selbstverwaltungskörperschaften der Industrie, des Handels, des Handwerks und der Landwirtschaft anvertraut werden konnten. Im Gegensatz zu Leuschners Einheitsgewerkschaft lag für die Kreisauer der Nachdruck auf der »Betriebsgewerkschaft« als einem Mittel zur »Betriebsgemeinschaft«. Durchweg wurde der Grundsatz betont, daß die natürlichen Quellen des Reichtums dem allgemeinen Wohl zu dienen hätten und daß der Einfluß sowohl wie die Verantwortlichkeit der deutschen Arbeiter erhöht werden sollten. Während die starke Beimischung sozialistischer Elemente in den Organisations- und Sachfragen der Wirtschaft den Kreisauer Plänen eine Stellung »zwischen Osten und Westen« gibt, die noch in anderem Zusammenhang zu erörtern sein wird, war das Rechtsdenken des Kreises, wie überhaupt alles, was die »personale« Sphäre betraf, durchaus westlich orientiert. In der Tat gehören die beiden Entwürfe, die von der Bestrafung der »Rechtsschänder« handeln, zu den eindrücklichsten Bekundungen der in den Jahrhunderten moderner Geschichte erwachsenen und als Eckstein der Zivilisation betrachteten Idee des »Rechtsstaates«.[73] Die Schändung sowohl des göttlichen und natürlichen Rechtes sollte geahndet werden wie die Verletzung des positiven. Die darauf bezüglichen Vorschläge gingen beträchtlich weiter als die, welche Goerdeler gemacht hatte. In bestimmten Fällen und unter bestimmten Voraussetzungen schlossen sie ein

Verfahren vor dem Haager Gerichtshof ein, rechneten also durchaus mit einem System internationaler Strafjustiz. Aber der Nachdruck, der auch hier auf die »Majestät des Rechtes« gelegt wurde, war nicht so verschieden von Goerdelers grundsätzlicher Forderung.
So erörterten denn die Entwürfe sorgfältig das Problem »rückwirkender Gesetzgebung« und das Prinzip des »nulla poena sine lege«. Es sei dieses Prinzip historisch zu verstehen als eine Schranke gegen absolutistische Willkür, und wenngleich es nicht irgendeiner grundsätzlichen sittlichen Forderung entspreche und im übrigen auch von den in Frage kommenden Tätern aufs schwerste verletzt worden sei, verlange doch der Gesichtspunkt der Rückkehr zur Rechtssicherheit und der Wiedererweckung der Rechtsüberzeugung, unbedingt auf dem Prinzip zu bestehen. Die Lösung des Dilemmas sollte darin liegen, daß für alle »hinreichend Verdächtigen« eine »deklaratorische Feststellung der Rechtsschändung« durch das Gericht auch für rückwirkende Fälle getroffen werden könnte, daß aber Strafen nur zu verhängen wären, falls der Frevel unter Gesetze fiel, die zur Zeit der Tat bestanden. Solch eine »deklaratorische Feststellung« mochte Sühnemaßnahmen nach sich ziehen, sollte vor allem aber den Sinn für Gerechtigkeit wieder erwecken und einen Präzedenzfall für die Zukunft schaffen. Die Erklärung des Strafgerichts mochte außerdem durch Wiedergutmachungsverfügungen und Verwaltungsmaßnahmen im Gebiet der bürgerlichen oder politischen Rechte ergänzt werden. Während man so die Gefahr gesetzloser Willkür und unterschiedsloser Rachsucht zu vermeiden wünschte, war die Meinung des Kreises die, daß die meisten der nationalsozialistischen Verbrechen – einschließlich der Mittäterschaft und der Ausführung von Befehlen verbrecherischer Natur – ohnehin unter bestehende Gesetze fielen und daher im gewöhnlichen Gerichtsverfahren bestraft werden konnten. Die Vorschläge bezüglich internationaler Verbrechen sind von nicht geringerem Interesse. Sie unterstrichen so energisch wie nur möglich die Notwendigkeit einer gesetzlich geordneten Gemeinschaft der Völker. Gerade im Interesse dieses Ideals jedoch mußte eine sittlich-würdige Lösung gefunden werden, die nicht Rache der Sieger war, sondern mit aller Klarheit einen »Triumph des Rechts« und einen »Eckstein« des Friedens darstellte. Dem Verlangen der Völkergemeinschaft nach Bestrafung sei die Berechtigung nicht abzustreiten, aber Bestrafung durch Organe der Siegermächte würde eine rechtszerstörende Wirkung haben. Der betreffende Entwurf regte daher an, dem Internationalen Gerichtshof im Haag dieselbe Zuständigkeit zur Erlassung von deklaratorischen Feststellungen gegenüber Rechtsschändern zu verleihen, die man den deutschen Gerichten geben wollte. Es würden genug Fälle von Verbrechen bleiben, die auf der Grundlage posi-

tiven Rechts, entweder des Völkerrechts oder des Rechts der verletzten Länder, bestraft werden könnten. Bei solchen Verfahren sollte der Gerichtshof mit sechs Richtern besetzt werden, von denen drei den Siegermächten, zwei den neutralen und einer dem besiegten Staate angehörten. Die Anklage war Sache derjenigen Nation, deren Gesetze verletzt worden waren; die Strafvollstreckung jedoch sollte nicht in ihren Händen liegen, sondern von der Cour einem andern Staat übertragen werden. »Gelingt dieser Versuch«, so hieß es am Schluß des ersten Entwurfs, »... so bedeutet das einen weiteren Schritt zur Verwirklichung der Herrschaft des Rechts zwischen den Völkern, und aus Unheil quillt Segen. Wird die Lösung aber ohne als gerecht anzuerkennendes Gericht rein praktisch-politisch vorgenommen, so wird Unrecht mit Unrecht beantwortet, und die Gewalt steht wieder drohend am Beginn des zukünftigen Weges.«

Zwei andere Entwürfe des Kreisauer Kreises beschäftigten sich mit dem politischen Wiederaufbau Deutschlands. Soweit es sich dabei um praktische Vorschläge handelte, wurden sie trotz des (nur zu berechtigten) Pessimismus, der aus Moltkes Brief an seinen englischen Freund spricht, in der Hoffnung gemacht, ein föderatives Ganzes – erst in Deutschland und dann in Europa – errichten zu können. Auf die europäische Perspektive ist zurückzukommen. Was Deutschland betrifft, so wurden Anweisungen für »Landesverweser« niedergelegt, die nach dem Sturz oder Zusammenbruch des Regimes die Regierung übernehmen sollten. An die Stelle der alten geschichtlichen Staaten sollten landschaftlich, wirtschaftlich sowie kulturell zusammengehörige »Länder« treten, jedes mit einer Bevölkerung von 3–5 Millionen. Die vornehmlichste Aufgabe der Landesverweser war es, die Lebensmittelversorgung sicherzustellen, den Verwaltungsapparat zu reinigen und in Zusammenarbeit mit den Gewerkschaften und den Kirchen die Wiederherstellung von Recht und Anstand sowohl wie die nötigsten Reformen im Regierungs- und Wirtschaftssystem zu beginnen. In einer »Sonderanweisung« wurde noch hinzugefügt, daß im Falle fremder Besatzung die Landesverweser für alle daraus sich ergebenden Fragen engste Fühlung mit der Reichsregierung halten sollten, deren Aufgabe es sei, »die eigenständige Entfaltung ... vor willkürlichen Übergriffen, vor landesverräterischer Zersetzung und vor nationalistischen Ausschreitungen zu schützen«.[74]

Ein Programm des Wiederaufbaus über die ersten Notmaßnahmen hinaus wurde in einer Denkschrift »Grundsätze für die Neuordnung« dargelegt. Sie betonte zunächst jene religiösen und sozialen Grundforderungen, die bereits erörtert worden sind. Weiterhin skizzierte der Entwurf einen Aufbau des Deutschen Reiches, das innere »Führungsmacht« bleiben sollte, aber von echter Mitverantwortung des Volkes getragen wer-

den müsse. Sie sollte beruhen auf der natürlichen Gliederung: Familie, Gemeinde, Land. Politische Willensbildung war somit zuerst innerhalb der kleineren Gemeinschaften zu entwickeln, d. h. durch mitbestimmende Teilnahme an überschaubaren nachbarlichen Einheiten und in einem Rahmen von Aufgaben, mit denen der Mann auf der Straße vertraut ist. Demgemäß sollten nur die Vertreter der örtlichen Gemeinden und die der Kreise direkt gewählt werden. Jeder Bürger über 21 Jahre war stimmberechtigt, aber dem Familienoberhaupt wollte die Denkschrift eine Zusatzstimme für jedes nichtwahlberechtigte Kind verleihen. Das passive Wahlrecht war an ein Mindestalter von 27 Jahren zu binden. Politische Beamte und »Waffenträger« waren nicht wählbar. Die Urversammlungen in den Gemeinden und Kreisen würden dann die Landtage wählen und diese ihrerseits den Reichstag. Dabei war Vorsorge zu treffen, daß mindestens die Hälfte der Gewählten nicht einer der Wahlkörperschaften angehörte. Schließlich wählte der Landtag den Landeshauptmann und der Reichstag des Reichspräsidenten (Reichsverweser), beide mit einer Amtsdauer von 12 Jahren. Der Reichskanzler bildete selbst sein Kabinett, er war vom Präsidenten mit Zustimmung des Reichstages zu ernennen, der ihn mit qualifizierter Mehrheit stürzen konnte, vorausgesetzt, daß er einen Nachfolger vorschlug. Man wird trotz des Widerspruchs, der erhoben worden ist (Mommsen), darin einen der ersten Ansätze, wenn auch nicht innerhalb eines vollentwickelten parlamentarischen Systems, zum »konstruktiven Mißtrauensvotum« des Bonner Grundgesetzes zu erblicken haben.
Der Verfassungsplan sah ferner noch einen Reichsrat vor, zusammengesetzt aus den Landesverwesern, dem Präsidenten des Reichstags, den Vorsitzenden der Reichswirtschaftskammern und aus vom Reichsverweser – mit Zustimmung der Reichsregierung auf 8 Jahre – ernannten Mitgliedern. Dieses Oberhaus war als beratende Kammer gedacht, sollte aber auch Disziplinargerichtsbarkeit gegenüber den Reichs- und Landesregierungen haben.
Es erschien nötig, diese Vorschläge in den Grundzügen wiederzugeben, weil sie das Gemeinsame und das Gegensätzliche erkennen lassen, das mit und gegenüber den Plänen anderer Gruppen und insbesondere Goerdelers besteht, der systematischer, vollständiger und wohl auch rationaler seine Ideen niedergelegt hat. Von ihm herkommend, kann man wohl versucht sein, das Kreisauer Gedankengut als dunkel und romantisch anzusprechen. Auch mag man, und das gilt gleichfalls für Goerdeler, die Ausführbarkeit mancher Vorschläge bezweifeln. Aber dieses Bedenken oder die Kritik an einigen autoritären Zügen (wie der 12jährigen Amtsdauer) sollten nicht dazu führen, den im Kern höchst wirklichkeitsnahen und

durch die Entwicklung nach 1945 sehr wohl gerechtfertigten Imperativ, um den es hier geht, als »unpolitisch« oder »sozial-utopisch« oder als typisch deutsches Zurückbleiben hinter der »Modernität« der technisch-industriellen Gesellschaft zu disqualifizieren. Gewiß bedeutete die Zielvorstellung der »Integration«, die ein Kreisauer Leitwort war, eine »antipluralistische Grundhaltung«. Aber genauso wie die Entwürfe des in der Verwaltungspraxis geschulten Leipziger Oberbürgermeisters mit ihren moralischen Vor-Annahmen und ihrem optimistischen Glaubensgehalt nicht in das Schema realpolitischer Abschätzung sich fügen – es wird von Goerdelers Biographen daher durchaus auch das illusionäre Element in ihnen betont –, so erscheint es verfehlt, die in einer anderen weltanschaulichen Sicht, aber auch in »Erfahrung« wurzelnden Kreisauer Ideen als unausgegorenen Dilettantismus abzutun.[75] Gegenüber dem Glauben an die Unfehlbarkeit der Vernunft kam hier, viel weniger optimistisch, die Überzeugung von der Notwendigkeit »neuer Ordnungsgrundlagen« in einer von Dämonien verheerten und ihnen immer wieder ausgesetzten Welt zu Worte. In dieser Dimension reicht der Gegensatz in der Tat sehr tief; er ist durchaus ein Politikum, und er deckt sich gewiß nicht mit dem von Alten und Jungen und ganz gewiß nicht mit dem von Honoratioren und Aktivisten.

Der Austrag, den diese und andere Gegensätzlichkeiten fanden, ist daher von erheblichem Interesse. Es liegen dafür eine Reihe von Angaben und Hinweisen vor. Das wichtigste, auch quellenmäßig am besten gesicherte Zeugnis findet sich in einem Brief, in dem Dr. Gerstenmaier im Juli 1946 dem Sohn von Hassells eine Konferenz vom Dezember 1942 oder Januar 1943 beschreibt.[76] Er stellt ausdrücklich fest, daß »diese wochenlang vorbereitete große Aussprache eines der interessantesten Ereignisse in der Vorbereitung des Staatsstreichs« war. Weiterhin bemerkt er, daß der Unterschied »nicht eigentlich« der zwischen Jungen und Alten war, sondern einer zwischen der jüngeren Gruppe und Goerdeler, sowie daß die grundsätzliche Differenz in sozialen und wirtschaftlichen Fragen zum Ausdruck kam. Teilnehmer an der Zusammenkunft in der Wohnung von Yorck waren Beck, Goerdeler, Popitz, Hassell, Jessen sowie der Kern des Kreisauer Kreises. Trott referierte über die Kreisauer Sicht der Außenpolitik. Beck, so sagte der Bericht, hörte lediglich zu, während Popitz und Hassell (so wie von der anderen Seite der jüngere Schulenburg) sich als Vermittler betätigten. Moltke wurde »sehr polemisch«, und schließlich übernahm es Gerstenmaier, in Abwesenheit der aus »polizeilichen Gründen« verhinderten Haubach und Mierendorff sowie gereizt durch Goerdelers »pädagogisierende Verschleierung der Gegensätze«, die wirtschaftlichen und sozialen Ansichten des Kreisauer Kreises »scharf antithetisch« herauszustellen.

Dieses Zeugnis, soweit es quellenmäßig einwandfrei ist, bestätigt, was in ähnlicher Weise aus einem Vergleich der diesbezüglichen Programmteile hergeleitet werden kann. Grundsätzlich hatten die den Kreisauer Kreis hauptsächlich tragenden Mitglieder, wie so viele, die von den Jungkonservativen oder der Jugendbewegung der zwanziger Jahre herkamen, mit der bürgerlichen Denkweise mehr oder weniger entschieden gebrochen. Sie waren hinausgewachsen über die meisten der »liberalen« Glaubensartikel des neunzehnten Jahrhunderts wie auch über die sozialen und wirtschaftlichen Begriffe der Weimarer Republik. Insoweit befanden sie sich sicher in größerem Abstand von Goerdeler als von Popitz oder Hassell und standen zugleich doch auf eigenem Grund. Auf der anderen Seite ist jedoch nicht zu übersehen, daß die gemeinsamen christlichen Überzeugungen ein starkes Bindeglied gerade mit Goerdeler bildeten, auch war der frühere Bürgermeister von Königsberg nicht unvertraut mit der kritischen Beurteilung des Nationalstaates, die unter politischen Persönlichkeiten gerade im Osten so verbreitet war. Es galt für ihn nicht weniger als für Moltke, daß die Wiederherstellung der Würde des Menschen eine Frage »der Religion und der Erziehung, der organischen Verbundenheit mit Beruf und Familie, des rechten Verhältnisses zwischen Verantwortung und Anspruch« war. In der Tat, wenn man in die Einzelheiten des Vergleichs geht, so offenbart sich neben den Unterschieden ein erheblicher Bereich gemeinsamen Grundes. Das gilt, bei aller Entschiedenheit des Gegensatzes, selbst im Wirtschaftlichen und Sozialen, insofern als doch auch Goerdeler allen Nachdruck legte auf Einfluß und Verantwortlichkeit der arbeitenden Bevölkerung. Es ist durchaus möglich, daß der Kreisauer Kreis in den Jahren zwischen 1942 und 1944 zunehmenden Einfluß in dieser Richtung ausgeübt und mit seinen Gedanken die Goerdelers durchdrungen hat.

Weniger groß waren von Anfang an die mehr technisch-politischen Unterschiede. Der Kreisauer Kreis, und zwar einschließlich seiner sozialistischen Mitglieder, widersetzte sich nicht weniger als Goerdeler einem durchkonstruierten formal-demokratischen Aufbau und der französischen Begriffswelt von der »einen unteilbaren Nation« oder dem Dogma von der Volkssouveränität als abstraktem Prinzip. Auf der einen wie auf der anderen Seite war man vielmehr vom Wert einer wurzelhaften Demokratie (»democracy of the grass-roots«) und von der Notwendigkeit, von unten her aufzubauen, überzeugt. Tatsächlich ging Goerdeler entschieden weiter als die Kreisauer in der Anwendung der Methode direkter Volkswahlen; ebenso ging er weiter in der Frage der Dezentralisierung. Die Kreisauer hielten an einer starken Kompetenz der Reichsgewalt, insbesondere ihrer Finanzhoheit fest, während sie zugleich neue Länder schaffen wollten. Aber von solchen Differenzen abgesehen zeigen die verfassungspolitischen Teile von Goerdelers Programm keinerlei Tendenzen, die schlechthin im Gegensatz zu den Ideen des Kreisauer Kreises gestanden hätten oder eine Verbindung mit ihm ausschlossen. Leber, die stärkste Figur unter den Sozialisten, soll Goerdelers Programm nicht »konstruktiv genug« gefunden haben, glaubte aber doch, daß er als Minister des Inneren in Goerdelers Kabinett seine Ziele erreichen könne.[77] Und es ist immerhin bezeichnend, daß man unter den Eingeweihten im letzten Stadium der Verschwörung von einem Trio Leber-Goerdeler-Stauffenberg sprach.

Es liegt nach alledem wenig Grund vor, den Gegensatz zwischen revolutionären und restaurativen Tendenzen überscharf zu betonen oder über die Notwendigkeit eines Bruchs zu spekulieren. Gerade wer der Auffassung ist, daß die Unterschiede an Fundamentalfragen rühren, wird das Maß des Einverständnisses in einer Reihe von Fragen überraschend groß finden. Auch der Kreisauer Kreis zielte in seiner Weise auf »Restauration«, d. h. auf die Wiederherstellung »des Menschenbildes«. In dieser Umerziehung sahen Moltke und seine Freunde eine allererste Voraussetzung von Demokratie. Das war praktisch nicht so weit entfernt von Goerdelers »Demokratie der zehn Gebote«. Es findet sich zwar keine genaue Entsprechung zu dieser Formulierung, aber wenn Moltke in einem Brief an seine Frau vom 5.10.1941 schreibt[78], daß von der Aufrechterhaltung »der in den Zehn Geboten niedergelegten moralischen Grundsätze die Existenz eines jeden von uns abhängt«, so war das gewiß auch von der politischen Existenz gemeint. Eine weitere sehr offenbare Verwandtschaft lag in der Bemühung um konservative Gegengewichte, zum Beispiel durch Heraufsetzung des passiven Wahlalters oder durch Begrenzung der demagogischen Möglichkeiten, die soviel zum Aufstieg Hitlers beigetragen hatten. Die Kreisauer »revolutionäre« Energie richtete sich nicht auf »großartige Planungen« einer neuen Gesellschaftsordnung; sie war radikal im Verlangen, sich von einer materialistischen Vergangenheit loszusagen und diejenigen moralischen Kräfte wiederzubeleben, an die Goerdeler gleichermaßen glaubte. Ihr nächster und unmittelbarer Beitrag zur Widerstandsbewegung erscheint daher wie ein Gärungselement, das von innen eher als von außen arbeitete; das Gedankengut, für das sie eintraten, ging freilich darüber hinaus und sollte nicht deshalb unterschätzt oder als »mystisch« diskreditiert werden, weil es – im Entscheidenden immer noch Forderung ist.

Indessen gab es einen anderen Unterschied zwischen Goerdeler und den Kreisauern, den neben sonstigen Zeugnissen die Gräfin Moltke mit der Feststellung berührt, daß ihr Gatte und seine Freunde niemals mit Goer-

delers Aktionsplänen übereinstimmten und (bei aller Hochschätzung seiner Persönlichkeit) »nichts zu tun haben wollten mit seinen bedenklichen Methoden der Verschwörung«.[79] Es war das zunächst nicht ein weltanschaulich-religiös, sondern ein politisch-technisch motivierter Widerspruch, der sich gegen Mangel an Vorsicht, gegen Ministerlisten und ständiges Debattieren richtete. Aber es spielte dabei auch das »Gandhische Element« eine Rolle, das als eine gegensätzliche Position einer Klärung bedarf, wenn nicht eine sehr wesentliche Seite der deutschen Opposition mißdeutet werden soll. In Wahrheit war keinem der Hauptteilnehmer an der Verschwörung die quälende Frage ganz erspart geblieben, ob Gewalt erlaubt war oder überhaupt ein Heilmittel sein konnte. Niemand unter ihnen gehörte zu dem abenteuernden oder asozialen Typ, den Widerstand als solcher anzog. Und doch bejahten sie die Frage unter dem Antrieb jener kategorischen Forderung, wie sie am klarsten von Tresckow formuliert worden ist: Es komme darauf an, »daß die deutsche Widerstandsbewegung vor der Welt und vor der Geschichte unter Einsatz des Lebens den entscheidenden Wurf gewagt hat«. Es läßt sich nachweisen, daß aus dem Kreisauer Kreis Gerstenmaier diese Auffassung vom Blickpunkt des Geistlichen und seiner Verantwortung aufs genaueste teilte: Religiöser Widerstand war nicht genug. Zudem liefert sein vorhin erwähnter Brief[80] ein ausdrückliches Zeugnis für den Kreis im ganzen. Gerstenmaier bezeichnet nicht nur die Aussprache der älteren und der jüngeren Generation im Januar 1943 als »eines der interessantesten Ereignisse in der Vorbereitung des Staatsstreichs«, sondern endet auch mit der Feststellung, daß alle Teilnehmer, das heißt einschließlich Moltkes, sich über die Notwendigkeit einig waren, »möglichst schnell den Staatsstreich zu veranstalten«.
In der Tat nahmen Mitglieder des Kreisauer Kreises wie Yorck tätigen Anteil an den Vorbereitungen, und Gerstenmaier wurde am 20. Juli im Hauptquartier der Revolte von der Gestapo verhaftet. Die Annahme, daß Moltke, wäre er in Freiheit gewesen, sich an der Frage der Gewaltanwendung von den Freunden getrennt hätte oder sie an der Teilnahme zu hindern versucht haben würde, wird sich kaum halten lassen. Gerstenmaier insbesondere hat sich mit starken Gründen, noch über van Roon hinausgehend, gegen solche »Legendenbildung« gewandt.[81] In der Tat ist die Unterscheidungslinie zwischen Denken und Handeln, die bis zu einem gewissen Grade bestand, nicht von so grober Art. Wie Gräfin Moltke selbst in einem ihrer Kommentare betont hat, schloß auch der Kreisauer Kreis »die Anwendung von Gewalt« nicht aus. Ihre besondere Aufgabe sahen seine Mitglieder freilich im Ausfüllen des geistigen und politischen Leerraums, der nach ihrer Meinung auf den Krieg und den Zusammenbruch des Regimes folgen würde – einerlei, ob dieses seinen Weg bis zu Ende ging oder

gestürzt wurde. Daß dieser Standpunkt grundsätzlicher Art mit solcher Klarheit herauskam, war nach Moltkes eigener Ansicht ein Werk Gottes und nicht der Menschen.

Diese Deutung wird bestätigt durch die beiden sehr ungewöhnlichen Briefe, die Moltke am 10. Januar 1945 – in einem Augenblick, da die schon gefallenen Würfel »auf der Kante noch einmal halten« – aus dem Gefängnis in Tegel an seine Frau geschrieben hat: In einem dieser Briefe stellt er fast jubelnd fest, daß er sterben würde genau für das, wofür er wirklich verantwortlich sei, nicht für irgendwelche Handlungen und Verschwörungen, sondern für seine Gedanken. Er zollte dem politischen Scharfsinn Freislers, des brutalen Präsidenten des Volksgerichtshofs, Tribut, weil er ihn von aller politischen Tätigkeit und von der Goerdeler-Gruppe abgesondert habe. So ist dokumentiert, heißt es am Schluß des Briefes, »daß nicht Pläne, nicht Vorbereitungen, sondern der Geist als solcher verfolgt werden soll. Vivat Freisler!«

Selbst wer zu der Annahme neigt, daß diese Aussage in einem so späten Zeitpunkt, d. h. nach praktisch gefallener Entscheidung, noch einen defensiven Zweck verfolgen sollte, wird sich dem Eindruck eines echten Zeugnisses wie der »Wahrheit im Entscheidenden« (Gerstenmaier) nicht entziehen können, und Moltke selbst hat eine Deutung hinzugefügt, deren Gewicht jeder empfängliche Leser spüren wird. In einem zweiten Brief vom gleichen Tag pries er Gott, der »sein unwürdiges Gefäß« so wunderbar bereitet habe: »... in dem Augenblick, in dem Gefahr bestand, daß ich in aktive Putschvorbereitungen hineingezogen wurde – Stauffenberg kam am Abend des 19ten [Januar 1944] zu Peter [Yorck] –, wurde ich rausgenommen, damit ich frei von jedem Zusammenhang mit der Gewaltanwendung bin und bleibe.« Er fügte hinzu: »... Dann hat er in mich jenen sozialistischen Zug gepflanzt, der mich als Großgrundbesitzer von allem Verdacht einer Interessenvertretung befreit.« Alles bekomme nachträglich einen Sinn. So war es insbesondere in seinen Augen eine höhere Fügung, die ihn durch seine Verhaftung ein halbes Jahr vor dem Attentat »rausgenommen« hatte. Da gab es nichts in dem Prozeß, wie Moltke schrieb, von »komplizierter Mensch« oder »komplizierte Gedanken« oder »Ideologie«, sondern: »Das Feigenblatt ist ab.« Noch einmal pries er die gnädige Fügung Gottes, der ihn von allen Klasseninteressen und allen patriotischen Motiven abgeschieden habe, so daß er Zeugnis für die tiefste Kraft des Widerstandes ablegen könne. Er habe vor Freisler gestanden, so heißt es in einem andern schwerwiegenden Satz: »nicht als Protestant, nicht als Großgrundbesitzer, nicht als Adliger, nicht als Preuße, nicht als Deutscher ... sondern als Christ und als gar nichts anderes. Das Feigenblatt ist ab.«

Neben dieser vertieften Deutung des Anteils, den der Kreisauer Kreis und sein Hauptvertreter an den Ereignissen hatten, bleibt noch eine geringfügige und rein tatsächliche Frage zu erörtern. Haben nicht diejenigen, die der Tat selbst ferner standen, indirekt die Verschwörer unter Druck gesetzt und so die Ausführung des Attentats mit – und vielleicht sogar überstürzt – veranlaßt? Moltke wurde im Januar 1944 verhaftet, weil er an Generalkonsul Kiep die Warnung hatte gelangen lassen, daß die Gestapo ihn suche. Am 22. Juni nahmen dann Leber und Reichwein – nach erfolgter Zustimmung Stauffenbergs – Fühlung auf mit den früher schon genannten Kommunisten Anton Saefkow und Franz Jacob. Dieser Versuch, die Front zu erweitern oder sich gegen einen Rückenstoß im Fall der Erhebung zu sichern, blieb nicht ohne schwerwiegende Folgen. Man kann dabei die Frage durchaus offenlassen, ob bei dem Gespräch ein Spitzel anwesend war oder ob die Infiltrierung auf andere Weise geschah. Jedenfalls führte der Kontakt einige Tage danach zur Verhaftung von Reichwein und Leber, übrigens wenig später auch zu der der beteiligten Kommunisten.[82] Es ist die Meinung geäußert worden, daß angesichts dieser Tatsache Stauffenberg schlechterdings und auf alle Fälle handeln mußte, um die Freunde zu retten und die volle Enthüllung des Komplotts zu verhindern.[83] Wenn man sich jedoch daran erinnert, daß das Attentat seit Februar 1943 und von Stauffenberg selbst schon in zwei Ansätzen versucht worden war, so scheint dieser These nicht allzu große Bedeutung zuzukommen.

Aber die Fühlungnahme mit den Kommunisten gibt Anlaß zu einer sehr viel wichtigeren Frage. Kann man in diesem Vorgang den Beleg für eine grundsätzlich »östliche« Orientierung des Kreisauer Kreises (und Stauffenbergs) gegenüber der »westlichen« Orientierung Goerdelers und seiner Freunde erblicken? Hat, wie Gisevius seine Leser zu überzeugen versuchte, ein »militanter Sozialismus« der Jüngeren (Lebers und Schulenburgs vor allem) oder hat Stauffenbergs »militaristischer« Einfluß den zur Katastrophe treibenden Strom in das Bett eines nationalen Bolschewismus ableiten wollen? War er ein »Superpreuße«, »Soldat durch und durch«, dem die »Rettung des Vaterlandes« und die »Rettung der Wehrmacht« gleichbedeutend waren?[84] Die Antwort muß sein, daß diese Deutung aufs entschiedenste fehlgeht und daß es schwerfallen dürfte, ein tieferes Mißverstehen gegenüber dem vornehmlichen Motiv zu zeigen, das Stauffenberg mit den Männern von Kreisau gemein hatte, nämlich gegenüber seiner grundsätzlichen Ablehnung jedes totalitären Systems, was immer dessen politische oder soziale Farbe sein mochte. Es wird weiter zu sagen sein, daß diese Fehldeutung nicht nur eine des Memoirenschreibers ist, wobei der Hintergrund von Ressentiments und Überkompensation deutlich genug ist, sondern daß sie für den amerikanischen Nachrichtendienst auf dem Wege über die Mitteilungen an A. W. Dulles den Eindruck erweckte[85], daß der Attentäter vom 20. Juli mit der Idee einer »Revolution der Arbeiter, Bauern und Soldaten« spiele, daß er auf ein kommunistisches Deutschland hoffe, organisiert nach dem russischen Vorbild und unterstützt von der Roten Armee. Im Gegensatz dazu mag hier die vorläufige Feststellung gemacht werden, daß Stauffenberg eher in einer universalen Perspektive als in einer militärischen oder nationalistischen lebte. Sein Denken und Planen galt der Befreiung aller Völker, die unter tyrannischer Herrschaft litten, und sicherlich nicht einer Ersetzung der Hitlerischen Diktatur durch die Stalins.[86]

Von den Kreisauern läßt sich generell das gleiche sagen. Es liegen für ihre außenpolitischen Vorstellungen jetzt ausdrückliche Zeugnisse vor. Es mag einstweilen genügen zu betonen, daß sie zwar das russische Volk und die russische Kultur liebten, aber »das russische Regime war allen verhaßt«.[87]

Eine nähere Erörterung des wichtigen Ost-West-Problems wird im nächsten Abschnitt zu geben sein, der mit der deutschen Opposition als einem Teil des großen Völkerringens zu tun hat. Das Bild würde unvollständig sein ohne eine Untersuchung der außenpolitischen Zusammenhänge; ja, der Versuch eines zusammenfassenden Urteils wird zum Teil davon abhängen müssen, ob und inwieweit die deutschen oppositionellen Elemente sich um Wiederherstellung des Friedens bemühten, in welche Richtung ihre Gedanken über die Zukunft Europas gingen und was die Haltung der Alliierten ihnen gegenüber war.

Die Opposition und die Alliierten

1. Außenpolitik des Widerstands

Es könnte naheliegen, im Anschluß an das vorhergehende Kapitel, das sich mit der Stellungnahme oppositioneller Kreise zu Fragen der inneren Neuordnung befaßte, und insbesondere an das zuletzt über Kreisau Gesagte, zunächst ein Bild von den außenpolitischen Vorstellungen und Konzeptionen des deutschen Widerstandes zu entwerfen. Es würde sich dabei eine Entwicklungslinie aufzeigen lassen, die der in der Innenpolitik nicht unähnlich ist, indem sie einen steigenden Einfluß der Kreisauer bzw. eine Annäherung zwischen den Positionen der verschiedenen Gruppen belegt. Die Möglichkeit zu einer solchen Betrachtung ergibt sich daraus, daß die Quellengrundlage dafür sich in sehr erwünschter Weise verbreitert hat und daß neuere Interpretationen vorliegen, die auf das mehr Grundsätzliche der außenpolitischen Stellungnahme eingehen.[1]
Gleichwohl soll in diesem Abschnitt (der in früheren Auflagen etwas enger mit »Friedensfühler« überschrieben war), nicht so sehr von Gedanken als von Aktionen ausgegangen werden, das heißt von den verschiedenen Versuchen, mit den Kriegsgegnern im Westen Beziehungen aufzunehmen. Die Erörterung der dabei verfolgten Ziele und der etwa erreichten – oder nicht erreichbaren – Resultate wird dann von selbst auf das zugrunde liegende außenpolitische Gedankengut, seine Entwicklung wie auch auf die Haltung der Alliierten führen, die aus dem ganzen Fragenbereich nicht wegzudenken ist, ohne daß auf die Einzelheiten der rein diplomatischen Geschichte eingegangen zu werden braucht.
Die symptomatisch bedeutsamen Anknüpfungsversuche, die in der Krise vom Herbst 1938 spielten, sind schon erörtert worden. Sie zielten primär auf eine Verhinderung des Krieges und waren von der Hoffnung getragen, daß mit einer entschlossenen Haltung Englands nicht nur dieses Ziel erreicht werden könnte, sondern zugleich die Möglichkeit für den Sturz des Regimes sich ergeben würde. Man kann durchaus argumentieren, daß unter den Voraussetzungen der bis dahin verfolgten Appeasementpolitik Chamberlains und auf die bloße Zusage eines Bündnisses mit der

deutschen Opposition hin das, was die deutschen Emissäre von der britischen Politik erwarteten, für diese unzumutbar war. Sollte die diplomatische Hilfeleistung Londons für einen Generalsputsch nicht nur die Ergebnisse der Hitlerschen Revisionspolitik retten? Und konnte der Charakter der Alternativregierung dazu verlocken, auf den deutschen Widerstand zu setzen, möglicherweise mit dem Risiko, selbst in einen Krieg hineingezogen zu werden?[2] Bei solchen Überlegungen wird leicht übersehen, daß schon bei den Verhandlungen in Godesberg England ja in der Tat unmittelbar vor dem Entschluß zur Übernahme dieses Risikos stand, erst recht dann seit dem Marsch nach Prag. Auch die oft allzu vorbehaltlose Verurteilung der Appeasementpolitik – die neben Schwächen auch durchaus positive Züge hatte[3] – führt zu gradlinig zu der Annahme, die deutsche Opposition habe nur selbst deren Früchte ernten wollen, statt daß sie Hitler in den Schoß fielen. Für Chamberlain jedenfalls ist wichtiger die Erwägung gewesen, die in dem Urteil über die Mission Kleists, sie erinnere ihn an die Jakobiten in der Zeit Wilhelms III., zum Ausdruck kommt: Hitler war der »legitim mit der Staatsführung Betraute, während seine Widersacher – wie die Repräsentanten der verhaßten Stuartautokratie 250 Jahre vorher – als ... antichambrierende Usurpatoren kein Vertrauen verdienten« (Wendt).

Wie immer diese Phase sich im rückblickenden Urteil darstellt, eines ist sicher: Man war in London über die Tatsache eines innerdeutschen Widerstands von Offizieren und Beamten – übrigens durch die »Grünen Berichte« auch über das Ausmaß sozialistischer und kommunistischer Untergrundbewegung – wohl unterrichtet. Der Oppositionsführer Winston Churchill gab von dieser Kenntnis sogar öffentlich Kunde. In einer seiner Brandreden hatte Hitler behauptet, wenn der Leiter der britischen Konservativen und seine Freunde an der Macht wären, so würden sie unmittelbar auf den Krieg mit Deutschland hinarbeiten. Churchill erwiderte in einer Rundfunkansprache vom 17. Oktober 1938[4], das Gegenteil sei wahr. Falls er selbst oder Anthony Eden oder Duff Cooper Premierminister wären, so würden sie ein kraftvolles Sicherheitssystem aufgebaut haben, um den deutschen Diktator vom Kriege abzuschrecken. Und er fügte hinzu: »Dies würde sowohl allen friedliebenden und gemäßigten Kräften in Deutschland wie auch den Führern der deutschen Armee Gelegenheit geboten haben, eine große Anstrengung zur Wiederherstellung von einigermaßen gesunden und zivilisierten Bedingungen in ihrem eigenen Lande zu unternehmen.«

Churchill gab damit in kaum zu rechtfertigender Weise eine Kenntnis preis, die auf sehr vertraulichen Mitteilungen, in diesem Fall insbesondere auf den von Kleist empfangenen, beruhte. Wiederholt hat die deut-

sche Opposition vor solchen Indiskretionen – auch wohlmeinendster Art – warnen müssen.[5] Hitler ließ sich naturgemäß eine solche Anspielung auf innerdeutsche oppositionelle Kreise nicht entgehen, und Churchill mußte in einer Erklärung an die Presse vom 7. November den Zorn des aufgebrachten Diktators zu beschwichtigen suchen. Es war in diesem Zusammenhang absichtsvoller Art, daß er die oft zitierte Feststellung machte:[6] »Ich habe immer gesagt, daß ich hoffen würde, wir möchten im Fall einer britischen Niederlage in einem Krieg einen Hitler finden, um uns zu unserer rechtmäßigen Stellung unter den Nationen zurückzuführen. Ich sehe freilich mit Bedauern, daß seine großen Erfolge ihn nicht staatsmännisch gereift haben.« Dies waren nicht gerade Worte im Sinne der deutschen Opposition, die Hitler wahrlich mehr vorwarf als mangelnde »Reife«; aber offenbar wünschte Churchill seine Indiskretion gutzumachen und dem Führer seinen Argwohn auszureden. So fuhr er fort: »Herr Hitler hat unnötige Empfindlichkeit gezeigt über die Andeutung, es möchten in Deutschland noch andere Meinungen vorhanden sein als seine eigene. In der Tat wäre es erstaunlich, wenn sich unter 80 Millionen, die so stark in Ursprung, Glauben, Interessen und Lebensbedingungen voneinander abweichen, nur eine Form des Denkens fände. Es würde unnatürlich sein, und es ist unglaubhaft.«
Man kann nicht sagen, daß man es deutscherseits an Bemühungen hat fehlen lassen, die Absicht zu bestärken, daß es in der Tat bei den Bürgern des Dritten Reiches mehr als »nur eine Form des Denkens« gäbe. Es ist hier insbesondere an die Auslandsreisen Goerdelers in den Jahren 1937/38 zu erinnern, die es in dieser Richtung an energischer Aufklärung gewiß nicht fehlen ließ, wenngleich seine damaligen außenpolitischen Vorstellungen, die etwa in der Linie Stresemanns sich bewegten, kaum auf ein sympathisches Echo rechnen durften. Eher könnte das von dem »Weltfriedensprogramm« gelten, das er im Dezember 1938 seinen ausländischen Freunden übersandte.[7] Er regte darin eine »Völkerordnung« an, die aber nicht – wie die Genfer Institution – Nationen unterschiedslos zusammenschließen sollte, sondern nur diejenigen, die im Festhalten an einer »liberalen Gesellschafts- und Rechtsordnung« miteinander übereinstimmen. Es sei daher auf einer Vorkonferenz zu entscheiden, wer sich einem solchen Programm anzuschließen und eine entsprechende innere Ordnung herzustellen bereit sei. Als Aufgaben der Vorkonferenz bezeichnete die Denkschrift die Beschäftigung unter anderem mit der Stabilisierung der Währungen, der Ausarbeitung einer allgemein anerkannten internationalen »Sittenordnung« und mit schrittweisem Rüstungsabbau. Der Schlußsatz des Programms lautete: »Wer sich der Zusammenarbeit auf dieser Grundlage entzieht, will Krieg und ist Friedensbrecher.« Man mag darin das

Angebot einer liberal-demokratischen Front gegen eine totalitäre Front im internationalen Bereich erblicken. – Im Mai des nächsten Jahres (1939) fuhr Goerdeler noch einmal nach England und Frankreich. Auch er hatte eine Unterredung mit Churchill und wahrscheinlich mit Vansittart.[8] Ebenso wurde Schlabrendorff von Lord Lloyd und Churchill empfangen,[9] und Pechel bezeugt, dreimal im Frühjahr 1939 in London gewesen zu sein. Von der Mission Trotts im Sommer und von der Tätigkeit der Brüder Kordt kurz vor dem Russenpakt war früher schon die Rede.

Mit Kriegsausbruch wurden die Möglichkeiten für solche Kontakte naturgemäß beschränkter, und ihr Sinn mußte sich ändern. Weizsäcker sorgte dafür, daß Theo Kordt der Gesandtschaft in Bern zugeteilt wurde, um von dort die Fühlung nach London aufrechtzuerhalten. Es kam der deutschen Opposition entscheidend darauf an zu verhindern, daß mit dem Beginn der Feindseligkeiten und ihrer Ausbreitung der Unterschied zwischen deutscher Regierung und deutschem Volk sich verwische und das Programm eines Straffriedens etwa jene »monolithische« Geschlossenheit herstelle, von der Goebbels immer sprach. Der Verbindungsmann in Bern war Ph. Conwell-Evans,[10] der schon vor dem Krieg in freundschaftlichen Beziehungen zu den beiden Brüdern Kordt gestanden und als Vermittler zu Vansittart gedient hatte. Er übergab Ende Oktober eine Aufzeichnung, die wichtige Passagen aus der Unterhausrede Chamberlains vom 12. Oktober enthielt. In ihr hatte der Premierminister sich zum Ziel eines gerechten Friedens bekannt und jeden »vindictive purpose« des englischen Kriegsentschlusses bestritten. Die Aufzeichnung wurde auf Grund eines heute geklärten Mißverständnisses von Theo Kordt als eine Zusage direkter Art an die Opposition aufgefaßt und in diesem Sinne zur Ermutigung an Oster und Beck weitergegeben.[11]

Das führt in die Phase der Erhebungspläne zwischen Polen- und Frankreich-Feldzug, die im Abschnitt über den militärischen Sektor schon behandelt worden sind. Wie angedeutet, ging es bei den damit verbundenen außenpolitischen Fühlungnahmen einmal wieder um die Zusicherung eines maßvollen Friedens für eine nachhitlerische Regierung und dann eines Stillhaltens an der Front, also darum, daß der Schwächemoment eines militärischen Putsches nicht von den Gegnern im Westen ausgenutzt werde. Mehrere Aktionen liefen in dieser Richtung. Goerdeler hat über Stockholm und über den belgischen König sondiert. Weiter schien ein Kanal zu führen, den der ehemalige Reichskanzler Joseph Wirth von der Schweiz aus nach England eröffnete. Es soll in der Tat »eine Art von Angebot« englischerseits erfolgt sein, das über den früheren Reichswehrminister Geßler weitergeleitet wurde, aber die deutschen militärischen Stellen nicht erreichte.[12] Die Hauptaktion aber lief über den Vatikan und

den dortigen englischen Gesandten, Osborne. Ihr Träger war der Münchener Anwalt Dr. Joseph Müller, der zum Kreis der Abwehr gehörte und zugleich als Abgesandter des Kardinals Faulhaber, des Erzbischofs von München, tätig war.
Die Einzelheiten dieser Verhandlungen, die mit den militärischen Putschplänen jener Phase (der »zweiten Runde«) eng gekoppelt waren, die zahlreichen Reisen Müllers über die Alpen, die Gefährdungen und die Erfolge, sind über alle bisherige Kenntnis hinaus durch die Forschungen von H. C. Deutsch aufgeklärt worden.[13] Die Aktion hat ihre besondere Bedeutung darin, daß eine so wichtige Figur wie Pius XII. Verständnis für die an ihn herangetragenen Wünsche der Opposition zeigte und bereit war, für einen »günstigen Frieden« in London einzutreten, vorausgesetzt, daß »kein Angriff im Westen erfolge und Hitler von der Regierung entfernt werde«. In eingehender Untersuchung weist der amerikanische Historiker nach, daß der umstrittene »X-Bericht«, der über Dohnanyi die Militärs erreichte, nicht manipuliert war, um als »Stimulans« zu wirken, sondern im Kern auf Notizen beruhte, die der in der ganzen Verhandlung sehr tätige Sekretär, Pater Robert Leiber, auf Grund päpstlichen Diktats als eine Skizze der Londoner Antwort niedergeschrieben hatte. Zum ersten Male war von englischer Seite eine Bereitschaft zu direkter Zusammenarbeit mit der Opposition bekundet worden (1. Februar 1940). – Als sehr viel weniger aussichtsreich mußte von vornherein der Kontakt gelten, der sich für Hassell im gleichen Monat eröffnete.[14] Er traf sich am 22./23. Februar 1940 in Arosa (und noch einmal am 15. April) mit einem Amateur-Diplomaten, dem Engländer Lonsdale Bryans, der auf Grund lockerer Beziehungen zu Hassells italienischem Schwiegersohn sich dem englischen Außenminister, Lord Halifax, zu einer solchen Mission angeboten hatte. Hassell betonte in der ersten Unterredung, daß der Umsturz eine Angelegenheit der Deutschen sein müsse, und konzentrierte sich seinerseits auf ein Friedensprogramm, das er handschriftlich zur Weitergabe an Halifax niederlegte und das dieser als durchaus »nationalistisch« einschätzen mußte. Es sah neben allgemeinen Grundsätzen friedlicher Rekonstruktionen (bei Wiederherstellung Polens und der Tschechei) in territorialen Fragen den Verbleib Österreichs und des Sudetenlandes beim Reich und die deutsch-polnische Grenze etwa in der Gestalt von 1914 vor. »I begin to wonder«, soll Halifax zu Bryans gesagt haben, »whether there are any good Germans.« Jedenfalls fand der englische Vermittler im Foreign Office keinerlei Gehör mehr, und es wurde ihm nur erlaubt, sich noch einmal mit Hassell zwecks Abbruch der Beziehungen zu treffen. Dieser war auch sonst in seinen Bemühungen nicht gerade erfolgreich. Im ersten Kriegsjahr stand er in enger Berührung mit dem amerikanischen Geschäftsträger in Berlin, Alexander

Kirk. Als im Februar 1940 der Unterstaatssekretär im State Department, Sumner Welles, nach Berlin kam, suchte Hassell Kirk zu veranlassen, den Abgesandten Roosevelts mit anderen als nur »offiziellen Leuten zusammenzubringen«.[15] Er schlug Popitz und Planck vor. Aber abgesehen von einer Unterredung Sumner Welles' mit Schacht kam es zu keiner Fühlungnahme mit der Opposition. So hatte der amerikanische Besuch eine unbeabsichtigte Pro-Nazi-Wirkung. Sehr zur Enttäuschung der Opposition schien er das Ansehen Hitlers als eines möglichen Partners in Friedensverhandlungen zu erhöhen. Vergebens hatte Goerdeler angeregt, daß Sumner Welles von Rom nicht gleich nach Berlin, sondern erst nach Paris und London gehen möge. Dort werde er so »aufgeklärt« werden, daß er auf die letzte Station seiner Reise verzichte.
Dies sind nur einige Streiflichter, die das Verhältnis der Opposition zu den westlichen Alliierten in diesem Zeitpunkt beleuchten. Weitere Berührungspunkte im neutralen Ausland boten sich in Spanien[16], Portugal und der Türkei. Unter denen, die mit Hassell in der Benutzung solcher Kanäle zusammenarbeiteten, mag auch Albrecht Haushofer, der Sohn des Geopolitikers, genannt werden, der nach schwerem inneren Kampf zum entschiedenen Gegner des Regimes geworden war.[17] Daß ihn nicht nur die verhängnisvolle Außenpolitik dazu bestimmte oder daß er jedenfalls über diese ressortmäßige Opposition hinauswuchs, bezeugen die »Moabiter Sonette«, die zu den eindrucksvollsten moralisch-religiösen Dokumenten des deutschen Widerstands gehören.
Schließlich ist auch hier noch einmal der Tätigkeit Goerdelers zu gedenken, der in Denkschriften für das Ausland ebenso unermüdlich war wie in den Entwürfen innerpolitischer und wirtschaftlicher Art. Seine Hauptverbindung lief durch den Krieg hin über die schwedischen Bankiers Wallenberg.[18] Der Schwerpunkt seiner Bemühungen lag zwischen November 1942 und November 1943. Wieder galt es in erster Linie, sich der Haltung der Alliierten für den Fall des Aufstandes und der Einsetzung einer nichtnationalsozialistischen Regierung zu versichern. J. Wallenberg hat Goerdeler im November 1942 einmal gesagt, man solle doch den Staatsstreich wagen auch ohne britische Zusage eines gemäßigten Friedens. Aber diese Vorabsicherung war nicht das einzige Ziel. Im Mai 1943 setzte Goerdeler wohl persönlich den Freunden in Stockholm auseinander und faßte in einer Denkschrift zusammen, was ihm für Deutschland an territorialen Bedingungen zumutbar bzw. erreichbar erschien, wobei er hinsichtlich der deutsch-polnischen Grenze von 1919 nicht mehr so optimistische Vorstellungen einer Revision hatte wie Hassell. Zugleich aber betonte er die Bereitschaft zur vollen Wiedergutmachung geschehenen Unrechts und skizzierte zum erstenmal Pläne für eine europäische Gemeinschaft, auf

die noch zurückzukommen ist. Andererseits darf nicht unerwähnt bleiben, daß er kurz vorher in seiner Denkschrift für die Generalität, in der er die Notwendigkeit eines Staatsstreichs begründete (26. März 1943), noch recht expansive außenpolitische Ziele – Grenzen des Reichs von 1914, erweitert um Österreich und Sudetenland, führende Stellung Deutschlands auf dem Kontinent, Sprachgrenze im Westen, Wiedergewinnung Südtirols – als erreichbar bezeichnet hatte.[19]

Solche – auch nur theoretischen und in Abstellung auf die Adressaten stark taktisch gemeinten – Erwägungen nationalhegemonialer Art anzustellen, kam für Moltke längst nicht mehr in Betracht. Er und seine Freunde hatten schon frühzeitig Konzeptionen einer auf Gleichberechtigung und Föderation begründeten europäischen Zukunft entwickelt. In der bedeutsamen Denkschrift »Ausgangslage, Ziele und Aufgaben vom 24.4.1941«[20] – also noch vor dem Angriff auf die Sowjetunion – setzte Moltke die Niederlage Deutschlands als sicher – und auch als notwendig – voraus. Ein Waffenstillstand würde keinen Frieden bedeuten, als dessen Ziel der außenpolitische Teil der Denkschrift unter anderem forderte: »... eine einheitliche europäische Souveränität von Portugal bis zu einem möglichst weit nach Osten vorgeschobenen Punkt, bei Aufteilung des ganzen Festlandes in kleinere nicht-souveräne Staatsgebilde, die unter sich Verflechtungen politischer Art haben. Einheitlich sind mindestens: Zollgrenzen, Währung, Auswärtige Angelegenheiten einschließlich Wehrmacht, Verfassungsgesetzgebung, möglichst außerdem Wirtschaftsverwaltung.«

Für Goerdeler hingegen ging es (wie für Hassell und Beck) in den außenpolitischen Kontaktversuchen um zunächst konventionellere Ziele, daneben aber wieder um die Erleichterung des »Absprungs«. Da Goerdeler für September 1943 den Losbruch im Innern erwartete, bat er einige Wochen später, wieder durch J. Wallenberg, die britische Luftwaffe möge bis Mitte Oktober Berlin, Leipzig und Stuttgart verschonen, »da die oppositionelle Bewegung ihre Zentren dort habe und die Unterbrechung von Verbindungen den Putsch erschweren würde«. Auch dies wurde an die britischen Stellen weitergeleitet, blieb aber ohne Resonanz, und zu direktem Kontakt mit dem Westen kam es bei keinem der Goerdelerschen Vorstöße.

Hingegen sind einige Versuche der Kontaktaufnahme in klaren Umrissen erkennbar und gewähren auch einen Einblick in die Haltung der Gegenseite und ihre Motive.

Einer der frühesten direkten Schritte ist mit dem Namen des Cecil-Rhodes-Stipendiaten von Trott zu Solz verknüpft, den wir schon aus früherer oppositioneller Tätigkeit und als Mitglied des Kreisauer Kreises kennenlernten.[21] Er war der Sohn eines preußischen Kultusministers sowie der Enkel von Schweinitz', des Botschafters in Bismarckscher Zeit, und einer amerikanischen Großmutter, die ihrerseits eine Enkelin John Jays war, des ersten Chief Justice des Obersten amerikanischen Bundesgerichts. Somit hatte Trott wie Moltke einen teilweise angelsächsischen Familienzusammenhang. Ebenso bildete er, wie Moltke, ein Verbindungsglied zwischen den aristokratischen und den sozialistischen Gruppen der Opposition, er war ein naher Freund von Kleist-Schmenzin, von Leuschner und später von Leber. Hegels Staatsphilosophie und ihr Verhältnis zum internationalen Recht beschäftigten ihn ebenso intensiv wie die Marxsche Gesellschaftslehre. Für einige Zeit weilte Trott in China, um über Probleme des Fernen Ostens zu arbeiten; er kam dadurch in nahe Beziehung zu amerikanischen Kreisen. Dann trat er in das Auswärtige Amt mit der klaren Absicht ein, diese Stellung als Deckmantel seiner oppositionellen Tätigkeit zu nutzen. Wie erwähnt, war Trott im Sommer 1939 in London gewesen.[22] Er nahm damals an den Bemühungen teil, englische Stellen über den deutschen Widerstand zu unterrichten und bei ihnen für eine moralische Bundesgenossenschaft zu werben. Seine Eröffnungen wurden von Chamberlain, wie er fand, »eisig« aufgenommen. Und seine damalige Mission als die eines angeblichen »appeasers« wie auch dann sein Entschluß, in das Auswärtige Amt in Berlin einzutreten, haben zu jenem Mißtrauen auch einiger bisher ihm nahestehender Oxforder Freunde beigetragen, das seine weiteren Bemühungen sehr behindern sollte. Aber mit anderen einflußreichen Engländern blieb er in Verbindung, so mit Sir Stafford Cripps und mit Lord Lothian, der Vorsitzender des Cecil-Rhodes-Komitees gewesen war. Trotz der Blockade gelang es Trott, im Oktober 1939 die Vereinigten Staaten zu erreichen. Der erklärte Zweck der Reise war die Teilnahme an einer Konferenz des American Institute of Pacific Relations. Daß das Auswärtige Amt (Weizsäcker?) ihn – im Kriege – als Sachverständigen für ostasiatische Fragen nach den USA sandte, diente indessen offenbar nur der Tarnung einer sehr anderen Mission. Seine wirkliche Absicht hat Trott in einem Gespräch mit dem Herausgeber der Washington Post, Felix Morley, dahin erläutert,[23] es gelte, in Amerika eine »empfängliche Haltung gegenüber dem großen Umschwung vorzubereiten, der nach seiner Meinung in Deutschland bevorstehe ...« »Die Hauptaufgabe ist, dafür zu sorgen, daß nicht das Programm eines Vernichtungskrieges alle diejenigen Elemente zum Anschluß an die Nationalsozialisten zwingt, die begonnen haben, sich zum Sturz Hitlers zusammenzufinden.« So sah er es als sein Ziel, der immer stärker sich durchsetzenden Gleichsetzung zwischen Deutschland und dem Nazi-Regime vorzubauen und damit den Weg für einen rechtzeitigen Frieden der Vernunft zu eröffnen.

Zur Vorbereitung seiner Aktion hatte Trott eine Reihe von Unterredungen mit deutschen Emigranten, mit Kurt Riezler, mit Hans Simon, auch mit Brüning und vor allem mit dem früheren Chefredakteur des »Berliner Tageblatts«, Paul Scheffer. Dieser legte die gemeinsamen Überlegungen in einer Denkschrift nieder, zu der Trott einige Schlußgedanken hinzufügte. Das Memorandum gelangte außer an Lord Lothian, der jetzt Botschafter in Washington war, an das State Department, zunächst an den Assistant Secretary G. S. Messersmith. Von ihm wurde es weitergereicht an den Unterstaatssekretär Sumner Welles und an den Staatssekretär Cordell Hull. Aller Wahrscheinlichkeit nach gelangte es auch in das Weiße Haus.

Nachdem es möglich gewesen ist, die einschlägigen Akten des State Department zu benutzen, läßt sich über den Inhalt der Denkschrift und über den Verlauf der Aktion Genaueres sagen. Was zunächst den Inhalt betrifft, so entspricht er im allgemeinen dem, was Morley festgehalten hat. Es ging um moralische Ermutigung und Stärkung der Opposition. Dem dienten in kritischer Auseinandersetzung mit Versailles die Erörterungen über ein vernünftiges Friedensprogramm, für das ein nachhitlerisches Deutschland bestimmte Opfer zu bringen und bestimmte Garantien zu leisten habe, für das aber auch die Alliierten bestimmte Maximalforderungen festlegen sollten, die insbesondere keine Abstriche vom Territorialbestand von 1933 vorsahen. Insoweit befürwortete die Denkschrift eine ausdrückliche Absage an den Vernichtungskrieg und eine frühzeitige Proklamierung maßvoller alliierter Friedensziele.

Diese kurze Charakterisierung mag zunächst genügen. Wie war die Reaktion? Es bestand von vornherein Mißtrauen gegen die Person Trotts aus Gründen, die schon angedeutet wurden. Tatsächlich wurde er als Nazi-Agent verdächtigt und vom Geheimdienst überwacht.[24] Gleichwohl erklärte sich Messersmith (mit mitteleuropäischen Angelegenheiten seit seiner Zeit an der Wiener Botschaft vertraut) bereit, Trott zu empfangen, der zwei Unterredungen mit ihm hatte. Der persönliche Eindruck, den er machte, zerstreute zwar die Zweifel an seiner »honesty«. Aber es mußte dem amerikanischen Politiker auffallen, daß Trott im ersten Gespräch von dem Wunsch nach der erwähnten Proklamierung für den gegenwärtigen Zeitpunkt abrückte. Offenbar lag ihm daran, sich gegen den Verdacht zu decken, daß es ihm um ein neues München gehe; vor allem aber betonte er mit aller Schärfe, das Schlimmste was passieren könnte für Deutschland wie die Welt, sei ein vorzeitiger Friedensschluß mit der gegenwärtigen oder einer ähnlichen deutschen Regierung. Dies war ein entscheidender Vorbehalt,[25] der das konstruktive Programm unmißverständlich mit dem Umsturz in Deutschland verknüpfte. Von den Vereinigten Staaten erbat die Denkschrift nicht eine formelle Vermittlung, wohl aber den Einsatz ihrer Autorität für einen gerechten und dauerhaften Frieden und eine »Gedankenrichtung aufbauender Art«. Das Gemeinte wird deutlicher in den Schlußabschnitten, die Trott hinzugefügt hat. Sie warben unmißverständlich um ein Bündnis mit den »constructive elements« selbst der Länder, die gegenwärtig als Störer des Friedens galten, sowie um eine Ordnung, die nicht auf Propagandaformeln, sondern auf den tatsächlichen Bedingungen des Völkerlebens beruhte und Krieg zwischen den westlichen Nationen unmöglich machen würde. Es ist die betonte Einsicht in die tiefe Veränderung der sozialen Wirklichkeit und in die solidarische Verantwortung der westlichen Welt, die Trotts zweiter internationaler Aktion etwas Vorausweisendes gibt.

Das Ergebnis dieses Appells, der, wie man sich erinnern muß, zu einer Zeit erfolgte, da die Feindseligkeiten im Westen noch nicht ernsthaft begonnen hatten und der Hitler-Stalin-Pakt noch in Kraft stand, war dürftig. Messersmith kam von der Erwägung nicht los, daß, wer unter den gegebenen Umständen Deutschland verlassen und dahin zurückkehren könne, kein ganz »freier Agent« sei. Während er bei der ersten Unterredung nur von Zweifel erfüllt war, ob Leute, die vorgaben, für »konservative Elemente« in Deutschland zu sprechen, nicht viel mehr für die gegenwärtige deutsche Regierung handelten, glaubte er bei der zweiten, gestützt auf einen Bericht des FBI, daß Trott direkt oder indirekt in der Tat Beziehungen zu nationalsozialistischen Agenten unterhalte. Das sei vermutlich der Preis, den er für seine Bewegungsfreiheit zu zahlen habe. Von der persönlichen bona fides Trotts war Messersmith gleichwohl überzeugt. Er kam seinem Wunsche nach, ihn bei dem Geschäftsträger der Botschaft in Berlin, Alexander Kirk, einzuführen. Er betonte diesem gegenüber, daß Trottsche Mitteilungen mit allgemeinem Interesse aufgenommen werden würden, aber auch dabei war die Mahnung zur Vorsicht unverkennbar. Von der Sonderpolitik Weizsäckers, die Trotts Bewegungsfreiheit erklärt, wie auch von der Art und Zusammensetzung der deutschen Opposition hatte man offenbar im State Department damals keine genauen Vorstellungen.

Insoweit scheiterten also Trotts Bemühungen.[26] Wie immer man über ihren praktischen Wert denken mag, die Weigerung, auch nur die bescheidenste Art von Sympathie mit dem deutschen Widerstand zu äußern, war sehr deutlich und stellte einen entmutigenden Präzedenzfall dar.

Trott kehrte über Japan nach Deutschland zurück und setzte seine getarnte Widerstandstätigkeit vom Auswärtigen Amt aus fort. Er endete am Galgen im August 1944.

Trotz des Fehlschlages in Washington machte die Opposition im Novem-

ber 1941 einen neuen Versuch, eine Art direkter Verbindung mit den Vereinigten Staaten herzustellen. Noch bestand Friede zwischen den beiden Ländern, wenngleich ein fragwürdiger Friede. Diesmal richtete die Fühlungnahme sich auf das Ziel eines Dauerkontaktes. Als Mittelsmann wählten die Verschwörer denjenigen unter den amerikanischen Korrespondenten in Berlin, der vermutlich mehr über die wirkliche Lage wußte als irgendein anderer Pressevertreter (sicherlich mehr als Mr. William L. Shirer). Es handelte sich um Louis P. Lochner, der jahrelang das Berliner Büro der »Associated Press« geleitet hat.[27] Nachdem er schon vorher Versammlungen von oppositionellen Elementen beigewohnt hatte, holte man ihn eines Nachts zu einem Treffen von »12 bis 15 idealistischen Leuten«, wie er sie bezeichnet. Die Gruppe bestand aus Vertretern des freien Gewerkschaftsbundes und der christlichen Gewerkschaften, der Bekennenden Kirche, der früheren Zentrumspartei, der Demokratischen, der Sozialdemokratischen und der Deutschen Volkspartei. Außerdem waren je ein Vertrauensmann von Admiral Canaris und von Generaloberst Beck anwesend. Die Art, wie diese Gruppe zusammengesetzt war, gibt, wie kaum hinzugefügt zu werden braucht, ein interessantes Zeugnis für die Ausdehnung sowohl wie für den Zusammenhalt der Opposition und ist wohl geeignet zu bestätigen, was in dieser Beziehung aus anderen Nachrichtenquellen bereits hergeleitet worden ist.
Die Zusammenkunft fand in dem Haus von Dr. Joseph Wirmer, einem ehemaligen Zentrumsabgeordneten, statt, der schon früher erwähnt wurde. Jakob Kaiser erschien Mr. Lochner als die leitende Figur des Kreises. Es bestand zwischen allen Anwesenden Einverständnis darüber, daß Amerika sich binnen kurzem im Krieg mit Deutschland befinden werde. Sie waren sich ebenso über die Macht der Vereinigten Staaten und den gewaltigen Einfluß einig, den Amerika auf alle Entscheidungen haben würde. Im Laufe einer Erörterung über Charakter und Zusammensetzung der Regierung, die Hitlers Regime ersetzen sollte, wurde Mr. Lochner daher gebeten, nach seiner Rückkehr jede mögliche Anstrengung zu machen, um Präsident Roosevelt persönlich von der innerdeutschen Bewegung zum Sturze der Nazi-Herrschaft in Kenntnis zu setzen und ihn zu einer Antwort auf die Frage, welche Art von politischem System in Deutschland annehmbar erscheinen würde, zu bewegen. Ja, man übergab Mr. Lochner einen »Geheimkode«, um direkte Funkverbindung zwischen dem amerikanischen Präsidenten und den Verschwörern zu ermöglichen.
Gleich anderen Korrespondenten wurde auch der Leiter der »Associated Press« nach Kriegsausbruch zunächst interniert. Als er im Juni 1942 nach Washington zurückkehrte, bemühte er sich naturgemäß, den ihm anver-

trauten Auftrag auszuführen. Nachdem mehrere Versuche, vom Präsidenten empfangen zu werden, fehlgeschlagen waren, wiederholte er seine Bitte schriftlich und gab genaue Aufklärung, warum er eine persönliche Rücksprache wünschte. Die Antwort, die er empfing, war negativ und legte ihm nahe, von seiner Bitte abzusehen, die ihrer Natur nach »größte Verlegenheit« verursache. Mr. Lochner brauchte einige Zeit, bis ihm auf Grund seiner sonstigen Eindrücke in Washington klar wurde, daß diese Ablehnung nichts Zufälliges, sondern Teil der offiziellen Politik war. Die ihr zugrunde liegende Haltung schloß nicht nur jede Ermutigung oder jeden Rat, um den die Männer der deutschen Opposition baten, aus; sie führte nicht nur dazu, die Möglichkeiten einer amtlichen Fühlungnahme mit dem Berliner Widerstandszentrum zurückzuweisen, sondern ließ darüber hinaus erkennen, daß vom Washingtoner Blickpunkt aus offenbar schon die bloße Anerkennung der Tatsache, daß in Deutschland oppositionelle Elemente existierten, die fähig und vorbereitet waren für die Übernahme der Regierung, sowie das Angebot authentischer Mitteilungen über diese Tatsache geeignet war, »größte Verlegenheit« zu verursachen. Es sei anhangweise erwähnt, daß Lochner als Kriegskorrespondent in Paris Ende 1944 noch einmal die gleiche Erfahrung machen mußte: Roosevelt, so wurde ihm vom Zensor bedeutet, habe als Höchstkommandierender »jede Erwähnung eines deutschen Widerstands« verboten.
Der dritte Versuch, eine direkte Verständigung oder zumindest eine Grundlage für eine gewisse Zusammenarbeit zu erreichen, führte gleichermaßen zu einem Fehlschlag. Es ist bereits das Treffen erwähnt worden, das der Bischof von Chichester Ende Mai 1943 mit zwei deutschen Pfarrern in Stockholm hatte.[28] Der erste Besucher war Dr. Hans Schönfeld, der für den Weltrat der Kirchen und zugleich auch für das Außenamt der Evangelischen Kirche in Deutschland arbeitete, wobei er in nahen Beziehungen zu Gerstenmaier stand. An der Echtheit seiner anti-nationalsozialistischen Haltung war nicht im mindesten zu zweifeln, sie wird von allen Nahestehenden bezeugt, ebenso von Dulles, der mit ihm in der Schweiz später zusammenarbeitete. Wenn er in jemandes »Auftrag« kam,[29] so am ehesten in dem der Kreisauer, die gerade ihre erste Zusammenkunft gehabt hatten. Auch der Bischof von Chichester wußte, daß er mit ihm auf weithin gemeinsamem Grunde stand.
Noch sicherer war er des zweiten Besuchers, Dietrich Bonhoeffer, der früher als Pfarrer der deutschen Kirche in London gewirkt hatte. Er kannte ihn persönlich von dieser Zeit her und wußte zudem, daß er all die Jahre eifriger Mitarbeiter des Bruderrates der Bekennenden Kirche gewesen war. Sohn eines führenden deutschen Psychiaters, hatte Bonhoef-

fer einem im geheimen organisierten theologischen Seminar vorgestanden und sich auch weitgehend politisch betätigt. An seiner unnachgiebigen Haltung bestand nicht der geringste Zweifel. Der Bischof wußte von den Worten, die Bonhoeffer bei einem Treffen der Opposition geäußert hatte, als ein Aufschub vorgeschlagen wurde, um nicht Hitler zu einer Märtyrer-Rolle zu verhelfen. Er sagte damals, wie in anderem Zusammenhang schon erwähnt worden ist: »Wenn wir Christen zu sein beanspruchen, dürfen wir keinerlei taktischen Rücksichten Raum geben.« Es war für ihn keine Frage, daß Hitler »ausgemerzt« werden müsse, »einerlei, ob er erfolgreich ist oder nicht«.[30] Bonhoeffer vertritt somit aufs klarste und reinste jenen Typ des Widerstands, der nicht zögerte, das sittliche Dilemma zu einer radikalen Lösung zu bringen – ein Dilemma, das, wie schon früher gesagt, dem Gewissen der oppositionellen Elemente in anderen Ländern in keiner irgendwie vergleichbaren Weise auferlegt war. Es ist eine weitere Äußerung von Bonhoeffer überliefert, die das zur vollen Evidenz bringt. Auf einer geheimen Kirchentagung in Genf im Jahr 1941 hatte er gesagt: »Ich bete für die Niederlage meines Vaterlandes. Nur durch eine Niederlage können wir Sühne leisten für die furchtbaren Verbrechen, die wir gegen Europa und die Welt begangen haben.« Es ist nicht überraschend, daß ein Mann von solchen Überzeugungen – was auch für die übrigen Mitglieder der Bonhoeffer-Familie gilt, seinen Bruder Klaus und die Schwäger Schleicher und Dohnanyi – Oster besonders nahestand.[31] Als Dietrich Bonhoeffer nach Stockholm kam, war er mit Papieren ausgerüstet, die ihm die Abwehr beschafft hatte. Er hatte einen geistlichen sowohl wie einen offiziellen Auftrag für seine Mission.

Um so mehr beeindruckte es den Bischof, daß beide Pfarrer tatsachenmäßig dasselbe sagten, obwohl keiner von des anderen Kommen wußte; Schönfeld benachrichtigte ihn zuerst von der Stärke und Zusammensetzung der drei oppositionellen Gruppen (Armee und Beamtentum, Gewerkschaften, Kirchen), von ihrem Fortschritt in Organisation und Vorbereitung während der letzten sechs Monate. Der Zweck, so sagte er, war die Ausmerzung des gesamten Nazi-Apparats, einschließlich von Hitler, Himmler, Göring und Goebbels sowie von den Leitern der Gestapo, der SS und der SA. Eine neue Regierung sollte gebildet werden, in der alle oppositionellen Gruppen vertreten waren. Ihr Programm, über das er eine schriftliche Aufzeichnung übergab,[32] sah vor: 1. ein weitgehend dezentralisiertes Deutschland, regiert nach den Geboten von »Gesetz und sozialer Gerechtigkeit«; 2. einen wirtschaftlichen Wiederaufbau »nach wahrhaft sozialistischen Grundsätzen statt derer einer selbstgenügsamen Autarkie« sowie enge Zusammenarbeit zwischen freien Völkern, deren wechselseitige Abhängigkeit sich als »die stärkst-mögliche Gewähr gegen den Rückfall in einen reaktionären europäischen Militarismus« auswirken werde; 3. eine europäische Föderation freier Staaten, einschließlich einer freien polnischen und einer freien tschechischen Nation. Die Föderation sollte mit »einer gemeinsamen Exekutivgewalt« ausgestattet sein, unter deren Autorität eine »Europäische Armee für die dauernde Aufrechterhaltung europäischer Sicherheit« zu begründen sein würde.

Es ist aus diesen Angaben ersichtlich, daß Schönfeld für die Opposition im ganzen zu sprechen sich mindestens bemühte. Es bestehen für seine Äußerungen sehr deutliche Ähnlichkeiten mit den Ideen der Kreisauer wie auch, bis zu einem gewissen Grade, mit denen Goerdelers, wie sie sich inzwischen entwickelt hatten in der Annäherung an einen Europaplan entschieden föderativer Art. Auch entsprach es sicherlich einer gemeinsamen Überzeugung der meisten deutschen Oppositionellen, wenn Schönfeld zu dem Schluß kam: »Die grundlegenden Prinzipien nationalen und gesellschaftlichen Lebens innerhalb dieses Bundes freier europäischer Völker sollten ausgerichtet sein oder wiederausgerichtet werden nach den Fundamentalsätzen christlichen Glaubens und Lebens.«

Gemäß der besonderen Interessenrichtung der ökumenischen Bewegung fügte er noch hinzu, man hoffe auf eine Wiederaufrichtung der orthodoxen Kirche als Grundlage für eine Zusammenarbeit zwischen Rußland und der europäischen Föderation.

Mit Bonhoeffer hatte der Bischof eine intimere Unterhaltung. In ihrem Verlauf empfing er Mitteilungen über die Hauptverschwörer, ihren Charakter und ihre politischen Absichten, die ihm vollstes Vertrauen einflößten und die, wie man hinzufügen kann, völlig zutreffend waren. In Gesprächen zu dritt, die dann folgten, distanzierte sich Bonhoeffer offenbar etwas von dem Versuch Schönfelds, auf der gemeinsamen Gesinnungsbasis gewisse Minimalbedingungen für Deutschland zu sichern. Er wandte sich gegen die Möglichkeit eines zu leichten Auswegs: »Wir würden einer solchen Lösung nicht würdig sein. Wir wünschen nicht der Buße zu entgehen. Unsere Handlung muß als ein Akt der Buße verstanden werden.« Offenbar hat diese Erklärung, die der Bischof unterstrich (und die auch Schönfeld annahm), ihn aufs stärkste von der Aufrichtigkeit dieser Bundesgenossenschaft überzeugt. Fern aller politischen Absicht war sie eben darum ein echtes Politikum. Es wurde weiter unterstellt, daß alliierte Truppen Berlin zu besetzen haben würden. Der Bischof warnte zwar vor übertriebenen Hoffnungen und betonte, daß sowohl Amerikaner wie Russen mitzusprechen haben würden, erklärte sich aber bereit, die Botschaft zu übermitteln.

Ihr praktischer Kernpunkt war von Schönfeld dahingehend erläutert wor-

den, daß es äußerst dringlich sei zu wissen, »ob die Haltung der Alliierten gegenüber einem Deutschland, das sich von Hitler befreit hätte, eine andere sein würde als die gegenüber einem Deutschland unter Hitler. Sonst bleibe nur weitere Zerstörung, Chaos und ein Nihilismus, der mit dem Fortgang des Krieges immer mehr anwachsen werde.« Der Bischof selbst faßte die Botschaft in zwei Fragen zusammen:
»1. Würden die alliierten Regierungen, wenn erst einmal das ganze Hitlerregime gestürzt worden sei, bereit sein, mit einer bona fide deutschen Regierung über einen Frieden der angedeuteten Art zu verhandeln, der den Rückzug aller deutschen Kräfte aus den besetzten Gebieten und Wiedergutmachung des Schadens einschließe, und würden sie bereit sein, das privat einem bevollmächtigten Vertreter der deutschen Opposition gegenüber zum Ausdruck zu bringen?[33] – Oder
2. könnten die Alliierten eine öffentliche Erklärung abgeben, die in durchaus klaren Ausdrücken eine solche Zusage mache?«
Nach seiner Rückkehr nach London legte der Bischof Sir Anthony Eden einen ausführlichen Bericht und Schönfelds schriftliche Aufzeichnungen vor. Er erhielt die Antwort, daß einige der Namen, die Bonhoeffer genannt hatte, dem Foreign Office bekannt seien und daß andere Mitteilungen oder Friedensfühler London auf dem Weg über sonstige neutrale Länder erreicht hätten. Mr. Eden erklärte weiter, daß man auch den Anschein von Verhandlungen ohne Beteiligung der Amerikaner und Russen vermeiden müsse, daß er aber die Angelegenheit in Erwägung ziehen werde. Es folgte von Juni bis August noch ein Briefwechsel zwischen dem Bischof und dem Außenminister.[34] Sir Anthony Eden bezweifelte nicht die ehrliche Überzeugung der beiden Pastoren. Er meinte aber, die Widerstandsbewegung in Deutschland habe noch wenig Beweise gegeben, daß sie existiere. Sie müßte erst einmal dem Beispiel der anderen unterdrückten Völker Europas mit aktiven Schritten folgen. Vergeblich wandte der Bischof ein, den anderen Völkern sei von den Alliierten Befreiung versprochen worden, den Deutschen aber gerade nicht. Es blieb bei dem Bescheid Anthony Edens vom 17. Juli, daß eine Antwort nicht dem »nationalen« Interesse entspreche.
Es ist nicht der Zweck dieser Studie, in eine allseitige Erörterung der rein negativen Haltung einzutreten, die von den westlichen Alliierten durch die Kriegsjahre hindurch beobachtet wurde. Man wird mehrere naheliegende Motive annehmen dürfen. Nur nebenbei sei ein nicht so ohne weiteres sich anbietender Erklärungsversuch erwähnt. Nach Trevor-Roper hat der »Meisterspion« Philby, der im englischen Geheimdienst tätig war, systematisch die einkommenden Nachrichten über den deutschen Widerstand unterdrückt, und zwar im Interesse seiner sowjetischen Auftragge-

ber. Das ist als indirektes Zeugnis für die im folgenden berühmte Pressionsmöglichkeit nicht ohne ein gewisses Interesse, aber offenbar kein Faktor von Erheblichkeit gewesen, wie gerade der Mißerfolg des Bischofs von Chichester besonders drastisch belegt. Hingegen tritt ein anderes diplomatisches Motiv, und zwar die Sorge, die große Allianz durch Sonderverhandlungen selbst unverbindlichster Art zu gefährden, deutlich genug hervor. Es brauchte sich freilich daraus nicht notwendigerweise eine Politik des »Nicht-Handelns« zu ergeben, ja, man konnte sich veranlaßt sehen, eine russische Sonderaktion, die durchaus als Pressionsmittel gegenüber den westlichen Verbündeten gedacht war, durch ein »à corsaire corsaire et demi« zu parieren. Aber abgesehen von solchen Erwägungen, die auf eine positivere Bewertung der Kontaktversuche von seiten der deutschen Opposition hätten führen können – wie konnte man ein diplomatisches Störmanöver gegen die »große Allianz« hinter Trotts Schritt in Washington vermuten, der zur Zeit amerikanischer Neutralität und der Nazi-Sowjet-Freundschaft unternommen wurde? Auch weisen weder die Eröffnungen, die durch Mr. Lochner gemacht wurden und die lediglich einen Rat erbaten, noch diejenigen der beiden Pfarrer, die alle Vorbehalte und die Hinweise des Bischofs auf die Solidarität der Alliierten bereitwillig annahmen, auf eine deutsche Absicht, die Front der Gegner teilen zu wollen, hin. Sie sind vielmehr Zeugnis der gleichen Sorge, von der schon Trotts Denkschrift sprach, der vor Chaos und Nihilismus. Vielleicht kann dies heute besser verstanden werden als in den Jahren 1940 und 1942.

Ein anderes mögliches Motiv des Mißtrauens drängt sich auf. Mußte nicht das einigermaßen überraschende Interesse, das Deutsche für den Wiederaufbau und die Gesundung Europas sowie für eine dauerhafte zwischenvölkische Ordnung zeigten, den schon früher aufgetauchten Verdacht verstärken, daß es sich dabei um eine »Friedensoffensive« von Militaristen und Nationalisten handele, die jetzt – nur in geschickterer Tarnung – wiederum einige der Hitlerschen Gewinne in die Scheuern zu bringen suchten, ehe es zu spät war? Nun ist sicher richtig, daß Hassell und Goerdeler sich in den früheren Jahren noch weitgehende nationale Ziele setzten, die übrigens von einigen maßgeblichen und gleichfalls national argumentierenden Engländern offenbar als gar nicht so befremdend empfunden worden sind.[35] Es ist die an Halifax übermittelte Denkschrift Hassells vom Februar 1940 erwähnt worden, nach der die Vereinigung Österreichs und des Sudetenlandes mit dem Reich »außerhalb der Erörterung« bleiben und (während im Westen Versailles zu akzeptieren sei) die deutsch-polnische Grenze im wesentlichen mit der Reichsgrenze von 1914 übereinstimmen solle. In einem Vorschlag, den Hassell im Herbst

1941 durch den früher schon erwähnten Mittelsmann, den Amerikaner Stallforth, nach Washington gerichtet zu haben scheint,[36] war der Anspruch auf das Sudetenland fallengelassen; für die Regelung des Korridorproblems schlug Hassell jetzt einen Gebietsaustausch vor, der Polen durch die Eingliederung von vier östlichen Kreisen Ostpreußens einen Ausgang zu See geben sollte.

Ein stärkerer Wandel aber deutet sich in den ersten Kriegsjahren schon bei Goerdeler in seinen außenpolitischen Vorstellungen an. Wohl hielt er, wie wir sahen, bis zum »Friedensplan« von 1943 an expansiven Zielen in Europa fest, dabei – mit allen Anzeichen der Resignation – auf kolonialpolitische Ziele (als »verpaßt«) verzichtend. Aber schon in der Denkschrift »Das Ziel« von Ende 1941[37] findet sich neben den Leitideen von Nation und Großraum die klare Absage an die nationalsozialistische »Europaideologie«[38] der »Zusammenraffung« und als Nahziel eine »Arbeitsgemeinschaft« in ihren inneren Angelegenheiten selbständiger Nationalstaaten auf Grund einheitlicher Spielregeln. In einer Stellungnahme vom Dezember 1942 hat man dann mit Recht bei ihm den Durchbruch von »utilitarischer zu prinzipieller Europa-Konzeption« festgestellt.[39]

Frühzeitiger und sehr viel eindeutiger ist die Lossage vom isoliert nationalstaatlichen Denken bei den Kreisauern, insbesondere bei Moltke und Trott, zu konstatieren. Es wurden schon Kernsätze aus Moltkes Denkschrift vom März 1941 zitiert, die als Ziel eine Aufteilung des Festlands in kleinere, nicht souveräne, unter sich verflochtene Staatsgebilde in Aussicht nahm. In einer späteren Version der »Ausgangslage« (9. Juni 1941) wird dies Ziel deutlicher definiert: »Europa ist ein Bundesstaat mit einheitlicher Souveränität. Der Bundesstaat wird begrenzt im Norden und Westen durch den Atlantik, im Süden durch das Mittelmeer und das Schwarze Meer, im Osten durch die Ostgrenze Rumäniens, des alten Polen, der ehemaligen Baltenstaaten und Finnlands.«[40] – Was die Grenzen Deutschlands betrifft, so wurde gezeigt, daß Trott in dem Memorandum für das State Department 1939 nicht mehr als eine Garantie der Versailler Grenzen (im Osten und Westen) vorschlug. Er betonte zugleich, daß »Nationalismus von der Art, welche ihren äußersten Ausdruck im Nazitum findet, sich in Europa entschieden schon seit einiger Zeit in einer absteigenden Entwicklung befunden hat.« Dies scheint eine durchaus sinnvolle Behauptung insoweit, als die Hitler-Bewegung, trotz ihrer Kritik an den politischen Auffassungen des 19. Jahrhunderts, in vieler Hinsicht nur den Gipfelpunkt und die krankhafte Übersteigerung jener Periode der Säkularisierung und Nationalisierung darstellt. Daß einige dieser Tendenzen eines verflossenen Jahrhunderts tatsächlich im Abnehmen begriffen waren, kann von jedermann bezeugt werden, der vor 1933 in Berührung mit

den wahrhaft fortschrittlichen neukonservativen und sozialistischen Kräften gewesen ist, die für anders gegründete Formen zwischenvölkischer Zusammenarbeit in Mitteleuropa wirkten.
Trotts Worte vom abnehmenden Nationalismus bezogen sich auf solche Erfahrungen. Es sei an diese Stellungnahme noch der Hinweis auf zwei weitere Memoranden aus seiner Feder angeschlossen.[41] Die erste von Ende April 1942 ging über Visser't Hooft, also über den Ökumenischen Rat in Genf, an Stafford Cripps und weiter an Churchill. Es fehlte in der Denkschrift nicht an stärkerer Betonung nationaler Ziele (ethnographische Grenzen bei der Wiederherstellung Polens und der Tschechoslowakei), aber zugleich wandte sie sich gegen alle ausgelaugten Begriffe und gegen die nationalstaatliche Enge als Gesamtphänomen. Indem Trott in einem »militanten« Christentum den Kern des Widerstands sah – er erwähnte auch den Widerstand von wesentlichen Teilen der Arbeiterschaft und von einflußreichen Kreisen in Armee und Beamtentum –, appellierte er an eine Solidarität westlicher Gruppen mit denen, die in Deutschland ständig gegen den Nihilismus und seine nationalsozialistische Manifestation gefochten hätten. – Nach dem Zeugnis von Visser't Hooft schrieb Churchill an den Rand der Denkschrift: »very encouraging«.
Bedeutsamer noch ist das zweite Memorandum, das Trott im Oktober 1943 niederschrieb. Es stellt eine Antwort auf die »Political Propositions für Peace« dar, die im April 1943 vom »Federal Council of the Churches of Christ in America« veröffentlicht wurden. Im einzelnen folgen die Bemerkungen von Trott genau den sechs »Pillars of Peace«, auf die der amerikanische Vorschlag gründete. Sie sind von der gleichen Glaubenskraft getragen, aber ungleich konkreter und realer, dabei ungleich mehr auf europäische und deutsche Verhältnisse bezogen. Sehr deutlich etwa ist der Erfahrungsgehalt, der sich von Versailles herschreibt, nicht weniger deutlich die Betonung des Rechtsgedankens als eines grundlegenden Prinzips auch der internationalen Ordnung und weiter, zum Ende hin zusammengefaßt, die Sorge vor den Dämonien, die nur durch eine christlich orientierte soziale Ordnung gebannt werden können. Zu dieser »christlichen Sachgerechtigkeit« gehört für Trott in deutlicher Kritik, daß der Freihandel ebensowenig zur Lösung zwischenvölkischer Probleme absolut gesetzt werden dürfe wie der abstrakte Freiheitsbegriff im Verhältnis der Sozialpartner. Es gehört vor allem dahin auch die Einsicht, daß die Entwicklung »insbesondere in Europa die Unzulänglichkeit des souveränen Nationalstaats als letzter internationaler Instanz erweist und auf größere Zusammenfassung der einzelnen Völker hindrängt«. Trott füllt daher die amerikanische Autonomieformel inhaltlich aus den Erfahrungen in Mittel- und Osteuropa auf im Sinne eines Volksgruppenrechts. So for-

dert er kulturelle Autonomie im Rahmen europäisch-solidarischer Zusammenarbeit, womit eines der für die Friedenssicherung »vitalsten Probleme einer Lösung zugeführt werden« könne. Über die Aufnahme der Trottschen Bemerkungen ist bisher nichts bekannt. Es ist indessen kaum anzunehmen, daß sie in Genf unbeachtet liegengeblieben sind.

Aber auch wenn diese Denkschrift nicht nach den USA gelangt sein sollte, so waren Trotts Gedanken seit 1939 in Washington bekannt und hätten um so eindrücklicher sein können, als er damals zur Begründung seiner Ansicht von der absteigenden Kurve des Nationalismus sich an konkrete Belege gehalten hatte. Er nahm auf die Tatsache Bezug, daß Hitler den Krieg »durch die Hintertür« hatte einschmuggeln müssen und daß das deutsche Volk in den Jahren 1938 und 1939 sicherlich so wenig Kriegsenthusiasmus zeigte wie irgendeine andere Nation. Es mußte schwerfallen, in solchen Äußerungen etwas »Nationalistisches« zu entdecken. Auch Bonhoeffer, der Verbindungsmann der Abwehr, der auf einer Schulderklärung und Bußeleistung bestand, konnte kaum einem solchen Verdacht unterliegen.

Die historische Betrachtung wird daher berechtigt sein, insoweit die Front des so häufig geltend gemachten Vorwurfs geradezu umzukehren. Die Bedenken, die etwa Sir Anthony Eden erhob, waren von begreiflichen, aber eben doch rein auf »nationale Interessen« beschränkten Erwägungen diktiert. Ob man dabei so »national« war und so im Gedanken der Staatssouveränität befangen, daß die Befremdung über den »Landesverrat« der sich anbietenden Partner noch eine Rolle spielte, mag dahingestellt bleiben. Jedenfalls war man blind gegenüber dem im 19. Jahrhundert allerdings selten gewordenen, aber im 20. zunehmend bedeutsam werdenden Phänomen von Überzeugungen, die Landesgrenzen und kriegführende Lager zu überbrücken suchten und nicht nur nationalen, sondern auch weitgefaßten universalen Zielen sich verpflichtet fühlten.

Auch für Goerdeler gilt es, daß ein solcher Neuansatz festzustellen ist. Im Dezember 1942 wird, wie wir sahen, von einem »Durchbruch« bei ihm zu sprechen sein, und es ist nicht von der Hand zu weisen, daß dabei der Einfluß Kreisaus beteiligt war, so daß eine Art »Synthese von Reichsgedanken und Europavorstellung« (Graml) zustande kam. Aus solcher Einstellung heraus schrieb Goerdeler die Denkschrift vom Mai 1943 nieder, die er durch Wallenberg nach London übermitteln ließ und die eine »Europagemeinschaft« in den Grundzügen entwickelte.[42] Auf einfache Rückkehr zu den Grenzen von 1914 verzichtete er und skizzierte erste Schritte einer Wirtschaftsunion innerhalb eines regional gegliederten Weltbundes.

Einige Monate später verfaßte Goerdeler einen – vermutlich auch für englische Leser bestimmten – Friedensplan.[43] Ohne frei von den auch früher gehegten Illusionen zu sein, gab er in ihm der Überzeugung Ausdruck, daß innereuropäische Grenzen eine immer geringere Rolle spielen würden und daß der Zusammenschluß der europäischen Völker zu einem europäischen Staatenbund geboten sei. Es folgten Anregungen für ein schrittweises Vorgehen zu diesem Ziel.

Mehr in konkrete Einzelheiten sollte offenbar ein Aufruf der nach dem Staatsstreich geplanten neuen Reichsregierung gehen, der unter den von Goerdeler niedergelegten Papieren von der Gestapo gefunden wurde und aus dem Pechel die außenpolitische Planung in Stichworten wiedergibt.[44] Danach war zusammen mit einem bündisch organisierten Deutschland eine Reihe anderer Unionen oder Föderationen in Europa in Aussicht genommen: ein Osteuropäischer Bund (Polen, Litauen, Lettland, Estland), ein Südeuropäischer, ein Balkan-, ein Skandinavischer Bund und so fort. Weiter gingen die Gedanken sehr deutlich in Richtung einer europäischen Union als Mitglied eines Weltbundes der Nationen. Auf diesem Wege sollte Europa sich einem Zustand wirtschaftlicher Einheit annähern, geschützt von einer europäisch zusammengesetzten Polizeitruppe. Für den Europäischen Bund wurde ein Präsident vorgeschlagen, der alle vier Jahre aus der Zahl der Staatsoberhäupter vom Rat zu wählen war. Der Rat sollte aus je zwei Vertretern der Mitgliederstaaten bestehen. Dazu trat eine Bundesversammlung, in der die einzelnen Unionen je fünf bis zehn Vertreter haben sollten. Der »Weltbund der Nationen« war in ähnlicher Weise nicht durch die Staaten, sondern durch die größeren Gemeinschaften zu organisieren, von denen Europa eine sein sollte.

Es sind nicht die Einzelheiten dieser Vorschläge, sondern die darin zum Ausdruck kommenden Grund-Anschauungen, die uns hier interessieren. Niemand kann leugnen, daß in den Kreisen der deutschen Opposition ein intereuropäisches und internationales Gedankengut lebendig war, das allen Respektes würdig ist, wie immer es um die praktische Ausführbarkeit gestanden haben mag. Es handelte sich hier um Männer, die zur Sicherheit Europas und der Welt beizutragen bereit waren durch grundsätzlichen Verzicht auf eine als gefährlich betrachtete Machtballung in der Mitte des Kontinents. Auch die Auflösung Preußens erschien manchen unter ihnen als Teil des Opfers zugunsten der Völkergemeinschaft, das von ihnen gefordert wurde. Man kann solche Ideen wohl mit keiner Anstrengung der Phantasie als getarnten Nationalismus oder als Umweg zu einer europäischen Hegemonie charakterisieren. Auch wurden sie nicht nur heraufbeschworen unter dem Druck äußerster Not. Ideen dieser Art erwuchsen vielmehr aus echten Erfahrungen der vor-hitlerischen Jahre und im Anringen gegen den Totalitätsanspruch des eigenen Staates.

Man wird gewiß verstehen können, daß in den Auswärtigen Ämtern der Alliierten wenig Neigung bestand, sich im Kriege mit weitgespannten Plänen zu befassen, die von der Gegenseite kamen, zumal in einigen von ihnen eine radikale Konsequenz aus der sich immer deutlicher abzeichnenden deutschen Niederlage offenbar noch kaum gezogen zu sein schien. Aber sichtlich hing diese Abstinenz auch damit zusammen, daß es in der Tat »größte Verlegenheit« verursachen mußte, wollte man einen ursprünglichen Beitrag von Deutschen zu einem dauernden Frieden auch nur als möglich unterstellen oder irgendwelche Verhandlungen mit einem bona-fide-Partner auf deutscher Seite ins Auge fassen. Das würde eine völlige Umkehr der Propaganda bedeutet haben, die mehr und mehr auf der Gleichsetzung der Nazis und Deutschen bestand und insbesondere die These einhämmerte, daß deutsche militärische Führer (Militaristen), die unzweifelhaft einen Teil der Opposition bildeten, nicht weniger verabscheuungswürdig seien als die Hitlerleute. Überdies mochte die Anerkennung eines Partners, selbst wenn sie im Augenblick nur eine theoretische war, zu moralischen Verpflichtungen führen, die an das »Vor-Waffenstillstandsabkommen« von 1918 erinnerten.
An diesem Punkte deutet sich ein weiteres Motiv an, das die negative Haltung der westlichen Mächte stark beeinflußt zu haben scheint. Nicht nur sollte die Niederlage zur eindrücklichsten Anschauung gebracht und das deutsche Oberkommando selbst – anders als 1918 – gezwungen werden, die Kapitulation zu unterzeichnen. Wie die Haltung von Beck und Witzleben erkennen läßt, würde es nicht weiter schwierig gewesen sein, diese Forderung durchzusetzen. Aber darüber hinaus sollte jede Verpflichtung vermieden werden, die spätere Revisionsansprüche der Deutschen rechtfertigen mochte oder einem demagogischen Massenführer der Zukunft die Gelegenheit geben würde, die Alliierten des Betrugs zu bezichtigen. Viel besser war es offenbar, überhaupt keine Verpflichtungen einzugehen.[45] Angesichts einer der geschichtlichen Lehren, die der Fehlschlag von Versailles zu predigen schien, und angesichts der Vergessenheit, der andere »Lehren« anheimgefallen waren, kann man diesen Gedankengang sehr wohl verstehen. Freilich sollte er, indem man sich auf ihn versteifte, zu einer sich selbst widerlegenden Politik führen.
Ein Vorspiel dieser Wirkung trat schon in der Tragödie der *Atlantic Charta* zutage. Sie wurde am 14. August 1941 verkündigt und versprach – ohne im übrigen in irgendwie detaillierte Verpflichtungen einzugehen – eine Politik, die erstens nicht nach Vergrößerung in Landbesitz oder in irgendeiner anderen Weise streben, die zweitens sich territorialer Veränderungen enthalten werde, sofern sie nicht in Übereinstimmung mit den frei geäußerten Wünschen der beteiligten Völker stünden, und die drit-

tens das Recht aller Nationen, ihre eigene Regierungsform zu wählen, anerkennen werde. Es war die Rede von Rechten »aller Völker«, »aller Nationen« oder »aller Menschen in allen Ländern der Welt«. Auf dieser universalen Grundlage fanden sich 26 Nationen als Vorform der United Nations im Januar 1942 zusammen. Jedoch sollte die *Atlantic Charta*, wie Winston Churchill betonte, keinerlei Verpflichtungen gegenüber den Feindländern einschließen. Dieser Kommentar bringt das selbstgeschaffene Dilemma der »Nichtfestlegungspolitik« zu klarem Ausdruck. Niemand würde damals zugegeben haben (obwohl Stalin es bald klarmachen sollte), daß besetzte Länder (wie die baltischen Staaten) oder Verbündete (wie Polen) durch Annexion und Vergrößerungspolitik bedroht sein könnten. Neutrale Staaten bedurften sowieso keiner Versprechungen. Auf wen aber bezogen sich dann die Zusagen der *Atlantic Charta*, wenn die Feindländer ausgeschlossen wurden? In der Tat war somit das Dokument seines Hauptinhalts bereits beraubt, lange bevor seine Prinzipien in der Rumpelkammer melancholischer geschichtlicher Erinnerungen verschwanden.

Was immer das verhältnismäßige Gewicht der verschiedenen Motive, die das politische Verhalten der Alliierten gegenüber der deutschen Opposition bestimmten, gewesen sein mag –, klar schien jedenfalls, daß alle Annäherungsversuche und Friedensfühler zum Scheitern verdammt waren. Dies wurde gleichsam verbrieft und besiegelt, als zu Casablanca am 24. Januar 1943 die Forderung der »bedingungslosen Übergabe« zur offiziellen Anerkennung kam.

Der Bedeutung und der Auswirkung dieser Tatsache wenden wir uns nunmehr zu.

2. »Bedingungslose Übergabe«

Unter den vielen Mitlebenden und Nachlebenden, denen die Formel von Casablanca ein Stein des Anstoßes war und ist, hatten wenige einen so naheliegenden Grund zur Beschwerde wie der Leiter des Office of Strategic Services auf dem europäischen Festland, Allen Welsh Dulles. Wie zuvor erwähnt, traf er im November 1942 in der Schweiz ein. Zu seinen Hauptaufgaben gehörte es, die Lage in Deutschland zu erkunden und allen nur denkbaren Einblick in die Arbeit der Nazigegner und der Untergrundbewegung jenseits der Schweizer Grenzen zu gewinnen. Mr. Dulles leistete ohne Zweifel ausgezeichnete Arbeit. Es gelang ihm nicht nur, mit wohlunterrichteten politischen Refugiés Verbindung aufzunehmen sowie mit Mitgliedern des Weltkirchenbundes und mit gelegentlichen Reisenden, die aus Deutschland kamen. Darüber hinaus stellte er enge Berührung mit aktiven Mitgliedern der Verschwörung selbst her, in erster Linie mit Gisevius, aber auch mit den Anwälten Waetjen und Strünk, die beide durch Oster dem deutschen Generalkonsulat in Zürich attachiert worden waren, und durch ein Zwischenglied mit Adam von Trott. In seinen chiffrierten Telegrammen gab er detaillierte Berichte über die »Brecher« (Breakers), wie er die Verschworenen nannte. Mit der Unterstützung des Amerikaners G. v. S.-Gaevernitz, dem Sohn eines bekannten Nationalökonomen, der in Breslau und Freiburg gelehrt hatte, unterrichtete er Washington über die innere Situation in Deutschland, ja, er war in der Lage, acht Tage vor dem 20. Juli einen Bericht zu senden, der bis in Einzelheiten hinein »dramatische Entwicklungen« voraussagte.[46]

Es liegt nahe zu fragen, welchen Einfluß diese sehr ungewöhnlichen Berichte auf die Politik der Alliierten hatten. Der amerikanische Historiker Harold C. Deutsch hat diese Frage beantwortet, indem er sie in die drastische Form umstilisierte:[47] »In welchem Washingtoner Papierkorb beschlossen diese Berichte ihr Dasein?« Mr. Dulles selbst spricht naturgemäß mit Zurückhaltung von dem amtlichen Stillschweigen, wie sehr es ihn auch enttäuscht haben muß. Aber er macht kein Hehl daraus, daß die Casablanca-Formel, wie sie von Roosevelt zuerst auf einer Pressekonferenz verkündet worden war, nach seiner Meinung zu einer »Einfrierung« der alliierten Politik führte.[48] In der Tat paßte die Erklärung vom Januar 1943 nicht nur ausgezeichnet in die allgemeine Linie der Nazi-Propaganda, die durch Casablanca die totale Vernichtungsabsicht bestätigt sehen konnte,[49] sondern im selben Zuge beraubte sie auch Mr. Dulles wirksamer Mittel psychologischer Kriegführung. Und dies zu einer Zeit, da die Unterscheidung zwischen Deutschen und Nazis von den Sowjets zum Beispiel durch Erklärungen Stalins und durch das sogenannte Nationalkomitee »Freies Deutschland«, auf das noch zurückzukommen ist, bewußt ausgespielt wurde. Mr. Dulles stellt mit Bedauern fest, daß, während Churchill und Attlee Ende Mai und Anfang Juli einen gewissen, wenngleich nichtssagenden Appell an die deutsche Opposition richteten, Washington sich in völliges Schweigen hüllte.[50]

Diese Beschwerde bewegt sich indessen völlig im Rahmen taktischer Erwägungen, sie beklagt den, von der alliierten Seite her gesehen, negativen Propagandawert der Formel von Casablanca. Genauso war die militärische Kritik, die u. a. an der »Improvisation« Roosevelts in der Umgebung General Eisenhowers geäußert wurde, von ausschließlich technischem Charakter. »Schließlich hat noch keine Übergabe bedingungslos stattgefunden«, bemerkte Kapitän Harry C. Butcher in seinem Tagebuch.[51] In einem späteren Eintrag fügte er hinzu: »Man kann sich des

Gefühls nicht erwehren, daß der Präsident und der britische Premier, und zwar der erstere vermutlich mehr als der letztere, in Casablanca General Grants berühmte Formel aufgegriffen haben, ohne der vollen Bedeutung gewahr zu sein, die sie für den Feind haben muß ... Unsere psychologischen Experten glauben, es würde klüger sein, eine Stimmung der Geneigtheit zur Übergabe in der deutschen Armee zu schaffen ...«
Es bedurfte für diese Annahme in der Tat nicht einer fachmännischen psychologischen Schulung, und man mag es als wahrscheinlich unterstellen, daß der technische Mißgriff von Casablanca und der Mangel an Beweglichkeit, der aus der »Einfrierung« folgte, den totalen Sieg und das Ende des Krieges beträchtlich verzögert haben. Unter dem gleichen taktischen Gesichtspunkt machte die Politik der bedingungslosen Übergabe es sicherlich für die deutsche Opposition schwieriger, widerstrebende Generale zu sich herüberzuziehen.
Aber das Problem, um das es sich hier handelt, hat eine tiefere Dimension als die nur taktischer Erwägungen. Es rührt an sehr grundsätzliche Fragen,[52] und nur wenn man das berücksichtigt, kann man voll verstehen, was die »Einfrierung« alliierter Politik für die deutsche Opposition gegen Hitler und für das Schicksal Europas im ganzen bedeutet hat. Es mag sehr wohl so sein, daß die Casablanca-Formel in erster Linie dazu bestimmt war, die alliierte Moral, also insbesondere die innere Front, zu stärken und der Koalition neue Energie einzuflößen oder die Sowjets zu beruhigen, von deren Gesichtspunkt aus der Feldzug in Afrika doch nur eine unvollkommene »zweite« Front darstellte.[53] Und es läßt sich nachweisen, daß sie nicht schon eindeutige Kriegsziele oder die Festlegung auf einen punischen Frieden einschloß. Erst das Jahr 1943, in der Folge der Konferenzen über Moskau im Oktober bis zu Teheran im Dezember, sah den Beginn der Ausfüllung des zunächst rein formalen Rahmens einer bedingungslosen Übergabe. Und der Morgenthau-Plan, der vorschlug, das industrielle Herz Europas vorwiegend auf Weidewirtschaft und Ackerbau umzustellen, wurde erst in Quebec im September 1944 offiziell unterschrieben. Selbst dann noch war Winston Churchill, wie bekanntgeworden ist, nur schwer für diesen Akt des »Wahnsinns«, wie er es selbst ausgedrückt hat, zu gewinnen. Und Präsident Roosevelt gestand bald danach in einem Gespräch mit dem Secretary of War, daß »er nicht wisse, wie er dazu gekommen sei, jene besondere Sprache des Übereinkommens von Quebec mit seinen Initialen zu versehen«. Es müsse, so sagte er, »ohne viel Nachdenken geschehen sein«.[54] Aber wenn er, wie Harry Hopkins immer wieder feststellte,[55] vom Gespenst Woodrow Wilsons gehetzt war und in Casablanca vor allem aufs neue den Fehler der Festlegung – in der Art der »vierzehn Punkte« seines Vorgängers – hatte vermeiden wollen,

auf die sich der Gegner etwa einmal berufen konnte, so ergab sich das Paradox, daß er gerade damit einen Kurs festlegte und einfror, auf den sich die unbeherrschtesten und radikalsten Strafforderungen berufen konnten. So gab denn Casablanca im Grunde nur jener negativen Haltung die endgültige Form, die auch vorher schon zu beobachten ist und – sofern es sich um Prinzipien handelt – dazu bestimmt war, die diktatorische Gewalt der Sieger von jedweder Verpflichtung freizuhalten. Die Weigerung, irgendeinen deutschen Partner anzuerkennen, deutet logischerweise auf einen Leerraum voraus. In der Tat ist diese äußerste Konsequenz im japanischen Fall nur dadurch vermieden worden, daß man die »Bedingung bedingungsloser Übergabe« schließlich beiseite schob. Im deutschen Fall jedoch blieb es bei der Politik, keine vorherigen Verpflichtungen einzugehen, und sie führte schließlich zu dem denkbar vollständigsten militärischen Triumph. Aber genauso, wie diese Politik die Prinzipienerklärung der *Atlantic Charta* besiegt hatte, so besiegte sie sich selbst, indem ihr Ergebnis in einem abermaligen Paradox allerschwerste Festlegungen einschloß. Da eine deutsche Regierung, welcher Art sie auch immer sei, nichts anderes zu tun haben sollte, als bedingungslos zu kapitulieren, so fiel alle Verantwortung, in der Tat eine »unbedingte« Verantwortung, auf die Alliierten. Victor Gollancz mit seinem untrüglichen Sinn für das Moralische hat diese Rückwirkung so formuliert: »Die Deutschen wurden aufgefordert, sich völlig in unsere Hände zu liefern ... Welch bindendere Verpflichtung läßt sich denken für Nationen, die sich zivilisiert nennen?«[56] Dies kennzeichnet den Zirkel, in den die Politik bedingungsloser Übergabe geführt hat: Indem man versuchte, jedwede Verpflichtung zu vermeiden, ist man tatsächlich solche der kategorischsten Art eingegangen.

Es versteht sich, daß keine Verhandlungen mit einer nationalsozialistischen Regierung oder einer von ihr ernannten Statthalterschaft möglich waren. Dieser Sachverhalt, so sollte man denken, verlieh der deutschen Opposition um so größere Bedeutung, und zwar nicht nur für die Zwecke von Propaganda oder für die psychologische Kriegführung, sondern im Rahmen konstruktiver Politik. Statt dessen geschah, wie wiederum Harold C. Deutsch es sehr zutreffend ausgedrückt hat,[57] das Verhängnisvolle, »daß die Führer der Alliierten, genauso wie ihre Nazigegner, Opfer der eigenen Kriegspropaganda wurden, die darauf bestand, daß alle Deutschen in der gleichen Verdammnis waren«. Ja, es kam so weit (oder man mag sagen, eine bittere Ironie der Geschichte sorgte dafür), daß die westlichen Mächte praktisch mit Hitler – wenngleich aus sehr anderen Motiven – übereinstimmten, nicht nur mit seinen Anwürfen gegen die »ehrgeizige Clique« der Verschwörer, sondern letzten Endes auch mit dem Nihilismus eines Verächters des deutschen Volkes, das ihn im Stich gelassen habe und nichts Besseres verdiene als ein Höchstmaß von Zerstörung und Chaos. Die gleichen westlichen Mächte, die den aufrichtigen Wunsch hatten, demokratische Erziehungsarbeit zu leisten, fanden sich in der verwirrenden und paradoxen Situation, Erben eines diktatorischen Regimes und vieler seiner willkürlichen Methoden zu sein.

Die Haltung gegenüber der deutschen Opposition ist nur ein Teil dieses breiten Geflechts von Problemen, aber ein sehr symptomatischer Teil. Als Winston Churchill am 2. August 1944 im Unterhaus erklärte,[58] es handle sich bei den Vorgängen des 20. Juli lediglich um Ausrottungskämpfe unter den Würdenträgern des Dritten Reiches, sprach er ebensosehr gegen bessere Kenntnis und paßte sich ebensosehr den Parolen von Hitler und Goebbels an, wie das bei den amerikanischen Propagandastellen der Fall war. Eine solche Haltung konnte nur zu schweren Rückschlägen führen. In der Tat sollte es nicht die Existenz, sondern vielmehr die Abwesenheit einer nazi-gegnerischen Schattenregierung sein, die schließlich die »größte Verlegenheit« verursachte. Gewiß waren viele ihrer ursprünglichen Mitglieder und der Verschwörer überhaupt inzwischen getötet worden. Aber solange man daran festhielt, der Besatzungsarmee die Doktrin einzuimpfen, daß kein Deutscher vertrauenswürdig sei – und entgegen der besseren Einsicht mancher Stellen blieb dies die offizielle These noch für viele Monate –, so lange war es äußerst schwierig, die positiven Kräfte, die sich in der deutschen Opposition gesammelt hatten, zur Wirkung zu bringen. Es erscheint daher nicht unberechtigt, zu sagen, daß ein gut Teil selbstgeschaffener Problematik aus der negativen Haltung folgte, die in der Formel der bedingungslosen Übergabe ihren klassischen Ausdruck fand.

Zugleich ist es offenbar, daß Casablanca jede Hoffnung darauf, daß nach dem Sturz des Regimes mit einer neuen Regierung über einen erträglichen Frieden verhandelt werden würde, abschnitt und daß danach weitere Fühlungnahmen mit dem Westen, die mit einer solchen Zielsetzung unternommen wurden, nur noch sehr fraglichen Wert haben konnten. Von diesem Zeitpunkt und bis ins Jahr 1944 hinein läßt sich schlechterdings kein Beweis dafür finden, daß die Verschwörer, wie man in London und Washington wohl argwöhnte, bestrebt gewesen seien, die alliierte Front zu spalten. Jetzt aber schien es, als ob ihre eigenen Reihen sich in eine westliche und östliche Gruppe aufsplittern würden. Nach einem Zusammentreffen mit von Trott berichtete Gaevernitz[58a] über dessen Sorgen wegen der Zusammenarbeit der kommunistischen Zentrale in Deutschland mit dem Nationalkomitee »Freies Deutschland« in Moskau, das von der russischen Regierung unterstützt werde. Auch viele von den

Millionen russischer Kriegsgefangener und russischer Zwangsarbeiter in Deutschland ständen unter Moskaus Führung. Trott befürchtete daher ein »Abgleiten zur extremen Linken«. Nach der Mitteilung von Gisevius verband er seine Warnung vor solcher Entwicklung mit folgendem Hinweis und einer entsprechenden Aufforderung: »Konstruktive Gedanken und Pläne für den Wiederaufbau Deutschlands nach dem Kriege kommen ständig von der russischen Seite, während die demokratischen Länder bezüglich der Zukunft Mitteleuropas keinerlei Vorschläge machen. Sozialistische Führer in Deutschland unterstreichen die Notwendigkeit, dieses Vakuum so schnell wie möglich zu füllen... Wenn man sein Fortbestehen zuläßt, so fürchten die deutschen Arbeiterführer, daß die Demokratien trotz ihres militärischen Sieges den Frieden verlieren werden und daß die gegenwärtige Diktatur in Mitteleuropa nur für eine andere eingetauscht werden wird.«

Diese Analyse von April 1944 hat den vollen Klang der Aufrichtigkeit und warnender Prophezeiung, aber sie zeigt in keiner Weise eine entschlossene Wendung zum Osten hin an, sondern eher die Sorge vor einem Preisgegebenwerden. Trott fügte daher praktische Vorschläge hinzu, wie die Demokratien ihren Einfluß auf die deutschen Arbeiter durch ermutigende Erklärungen verstärken könnten. Im ganzen war die Verschwörung, einschließlich der gewerkschaftlichen und selbst der radikalen Elemente, wie früher bereits dargelegt worden ist, unzweifelhaft »westlich« im politischen Sinn des Wortes. Und es gibt der Zeugnisse genug für die Sorge, von der Trott zu Gaevernitz sprach. Während er in der Denkschrift für Lord Halifax aus dem Spätjahr 1939 – gemäß der damaligen Situation – ausführte,[59] daß das deutsch-russische Abkommen die äußerste Linke diskreditiert habe, bezeichnete er zugleich doch schon den National-Bolschewismus als die größte Gefahr für die deutsche Zukunft. Auf andere Bekundungen von Trotts Verhältnis zum Osten wird zurückzukommen sein. Es sei hier nur noch der Hinweis angeschlossen, daß es in einem Memorandum, das Moltke im Dezember 1943 für die Pro-Angelsächsische Oppositionsgruppe (wie er sie nennt) verfaßt hat,[60] ganz ähnlich hieß:

»Die Gruppe, der Persönlichkeiten der verschiedensten demokratischen Parteirichtungen angehören, hält eine kommunistisch-bolschewistische Entwicklung Deutschlands und die Entstehung eines deutschen ›National-Bolschewismus‹ für die schwerste und bedrohlichste Zukunftsgefahr für Deutschland und Europa...« Ferner mag daran erinnert werden, daß am Ende des Jahres 1942 einige sozialistische Mitglieder sich für das Aufschieben der Aktion erklärten, bis die westlichen Alliierten auf dem Festland gelandet wären. Der Sturz der Regierung dürfe nicht die Eroberung durch Rußland und eine kommunistische Überflutung von ganz Europa zur Folge haben. Auch die militärischen Führer der Opposition waren, wenn es denn zur Kapitulation kommen müsse, verständlicherweise dafür, daß sie zuerst im Westen sich ereigne, womöglich mit der Aussicht, die Abwehr im Osten intakt oder sie sogar mit dem Westen gemeinsam aufrechtzuerhalten. Auch Stauffenberg selbst soll nach einem Gestapo-Bericht im Frühjahr 1944 Verbindung mit England, vielleicht auch mit Amerika, aufgenommen haben, mit Friedenszielen ähnlich denen Goerdelers.[61] Er hoffte wohl noch, daß die Invasion sich vermeiden lasse oder abgeschlagen werden könne und daß dann für eine neue Regierung der psychologische Moment da sei. Das waren illusionäre Erwägungen, ebenso wie die Becks und Goerdelers über Waffenstillstand im Westen und ein Öffnen der Front einschließlich der Landung alliierter Fallschirmtruppen an deutschen Schlüsselpunkten oder die noch weitergehenden Vorschläge, die Gisevius im Mai 1944 an Dulles übermittelte.[62] Sie sahen alliierte Landungen bei Bremen und Hamburg sowie die Besetzung von Berlin durch drei alliierte Luftlandedivisionen vor, während zuverlässige Truppen Hitler und die führenden Nazis im Gebiet von München isolieren sollten. Im Sinn der »Westöffnung« hat dann schließlich Rommel im Juli noch die Aufgabe übernommen, einen Waffenstillstand an der Invasionsfront zu schließen. Seine schwere Verwundung ließ es nicht zum Versuch der Ausführung kommen.

Man kann zweifeln, ob irgendeiner dieser Gedanken und Pläne auf Resonanz rechnen konnte. Sie verdienen Erwähnung indessen als Zeichen der Bereitschaft zu verantwortungsbewußtem, wenn auch unorthodoxem Handeln und zum Beenden des sinnlosen Blutvergießens durch einseitige Kapitulation, eben damit aber auch als Zeichen entschlossen westlicher Option.

Daneben läuft eine andere Linie, ohne daß sie erlaubt, von einem dezidiert östlichen Lager und einer Aufspaltung der Opposition innerhalb der Führungsgruppe zu sprechen. Was zur Erörterung stand, war die Frage, ob Möglichkeiten nach der Sowjetseite sich ergaben, die es erleichtern würden, durch Abschluß mit Stalin zum allgemeinen Frieden zu kommen. Das letztere wird als Ziel auch von Dulles unterstellt.[63] Je nach der Reihenfolge der Schritte sollte daher Schulenburg, der frühere Botschafter in Moskau, neben Hassell als möglicher Außenminister einer neuen Regierung in Bereitschaft gehalten werden. Hassell selbst war zwar voll tiefer Sorge über eine etwaige Verständigung Stalins mit Hitler, wollte aber auch für die Opposition den russischen Stein nicht aus dem Spiel nehmen. »Es gibt eigentlich nur noch diesen einen Kunstgriff«, schrieb er im August 1943,[64] »entweder Rußland oder den Anglo-Amerikanern begreiflich zu machen, daß ein erhalten bleibendes Deutschland in ihrem Interesse liegt. Tatsächlich liegt eine gesunde europäische Mitte im Interesse sowohl des Ostens wie des Westens. Ich ziehe bei diesem Mühlespiel das westliche Spiel vor, nehme aber auch die Verständigung mit Rußland in Kauf ...« Er verzeichnete ausdrücklich das Einverständnis mit Trott im Gegensatz zu den »theoretisch-moralischen« Bedenken der anderen. Es ist klar, daß für sie beide dies Mühlespiel taktisch gedacht war – mit der Hoffnung, die erwünschte Bereitschaft des Westens um so eher zu erreichen, wenn die Opposition einen östlichen Stein im Brett hatte. Zu wirklichen Verhandlungen ihrerseits auf dieser Linie ist es indessen nicht gekommen.[65]

Es wird hinzuzufügen sein, daß auch die Annäherungsversuche von sowjetischer Seite und die Versuche propagandistischer Einwirkung auf die deutsche Opposition im Sinne einer »nationalen« Allianz wesentlich den gleichen, nur umgekehrten, taktischen Sinn gehabt haben. Das gilt von den Fühlungnahmen, zu denen es auf Sowjet-Initiative hin in Stockholm zwischen Peter Kleist, einem Adlatus Ribbentrops, und einem Mittelsmann der russischen Diplomatie (Clauss) gekommen ist. Sie fanden im Dezember 1942 sowie im Juni und September 1943 statt und sind auch Schulenburg, Trott und Hassell bekanntgeworden. Hitler ließ sie ins Leere laufen.[66] Für die russischen Absichten ist die Art recht aufschlußreich, wie Clauss nach den Teheraner Erfolgen die Aktion abschrieb: Die amerikanischen Angebote an die Sowjetunion seien so großzügig gewesen, daß Deutschland nicht mehr mitbieten könne. Und er fügte hinzu: »Das Trojanische Pferd, mit dem Stalin die amerikanische Festung gestürmt habe, sei die Drohung mit dem Nationalkomitee ›Freies Deutschland‹ gewesen.« Auch dieser »Mohr«, wird man sagen dürfen, hatte Ende 1943 schon »seine Schuldigkeit getan«.

So dürfte es bezeichnend sein, daß im ganzen Frühjahr und Sommer 1944 das Nationalkomitee in der sowjetischen Presse nicht mehr erwähnt wurde.[67]

Aber wenn es auch als diplomatische Waffe ausgedient hatte, so erledigt sich damit noch nicht die Frage nach seiner Bedeutung für die Geschichte der innerdeutschen Opposition.[68] Der Propaganda-Effekt an der Front war offenbar verschwindend gering, wie geschickt auch immer die nationale und freiheitliche Tarnung gewesen sein mag. Eben das machte das Einschwenken mancher kommunistischer Gruppen in Deutschland auf diese Linie eher schwierig.[69] Indessen ist kein Zweifel, daß eine nahe Verbindung bestand zum Zentralkomitee der KPD. Seine führenden Funktionäre arbeiteten im Frühjahr 1943 eine Plattform unter der Bezeichnung »Wir Kommunisten und das Nationalkomitee Freies Deutschland«

aus, mit der sie sich zu dessen Zielen bekannten.[70] Es liegt auf der Hand, daß ein solcher Zusammenhang, wie auch Trott mit Sorge feststellte, der Agitation der extremen Linken starken Auftrieb gab. Hingegen steht die von kommunistischen Autoren vertretene These, die manche der Kreisauer und insbesondere Stauffenberg mit dem Nationalkomitee in Verbindung bringt und sie deshalb als zum Kommunismus neigend reklamiert, auf sehr schwachen Füßen. Man mag die von der Gestapo Stauffenberg zugeschriebene Äußerung, er »halte nicht viel von den Proklamationen hinter Stacheldraht«, in ihrem Quellenwert bezweifeln, aber neben der Bekundung menschlicher Sympathie mit den Offizieren des Nationalkomitees gibt es schlechterdings keinen Beleg für irgendeinen Wirkungszusammenhang.[71]

Aus diesem Tatbestand läßt sich verstärkt der Schluß ziehen, daß die östlichen Fühlungnahmen oder Erwägungen der Opposition ganz gewiß nicht im Sinne einer sowjetfreundlichen Orientierung mißverstanden werden dürfen, oder daß überhaupt eine Ostwendung geschah. – Für Trott insbesondere ist nachzutragen, daß wesentliche seiner außenpolitischen Bemühungen weiterhin im bisherigen Sinn nach Westen zielten, jetzt mit der besonderen Bemühung, eine Rücknahme der Forderung nach bedingungsloser Übergabe zu erreichen. Im Oktober 1943 und im März 1944 verhandelte er darüber mit Mitgliedern des Intelligence Department der Britischen Botschaft in Stockholm. Er arbeitete eine Denkschrift aus, in der er die gewünschten Unterlagen bezüglich der Bedeutung der Widerstandsbewegung lieferte, aber zugleich betonte, der Erfolg möglicher Zusammenarbeit hänge von der Zurücknahme der Forderung nach bedingungsloser Übergabe ab. Es scheint, daß man ihm englischerseits anbot, ihn nach London zu einer Unterredung mit Churchill zu fliegen, allerdings unter der für ihn unannehmbaren Bedingung, daß er in England bleibe. Trott war zum drittenmal vom 23. Juni bis 3. Juli in Stockholm, und das Angebot wurde wiederholt: »The German negotiator had to be Adam and Adam alone.« Es war wie eine späte Rechtfertigung der vielfachen Bemühungen um Kontakt – eine zu späte. Inzwischen war der Entschluß zur Aktion – auch ohne jede Absicherung nach außen – gefaßt.[72]

Von den Stockholmer Fühlungnahmen hatte Dulles offenbar keine genauere Information. Wenn er an seiner Fehldeutung festhielt, so hat dazu wiederum Gisevius Anlaß gegeben. Zwar stellte der amerikanische Beobachter fest, daß im endlichen Ergebnis keine Meinungsverschiedenheit innerhalb der Verschwörer bezüglich östlicher oder westlicher Orientierung bestand und daß sie alle dessen gewahr zu werden begannen, es könne sich nur um »bedingungslose und gleichzeitige Übergabe« handeln. Und doch behauptet er, daß sie über der Frage auseinanderfielen,

»ob man ostwärts zum Kommunismus oder westwärts zur Demokratie hinblicken solle«, und daß diese Bedrohung ihrer Einigkeit andauerte »bis zur letzten Minute«.[73] Überdies verwischt er die Linien des Bildes, indem er die westliche Gruppe »militärisch« und »revolutionär«, die östliche hingegen »evolutionär« nennt. Diesem Urteil liegt offenbar eine Überbetonung der Moltkeschen These zugrunde, daß »Hitler und seine Helfershelfer vor der Geschichte und dem deutschen Volke den bitteren Kelch der Niederlage selbst auskosten sollten«.[74] In Wirklichkeit befürwortete der Kreisauer Kreis keineswegs, wie wir sahen, schlechthin Untätigkeit, auch war er sicherlich weit mehr »revolutionär«, zum mindesten in wirtschaftlichen und sozialen Fragen, als die anderen nichtkommunistischen Elemente der Opposition. Moltke und seine Freunde waren bereit, das Sowjet-Experiment in vieler Hinsicht sehr ernst zu nehmen.

Auch von Trott ist das bekannt. Er legte die ihm besonders wichtigen Grundgedanken seiner Politik in einer Denkschrift »Deutschland zwischen Ost und West« nieder, die leider verlorengegangen ist.[75] Sie wird sich nicht auf die politisch-diplomatische Mittellage beschränkt, sondern ihren Schwerpunkt im Kulturellen und Sozialen gehabt haben. Im Sinne eines gesellschaftspolitischen Programms ist von Trott die Formel überliefert, es gelte, »das Realprinzip des Ostens mit dem Personalprinzip des Westens zu vereinen«.[76] Es ist das genau die gleiche Verbindung oder Mittelstellung, die sich uns auch aus der Erörterung des Kreisauer Gedankenguts ergab und die in der Tat über alles Taktische hinausgreift. Wenn Trott in den früher erwähnten Mitteilungen, die er im April 1944 an Dulles gelangen ließ, mit der Ausmalung kommunistischer Tätigkeit in Deutschland und der sowjetischen Propaganda den Westen zu konstruktivem Handeln drängen wollte, so hat er schon in den Tagen vor Casablanca seine Grundgedanken in einer anderen, direkt an Dulles gerichteten Denkschrift dargelegt, die allerdings nicht hätte als sowjetfreundlich gedeutet werden sollen. Sie ist vielmehr, weiter gedacht, mit ihrer Vorhersage entscheidender Entwicklungen auf dem sozialen (viel mehr als auf dem militärischen) Gebiet und mit ihrer Hoffnung auf eine Volksbewegung gegen die kommunistische und atheistische Diktatur noch heute von Bedeutung. So mögen einige Zitate aus ihr hier stehen.[77]

Trott ging von den enttäuschenden Erfahrungen aus, die in allen Gesprächen mit dem Westen gemacht worden waren. Er betonte insbesondere die Unfähigkeit der westlichen Mächte zu verstehen, daß die Deutschen selber ein unterdrücktes Volk seien, das in einem besetzten Gebiet lebe, und daß die Opposition sich größten Gefahren aussetzte, indem sie auf ihrer Tätigkeit beharrte. Das Ergebnis sei, so fuhr Trott fort, daß »die Opposition die angelsächsischen Länder von bürgerlichen Vorurteilen und pharisäischen Theorien erfüllt sieht«. Es bestehe eine starke Versuchung, sich nach Osten zu wenden. Der Grund [dafür] ist der Glaube an »die Möglichkeit einer Verbrüderung zwischen dem russischen und dem deutschen Volk, wenngleich nicht zwischen ihren gegenwärtigen Regierungen. Beide Völker haben mit der bürgerlichen Denkweise gebrochen, beide haben tief gelitten, beide wünschen eine radikale Lösung der sozialen Fragen, die über nationale Grenzen hinausgeht, beide sind auf dem Wege der Rückkehr zu den religiösen, wenn auch nicht den kirchlichen Überlieferungen des Christentums. Der deutsche Soldat hat Achtung, nicht Haß, für den Russen. Die Opposition glaubt, daß die entscheidende Entwicklung in Europa auf sozialem, nicht auf militärischem Gebiet stattfinden wird. Wenn der Feldzug in Rußland nach der Zurückwerfung der deutschen Armeen zu einem gewissen Stillstand kommt, kann sich eine revolutionäre Lage auf beiden Seiten ergeben. Eine Verbrüderung zwischen deutschen und den eingeführten fremden Arbeitern ist gleichfalls ein wichtiger Faktor. Hitler ist gezwungen gewesen, sich um die Arbeiterklasse zu bemühen, und hat ihr zu einer zunehmend starken Stellung verholfen; das Bürgertum, die Intellektuellen und die Generale verlieren mehr und mehr an Bedeutung. Hitler wird fallen, und die Bruderschaft der Unterdrückten ist die Grundlage, auf der ein völlig neues Europa aufgebaut werden wird.«

Es war dies die gleiche visionäre Idee einer »Bruderschaft der Unterdrückten«, die schon in Moltkes Gedanken einer Wiederherstellung des Menschenbildes und in der Verbindung mit christlichen Gruppen in anderen besetzen Gebieten vorausklang. Stauffenberg hing ihr in besonderem Sinne an, wie schmal auch die Basis für solch eine Hoffnung gewesen sein mag. Beispiele der Verbrüderung mit Fremdarbeitern fehlen immerhin nicht. Und Stauffenbergs Versuch, die russischen Freiwilligen, die auf deutscher Seite dienten, vor dem Mißbrauch als Kanonenfutter und als Werkzeuge deutschen oder russischen Nationalismus zu bewahren, bringt diese grundlegende Konzeption zu voller Klarheit.[78] So ist es denn an diesem Punkt, daß noch einmal und im Widerspruch zu allen Mißdeutungen die innerste Triebkraft, die der deutschen Opposition einen besonderen Rang verleiht, sichtbar wird. Sie stand und fiel mit einer prinzipiellen Stellungnahme gegen jede Art von totalitärem System, mit einem grundsätzlichen Bestehen auf den Leitgedanken europäischer Zivilisation, auf menschlicher Würde, auf den religiösen Überlieferungen des Christentums und den unabdingbaren Werten humaner Existenz. All dies war ausgerichtet gegen die anonymen Kräfte entmenschlichter sozialer und politischer Systeme. Wenn man dies betont, so wird man freilich zugleich zugeben müssen, daß die deutsche Opposition geringe Unterstützung

fand in sogenannten Realitäten, weder in denen des Westens noch in denen des Ostens. Sie focht einen Kampf europäischer Vorhut gegen alle Hoffnung und ohne Aussicht auf unmittelbaren nationalen oder sozialen Gewinn.
So war in der Tat die Lage nach dem Januar 1943, welche Auswege auch immer versucht oder welche verzweifelten Anstrengungen gemacht werden mochten. Im Grunde gab es keine Chance, und nichts blieb übrig, als das Notwendige zu tun. Mr. Dulles faßte das selbst in durchaus zutreffender Weise zusammen, wenn er feststellte:[79] »Von Schweden wie auch von der Schweiz, ja von Spanien, der Türkei und dem Vatikan mußten die Verschwörer erfahren, daß sie auf keinerlei Versprechungen seitens der Alliierten rechnen konnten, daß sie, wenn sie dazu bereit waren, vorangehen mußten, nicht in der Hoffnung auf bessere Friedensbedingungen, sondern lediglich, weil die Pflicht der Reinigung des eigenen Hauses eine absolute war. Es bestand kein Rückhalt in der Hilfe und den Versprechungen anderer.« In der Tat: Während alle sonstigen Untergrundbewegungen über Europa hin reichlich materielle wie psychologische Unterstützung erfuhren und sehr konkrete Belohnungen in Reichweite hatten, war die deutsche allein völlig auf ihre eigenen Kraftquellen angewiesen. Diese waren nur an der Oberfläche militärisch, im Prinzip waren sie geistiger und religiöser Art. Von dieser Grundlage aus konnte Mord als sittliche Pflicht aufgefaßt werden, als eine Pflicht, den deutschen Namen zu reinigen und die Welt vom Übel zu erlösen, als eine Befreiung, die von Deutschen selbst bewirkt werden müsse. Von Tresckows Worte sind zitiert worden, die das klar aussprachen. Im gleichen Sinne sagte der frühere Staatssekretär Erwin Planck: »Das Attentat muß versucht werden, allein schon um der moralischen Rehabilitierung Deutschlands willen . . ., selbst wenn dadurch keine unmittelbare Besserung der außenpolitischen Chancen Deutschlands einträte.«[80] Dies war nicht der Standpunkt der Opposition im Jahre 1938 oder zu Beginn des Krieges gewesen, als es noch möglich schien, Teile des politischen und gesellschaftlichen Aufbaus eines Vorkriegs-Europa zu retten. Aber schließlich wurde Casablanca mit einer anderen »bedingungslosen« Haltung beantwortet – der des Angriffs auf ein Regime der Schande, einerlei ob dessen Sturz einen erträglichen an Stelle eines unerträglichen Friedens versprach. Er versprach tatsächlich nichts – außer einer Abkürzung des Krieges, die Unzähligen das Leben retten sowie ganz Europa und der ganzen westlichen Kultur das tiefste Absinken ersparen mochte, das noch bevorstand.

Zusammenfassung und Ausblick

Wenn man den Versuch macht, das Wesentliche der hier behandelten Vorgänge, der Pläne und Aktionen, der Gewissenskämpfe und der politisch-sozialen Ideenbildung, in einer Art von Bilanz zu würdigen, so müssen gewiß einige Fragen offengelassen werden. Nicht nur Tatsachenfragen, die vielleicht niemals voll aufzuklären sein werden, sondern auch Fragen einer letzten, widerspruchsfreien, ja apodiktischen Beurteilung, wie sie einer von den Ereignissen selbst unberührt gebliebenen Generation naheliegen mag. Ein solches Verdikt geht über die Zuständigkeit des Historikers und wohl über die sterblicher Menschen überhaupt hinaus. Es wird demgemäß hier weder ein Richteramt angemaßt, noch die Rolle des Staatsanwalts oder des Advokaten in Anspruch genommen. Allein schon die Achtung vor dem Ernst und dem umfassenden Charakter der in Betracht kommenden Probleme war (neben vielen andern Gründen) Anlaß genug, diese Studie nicht als Verteidigungsschrift (oder gar als Schrift mit der Absicht einer »Mythenbildung«) zu unternehmen und sie in keiner ihrer Phasen als solche zu betrachten. Auch steht es nicht dem Historiker zu, von sich aus zu entscheiden, ob und bis zu welchem Grade der Ausdehnung die Eigenart der deutschen Opposition gegen Hitler, ihre Handlungen, ihre Absichten, auch wenn sie nicht zum Erfolg führten (– so gewiß sie die »Ehre des Landes« wiederherzustellen geeignet waren –), zugleich sozusagen »mildernde Umstände« begründen in der Abrechnung mit dem, was das Dritte Reich Millionen von Menschen angetan und was es an Verheerungen hinterlassen hat. Es mag genügen daran zu erinnern – und dies ist vielleicht wichtiger als irgendeine Feststellung, die man heute vom Schreibtisch aus machen könnte –, daß die leitenden Männer der Verschwörung selbst, Geistliche sowohl wie Laien, und zwar mitten im Sturm der Ereignisse und der Erprobungen, für den Gedanken der Sühne lebten und starben. In einem Abschiedsbrief, den Goerdeler im Gefängnis schrieb, drückte er den gleichen Gedankengang aus, den man in so vielen anderen Dokumenten des deutschen Widerstandes findet. Er schloß den Brief mit den Worten:[1] »Die Welt aber bitte ich, unser Märtyrerschicksal als Buße aufzunehmen für das deutsche Volk.«

Nicht im Hinblick auf die metaphysische oder politische Seite dieses Appells, sondern um der geschichtlichen Gerechtigkeit und Wahrheit willen ist diese Studie vor mehr als zwanzig Jahren begonnen worden. Ihr nächstes Anliegen war daher, Tatsachen zur Klarheit zu bringen, die damals einem breiteren Publikum weithin unbekannt waren und die auch in den Jahren danach kaum je in ihrer Vielfalt, in ihrer wechselseitigen Beziehung und Durchdringung, vorgelegt worden sind. Wie in jeder geschichtlichen Studie bedürfen diese Tatsachen zudem der Einordnung in weitere Zusammenhänge zeitbedingter wie überzeitlich-werthafter Art und zugleich der immer erneuten kritischen Überprüfung, insoweit es sich um die zugrunde liegenden Quellen handelt. All dies gehört zum rechtmäßigen Arbeitsfeld des Historikers. Er wird dabei die Hilfe des Soziologen und Politologen bereitwillig in Anspruch nehmen, ohne sich den mit Absolutheitsanspruch aus der Gegenwartslage der industriellen Gesellschaft entnommenen und daher oft für die dreißiger und vierziger Jahre zeitfremden und sachfremden Kategorien bedingungslos zu unterwerfen.

Wie dem auch sei: Es darf im Hinblick auf die Forschung zweier Jahrzehnte wohl gesagt werden, daß innerhalb der Grenzen reiner Tatsachenfeststellungen ein verhältnismäßig breites Gebiet nunmehr als gesichert betrachtet werden kann und aus der Atmosphäre des Getarnten und Verfemten, die es umgab, wie auch der des verzerrenden Einflusses, den Parteistreit, Leidenschaft, Ressentiment und politische Propaganda jedweder Art naturgemäß gehabt haben und zum Teil noch haben, herausgehoben ist.

Einige wenige Ergebnisse solcher Art mögen kurz zusammengefaßt werden. Die deutsche Opposition gegen Hitler war zunächst einmal zahlenmäßig verbreiteter, als vielfach zugestanden worden ist, sie war nicht nur Angelegenheit einer »Elite« klassenmäßig und interessenmäßig begrenzter, in der Vergangenheit lebender, allem »Modernen« abgewandter Art, noch, wie die Gegenthese lautet, in Intensität und Wirkungsgrad von der Nähe zum Kommunismus abhängig. Sie war breit gestreut und dabei ausgedehnter, als unter den Bedingungen des Terrors erwartet werden konnte. Sie entwickelte sich nicht nur durch verschiedene Stufen der Nicht-Gleichschaltung und Nicht-Übereinstimmung hindurch: von der Feindseligkeit, die hinter Gefängnismauern und Stacheldraht erstickt wurde – aber auch da bis zum Ende hin ihre bestimmten lagerbedingten Ausdrucksformen fand[2] –, vom Abseitsstehen, Sich-integer-Halten und von dem Schweigen einer potentiellen Opposition, vom humanitären Protest und von der geheimen Hilfe, die Opfern der Verfolgung gewährt wurde, zur Gegenpropaganda der Illegalen, zu ihrer

Untergrundtätigkeit, zum geistig-religiösen Angriff auf die Grundgedanken aller totalitären Systeme, zu aktivem Planen und politischen Widerstand.

Darüber hinaus kann festgestellt werden, daß die deutsche Opposition schon lange vor dem Krieg in bestimmten Formen Gestalt gewann und daß sie ihren ersten Höhepunkt in einem Versuch erreichte, dem Kriege vorzubeugen. Auch im weiteren Verlauf war es nicht erst die drohende Niederlage, die sie zum Handeln trieb; im Gegenteil, einige ihrer führenden Männer waren überzeugt, daß ein Sieg Hitlers, ein Sieg des »Erzfeindes der ganzen Welt« und des Antichrist, die größte aller möglichen Katastrophen sein würde; sie waren dieser Überzeugung – wie auch der von der äußeren Unmöglichkeit eines solchen Ausganges – bereits zu einer Zeit, als ein deutscher militärischer Sieg vielen noch durchaus wahrscheinlich erschien. Während die scharfe Schneide, die »Vorhut« der Opposition militärisch war, wie es unter einem totalitären System kaum anders sein kann, wurde ihr »Körper und Geist« vom Politischen und Ethischen her bestimmt. Wenngleich die Verschwörung durch führende Männer bestimmter gesellschaftlicher Gruppen geleitet wurde, so umfaßt sie doch alle sozialen Elemente, bürgerliche und militärische, aristokratische und proletarische, geistliche und weltliche. Sie brachte aus ihren Reihen eine Anzahl von Persönlichkeiten hervor, die fähig und bereit waren, die Regierung Deutschlands in den Provinzen und Städten sowohl wie in der Zentrale zu übernehmen; sie unterhielt mit dem Ausland Fühlung und hat es an Warnungen sowohl wie an Beweisen ihrer Existenz nicht fehlen lassen. Während die Opposition aus naheliegenden technischen Gründen keine Massenbewegung sein konnte und auch nicht wagen durfte, sich an die nazihörigen Teile der Bevölkerung in irgendeiner Form der Gegenpropaganda zu wenden, war sie doch ausgerüstet mit einem Netzwerk von Zellen und mag hier und da bis in die kleinen Gemeinschaften hinuntergereicht haben. Überdies hatte sie für die Zeit nach dem Sturz des Regimes ein Programm, das ein Vakuum verhindert hätte, das neben Formen einer Übergangslösung Vorschläge und Forderungen enthielt, die mindestens in einigen ihrer Hauptrichtungen – ungeachtet sonstiger Verschiedenheiten – einer breiten Koalition oppositioneller Kräfte gemeinsam waren und über die nächsten Ziele, Beendigung des Krieges und Bildung einer nazifreien Regierung, weit hinausgingen.

Mit der Analyse dieses positiven Programms, der Motive, der bestimmenden Zwecke und der leitenden Gedanken der deutschen Opposition wechselt die Aufgabe des Historikers von der Tatsachenfeststellung in die der Deutung hinüber, die der wichtigere und zugleich naturgemäß der schwierigere Teil seines Anliegens ist. Immerhin hat auch in diesem Betracht der Grund erheblich an Festigkeit gewonnen. Man sollte das in seiner Bedeutung für das geschichtliche Bild der jüngsten Epoche nicht unterschätzen, auch wenn inzwischen auf gesichertem Boden neuer Streit sich erhoben hat, so über den »realpolitischen« Gehalt des Programms, über restaurative oder revolutionäre Züge, über die Fähigkeit zum Handeln von einer moralischen Opposition aus wie über die Grundsatzfragen des Widerstands, zu denen im Vorwort wie an entscheidenden Punkten des Textes Stellung genommen worden ist.

Es wird daher, um sich des Abstandes und zugleich doch auch einer bestimmten Gegenwartsaktualität zu vergewissern, die als solche in der Haltung von Deutschen vorgelebt worden ist, gut sein, noch einmal für einen Augenblick daran zu erinnern, welches Ausmaß die Entstellungen und Vorurteile gegenüber dem Phänomen der deutschen Opposition um 1945 tatsächlich angenommen hatten. Es ist unbestreitbar, daß insbesondere angelsächsische Verlautbarungen, nachdem sie einmal das Vorhandensein eines Widerstands hatten zugeben müssen, die Bewegung weitgehend karikierten und die »Offiziere« in einer Weise angriffen, die fast auf ein Bündnis mit Hitler hinauslief. In der Tat fanden sich in leitenden Zeitungen erschütternde Zeugnisse dieser seltsamen Allianz.

Es mag genügen, aus einigen Leitartikeln zu zitieren, die den Sinn des 20. Juli der amerikanischen Öffentlichkeit erläuterten. Am 9. August stellte die »New York Times« fest, daß die Einzelheiten des Attentates eher an »die Atmosphäre der finsteren Verbrecherwelt« erinnerten als an die, welche »man normalerweise in einem Offizierskorps eines Kulturstaates erwarten würde«. Ein ganzes Jahr lang, so bemerkte die »Times« in vorwurfsvollem Tone, hatten einige der höchsten Offiziere der deutschen Armee sich mit Plänen beschäftigt, »das Oberhaupt des Staates und den Oberkommandierenden seiner Armee gefangenzusetzen oder zu töten«. Schließlich führten sie ihren Plan aus »mit einer Bombe, der typischen Waffe der Verbrecherwelt ...« Einige Tage früher (1. August) hatte die »New York Herald Tribune« geschrieben: »Wenn der Hitlerismus seine letzte Verteidigungsstellung bezieht, indem er die militärische Tradition zerstört, dann nimmt er den Alliierten einen großen Teil ihrer Arbeit ab.« Am 9. August fügte die gleiche Zeitung die folgende Würdigung hinzu: »Amerikaner werden im allgemeinen nicht bedauern, daß die Bombe Hitler verschont hat, auf daß er seine Generale erledige. Amerikaner haben nichts übrig für Aristokraten als solche und am wenigsten für diejenigen, die dem Gleichschritt (goosestep) huldigen und, wenn es in ihre Pläne paßt, mit niedriggeborenen, pöbelverbundenen Korporalen zusammengehen. Mögen die Generale den Korporal töten oder umgekehrt, am liebsten beides.«

Es besteht ein beträchtlicher Abstand zwischen den ethischen Vorstellungen dieser Leitartikel und denen der Männer – viele unter ihnen in der Tat Offiziere und Aristokraten –, die es als ihre Pflicht ansahen, die Bande der gewohnten Loyalität zu zerbrechen und das Staatsoberhaupt »gefangenzusetzen oder zu töten«. Das Problem des Militarismus sollte gewiß nicht leichtgenommen werden, und die deutsche Historie hat sich ihm mit Energie gewidmet. Aber das Scheinbild, das um dies geschichtliche Phänomen herumgewoben ist, hat unerträgliche Verallgemeinerungen mit sich geführt. Sie sind schlechterdings nicht zu vereinbaren mit dem Geist, der aus den Zeugnissen der deutschen Oppositionsbewegung spricht. Aus ihnen ergibt sich vielmehr, daß die Überlieferungen eines »echten preußischen Militarismus«, soweit sie noch im Nazideutschland vorhanden waren, durchaus eine Schranke gegen nationalistische und demagogische Ausschreitungen bildeten. Vielleicht besteht eher Anlaß zum Bedauern, daß nicht mehr vom Grundbestand dieser Traditionen den Zeitgeist überlebt hatte. Wie immer dies sein mag, die leitenden militärischen und aristokratischen Mitglieder der Verschwörung waren gewiß nicht in eng gefaßten Begriffen ihres Berufes und ihrer Kaste befangen, sie dachten sehr weitgehend in denen der Wiederherstellung menschlicher und übernationaler Werte. Die stärkste Kraft, die sie trieb, waren moralische und religiöse Impulse. Es wird kaum nötig sein, die Gedanken und Taten hier wiederholend zusammenzufassen, die eine solche Deutung unterstützen.

Hingegen soll – in der Schlußbetrachtung und um des Ausblicks willen – nicht darüber hinweggegangen werden, daß gerade an diesem Punkt, zumal im angelsächsischen Schrifttum, kritische Betrachtungen oder grundsätzliche Erwägungen angesetzt haben. So in einer Chicagoer Dissertation von George K. Romoser und seinem Aufsatz »The Politics of Uncertainty«[3]. Der Autor bestreitet nicht die Widerstandsmotive religiöser oder moralischer Art – etwa bei Goerdeler – aber er bagatellisiert sie, indem er der deutschen Historie vorwirft, daß sie zwar von den idealistischen Prinzipien und den Zielen moralisch orientierter Verschwörer spreche, aber nicht von dem »Schisma« zwischen diesen Zielen und den Erfordernissen des Handelns hic et nunc. Man wird diesen Vorwurf nicht als berechtigt anerkennen können–, oder höchstens in dem Sinn, daß wir statt Schisma lieber Dilemma sagen würden. Auch lag gewiß nicht an diesem Punkt, wie der Autor fortfährt, »das Zentrum aller Diskussionen zwischen den Verschwörern«. Ebenso wird man sich gegen andere grobe Vereinfachungen wenden müssen; es trifft nur für einzelne zu, daß die Opposition gegen Hitler eine Art Fortsetzung der Opposition gegen Weimar war oder daß ihre Mitglieder einige Zeit lang kollaboriert hatten.

Und die Behauptung, es gebe keine »wichtigere Aufgabe« (!) in der Interpretation des deutschen Widerstands als die »Erforschung der Beziehungen zwischen der Anti-Nazi-Bewegung«, die erfolglos war, und »der Anti -Weimar-Bewegung«, die Erfolg hatte, zeigt, in welchen Irrweg eine angeblich realpolitische Betrachtung führt. Auch daß der Hauptgrund der »Uncertainty« in dem Mißtrauen der Verschwörer gegen die Massen gelegen habe, ist nur bedingt richtig, nämlich nur insofern, als ihre Zielvorstellungen allerdings um die Problematik der Massendemokratie kreisten. Aber für den Aufstand gegen das Regime glaubten sie, wenn die Ketten einmal gefallen seien, einer relativ breiten Gefolgschaft sicher zu sein. Es hilft nicht viel weiter, wenn bei dem Bemühen um ein objektives Verstehen die Bedeutung des deutschen Widerstands schließlich darin gesehen wird, daß er »die Schwierigkeiten aller politischen Aktionen deutlich macht« oder, wie der Autor erläuternd ausgeführt hat, die Schwierigkeit, »moralische Einwände mit realpolitischen Zielen zu verbinden«.

Mit Berufung auf Romoser glaubt Hannah Arendt in der deutschen Ausgabe ihres Eichmann-Buches[4] vom »politischen Bankrott der gesamten Widerstandsbewegung seit 1933« sprechen zu können. Sie erkennt gewiß auch den Mut der »Leute« an, die mit ihrem Leben zahlten, schließt sich gleichwohl aber mit einiger Entschiedenheit dem Urteil von F. Reck-Malleczewen (aus dem »Tagebuch eines Verzweifelten«) an, daß die, »welche vorgestern die Monarchie und gestern die Republik« verrieten, nun dasselbe getan haben (am 20. Juli) gegenüber einer »pleite gegangenen Firma, um sich ein politisches Alibi zu verschaffen«. Und die Autorin bekennt sich schließlich zu der Ansicht, »daß das, was man gemeinhin unter Gewissen versteht, in Deutschland so gut wie verloren war, ja daß man kaum sich noch bewußt war, wie sehr man selbst bereits im Bann der von den Nazis gepredigten Wertskala stand«. Ein Urteil, das – wie in anderen Fragen, zu denen die Verfasserin Stellung nimmt – nur von außen und mit einem gut Teil Pharisäertum gefällt werden konnte.

Auf ganz anderen Voraussetzungen beruhen die Zweifelsfragen, die in einer jüngst erschienenen Veröffentlichung aus dem Smith College Klemens von Klemperer an »The Case of the German Opposition« angeknüpft hat[5] – Zweifelsfragen betreffend das »Mandat« zum Widerstand, das im deutschen Fall fragwürdig gewesen sei. Er zitiert, wenn auch nicht gerade zustimmend, das absprechende Verdikt eines jungen amerikanischen Autors (H. M. Pachter)[6]: Die Verschwörer gehörten zu einer Gesellschaftsgruppe, bereit, »Nation und Staat zu verraten«, jedesmal wenn ihre Privilegien in Gefahr waren! Immerhin auch Klemperer ist der Meinung, daß die Opposition eine »ohne Volk« war, daß ihr sowohl das Mandat populären Auftrags wie einer liberal-demokratischen Tradition ge-

fehlt habe. Indem er den Vorwurf des Opportunismus zurückweist, möchte er vielmehr von politischer »Unreife« und irregeleiteter Romantik sprechen, jedenfalls von einer unpolitischen Neigung zu abstraktem Theoretisieren, die kein Mandat zum Widerstand begründen könne, wie es außerhalb Deutschlands für die dortigen Résistancen aus Naturrecht und Nationalinteresse sich ergeben habe. Man könnte hier schon fragen, ob das, was im Gedankengut der deutschen Opposition als politikfern (oder »unmodern«) erscheint oder das Angehen gegen ein sogenanntes »Nationalinteresse« als höchste Instanz nicht das eigentliche Politikum war. Ohne so weit zu gehen und ohne in der Kritik an dem langsamen und späten Start nachzulassen, kommt der Autor in durchaus positiver Wendung doch zur Anerkenntnis eines legitimen Mandats, und zwar gerade im aristokratischen und konservaten Ethos. Interessanterweise wird dabei aus der Gegenwartssicht der sechziger Jahre die konkrete Erscheinung der deutschen verantwortungsbewußten Opposition gegen Hitler abgesetzt von der Forderung einer jungen Generation nach »preventive« oder »perpetual resistance«, die nur zu einer neuen Form von Tyrannei führen könne. Wo aber, so lautet das zusammenfassende Urteil, in einer Gesellschaft alle friedlichen und verfassungsmäßigen Mittel gegenüber einem tyrannischen Regime erschöpft sind, wird aktiver Widerstand legitim. »Das war der Fall in Hitlers Deutschland.«
Mit dieser Analyse wird erneut eine wiederholt schon berührte Tatsache hervorgehoben, nämlich die Rolle, die aristokratische und konservative Elemente innerhalb der deutschen Opposition gespielt haben. An diesem Punkte greift die Abwehr alter und neuer Mißverständnisse in die Erörterung einer Grundfrage hinüber. Eine rein soziologische Betrachtungsweise führt nicht sehr weit in ihrer Erhellung. Und auch mit der Betonung des Generationenwandels, mit der Unterscheidung zwischen denjenigen, die, in ihrem Geschichtsbewußtsein unerschüttert, noch an einem Wunschbild besserer Vergangenheit hingen, sei es des kaiserlichen, sei es des Weimarer Deutschland, und denen, die »Revolution machen« wollten, ist es nicht getan. Sosehr dieser Unterschied eine Realität war, so wenig gibt er den Schlüssel der Würdigung in die Hand. Keiner der Alten – und ganz gewiß nicht Goerdeler – war »unerschüttert« oder reaktionär in dem Sinne, daß er nicht von der Notwendigkeit eines tiefgreifenden Neuansatzes überzeugt gewesen wäre, – keiner der Jungen wollte eine gewaltsame Umschaffung, wie sie die Sowjets durchgeführt hatten oder Hitler mit seiner Unterminierung aller historischen Strukturen betrieb. Aristokratisches, d. h. verantwortliches Führungsdenken und eine konservative Freiheitsidee war in beiden Lagern vertreten.
Auch hier wird es, um gewisser terminologischer Schwierigkeiten willen,

angezeigt sein, noch einmal auf den Ausgangspunkt dieser Studie zurückzugreifen, insoweit sie der Abwehr bestimmter amerikanischer Mißdeutungen galt. Es liegt auf der Hand, daß für Betrachter in den Vereinigten Staaten die Würdigung des aristokratischen Elements durch jahrhundertealte demokratisch-egalitäre Traditionen erschwert wird und die des konservativen durch einen Wortgebrauch, der von dem in Europa üblichen erheblich abweicht. Das ist hier nur insoweit zu berühren, als es für eine Würdigung der deutschen Opposition Bedeutung hat. Amerikaner, die über dieses Thema mit Sympathie schreiben, wie etwa der jüngere McCloy (dessen Buch in deutscher Übersetzung den bezeichnenden Untertitel trägt: »Ein Geschenk an die deutsche Zukunft«), werden geneigt sein, die energischsten Gegner der Nazis allgemeinhin »Liberale« im Sinn von »fortschrittlich« zu nennen, während es sich im europäischen Wortsinn um radikale Sozialisten oder radikale Konservative handeln mag, in jedem Fall um Männer, die staatliche Tyrannei sowohl wie unbeschränkten Individualismus bekämpften. Es gibt ja seit Tagen Edmund Burkes eine Freiheitsbewegung gegen Gewaltherrschaft – sei es eine der alten Autoritäten oder eine ausgeübt von einer revolutionierten Masse –, die unter konservativem Vorzeichen steht. Umgekehrt hat in den Vereinigten Staaten das Wort »konservativ« sich an die Nachfahren des klassischen Liberalismus geheftet, die gegen den »New Deal«, überhaupt gegen jeden staatlichen Eingriff in die persönliche oder wirtschaftliche Sphäre und zumeist Vertreter von »big business« sind. Gerade dieser Sprachgebrauch dürfte es möglich machen – auch für den deutschen Betrachter –, zu verstehen, wenn auch nicht als Verdikt hinzunehmen, daß, wie erwähnt, gerade die Kreisauer Aristokraten und andere Konservative sowohl wie ihre sozialistischen Freunde in Goerdeler wegen seiner »liberalen« Hinneigung zu den freihändlerischen und bürgerlichen Idealen des 19. Jahrhunderts einen »Reaktionär« sahen.
Diese Verschiedenartigkeit im Gebrauch von Begriffen sollte nicht die klaren Linien verwischen, aber sie gibt vermehrten Anlaß, einseitige Verallgemeinerungen zu vermeiden. In der Tat nahmen Liberale, Sozialisten und Konservative an der deutschen Opposition teil in verschiedenen Mischungsgraden, aber alle irgendwie vom Grundanliegen wiederherzustellender Freiheit getrieben. Ganz gewiß kann die Widerstandsbewegung nicht deshalb als reaktionär abgestempelt werden, weil konservative und aristokratische Elemente so wesentlich zu ihr beitrugen. Soweit es sich bei der deutschen Opposition um eine restaurative Tendenz handelte, zielte sie zum Teil und eben gerade bei Goerdeler auf die Erneuerung eines gesellschaftlichen und wirtschaftlichen Systems ab, das im Sinne der bürgerlichen Geschichtsepoche möglichst weitgehend von politischer Inter-

vention frei sein sollte. Auf der anderen Seite war der Wunsch, die Werte westlicher Kultur zu »restaurieren«, das heißt die Menschenwürde oder, in Moltkes Worten, das »rechte Verhältnis zwischen Verantwortung und Anspruch« wiederherzustellen, gewiß auch für Goerdeler zentral, entsprach aber in besonderem Maße konservativem Denken. Wir sahen, daß auf religiösem Gebiet die Orthodoxie sich am stärksten auf die Pflicht des Widerstands besann. Genauso gewann ein echter politischer Konservatismus seine traditionelle Stellung gegenüber der Verherrlichung von Staat und Nation zurück – gegenüber der Vergötzung von Technik und Mammon, in der Tat gegenüber allem, was aus dem Menschen ein Mittel zum Zweck zu machen droht.

So erlebte man überall in Europa, unter Katholiken wie Protestanten, eine Wiederbelebung der Kräfte eines religiösen, kulturellen und politischen Konservatismus. Überhaupt rief die herandrängende nihilistische Welle und die drohende Entseelung eines mechanisierten und säkularisierten Gesellschaftsapparats starke Gegenkräfte auf. In Deutschland war das schon in Teilen der Jugendbewegung und anderen neukonservativen Gruppen der zwanziger Jahre zum Ausdruck gekommen. Unter dem Druck des Hitlerregimes verbanden sich diese Kräfte mit sozialistischen Elementen allerdings zu einer Front, die man schwerlich im kontinentalen Sinn »liberal« nennen kann, die ebenso den zentralistischen Nationalstaat wie das ihm zugrunde liegende bürgerlich-gesellschaftliche System und andere Glaubensartikel des 19. Jahrhunderts bekämpfte.

Das hieß unter anderem, daß die Männer der deutschen Opposition nicht die Absicht hatten, die Idee des Volks-Staates da wiederaufzunehmen, wo die Weimarer Republik sie hatte fallenlassen müssen. Ihre Pläne gingen, in verschiedenem Grade und mit verschiedenen Schattierungen, auf eine konservative und dezentralisierte Demokratie, mit einer mehr oder weniger starken Beimischung von Sozialismus. Wiederum wird es nützlich sein, daran zu erinnern, daß auch die Väter der amerikanischen Republik überzeugt waren, uneingeschränkte Mehrheits-Herrschaft werde sicherlich zur Tyrannei führen. Ihr System von Gewichten und Gegengewichten (»checks and balances«) war anders als das der deutschen Opposition, aber es hatte gleichfalls Züge einer konservativen Demokratie, und der Nachdruck, der auf örtliche Selbstverwaltung und Dezentralisierung gelegt wurde, war in beiden Fällen nicht so sehr verschieden. In Deutschland bedeutete das ein Zurückgehen auf ältere Überlieferungen, etwa auf des Freiherr vom Stein z. T. unvollendet gebliebene Reformpläne, aber die Rückwendung bedeutete zugleich ein forderndes Vorausdenken mit Bezug auf noch heute aktuelle Probleme. Sie sind mit der äußeren Betonung stabilisierender Faktoren im demokratischen Aufbau

und mit einem formal sehr weitgehenden Föderalismus innerlich noch keineswegs gelöst, und Adam von Trotts Worte, daß die entscheidende Entwicklung in Europa »auf sozialem, nicht auf militärischem Gebiet« stattfinden werde, haben weder durch die Erfahrungen des kalten Krieges noch die der Koexistenz an Bedeutung verloren.
Das gleiche wird vom internationalen Gedankengut der deutschen Oppositionellen zu gelten haben. Auch hier besteht ein naher Bezug zu den dringendsten Bedürfnissen unserer Tage. Es mag dabei angemerkt werden, daß ihre Pläne für die Auflösung Preußens und die Föderalisierung Deutschlands nicht rein negativer Art und nicht von Ressentiments diktiert waren; sie gingen nicht nur darauf aus, die Möglichkeit einer hegemonialen Machtbildung in der Mitte Europas schon im Ansatz auszuschließen, wenngleich sie eben dies als eine nach den Hitlerschen Exzessen notwendige Maßnahme anerkannten und als ein Opfer anboten, das Deutschland dem Zusammenleben der Völker bringen müsse. Daß dies Zusammenleben Krieg in alle Zukunft auszuschließen habe, ja daß dies traditionelle Mittel internationaler Auseinandersetzung völlig obsolet geworden sei, war eine insbesondere von Trott dokumentierte Überzeugung der oppositionellen Kreise, auch wenn sie von der atomaren Bedrohung der Welt noch nichts wissen konnten. Darüber hinaus dachten sie in Begriffen eines wirtschaftlich vereinheitlichten und lebensfähigen, aber kulturell und politisch vielgestaltigen Mitteleuropa, das als ein Bündnis von Föderationen organisiert und einem europäischen wie einem Weltbund eingegliedert werden sollte. Aber sie wußten auch, so hatte es Moltke ausgedrückt, daß all dieses »weniger ein Problem von Grenzen und Soldaten, von wasserkopfartigen Organisationen und großartigen Planungen« war, als vielmehr von der Beantwortung der Frage abhing, »wie das Bild des Menschen wiederhergestellt werden kann im Herzen unserer Mitbürger«. Mit anderen Worten, sie wußten, daß aller Wiederaufbau, national und international, von der Rehabilitierung der Menschenwürde abhing, die so tief im Kurs herabgesetzt worden war. Es bedeutete keine Phrase, wenn dem Bischof von Chichester gegenüber die Überzeugung der Opposition dahin ausgesprochen wurde: »Die grundlegenden Prinzipien ... innerhalb dieses Bundes freier europäischer Völker sollten ausgerichtet oder wiederausgerichtet werden nach den Fundamentalsätzen christlichen Glaubens und Lebens.«
Es mag wohl sein, daß dieser »Idealismus« wie überhaupt der Glaube an ordnende Prinzipien manchen »Neorealisten« unserer Tage wenig zu sagen hat. Begriffe wie »Gemeinwohl«, die im Gedankengut des Widerstands eine Rolle spielen, sind von Hitler so pervertiert worden, daß sie, wie jeder Versuch, den Interessenpartikularismus der pluralistischen Ge-

sellschaft durch etwas Normatives einzugrenzen, fast ganz außer Kurs gesetzt sind. Auch von Antrieben des Gewissens wagt man im politischen Raum kaum noch zu sprechen. In den Vereinigten Staaten hat man beobachten können, wie es im Rückschlag gegen mißbrauchte Ideologien, gegen die Weltanschauungsfronten und den Kreuzzugscharakter des letzen Krieges in bestimmten Kreisen üblich geworden ist, in »militärischer Sicherheit« und »nationalem Interesse«, als dem Inbegriff der Realpolitik, die ausschließlichen Maßstäbe des Handelns zu sehen. Und doch hat ein führender Kopf dieser Schule, George F. Kennan, davon gesprochen,[7] wie bitter nötig Männer von der Art des Grafen Moltke seien, wenn »die Zukunft der Region von der Elbe bis zur Beringstraße einmal wieder eine glücklichere sein soll«. Es liegt darin die Anerkenntnis einer Realität, die als Überzeugung und Opferwille gegenüber diktatorischen Regimen an der Grenze des menschlich Zumutbaren mehrfach nach 1945 zur Wirkung gekommen ist bis zum »Prager Frühling« hin und zwar in der Linie eines freiheitlichen, eines personalen Sozialismus, wie ihn die Kreisauer vertraten. Wenn Moltke dabei von dem amerikanischen Autor als Repräsentant einer solchen Ideenwelt genannt wird, so mag noch einmal auf ein Dokument aus seiner Feder zurückgegriffen werden, in dem es heißt[8]: »Es ist wohl nicht übertrieben, wenn man sagt, daß alles, was absolut sein sollte, relativ geworden ist ... Dafür sind Dinge, denen jeder absolute Wert fehlt, wie Staat, Rasse, Macht verabsolutiert worden.« Was mit dieser Kritik indirekt gefordert wurde, ist jene mehrfach schon erwähnte Zurechtrückung der Wertskala gegenüber zeitüblichen Maßstäben mit ihrer Absolutsetzung politischer Werte, eine Zurechtrückung, die, wie es im Dokument heißt, im Bewußtsein der »Gebundenheit an Werte, die nicht von dieser Welt sind«, begründet ist, aber deshalb keineswegs unpolitisch zu sein braucht. Vielleicht ist solche Gebundenheit und das Vertrauen auf die daraus erwachsenen Kräfte in der Tat dem innersten Kern der zeitgeschichtlichen Auseinandersetzung näher als das auf »Soldaten und wasserkopfartige Organisationen«. Insbesondere in diesem Zusammenhang gehört es zu den Ehrentiteln fortwirkender Art, daß in der deutschen Opposition Männer hervortraten, die an ihrem Teil die Auflehnung des Menschlichen gegen das Unmenschliche denkwürdig bezeugen.

Um so mehr gewinnt die Tragödie vom 20. Juli an geschichtlicher Perspektive. Man mag heute als gewiß unterstellen, daß die »Herald Tribune« im Irrtum war, als sie prophezeite: »Amerikaner werden im allgemeinen nicht bedauern, daß die Bombe Hitler verschont hat.« Es ist zuzugeben, daß ein erfolgreiches Attentat, das zur Beendigung des Krieges führte, die Fortsetzung einer Serie von amerikanischen Siegen verhindert haben würde. Statt dessen wären unzähligen Menschen, Hunderttausenden von Soldaten an allen Fronten, die während der Monate zwischen Juli 1944 und Mai 1945 fielen oder verstümmelt wurden, und Millionen von Zivilisten in Vernichtungslagern des Ostens oder in bombardierten und brennenden Städten Leben und Gesundheit erhalten geblieben. Darüber hinaus führte der Fehlschlag im besonderen zur Ausmerzung von Persönlichkeiten, die – neben unzähligen anderen – eine höchst empfindliche, ja kaum ersetzliche Lücke in den zum Aufbau bereiten Kräften hinterlassen haben.

Es ist unmöglich, heute zu sagen, ob gleichwohl die Saat, die sie pflanzten oder aus der sie selbst emporwuchsen, lebendig geblieben ist, trotz der jahrelangen Verfemung, die heute in neonazistischen oder auch nur nationalistischen Bewegungen eine Erneuerung gefunden hat, und trotz der Gefährdung, die im »Wirtschaftswunder« sowohl wie im anarchistischen Angehen gegen die als »repressive Tolcranz« verstandene Liberalität sozialreformerischen Denkens beschlossen sein mag.

Die Absicht des nationalsozialistischen Regimes war es jedenfalls gewesen, die gegnerischen Gruppen – nicht nur personell, sondern auch ideell – mit Stumpf und Stiel auszurotten. Man muß, um das in seinem Fanatismus ganz zu ermessen, die Rede lesen, die Himmler am 3. August 1944 vor den Gauleitern hielt[9] und die sich bemüht, den soeben versuchten angeblichen »Dolchstoß« sogar bis auf das – aristokratische Offizierskorps des Ersten Weltkrieges zurückzudatieren. Als Isa Vermehren,[10] die selbst ein Opfer der Sippenhaft war, in Buchenwald eingeliefert wurde, traf sie dort zehn Stauffenbergs und acht Goerdelers. Aber nicht alle aus den führenden Kreisen der Opposition gingen zugrunde, und Ideen, aus einer extremen Situation erwachsen, aber auf das bleibende Menschliche bezogen, haben ihre eigene Folgerichtigkeit. Man wird hoffen dürfen, daß in einem Lande, wo die »Wurzeln« in jedem erdenklichen Sinne bloßgelegt wurden und wo in den Worten des Grafen Lehndorff »alles Alte« gewaltsam von einem »gerissen« worden ist, der Wille nicht aussterben wird, grundsätzliche Fragen ernst zu nehmen und auf Leitbilder verpflichtender Art bedacht zu sein. Es bedarf dazu freilich der Absage an jenen Zynismus, der sie in ideologische Scheinparolen verdünnt sieht und selbst im Verzicht auf jede verbindliche Norm endet.

Eben damit wird noch einmal und abschließend festzustellen sein, daß die deutsche Opposition Antriebe und Imperative hinterlasen hat, die weder an Lokalität noch an Nationalität gebunden sind. Wenn mit Bezug darauf von ihrem »vorausweisenden« Charakter gesprochen werden kann, so ist dabei nicht an den Widerstandsvorbehalt gedacht, der als Kompensation für die Notstandsgesetze in Art. 20 des Grundgesetzes der Bundesrepublik eingefügt wurde, sondern an den spezifischen Beitrag der deutschen

Opposition zu einer im universalen Rahmen gestellten Aufgabe, die aus der Präsenz oder der ständig präsenten Drohung der Vergewaltigung des Menschen durch totalitäre Systeme der einen oder anderen Art sich ergibt. Es wird damit auf Probleme hingedeutet, die nach dem Charakter der Epoche, in der wir leben, mit uns bleiben werden und zugleich an Zeitloses rühren. Sie haben jene Überzeugungsgemeinschaften über Landesgrenzen hin möglich gemacht, die das christliche Mittelalter gekannt hat und in ihrer Weise auch noch die Zeit der Aufklärung, die aber – von der kommunistischen Internationale abgesehen – einem wesentlich nationalstaatlich und bürgerlich gestimmten Jahrhundert fremd gewesen waren. Wenn die deutsche Opposition in einer solchen übernationalen und nicht vom Klasseninteresse bestimmten Perspektive gesehen werden darf, so liegt das nicht nur an dem hohen geistigen und sittlichen Rang ihrer führenden Persönlichkeiten, sondern gewiß auch an den besonderen Umständen, mit denen sie konfrontiert waren, an dem in exemplarischer Weise verbrecherischen Charakter des bestehenden Regimes und an der Notwendigkeit, ein Dilemma durchzukämpfen, das für andere Résistancen so nicht bestand. Es ist jenes Dilemma der Grenzsituation, für das etwa die Handlungen Osters oder das Bekenntnis Bonhoeffers stellvertretend sind: »Ich bete für die Niederlage meines Vaterlandes.« Der gegebene Weg, diesen Konflikt zu lösen, war die Ersetzung eines negativen durch ein positives Ziel, durch eines, das hinausging über den Kampf gegen die Nazis oder gegen äußere Unterdrückung und das nicht erfüllt war mit dem Sturz der Regierung und der Abschaffung der Tyrannei in nur einem Volke. Es bedurfte sittlicher Antriebe von rein menschlichem und auf die Würde des Menschlichen gerichtetem Charakter, die allgemeine Gültigkeit beanspruchen konnten. So gehörten die führenden Männer der deutschen Opposition in eigener Weise zum Vortrupp eines neuen, von der nationalen Zerrissenheit wie von der Entfremdung durch offene oder anonyme Diktatur zu befreienden Europa, ja zum Vortrupp einer globalen Front. Sie waren, wie man wohl gesagt hat, »weit mehr als nur die Antipoden von Hitler und seinem unseligen System; ihr Kampf ist neben der aktuellen Bedeutung für das Zeitgeschehen unserer Tage auf einer höheren Ebene der Versuch gewesen, das 19. Jahrhundert geistig zu überwinden«.

Marion Gräfin Dönhoff,[11] die diese Worte niedergeschrieben hat, faßt mit ihnen treffend zusammen, was vielen der Männer, die hier genannt worden sind, und besonders den Mitgliedern des Kreisauer Kreises ein innerstes Anliegen war. Es kam ihnen im letzten, sagt sie, darauf an: »den Menschen, der zur Larve geworden ist, zum Werkzeug der Technik, zum Geschöpf abstrakter politischer Ideen, zu einer Funktion der Wissenschaft, zum Diener wirtschaftlicher Gesetze, die er selbst verabsolutiert hat, diesen Menschen frei zu machen von allen Vorurteilen und vor ihm wieder die echte Humanitas, das wahre Bild des Menschen, in seiner Würde und seinem Stolz aufzurichten. Erst dann, wenn der Mensch wieder den ihm gebührenden Standort eingenommen hat, ist die Voraussetzung für die Harmonie im einzelnen und damit auch im Staat gegeben. Das ist aber erst dann möglich, wenn der Mensch sich wieder auf seinen Ursprung besinnt und darauf, daß er zum Bilde Gottes geschaffen ist mit aller Verantwortlichkeit, die daraus folgert.«

Anmerkungen

Vorwort

1 Diese Aufgabe hat das kürzlich erschienene Buch von Peter Hoffmann (*Widerstand – Staatsstreich – Attentat*, München 1969) bis zu einem gewissen Grade und auf breiter Quellengrundlage übernommen.

2 Inzwischen ist auch eine englische Rückübersetzung der 2. deutschen Ausgabe sowie eine italienische und eine japanische Übersetzung erschienen.

Einleitung

1 Neben dem schon erwähnten Buch von Zeller behandelt ein gut Teil des Schrifttums den 20. Juli als natürlichen und hauptsächlichen Zielpunkt. So etwa die Veröffentlichungen der Zentrale für Heimatdienst (jetzt: für politische Bildung). Unter ausländischen Büchern ist das von Fraenkel-Manvell (*Der 20. Juli*, Bonn 1964) fast ganz auf dieses Datum konzentriert. Auch Maurice Baumont widmet in seiner sehr eindringlichen Studie (*La grande conjuration contre Hitler*, Paris 1963) einen Hauptteil der Darstellung der Vorgeschichte und Geschichte des Attentats. Das gilt auch von Constantine FitzGibbon (*20 July*, New York 1961). Das ebenfalls schon erwähnte Buch von Peter Hoffmann sollte ursprünglich die ganze Reihe der Attentatspläne zum Gegenstand haben, ist darüber aber praktisch fast zu einer Gesamtgeschichte des Widerstandes geworden.

2 Für die »Vier Stufen der Folterung«, die Haltung der Gefangenen und andere Beobachtungen vgl. Fabian v. Schlabrendorff (*Offiziere gegen Hitler*, nur in der Erstaufl. Zürich 1946, S. 162ff). Ferner Angaben über die Vernehmungsmethoden der Gestapo, in: *Der 20. Juli 1944* (hrsg. v. d. Bundeszentrale, 4. Aufl. 1961, S. 205ff). Auch die nach dem Attentat über Bormann an Hitler ergehenden sogenannten Kaltenbrunner-Berichte (*Spiegelbild einer Verschwörung*, hrsg. vom »Archiv Peter«, Stuttgart 1961) geben mehr als einen direkten Hinweis auf Erpressungen und Folterungen (S. 263, 395, 407). Für den Charakter dieser Publikation und die Tendenz der Berichterstattung vgl. d. Verf.: »Zerrspiegel des 20. Juli« (*Vierteljahrshefte f. Zeitgeschichte*, – fortan zitiert VfZ – 10, 1962, S. 62ff).

3 Diese Zahl findet sich in einem im ganzen freilich wenig zuverlässigen und nachträglich von Dr. Kiesel zusammengestellten »SS-Bericht über den 20. Juli«, *Nordwestdeutsche Hefte* (1947, 1/2, S. 33). Daselbst wird die Zahl der hingerichteten Offiziere mit rund 700 angegeben. Nach einem Pressebericht der Britischen Admiralität (vom 20. Juli 1947), der sich auf erbeutete deutsche Marinedokumente stützt und »Namen und Plätze« nennt, belief sich die Zahl derer, die in den Monaten nach dem Attentat dem Schreckensregiment zum Opfer fielen, auf 4980. Das erscheint als zu hoch gegriffen, während andererseits die an verschiedenen Stellen publizierten Totenlisten nur die Prominenz erfassen. – Ein anderer, aber wiederum nicht genügend spezifizierter, Anhaltspunkt ergibt sich aus den vom Reichsjustizministerium registrierten Hinrichtungen (für 1944: 5764). Dies nach Günther Weisenborn. *Der lautlose Widerstand* (Hamburg 1953, S. 259). Dazu auch Walter Hammer, *Hohes Haus in Henkers Hand* (2. erw. Aufl., Frankfurt/Main 1956, S. 118f), über die »Gewitteraktion«, und die »Vorbeugehaft« für mehr als 5000.

4 Eine ungewollte Bestätigung dieser Tatsache findet sich sowohl bei Kiesel wie in den Kaltenbrunner-Berichten. – Davon ganz unabhängig läßt sich heute die Frage stellen, ob nicht die SS, oder eine bestimmte Gruppe des SD, von den Plänen der Verschwörer Kenntnis gehabt hat und ihre etwaigen Erfolge selbst zu nutzen gedachte. Für einen Indizienbeweis, der in dieser Richtung geht, vgl. den Artikel von Hedwig Maier, »Die SS und der 20. Juli 1944«, (VfZ 14, 1966, S. 299ff). Die Möglichkeit eines solchen hintergründigen Spiels ist nicht auszuschließen, ohne daß damit irgendwie ein Schatten auf das Bild des Widerstandes und auf die Motive der Männer des 20. Juli fallen würde. Daß sie zum Teil unvorsichtig und daß sie »Amateure« des Verschwörerhandwerks waren, steht auf einem anderen Blatt.

5 P. Buchholz, der katholische Gefängnisgeistliche in Plötzensee, hat einen Bericht über seine Erlebnisse gegeben in *Passauer Neue Presse*, 26. Juli 1946. Delps Briefe, Tagebücher und Meditationen, »geschrieben zwischen Verhaftung und Hinrichtung«, sind veröffentlicht worden unter dem Titel *Im Angesicht des Todes* (Frankfurt/Main, Juli 1947). Sie enthalten einige der bemerkenswertesten Bezeugungen des gemeineuropäischen Geistes, der in der deutschen Oppositionsbewegung zum Ausdruck kam.

6 Vgl. Harald Poelchau, *Die letzten Stunden* (Berlin 1949, passim.). Dazu derselbe, *Die Ordnung der Bedrängten* (Berlin 1963, S. 43ff).

7 Vgl. die Sammlung unter dem Titel: *Du hast mich heimgesucht bei Nacht* (hrsg. von Helmut Gollwitzer, Käthe Kuhn und Reinhold Schneider, München 1952), ferner die Veröffentlichungen von Annedore Leber, *Das Gewissen steht auf* (Berlin 1954) und *Das Gewissen entscheidet* (Berlin 1957) – hinfort zitiert als A. Leber I u. II –, in denen auch das menschliche Antlitz in seinem Zeugnischarakter reichhaltiger als irgendwo sonst dokumentiert erscheint. Dazu auch jetzt noch die Briefe und Aufzeichnungen Ewald von Kleists in der Biographie von Bodo Scheurig (Oldenburg 1968, S. 274ff).

8 Brief vom 10. Januar 1945. Eine englische Übersetzung des Briefes ist zuerst veröffentlicht worden in: *The Round Table*, Juni 1946, S. 92–102. Sie ist wie-

der abgedruckt in: *A German of the Resistance, The Last Letters of Count Helmuth James von Moltke* (2. Auflage, London 1947). Vgl. jetzt: Helmuth J. Graf von Moltke, *Letzte Briefe* ... (7. Aufl. Berlin 1957, S. 41). – Das. (S. 65ff) auch der Brief von Poelchau, dem Gefängnisgeistlichen in Tegel.

9 Erste Würdigungen durch Romano Guardini (*Die Waage des Daseins*, Tübingen u. Stuttgart 1946) sowie durch Karl Voßler, *Gedenkrede für die Opfer an der Universität München*, (München 1947). Ferner: Inge Scholl, *Die Weiße Rose* (Frankfurt/Main 1952). Aus dem neueren Schrifttum das reich dokumentierte Buch von Christian Petry, *Studenten aufs Schafott* (München 1968) u. K. H. Jahnke, *Antifaschistischer Widerstand an der Münchener Universität* (*Zeitschr. f. Geschichtswissenschaft 16 [1968]*, S. 874ff).

10 Voßler, a. a. O., S. 14. Man hat darauf hingewiesen, daß Überlebende der Schollgruppe zusammen mit Studenten anderer Universitäten die Kader der »Edelweiß-Bewegung« bildeten. Über die »Edelweiß«-Banden vgl. Werner Klose, *Generation im Gleichschritt* (Oldenburg 1964, S. 223f) und Arno Klöne, *Gegen den Strom. Bericht über den Jugendwiderstand im Dritten Reich* (Hannover 1958, S. 106ff). Für die Beziehungen der Weißen Rose zu Kreisen der militärischen Opposition und für ihr Ende in München und Hamburg vgl. Petry (a. a. O., S. 86ff und 138ff).

11 Friedrich Lenz (*Aufbau*, 1946 H. 2) und Greta Kuckhoff (*Die Weltbühne*, Januar 1948) lassen die Frage der Funkverbindung offen. – Auch die Darstellung von Günther Weisenborn (a. a. O., S. 203–217) wirkt eher verwischend. – Mit der französischen Reportage ist das Buch von P. Accoce und P. Quet, *La guerre a été gagnée en Suisse*, (Paris 1966) gemeint. Dazu Wilhelm Ritter von Schramm in FAZ (13. Dez. 1966) und in dem Buch: *Verrat im Zweiten Weltkrieg* (Düsseldorf 1967).

12 So Schlabrendorff (nur in der Neubearbeitung von 1951, a. a. O., S. 96–105), der die Abhängigkeit von einer auswärtigen Macht an sich (Westen oder Osten sollte kein Unterschied sein) und das »Steckenbleiben im Politischen« (während nur eine ethische Wertskala dem Begriff der Nation übergeordnet werden könne) betont. Schärfer noch die Abschüttelung bei G. Ritter. – Zu Grunde liegen dieser Beurteilung die Aufzeichnungen des Generalrichters M. Roeder, *Die Rote Kapelle* (Hamburg 1952). Gegen sein Urteil wie auch gegen die These von einem »einwandfrei« durchgeführten Prozeß werden erhebliche Bedenken anzuführen sein. Für die durch Hitlers Machtspruch erzielte Umwandlung der Zuchthausstrafe in Hinrichtung von Mildred Harnack siehe u. a. Poelchau (a. a. O., S. 63). – Für eine neue Erörterung der Vorgänge um die Rote Kapelle vgl. das Buch des Engländers Terence Prittie, *Deutsche gegen Hitler* (Tübingen 1965, S. 240ff). Gille Perrault (*L'Orchestre rouge*. Paris 1967) – seit kurzem auch auf deutsch vorliegend (Hamburg 1969) – möchte die Rote Kapelle als einziges Zeugnis positiver Aktivität gegenüber der – »im Leerlauf sich erschöpfenden« gesamten politischen Opposition herausheben. – Ein für gewisse Tendenzen angeblich »realpolitischer« Art typisches Urteil.

13 Zeugnisse dazu bei Poelchau, a. a. O., S. 55f: Else Boysen, *Harro Schulze-Boysen, Das Bild eines Freiheitskämpfers* (Düsseldorf 1957, S. 34); Axel von

Harnack, (*Die Gegenwart*, 31. Januar 1947, S. 15–18); Rainer Hildebrandt, *Wir sind die Letzten* (Berlin 1949, S. 138f); Margret Boveri, *Der Verrat im 20. Jahrhundert* (Hamburg 1956, 2. Bd. S. 56f). Von großem Interesse auch das Urteil Poelchaus (*Ordnung der Bedrängten*, S. 65) »daß diese Gruppe sich mit den Männern des 20. Juli zusammengefunden hätte, trotz ihrer östlichen Orientierung, wenn sie nicht in ihrem Entstehen schon vernichtet worden wäre«. Das hätte seine Konsequenzen für diejenigen gehabt, die heute von der Spaltung Deutschlands in »Rot und Schwarz leben«. – Ein sehr anderes Bild aus der SD-Perspektive bei Schellenberg (*Memoiren*, Köln 1959, S. 248ff).

14 *Die Sammlung*, II, S. 537ff.

15 Else Boysen, a. a. O., S. 34. – Die Zahl der Hingerichteten der »Roten Kapelle« belief sich nach W. Hammer auf 45.

16 Nach »Dokument 129-R« (*Prozeß gegen die Kriegsverbrecher*, Nürnberg, 1949 – [im folgenden zitiert IMT] – XXXVIII, S. 362–365). So auch die Angabe bei Alan Bullock, *Hitler* (dt. Ausgabe, Düsseldorf 1953, S. 701) Die Gestapo-Zahlen: IMT XXXI, S. 498 vgl. auch Mau-Krausnick, *Deutsche Geschichte der jüngsten Vergangenheit* (Tübingen und Stuttgart 1956, S. 161).

17 Für diese Zahlen siehe die Flugschrift *They Fought Hitler First*, die von der »American Association for a Democratic Germany« veröffentlicht worden ist. (New York 1945), das. S. 13; ferner J. B. Jansen und St. Weyl, *The Silent War*, mit einem Vorwort von Reinhold Niebuhr, (Philadelphia und New York 1943, S. 208). Im Oktober 1945 betrug danach die Zahl der Überlebenden, die offiziell als »politisch Verfolgte« anerkannt waren, 250000. – Siehe auch die Listen in *Weißbuch der Deutschen Opposition*, hrsg. vom Vorst. d. soz.-demokr. Partei (London 1946). – W. Hammer macht mich darauf aufmerksam, daß nach seinen Ermittlungen in die 12000 die Hinrichtungen Krimineller einzuschließen seien und daß die Zahl sich auf die ganze Hitler-Zeit beziehe. Ähnlich die Feststellungen von A. Leber (a. a. O., II, S. 21): Gesamtzahl der Todesurteile (nicht der Tötungen) in den Jahren 1934–1944: 12212, darunter Verurteilungen aus politischen Gründen: 6927, von denen 3790 Ausländer betrafen.

18 Eine umfassende Publikation über die Konzentrationslager mit möglichst genauen statistischen Angaben wird im Münchner Institut für Zeitgeschichte vorbereitet. Einstweilen vgl. hierzu Martin Broszat, »Nationalsozialistische Konzentrationslager 1933–45« in: Martin Broszat, Hans-Adolf Jacobsen u. Helmut Krausnick, *Konzentrationslager, Kommissarsbefehl und Judenverfolgung* (Freiburg, Olten 1965).

19 Dies nach einem Bericht von Ellen Marsh (New Republic, April 1945), vgl. ferner Silent War, S. 255–59. – Einiges zum Widerstand innerhalb der HJ auch im Schlußabschnitt von H. C. Brandenstein, *Wege und Irrwege einer Generation* (Köln, 1968) –.

20 Im englischen Vorwort zu dem Buch von T. Prittie (s. Anm. 12) schreibt H. R. Trevor-Roper noch 1964: »Such contempt for the German Resistance was natural in 1945« (p. 12), und in einer Besprechung der Rückübersetzung der 2. erweiterten Auflage des hier wieder vorgelegten Buches spricht (unter der irreführenden Überschrift »When Germany excuses herself«) ein englischer

Journalist immer noch von dem »myth of the opposition to Hitler«. Ein Historiker vom Rang von Geoffrey Barraclough wird sich solcher Fehlbeurteilung enthalten. Er betont mit Recht, daß man mehr von der Bewegung unter den Massen wissen sollte. Auf seine Kritik des deutschen Idealismus wird zurückzukommen sein. Hier sei zunächst nur bedauert, daß er – vielleicht ungewollt – mit der Überschrift seines Artikels »In Search of Anti-Nazis« (*The New York Review*, March 17, 1969, p. 29ff) alte Vorurteile zu bekräftigen scheint.

21 Zur Frage der Identität von Totalitarismus und Faschismus, insbesondere zu den Auffassungen von Hannah Arendt und C. J. Friedrich soll hier nicht Stellung genommen werden. Trevor-Roper in seinem Buch *The Last Days of Hitler* (New York 1947) möchte den Nazistaat eher als ein unwirksames orientalisches Sultanat bezeichnen. Es läßt sich angesichts der Aushöhlung von Kompetenzen und des »organisierten Chaos« einiges für diese These sagen. Vgl. auch Hans Mommsen, *Beamtentum im Dritten Reich* (Stuttgart 1966, passim). Nichtsdestoweniger kann niemand im Ernst die Gründlichkeit eines terroristischen Systems bestreiten, das alle, auch die privatesten Lebensbereiche, einbezog.

22 Siehe die Erörterung dieser Auswirkungen durch Allen Welsh Dulles, *Verschwörung in Deutschland* (Kassel 1947, S. 216). Er stellt fest, daß gegen seine Erwartungen der Luftkrieg die Folge hatte, die Rekruten der Anti-Nazi-Bewegung zu verringern statt zu vermehren. Über die Ausbreitung von Apathie siehe auch die Bestandsaufnahme durch den United States Strategic Bombing Survey, *Summary Reports*, 1945, S. 4, und *Over-all Reports*, 1945, S. 95, 108. Auf die mehr detaillierten Feststellungen, die 1947 veröffentlicht wurden und das Gesamtbild der deutschen Moral erheblich modifizieren, wird zurückzukommen sein.

23 Das. 5. Sektion S. 1. Über Hitler selbst hatte Mr. Gerard fernerhin dieses zu sagen: »Kein Mann, der zu einer hervorragenden Stellung aufsteigt, entgeht dem Verdacht einer gewissen Art (!) von Immoralität.«

24 Die Zahlen in: *They Fought Hitler First*, S. 14 und bei E. Kogon (*Der SS-Staat*, Stockholm 1947, S. 358), der ein Augenzeuge der Befreiung war. Die Abwesenheit fremdstaatlicher Gefangener in Buchenwald bis in das Jahr 1943 hinein ist bezeugt durch Christopher Burney, *The Dungeon Democracy* (New York 1946, S. 58). Eine Flugschrift der 7. Armee der Vereinigten Staaten (*Dachau SS)* stellt fest, daß vor dem Krieg die Zahl fremder Gefangener in Dachau gleichfalls unerheblich war. Während des Krieges erst wurden Deutsche und Österreicher zu einer zahlenmäßigen Minderheit. Immerhin betrug nach dieser Quelle die Durchschnittszahl von Deutschen während der Kriegsjahre noch an 3000. – Die Worte von Gollancz in seinem Buch: *Our Threatened Values* (Hinsdale, Ill., 1947, S. 41).

25 Siehe dazu das Kapitel über die Psychologie der SS in Kogons Buch (a. a. O., S. 359ff). Über Kroaten und Ukrainer das. S. 59. Für die »Schutzkorps« vgl. *Nazi Conspiracy and Aggression* (Washington 1946, II, S. 226f). Es sei auch erwähnt, daß die »Waffen-SS« eine Reihe von Verbänden hatte, die nur aus Fremden bestanden. (Siehe A. Vagts, *Journal of Politics*, August 1947, S. 406f.) Andererseits wurden seit 1944 deutsche Soldaten älterer Jahrgänge und

selbst politische Gefangene in SS-Uniformen gesteckt und zu SS-Diensten gezwungen (vgl. Joseph Joos, *Leben auf Widerruf*, Olten 1946, S. 77).

26 Zitiert nach W. Röpke, *Die deutsche Frage* (Zürich 1945, S. 224 Anm.).

27 Wie Mr. Morgenthau in der *New York Post* (24. November 1947) zur Stützung seiner Ansichten zitierte.

27a Zitiert in David Astor, *Why the Revolt against Hitler was ignored (Encounter,* April 1969, S. 7).

28 Es seien hier einige im ursprünglichen Text angeführte Beispiele erwähnt, die dem Verf. von einwandfreien amerikanischen Zeugen zur Verfügung gestellt worden sind: Einem USA-Korrespondenten, der 1945 die Wirklichkeit aufzuspüren begann, wurde untersagt, irgend etwas »über eine spezifische Opposition« gegen Hitler herauszugeben, und dieses Verbot kam »von höchsten Stellen in Washington«. Späterhin erlebte es ein anderer amerikanischer Korrespondent, der in Deutschland reiste, daß ihm Fabian v. Schlabrendorffs Buch *Offiziere gegen Hitler*, das eine wichtige Quelle der Erkenntnis darstellt, fortgenommen wurde. Das Buch war 1947 in der Schweiz veröffentlicht worden. Aber noch lange nach dem Krieg hielt man es offenbar für unerwünscht, daß Deutsche ein so gefährliches Zeugnis militärischen Widerstandes gegen Hitler in die Hand bekamen. Das »tabu« beschränkte sich indessen nicht auf die Teilnahme der Offiziere. So schritt noch im Sommer 1946 das USA-Hauptquartier in Frankfurt mit einem kategorischen Verbot ein, als ein höherer Beamter in Darmstadt, der selbst Häftling eines Konzentrationslagers gewesen war, einen Aufsatz über die Beteiligung der arbeitenden Klassen am 20. Juli veröffentlichen wollte. Das gleiche geschah, als der Frankfurter Rundfunk für den zweiten Jahrestag des Attentats auf Hitler eine Gedächtnisfeier plante. Allen anderen Sendern in der amerikanischen Zone wurde ebenfalls verboten, den »Putsch« zu erwähnen. Es scheint um diese Zeit unter Deutschen eine verbreitete Annahme gewesen zu sein – und selbst als Annahme hat sie symptomatische Bedeutung –, daß es für die Beurteilung durch einige der alliierten Militärbehörden vorteilhafter war, ein richtiger Nazi gewesen zu sein, als zu den Überlebenden des 20. Juli zu gehören. Die Verschwörer galten als »Militaristen«, die versucht hatten, die Alliierten um ihren Sieg »zu betrügen«.

29 *Human Events*, Washington, 27. Februar 1946. Ein weiterer Artikel folgte von E. A. Bayne, gleichfalls einem früheren Nachrichtenoffizier. Er handelte von der Widerstandsbewegung im deutschen Auswärtigen Amt. (*Human Events*, 3. April 1946).

30 Der Artikel erschien in *American Historical Review*, LI (Juli 1946, S. 609 bis 26).

31 Veröffentlicht im April 1947. Für die deutsche Übersetzung, nach der hier und im folgenden zitiert wird, s. Anm. 22 dieses Abschnitts.

32 So in *Neue Auslese* (Aug. 1947, vom Alliierten Nachrichtendienst herausgeg.).

33 Es seien als Hilfsmittel nur einige Bibliographien genannt. Für den Stand der ausländischen Literatur bis 1947 siehe F. Siegmund-Schultze, *Die deutsche Widerstandsbewegung im Spiegel der ausländischen Literatur* (Stuttgart 1947); vgl.

ferner die verschiedenen Kataloge der *Wiener Library* und die Forschungsberichte von Max Braubach in: *Hist. Jb.* (1954, 1956, 1957, 1965, 1968). Umfassend in der Anlage: Franz Herre und Helmut Auerbach. *Bibliographie zur Zeitgeschichte und zum Zweiten Weltkrieg für die Jahre 1945–50* (München 1955, Nr. 874–1044) und dazu die aufholenden und fortlaufenden Bibliographien in VfZ.

34 Die deutsche Ausgabe von *Aufstieg und Fall des Dritten Reiches*, 1174 S. erschien 1961. Zur Kritik siehe den Aufsatz von Klaus Epstein, (VfZ 10, 1962, S. 95ff). – Für Wheeler-Bennett ist schon hier die erstaunliche Tatsache festzuhalten, daß er Männern der dt. Opposition zwar sehr nahestand (insbesondere Trott zu Solz, mit dem zusammen er in einem Memorandum London zu beeinflussen suchte), daß er aber in seinem Buch von diesen intimen Beziehungen und seiner eigenen früheren Haltung nichts merken läßt. – Im *New Statesman*, (23 May 1969) findet sich zu diesem Tatbestand die Bemerkung: ». . . one of the most nimble political somersaults, the corridors of power can ever have seen.«

35 Joachim von Ribbentrop, *Zwischen London und Moskau* (Leoni 1953, S. 203): »Diese Verschwörerkreise haben daher einen entscheidenden Anteil am Ausbruch des Krieges.« Ein Beispiel neonazistischer Interpretation liegt vor: J. P. Taylor, *Der 20. Juli* (Bremen-Bochum 1968).

Bedingungen und Möglichkeiten

1 Siehe Kurt Riezler, »On the Psychology of the Modern Revolution« (*Social Research*, 1943, S. 320ff).

2 *Große Zeitgenossen* (Deutsche Ausgabe, Amsterdam 1938, S. 310). Vgl. auch Dulles, a. a. O., S. 35. – Die Frage auswärtiger »Mit-Verantwortung« ist mit Recht aufgeworfen worden, zuerst wohl von Pechel (a. a. O., S. 261ff) und in der Schrift *They Fought Hitler First*.

3 Vgl. seine damalige öffentliche Erklärung: »Ich habe immer gesagt, daß ich hoffen würde, wir möchten im Fall einer britischen Niederlage in einem Krieg einen Hitler finden, um uns zu unserer rechtmäßigen Stellung unter den Nationen zurückzuführen.« Churchill fügte allerdings hinzu: daß leider »Hitlers große Erfolge ihn nicht staatsmännisch gereift haben« (*London Times*, 7. November 1938), für die Tendenz seiner oft zitierten Äußerungen vgl. u. S. 139f.

4 Daß im Sinne der hier unternommenen Würdigung diese Frage völlig freizuhalten ist von jeder Tendenz, Gewichte zu verschieben, einen Sündenbock zu suchen oder ein Vehikel des »escapism« zu öffnen, soll ausdrücklich betont werden.

5 Als Beispiel solcher frühen Schriften seien genannt: Karl Jaspers, *Die Schuldfrage* (Zürich 1946), Julius Ebbinghaus, *Zu Deutschlands Schicksalswende* (Frankfurt 1946), Friedrich Meinecke, *Die deutsche Katastrophe* (Wiesbaden 1946), Gerd Tellenbach, *Die deutsche Not als Schuld und Schicksal* (Stuttgart

1947), Ernst Friedländer, *Von der inneren Not* (Hamburg 1947), Gerhard Ritter, *Europa und die deutsche Frage* (München 1948). Vgl. auch den rückblickenden Literaturbericht (zur Frage deutscher und nichtdeutscher »Wurzeln«) von Andrew G. Whiteside, »The Nature and Origin of National Socialism« (*Journal of Central European Affairs,* vol. XVII, April 1957).

6 H. Zink, *American Military Government in Germany* (New York 1947, S. 132). Über das Problem der Fragebogen und ihre Auswertung vgl. von amerikanischer Seite die wertvollen Bemerkungen in M. Knappens Buch: *And Call It Peace* (Chicago 1947, S. 124ff). Auf Grund amerikanischen Befragungsmaterials kommt Helen Peak zu folgenden Ergebnissen: Für Unternehmer und freie Berufe 44–50% Nazigegner und 36–39% Mitläufer, für gelernte und ungelernte Arbeiter sind die entsprechenden Zahlen: 67–68% und 27–29% (zitiert in Wolfgang H. Kraus, »The German Resistance Movement«, *Journal of Social Issues*, August 1946). – Die im folgenden erwähnte Bemerkung von Schlabrendorff: a. a. O., (1951), S. 30.

7 Eine Sammlung ist von J. A. Meier veröffentlicht worden: *Geflüstertes. Die Hitlerei im Volksmund* (Heidelberg 1946). Der Herausgeber stellt fest, daß er noch während des Regimes von allen möglichen Seiten in seiner Sammlung von »Schmetterlingen« unterstützt worden sei. Vgl. ferner: Hans-Jochen Gamm, *Der Flüsterwitz im Dritten Reich* (München 1963).

8 Vgl. Riezlers Bemerkungen über die »Experten«, (a. a. O., S. 328f) und die von Meinecke über »homo sapiens« und »homo faber« (a. a. O., S. 50ff).

9 Für Hjalmar Schacht etwa ist unzweifelhaft, daß er mindestens seit 1936, seit dem Konflikt auf seinem eigensten Fachgebiet, zur »Opposition von Innen« gehörte. Er wurde von den Verschwörern selbst gedrängt, im Amt zu bleiben. Auch an Erhebungsplänen nahm er schon vor seiner Entlassung als Reichsbankpräsident (Jan. 1939) teil, und sein Verbleiben als Minister ohne Portefeuille (bis 1943) war eine der wenigen Konzessionen Hitlers an die »Öffentliche Meinung«. All das geht nicht nur aus Schachts Erinnerungsbüchern (*Abrechnung mit Hitler*, Hamburg-Stuttgart 1948, und *76 Jahre meines Lebens*, Wörishofen 1953) und seinen Aussagen hervor. Aber der Ansatzpunkt lag für ihn doch sehr sichtbar bei der fachlichen Opposition des Finanzexperten, auch warben seine Ichbezogenheit und taktische Wendigkeit nicht gerade für Vertrauen unter den vom Prinzipiellen her bestimmten Männern des Widerstandes, – einen »Seismographen der Zeitereignisse« nannte ihn Dietrich Bonhoeffer im Gespräch mit dem Bischof von Chichester (Eberhard Bethge, *Dietrich Bonhoeffer*, München 1967, S. 835). Für eine günstigere Beurteilung siehe zwei amerikanische Arbeiten: E. N. Peterson, *Hjalmar Schacht, for and against Hitler* (Boston 1954) und E. R. Beck, *Verdict on Schacht*, (Florida State University 1955). – Für das Problem des »Im-Amt-Bleibens« vgl. jetzt auch Dieter Ehlers, *Technik und Moral einer Verschwörung* (Frankfurt a. M. 1964, S. 36ff).

10 Neben Graf Helldorff, dem Berliner Polizeipräsidenten, ist als Beispiel hier vor allem Arthur Nebe zu nennen, der, obwohl Chef der Kriminalpolizei und SS-Gruppenführer, sehr aktiv für die Opposition arbeitete und eben in dieser Rolle viel für ihre Information und Abschirmung tun konnte, bis er selbst als Opfer

fiel. Sein Verbindungsmann war Hans Bernd Gisevius, der auch von der Geheimen Staatspolizei herkam und dem niemand Mut und Geschicklichkeit in einem gewagten Spiel abstreiten wird. Er ist vor allem durch seine Erinnerungen (*Bis zum bitteren Ende*, zuerst 1945/46, in 2. Bden. in Zürich erschienen, dt. Ausgabe Hamburg 1948) bekannt geworden, die eine erste wichtige Quelle zur Geschichte der Widerstandsbewegung gewesen sind, freilich durch viele Unzuverlässigkeiten und mancherlei Ressentiments entstellt. Auf Einzelheiten wird zurückzukommen sein. Auch gegen das idealisierte Bild, das Gisevius in einer neueren Veröffentlichung von Nebe entwirft (*Wo ist Nebe? – Erinnerungen an Hitlers Reichskriminaldirektor*, Zürich 1966) sind Einwendungen zu erheben. Man wird auch nicht an der Tatsache vorbeigehen dürfen, daß N. einige Zeit lang Leiter einer »Einsatzgruppe« im Osten gewesen ist, ohne daß man deshalb der These vom – »Rückversicherungsmotiv« beizustimmen braucht, die E. Crankshaw (*Die Gestapo*, Berlin 1959, S. 225f) aufgestellt hat.

11 Interessante Angaben dazu finden sich für das Arbeitsministerium in J. Eckert, *Schuldig oder Entlastet?* (München: 1947, S. 196–207).

12 *The Effects of Strategic Bombing an German Morale* (Washington 1947, S. 96) – Für den Stand der »Moral«, wie sie sich während der Kriegsjahre dem Sicherheitsdienst der SS – nicht ohne schönfärberische Tendenz, aber mit zunehmender Sorge – darstellte, sind aufschlußreich die *Meldungen aus dem Reich*, die H. Boberach in einer Auswahl herausgegeben hat (Neuwied-Berlin 1965).

13 *Germany No. 2* (1939). – Dieses Britische Weißbuch handelt ausschließlich von nationalsozialistischen Ausschreitungen gegen deutsche Juden. – Die im Text zitierten Stellen das., S. 6–7, 18–19 u. 20.

14 IMT, XXXII, S. 27; jetzt auch abgedruckt in: *Der Nationalsozialismus, Dokumente 1933–45*, hrsg. v. Walter Hofer, (Fischer Bücherei 1957, S. 293ff). – Weitere aktenmäßige Aufschlüsse auch über Hitlers persönliche Beteiligung und den parteioffiziösen Charakter der Aktion bei H. Graml, »Der 9. November 1938«, *Das Parlament* (Beilage zu Nr. 45 vom 11. November 1953) hrsg. v. d. Bundeszentrale f. Heimatdienst.

15 *Nazi Conspiracy and Aggression* (Washington 1946, I, S. 137f), (Die Sperrungen im Text stammen vom Verfasser).

16 Vgl. dazu H. Grüber, *Erinnerungen aus 7 Jahrzehnten*, (Köln 1968, S. 103 bis 146). Von G., der im Eichmann-Prozeß als Belastungszeuge auftrat, erkennt Hannah Arendt (*Eichmann in Jerusalem*, München 1964, S. 167ff) zwar an, daß seine Haltung in der jüdischen Frage stets unzweideutig war, wobei sie in bewußter polemischer Abschattierung ihn zu der »zahlenmäßig kleinen und politisch einflußlosen Gruppe von Personen« rechnet, »die aus Prinzip, nicht aus nationalistischen Erwägungen in Opposition gegen Hitler standen«. Aber auch bei ihm glaubt sie neben dem Eintreten für »privilegierte Juden« in völliger Verkennung der Situation bemängeln zu sollen, daß ihm »Taten« wichtiger waren als »Worte«. Für ihr höchst kritisches Urteil über die deutsche Opposition überhaupt, siehe den Schlußabschnitt.

17 Siehe: Alfons Erb, *Bernhard Lichtenberg* (Berlin 1946, bes. S. 42–47, 50–53, 61). Ferner: Benedicta Maria Kempner, *Priester vor Hitlers Tribunalen* (München 1966, S. 227ff).

18 Um nur ein besonders eindrückliches Beispiel zu nennen, sei aus persönlicher Erinnerung die »Bußtagspredigt« erwähnt, die der damalige Pastor Helmut Gollwitzer in der überfüllten Dahlemer Hauptkirche nach den Pogromen des November 1938 hielt; gedruckt in *Evangelische Theologie* 1951/52, Heft 4.

19 Über den Solf-Kreis s. Arthur Nicolson in *Spectator* (1945, S. 456) und Pechel (a. a. O., S. 88f). Die Verfolgung des Kreises begann, nachdem ein Spitzel der Gestapo sich mit Empfehlungsschreiben von Schweizer Freunden eingeschlichen hatte. Einen schönen Nachruf auf Kiep verfaßte die amerikanische Schriftstellerin Dorothy Thompson (in K. O. Paetel, *Deutsche Innere Emigration*, New York 1946, S. 18ff). Über Elisabeth v. Thadden ist sehr Eindrückliches in einer Gedenkrede ihrer Schwester Frau Ehrengard Schramm-v. Thadden gesagt worden. Ergänzende Mitteilungen über die Hilfe an Verfolgte verdankt der Verf. Isa Gruner, einer Mitarbeiterin Anna von Gierkes, um die sich gleichfalls Menschen mit unabdingbaren ethischen Überzeugungen sammelten.

20 Berlin 1947. Eine Übersetzung erschien 1947 in New York unter dem Titel *Berlin Underground*. Das Zitat a. a. O., S. 116.

21 *Die Neue Zeitung*, 2. September 1947.

22 Vgl. dazu K. D. Bracher, W. Sauer und G. Schulz. *Die Nationalsozialistische Machtergreifung* (2. Aufl. Köln-Opladen 1962, bes. S. 261ff) sowie die Dokumentation bei L. Poliakov und J. Wulf, *Das Dritte Reich und seine Denker* (Berlin 1959). Die negative Bilanz wird stark betont in: M. Weinreich, *Hitlers Professors* (New York 1946) und F. Lilge, *The Abuse of Learning* (New York 1948). – Andeutungen eines differenzierteren Bildes finden sich schon in Botschafter Dodd's Memoiren. Ein Artikel »Professoren unter Hitler« von Karl Dietrich Erdmann veranschaulicht am Beispiel der Universität Kiel die zahlreichen »Varianten«, die es gab. (FAZ, 16. Juni 1965). Die unterschiedlichen und keineswegs nur auf die Linie der Unterwerfung verlaufenden Vorgänge in einzelnen Wissenschaftsbereichen sind in jüngster Zeit in Vortragsreihen an mehreren Universitäten untersucht worden. Vgl. u. a. den Sammelband *Deutsches Geistesleben und Nationalsozialismus* (Tübingen 1965). Über die speziellen Probleme der Geschichtswissenschaft hat der Verf. in diesem Rahmen gehandelt (S. 73ff). Dazu jetzt auch K. F. Werner. Das *NS-Geschichtsbild und die deutsche Geschichtswissenschaft* (Stuttgart 1967) und die kritischen Bemerkungen dazu von František Graus (VfZ 17, 1969, S. 87ff). Unter der Fragestellung nach dem Ausmaß der Gleichschaltung und der Perversion würde auch das vielerörterte Thema »Die Justiz im Dritten Reich« zu behandeln sein. Von der im Zusammenhang mit dem Institut für Zeitgeschichte vorbereiteten Gesamtdarstellung ist 1968 Bd. I erschienen (*Die Deutsche Justiz und der Nationalsozialismus*, Stuttgart 1968), in dessen Hauptteil H. Weinkauff einen aufs Grundsätzliche gestellten Überblick gibt. Vgl. bes. den Abschnitt »Die allgemeine Haltung der deutschen Justiz unter dem Nationalsozialismus« (S. 170ff).

23 Vgl. Wilhelm Hoffmann, *Nach der Katastrophe* (Tübingen 1946), S. 122. Einige der im folgenden angeführten Tatsachen sind Röpkes Kapitel über geistigen Widerstand entnommen (a. a. O., S. 87–104). Siehe auch W. W. Schütz, *Pens under the Swastika* (London 1946) und das Kapitel »Bookstores« in des gleichen Autors *German Home Front*, (S. 216ff). Vgl. ferner des Verf. »Der Widerstand beginnt« in: *Der Weg in die Diktatur* (München 1962, S. 199–219) und Charles W. Hoffmann: *Opposition-Poetry in Nazi-Germany* (Berkeley and Los Angeles 1962, passim).

24 Für die führende *Historische Zeitschrift* (HZ) hat der Verf. das in der in Anm. 22 genannten Abhandlung im einzelnen nachgewiesen. – Für die Lage der Geschichtswissenschaft, den Versuch autoritärer Führung auf ihrem Gebiet, wie für die Wissenschaftsverwaltung im Dritten Reich überhaupt vgl. auch Helmut Heiber, *Walter Frank und das Reichsinstitut für Geschichte des Neuen Deutschlands* (Stuttgart 1966).

25 *Neuerscheinungen der deutschen wissenschaftlichen Literatur, 1939–1945*, Teil I (Bonn 1946, S. 131). – S. auch den Katalog der Stuttgarter Landesbibliothek über »Deutsche Literatur während der Widerstandsbewegung« (*Deutsche Bücher 1933–1945. Eine kritische Auswahl*, Stuttgart 1949).

26 A. a. O., S. 91. Man mag das Urteil dieses Kritikers, der mit deutschen Dingen immerhin in Fühlung blieb, dem empörten Absprechen Thomas Manns entgegenhalten oder den oberflächlichen Feststellungen von William L. Shirer, nach dessen Meinung die »Innere Emigration nichts von Wert produzierte – ein erschreckendes Phänomen«. (*End of a Berlin Diary*, New York 1947, S. 218) sowie: *Aufstieg und Fall des Dritten Reichs*, S. 256f.

27 Dazu und zu der Rolle Paul Scheffers vgl. das Erinnerungsbuch von Margret Boveri: *Wir lügen alle. Eine Großstadtzeitung unter Hitler* (Olten und Freiburg 1965).

28 Heinrich v. Kleist, *Politische und journalistische Schriften* (Potsdam 1935) – Für das »indirekte Richtverfahren« vgl. R. Pechel, *Zwischen den Zeilen. Ein Kampf für Freiheit und Recht*, Aufsätze 1932–1942 (Wiesenscheid 1948). Vgl. auch Konrad Ackermann, *Der Widerstand der Monatsschrift Hochland* (München 1965).

29 Vgl. seinen Bericht in: *Der Totenwald* (Zürich 1946). Die Ansprache von 1935 ist auf englisch veröffentlicht in: *The Poet and His Time* (Hinsdale, III. 1948).

30 Für die Bibelforscher oder »Zeugen Jehovas« in den Konzentrationslagern vgl. Kogon (a. a. O., S. 41, 269ff) und Hanns Lilje, *Im finsteren Tal* (2. Aufl., Nürnberg 1948, S. 58f). Zum Prinzipiellen ihrer Haltung siehe das 5. Kapitel in: Friedrich Zipfel, *Kirchenkampf* (Berlin 1965) und jetzt auch die reich dokumentierte Darstellung bei M. A. Kater, »Die Ernsten Bibelforscher im Dritten Reich«, (VfZ 17, 1969, S. 180ff). Insgesamt beliefen sich die Mitglieder der »Freikirchen« auf weniger als 1 % der deutschen Bevölkerung.

31 Zitat aus den Akten bei: K. D. Bracher, *Nationalsozialistische Machtergreifung und Reichskonkordat* (Wiesbaden 1956, S. 72).

32 Für ihre vertiefte Wiederherausarbeitung s. u. a. das Gutachten von H. J. Iwand und E. Wolf (*Die im Braunschweiger-Remer-Prozeß erstatteten ... Gut-*

achten, hrsg. v. H. Kraus, Hamburg 1953, S. 7ff), für die katholische Widerstandslehre das Gutachten von R. Angermair, (das S. 29ff). – Für beide Seiten siehe auch Sonderausgabe »20. Juli« des *Parlament* von 1952 (S. 25ff) sowie die Beiträge von Max Pribilla und Walther Künneth in: *Die Vollmacht des Gewissens* (München 1956, S. 159–163 u. 164–174).

33 Dazu und zum Folgenden: K. D. Bracher, »Anfänge der dt. Widerstandsbewegung« in: *Zur Geschichte und Problematik der Demokratie, Festgabe für Hans Herzfeld* (Berlin 1958, S. 387ff). – Zur Geburt des Pfarrernotbundes s. jetzt auch Eberhard Bethge, *Dietrich Bonhoeffer* (München 1967, S. 363ff).

34 Für die »Deutschen Christen« und die sogen. »Glaubensbewegung« s. Hans Buchheim, *Glaubenskrise im Dritten Reich* (Stuttgart 1953). – Für die im einzelnen keineswegs konsequente kirchenpolitische Linie Hitlers und der rivalisierenden Instanzen vgl. Klaus Scholder, »Die Evangeliche Kirche in der Sicht der nationalsozialistischen Führung«, (VfZ 16, 1968, S. 15ff).

35 Von den Büchern, die diese Kenntnis im Ausland schon vor dem Kriege und während des Krieges verbreitet haben, seien genannt: N. Micklem. *National Socialism and Christianity*, (Oxford 1939), ders. *National Socialism and the Catholic Church* (Oxford 1938), A. S. Duncan-Jones, *The Struggle for Religious Freedom in Germany* (London 1938), Michael Powers, *Religion in the Third Reich* (New York 1939). Hugh Martin und andere, *Christian Counter-Attack* (New York 1944). Vgl. die seitdem in Deutschland von protestantischer Seite erschienenen Hauptwerke: W. Niemöller, *Kampf und Zeugnis der Bekennenden Kirche* (Bielefeld 1948); H. Hermelink, *Kirche im Kampf, Dokumente des Widerstands und des Aufbaus der Evangelischen Kirche Deutschlands* (Tübingen-Stuttgart 1950) und für die Jahre 1935–37: *Dokumente des Kirchenkampfes* (hrsg. von Karl Dietrich Schmidt, 2 Teile, 1964 und 1965). Als Einzelstudie, die für den Widerstand im Osten interessant ist, sei erwähnt: Hugo Linck, *Der Kirchenkampf in Ostpreußen 1933–1949* (München 1968). Auf eine noch nicht zum Druck anstehende größere Arbeit von P. W. Ludlow *(The Protestant Opposition to Hitler in the Second War)* sei vorausverwiesen. – Für die kathlische Seite die Dokuente in: Johannes Neuhäusler, *Kreuz und Hakenkreuz* (2 Bde., München 1946) sowie jetzt dess. *Amboß und Hammer, Erlebnis im Kirchenkampf* (München 1968).

36 Für eine zusammenfassende Erörterung des neueren Quellenmaterials zu dieser Frage vgl. den Aufsatz von Wolfgang Schieder (HZ 1968, S. 346ff) und die eingehendere Stellungnahme zur sogen. »revisionistischen« Literatur (Friedlander, Lewy, Bökenförde) bei B. Ruhm von Oppen: »Nazis and Christians« (*World Politics,* April 1969, S. 392ff), sowie den Forschungsber. in VfZ (Okt. 1969).

37 Das Manifest von 1935 bei H. Martin, a. a. O., S. 34. Ein Abdruck des deutschen Textes der Pfingstdenkschrift u. a. in W. Jannasch, *Deutsche Kirchendokumente* (Zürich 1946, S. 27f) und bei K. D. Schmidt, (a. a. O., T. I., S. 695ff).

38 Die Zahlen nach persönlicher Mitteilung von Oberstudienrat O. Köhler. Die in den früheren Ausgaben nach einer amerikanischen Quelle angegebene Zahl

für die evangelischen Geistlichen ist danach berichtigt. – Für Einzelschicksale sei etwa auf das Martyrium des Pfarrers Paul Schneider in Buchenwald verwiesen. (W. Jannasch, a. a. O., S. 98–116), auch auf die kleine Sammlung von Biographien, die 1955 im Union-Verlag Berlin mit einem – freilich tendenziösen – Nachwort von Otto Nuschke erschienen ist. (Christlicher Widerstand gegen den Faschismus). Ferner die Biographien bei B. M. Kempner (s. Anm. 17 dieses Abschnitts).

39 Diese Angabe bei: C. Mayer »The Crisis of German Protestantism«, *Social Research* (November 1943, S. 426 Anm.).

40 Zur »Stuttgarter Erklärung« siehe u. a. Knappen, a. a. O., S. 119f. Auszug aus dem Text bei Niemöller, a. a. O., S. 527.

41 Für den Bischof von Münster vgl. H. Portmann, *Kardinal von Galen* (Münster 8. Aufl., 1959) und ders.: *Dokumente um den Bischof von Münster* (Münster 1948). Eine Widerstandsschilderung (»Oldenburg überwindet seinen Gauleiter«) in: *Tag*, Sonntag, 29. August 1948. Siehe auch: A. S. Duncan-Jones, a. a. O., S. 217–219. Für die Volksbewegung in dem zu 90 % katholischen Regierungsbezirk Aachen vgl.: Bernhard Vollmer, *Volksopposition im Polizeistaat. Gestapo und Regierungsberichte 1934–36* (Stuttgart 1957).

42 Bis April 1942 waren 7000 protestantische Geistliche einberufen worden, von denen 698 gefallen waren. (H. Martin, a. a. O., S. 42).

43 Siehe das Kapitel über »Christliche Solidarität« bei Duncan Jones, bes. S. 254.

44 Selbst in einer so gewissenhaften und abgewogenen Erörterung wie der von Knappen (a. a. O., Kap. XI und XII) findet man noch einen Nachhall dieses Verdachts.

45 Die Worte sind auf englisch wiedergegeben (»If we claim to be Christians, there is no room for expediency«) durch den Bischof von Chichester (*Contemporary Review*, CLXVIII, 1945, S. 208). Siehe dazu jetzt Bethge, a. a. O., S. 811.

46 Für die Auseinandersetzung mit der jesuitischen und calvinischen Lehre s. Lilje, a. a. O., S. 51ff. Die Sätze Bonhoeffers in dessen unter dem Titel *Widerstand und Ergebung* von Eberhard Bethge herausgegebenen Briefen und Aufzeichnungen (München 1951, S. 14f). Vgl. auch bei Ritter *Carl Goerdeler und die deutsche Widerstandsbewegung* (3. Aufl., Stuttgart 1956, S. 473, Anm. 8) – im folgenden wird Ritters Goerdeler nach 3. Aufl. zitiert –, aus Bonhoeffers nachgelassener »Ethik« den Begriff des »In-Verantwortung-Schuld-auf-sich-Nehmens« und Mau-Krausnick (a. a. O., S. 174). – Die Dissertation von Mother Mary Alice Gallin *(Ethical and Religious Factors in the German Resistance to Hitler*, Washington 1955) breitet zwar ein wertvolles, auch zum Teil ungedrucktes Material aus, geht aber wenig in die Tiefe und an Zeugnissen wie den zuletzt genannten vorbei. Zur grundsätzlichen Fragestellung siehe jetzt auch Ernst Wolf, »Zum Verhältnis der politischen und moralischen Motive in der deutschen Widerstandsbewegung« (*Der deutsche Widerstand gegen Hitler*, hrsg. v. Walter Schmitthenner und Hans Buchheim. Köln-Berlin 1966, S. 215ff) – Auf diese Veröffentlichung – abgek. Schmitthenner-Buchheim – wird öfter noch zurückzukommen sein.

1 H. Fraenkel, *The German People versus Hitler* (London 1940, S. 70f). Auch eine sozialdemokratische Gruppe, später »Sozialistische Front« genannt, die bis 1936 gearbeitet hat, begann schon seit Sommer 1932, die Organisationsgrundsätze der Illegalität und der Kaderbildung festzulegen. Vgl. den Rückblick darauf am Ende des Jahres 1933 und die Gruppen-Schemata bei E. Matthias, »Der Untergang der Sozialdemokratie 1933«, (VfZ 4, 1956, Dokument 5, S. 201–226). Verkürzter Wiederabdruck (mit Namen des Verf. W. Blumenberg) in: E. Matthias und R. Morsey, *Das Ende der Parteien* (Düsseldorf 1960, S. 269ff). – Viel Material über illegale Organisationsarbeit, zum Teil aus Gestapoakten, aber unterschiedslos und unkritisch zusammengehäuft, bei Weisenborn, (a. a. O., S. 145ff: »Der Widerstand der Arbeiter«) – Manche interessante Einzelheiten über den Weg der demokratischen Linken bei A. Leber (a. a. O., II, S. 27ff). So über eine gleich 1933 in Berlin initiativ werdende Gruppe von Studenten und jungen Arbeitern, die sich »Roter Stoßtrupp« (RS) nannte. Zu den Führern gehörte Karl Zinn. – Einen trotz der Lückenhaftigkeit der Quellen mehr systematischen Überblick gibt Hans J. Reichardt., »Möglichkeiten und Grenzen des Widerstandes der Arbeiterbewegung« (Schmitthenner-Buchheim, S. 169ff). – Trotz seiner Hochschätzung der kommunistischen Widerstandsbewegung spricht auch W. Abendroth von der, in der östlichen Literatur meist übergangenen, Verwirrung durch den Hitler-Stalin-Pakt und die Behinderung durch die Liquidationswelle in Moskau (*Festschrift für Otto Brenner*, Frankfurt a. M. 1967, S. 518).

2 Evelyn Lend, *The Underground Struggle in Germany* (New York 1938, S. 17).

3 An dieser Überlieferung seiner Partei hat vor allem Julius Leber, einer der politisch elementarsten Männer im sozialistischen Lager, in den nach seiner Verhaftung niedergeschriebenen Betrachtungen scharfe Kritik geübt. (*Ein Mann geht seinen Weg*, Berlin-Schöneberg 1952, S. 187ff). Für die inneren Auseinandersetzungen in der Krise von 1933 selbst vgl. die Dokumentation bei Matthias, (VfZ 4, 1956, S. 181ff), insbesondere das Protokoll der Sitzung der Reichstagsfraktion der SPD vom 10. Juni 1933 mit dem Streit über das Problem, ob Emigration »Feigheit« sei, und dem Eintreten Dr. Schumachers für die illegale Arbeit, ferner dess. Aufsatz »Der Untergang der alten Sozialdemokratie« (a. a. O., S. 250ff). Für die Gesamtentwicklung im Exil, die ideologische wie die praktisch-organisatorische vgl. Matthias, *Sozialdemokratie und Nation – Zur Ideengeschichte der sozialdemokratischen Emigration 1932–1938* (Stuttgart 1952) und L. J. Edinger, *German Exile Politics and the Social Democratic Executive Committee in the Nazi-Era* (Berkeley und Los Angeles 1956).

4 Vgl. dazu K. D. Bracher, »Stufen totalitärer Gleichschaltung«, (VfZ 4, 1956, S. 30ff).

5 Rudolf Diels, *Luzifer ante portas ..., es spricht der erste Chef der Gestapo ...* (Stuttgart 1950, S. 207) behauptet, daß unter der Berliner SA sich Ende 1933

70% ehemalige Kommunisten, darunter ganze Stürme ehemaliger Rotfrontkämpfer »samt ihrer Schalmeienkapellen« befunden hätten. Das Buch ist bei aller Fragwürdigkeit des Autors und seiner Thesen wie insbesondere seiner Berechtigung zu höhnischen Bemerkungen über den »Resistenzialismus« (S. 56) wertvoll durch die genauen Aufschlüsse über die Gewaltsamkeiten der ersten 18 Monate.

6 Siehe den Berliner Aufruf der »Deutschen Volksfront« von 1936 bei Weisenborn, a. a. O., S. 147.

7 Für diese spätere Entwicklung siehe Edinger, (a. a. O., S. 181 ff). Für das Problem einer deutschen Exilregierung vgl. Karl O. Paetel (VfZ 4, 1956, S. 280 ff). Auch unter der illegalen kommunistischen Bewegung in Deutschland gab es eine bewußt anti-sowjetische Gruppe, die »Roten Kämpfer«. Siehe die Dokumentation in den VfZ (7, 1959, S. 458 ff).

8 Auszüge und Kommentare in E. Lend, a. a. O., S. 28–30; *Innere Emigration* S. 39–41; J. B. Jansen und St. Weyl, *The Silent War*, S. 129–32. – Dazu als Quelle: H. L. Brill, *Gegen den Strom*, (Offenbach 1946), ferner die Darstellungen bei Matthias und Edinger sowie bei Reichhardt (a. a. O., S. 200 ff) und die Marburger Dissertation von 1957 von Kurt Kliem (Masch.).

9 Für das Schicksal der Parlamentarier in Reich und Ländern vgl. die sorgsam angestellten Ermittlungen von Walter Hammer, (*Hohes Haus in Henkers Hand*, 2. Aufl., Frankfurt a. M. 1957).

10 Einzelheiten finden sich in Fraenkel, a. a. O., S. 89–114; Lend, a. a. O., S. 30 bis 50 (für die Jahre 1933–37); Jansen-Weyl, a. a. O., S. 78–108; ebenso bei M. W. Schütz, *German Homefront* (London 1943); in den *Inside Nazi-Germany Reports* (New York 1933–44) und anderen mehr sporadischen Veröffentlichungen.

11 Wenn man dem »SS-Bericht über den 20. Juli« (s. o. S. 183, Anm. 3) trauen kann, so war die erfolgreiche Infiltrierungsarbeit hauptsächlich das Werk von Heinrich Müller (»Gestapo-Müller«). Als Mitglied der bayrischen politischen Polizei hatte er schon in den Jahren vor 1933 Erfahrungen mit kommunistischen Illegalen. Sicher wurde diese Infiltrierung in der Folge durch die Episode des Hitler-Stalin-Paktes sehr erleichtert. Für die verstärkte kommunistische Tätigkeit, nachdem diese Episode mit Juni 1941 abgelaufen war, s. u.

12 Hierzu und zum Folgenden siehe Jansen–Weyl, a. a. O., S. 78–81.

13 Vergl. die noch nicht überholte erste Untersuchung der Vorgänge bei Mau, »Die zweite Revolution«, (VfZ 1, 1953, S. 118 ff) und Krausnick, »Der 30. Juni 1934, Bedeutung, Hintergründe, Verlauf« in: *Das Parlament* (Beilage B XXV, 1954). – Eine zusammenfassende Darstellung bei Bracher, Sauer, Schulz, a. a. O., S. 934 ff.

14 Vergleiche das vom Verf. herausg. »Pro memoria eines bayerischen Rates zu den Junimorden« (VfZ 5, 1957, S. 104 ff). Es bezweckte, eine »Lawine auszulösen, die das Schandregiment verschlingen könne«, – blieb aber unveröffentlicht.

15 *Der Wahrheit eine Gasse* (München 1952, S. 364). Für die Verfasserfrage vergl. jetzt Peter Hoffmann, a. a. O., S. 676, Anm. 63.

16 Dazu die systematische Übersicht bei Armin Mohler, *Die konservative Revolution in Deutschland 1918–32* (Stuttgart 1950, besonders S. 174ff). Zur Kritik vergl. K. Sontheimer, *Antidemokratisches Denken in der Weimarer Republik* (München 1962).

17 Pechel, a. a. O., S. 77. Andeutungen dazu auch in Brünings Brief an Pechel *(Deutsche Rundschau*, Bd. 60, 1947, H. 7, S. 20f). – Für die Rettung von Brüning durch Prof. Muckermann, siehe Pechel a. a. O., Von P. abweichend für Treviranus die Darstellung in dessen: *Das Ende von Weimar* (Düsseldorf 1968, S. 399f).

18 So auch die Auffassung des Biographen W. Adolph, *Erich Klausener* (Berlin 1955). – v. Bose soll geplant haben, den Stahlhelm zu alarmieren (Krausnick in: *Vollmacht des Gewissens*, München 1956, I, S. 225).

19 Für den klaren Tatbestand der Ermordung Schleichers (und seiner Frau) siehe die Dokumentation in VfZ (1, 1953, S. 70ff). Das. (S. 73) der Abdruck der peinlichen Ehrenerklärung v. Mackensens vor der »Vereinigung Graf Schlieffen«, die an der Todesursache wic an den erhobenen Vorwürfen mit einem Verlegenhcitswortlaut (»regierungsfeindliche Wege«) vorbeigeht. Für eine neue Lesart zur angebl. Verbindung Schleicher-Röhm siehe Ritter (a. a. O., S. 475, Anm. 6). Über seinen Verkehr mit François-Poncet vgl. Th. Vogelsang *K. v. Schleicher* (Göttingen 1965, S. 102f).

20 Die Erzählung bei Schlabrendorff (a. a. O., I. Aufl., S. 15), wonach er und seine Freunde im März 1933 Niekisch aus einem SA-Keller befreit hätten, ist in späteren Auflagen fallengelassen und wird weder von Bodo Scheurig, *Ewald v. Kleist-Schmenzin* (Oldenburg-Hamburg, 1965) noch von Niekisch selbst (*Gewagtes Leben*, Köln-Berlin, 1958) bestätigt. Für die Vorgänge vom Juni 1934 vergl. Scheurig (a. a. O., S. 136) und Niekisch (a. a. O., S. 247f).

21 Für diese Ausrichtung vergl. außer den Angaben bei Mohler (a. a. O.) die Studie von Hans Buchheim, »Ernst Niekischs Ideologie des Widerstands«, (VfZ 5, 1958, S. 334ff). Die »Rache für Königgrätz« in: Niekisch *Politische Schriften* (Köln-Berlin 1965, S. 65).

22 Einzelheiten bei Pechel (a. a. O., S. 81f). Für von Halem vor allem bei Zeller (a. a. O., S. 115ff).

23 So vor allem Gisevius (a. a. O.), jetzt erneut und ausführlicher in: *Adolf Hitler, Versuch einer Deutung* (München 1963, S. 459ff). Nach Schellenbergs *Memoiren* (Köln 1959, S. 90ff) soll Elser im Verhör gestanden haben, zwei unbekannte Personen hätten ihm bei der Vorbereitung geholfen. Man habe ihm dann eine Schreinerwerkstätte eingerichtet und er habe in kurzer Zeit sein »Meisterstück« wiederholt. – Eine solche Erzählung legt die Vermutung nahe, daß die Gestapo die Hand im Spiele gehabt habe, sei es, um durch das mißglückte Attentat Hitlers Popularität und sein Erwähltseinsbewußtsein zu verstärken, sei es, um seinen Zorn in andere Richtungen zu lenken. Eine dritte Version, die in Kürze auch literarisch vertreten werden wird, geht dahin, daß eine radikale Gruppe im SD Hitler tatsächlich habe beseitigen wollen, daß aber einer der Mitwisser ihn telegraphisch gewarnt habe, länger als bis zu einem gewissen Zeitpunkt im Saal zu bleiben. – Die ganze Sachlage weist eine merk-

würdige Analogie zur Reichstagsbrandstiftung (oder zur Ermordung des Präsidenten Kennedy) auf: Die Einzeltäterschaft ist nach allen technischen Voraussetzungen einigermaßen unwahrscheinlich, aber Komplizen sind bisher nicht nachweisbar gewesen. In einer Untersuchung der Frage durch Dr. Anton Hoch, die in VfZ erschienen ist (Okt. 1969), werden neue Belege für eine Alleintäterschaft beigebracht.

24 *Berlin Diary* (New York 1942, S. 218, Sept. 20, 1939).

25 Vergl. das Kapitel: »Widerstand einzelner Gruppen 1932–44« bei Pechel (a. a. O., S. 71–113).

26 A. a. O., S. 41f.

27 H. Fraenkel (a. a. O., S. 206–209 und 240–252) erörtert daher die Freiheitspartei als Ausdruck einer konservativen sowohl wie einer Linksopposition.

28 Tübingen 1954. Vgl. auch dess.: »Obrigkeit und Widerstand. Zeitgeschichtliche Gedanken zur ›soziologischen Sicherung‹ der Freiheit«, (VfZ 3, 1955, S. 297ff – Das Zitat das. S. 303).

29 In VfZ (a. a. O., S. 304) macht H. v. Borch mit Recht darauf aufmerksam, daß in den Länderverfassungen für Hessen, Bremen und die Mark Brandenburg, die ein Widerstandsrecht etablieren, dieses »soziologisch völlig undifferenziert« bleibt. Es sei zu befürchten, daß ein »Jedermanns-Recht« zur »Niemands-Pflicht« werde.

30 Erste Aufschlüsse dazu in dem Artikel von E. A. Bayne (siehe S. 187, Anm. 29). Sehr viel Material liegt in den Akten des Weizsäcker-Prozesses vor, und Einzelspuren oppositioneller Diplomatie finden sich in den deutschen wie den britischen Akten zur Außenpolitik. Auf einige Beispiele wird zurückzukommen sein. – Für Schmidt siehe Dulles (a. a. O., S. 64) und die Erinnerungen von Paul Schmidt (*Statist auf diplomatischer Bühne*, Bonn 1949). – Eine Übersicht gibt R. Sexau: »Diplomaten unter Hitler«, *Neues Abendland* (7. Jg., 1952, S. 43–54 und 98–106). Für eine zusammenhängende Untersuchung, die freilich von starken Vorurteilen belastet ist, vgl. Paul Seabury (*The Wilhelmstraße. A Study of German Diplomats under the Nazi-Regime*, Berkeley und Los Angeles 1954). Eine zutreffendere Würdigung in der Rede von Eugen Gerstenmaier (*Bulletin des Presse- und Informationsamtes der Bundesregierung*, 22. Juli 1954; das. auch die Totenliste des Auswärtigen Amtes).

31 Seabury, a. a. O., S. 144.

32 Vgl. Erich Kordt, *Nicht aus den Akten*, (Stuttgart 1950, S. 61–79).

33 Schlabrendorff, (a. a. O., 1. Aufl., S. 16f.) und ausführlicher in der Neubearbeitung (S. 32ff).

34 Siehe auch Dulles, (a. a. O., S. 118) und die kurzen Angaben bei Th. Steltzer, *Von deutscher Politik* (Frankfurt 1949, S. 150). Ausführlicher jetzt in desselben *Sechzig Jahre Zeitgenosse* (München 1966, S. 116ff; die Denkschrift das. im Auszug S. 270ff).

35 Neben Quellen, die später zu zitieren sein werden, ist als Unterlage eine Denkschrift von Frau Goerdeler benutzt worden (geschrieben im März 1946). Inzwischen ist für Goerdelers Biographie durch Gerhard Ritter (a. a. O.) die Grundlage außerordentlich verbreitert worden. Es wird davon nur für die nötigsten

Ergänzungen und Berichtigungen Gebrauch gemacht werden. Eher wird auf Auffassungsfragen kritisch einzugehen sein.

36 Gisevius, *Bis zum bitteren Ende* (revid. Ausg. v. 1954, S. 231–37). In seinem Buch über Hitler von 1963 kommt er darauf nicht zurück.

37 In einer etwas abweichenden Version soll Halder, der Nachfolger Becks, Schacht im Jahre 1938 erwidert haben: »Die Leute, die Hitler zur Macht gebracht haben, sollen ihn auch wieder loswerden ... Ihr habt Hitler gewählt ... Wir Soldaten durften nicht wählen.« (Dulles, a. a. O., S. 63).

38 Für den Text der Hoßbach-Niederschrift vgl. IMT (XXV, S. 402–413) und *Akten zur Deutschen Auswärtigen Politik* (zitiert: ADAP), Serie D, I, S. 25 ff. – Aus formalen Gründen und aus der Überlieferungsgeschichte des Textes lassen sich einige Bedenken herleiten. Sie berechtigen indessen in keiner Weise zur Skepsis gegenüber diesem »Schlüsseldokument« (Seraphim), erst recht nicht zum Vorwurf der »Fälschung« (Annelies v. Ribbentrop, *Deutsche Hochschullehrerzeitung*, 1962, H. 2). Naturgemäß sind die Worte des Widerspruchs, die geäußert wurden, weniger ausführlich verzeichnet als Hitlers eigene Ausführungen, an deren Tragweite nicht zu zweifeln ist. Zum Hergang und den Folgen, siehe Friedrich Hoßbach, *Zwischen Wehrmacht und Hitler* (2. Aufl., Göttingen 1965, S. 13f, 180ff). Zur Quellenkritik und zur positiven Wertung des Dokuments vgl. jetzt: Walter Bussmann, »Zur Entstehung und Überlieferung der Hoßbach-Niederschrift«, (VfZ 16, 1966, S. 373ff).

39 Der Vorwurf Wheeler-Bennetts (a. a. O., S. 384), daß die Einwände nicht moralisch begründet gewesen seien, ist bezeichnend für die Verständnislosigkeit vieler seiner Urteile.

40 Dafür und für das Folgende, insbesondere für die dokumentarischen Unterlagen, vgl. Wolfgang Foerster, *Generaloberst Ludwig Beck, Sein Kampf gegen den Krieg* (2. Aufl., München 1953). Ferner Fr. Hoßbach, *Von der militärischen Verantwortlichkeit in der Zeit vor dem Zweiten Weltkrieg* (Göttingen 1948, bes. S. 18f). Vgl. auch Gert Buchheit, *Soldatentum und Rebellion*, (Rastatt 1961, S. 146ff). Für die Seekriegsleitung das. S. 158ff.

41 Darauf hat M. Braubach *Der Weg zum 20. Juli* (Köln und Opladen 1953, S. 16) mit Recht verwiesen. Über die Möglichkeit eines »legalen Anfangsstoßes« vgl. Krausnick, in: *Vollmacht des Gewissens* (I, S. 318).

42 Augenzeugenberichte dazu finden sich bei R. Andreas-Friedrich (a. a. O., S. 15f) und bei Konstantin Silenz, *Irrweg und Umkehr* (Basel 1946, S. 184). Vgl. auch Kordt (a. a. O., S. 267f).

43 Das volle Ausmaß der Vorbereitungen ist nicht nur durch die Aussagen bezeugt, die Halder und Gisevius vor dem Nürnberger Gerichtshof machten, sondern wird durch die vertrauliche Information bestätigt, die Pechel von Beck im Hause des Generaloberst v. Hammerstein empfing (Pechel, a. a. O., S. 151).

44 Gisevius (a. a. O., S. 340f) sucht Schacht als zivilen Anstifter des militärischen Putschplans herauszustellen. – Schacht (*Abrechnung*, S. 18) folgt der gleichen Linie, weiß aber von der Londoner Aktion nichts. Seine hohe (und sicher berechtigte) Anerkennung Witzlebens verliert an Wert durch die Feststellung,

der General und er selbst seien die Urheber des einzigen erfolgversprechenden Staatsstreichplanes gewesen.

45 Vgl. P. Hoffmann (a. a. O., S. 82).

46 Zur Vorgeschichte der Mission und zur Rolle Colvins, vgl. dessen: *Chief of Intelligence* (London 1951, S. 60ff) in der dt. Ausgabe (*Der Meisterspion,* Wien 1955, S. 72ff) und Scheurig (a. a. O., S. 155f). Einschränkend auf Grund persönlicher Mitteilungen von Schlabrendorff und dem Sohn von Kleist: Krausnick (*Vollmacht des Gewissens* I, S. 327) Indizien für die Mitwisserschaft Becks bei Foerster (a. a. O., S. 126). – Für den Verlauf der Mission vgl. *Documents of British Foreign Policy* (zit.: DBFP) Series III, vol. II, pp. 683ff und die Bezugnahme ebda. p. 101, 125f und III, p. 366. – Der Brief Churchills an Kleist ohne Nennung des Adressaten nach einer Abschrift, in: ADAP (Serie D, II, S. 706). Man wird also auch die Mitwisserschaft der Wilhelmstraße – mindestens die nachträgliche – annehmen können. Für das Urteil Chamberlains über Kleist vgl. DBFP (a. a. O., p. 686). Auf die Mission Kleists folgte wenige Tage später noch eine des Majors a. D. Hans Boehm-Tettelbach, dem es indessen nicht gelang, zu einflußreichen Persönlichkeiten vorzudringen. (So bei Ritter und jetzt auch bei Hoffmann, a. a. O., S. 86f.)

47 Es ist wohl kein Zufall, daß die Erklärung mit den gleichen Worten begann, die Beck in einem seiner Vorträge gebraucht hatte (»Unusual times require unusual means«). Bei Dulles (a. a. O., S. 61) ist nur von einer Botschaft Becks die Rede. Für den Hergang selbst vgl. Kordt (a. a. O., S. 251f und 279ff). Weiter sind Zeugenaussagen aus dem Weizsäcker-Prozeß heranzuziehen, die freilich nicht gedruckt vorliegen. Die hier folgenden Angaben beruhen auf persönlicher Mitteilung und sind inzwischen bestätigt durch die Nachforschungen Hoffmanns (a. a. O., S. 689f, Anm. 81) im Nürnberger Staatsarchiv. Unter den Belastungszeugen fungierte Baron von Vansittart. In einer eidesstattlichen Erklärung vom 12. August 1948 hat er versichert, er habe von Weizsäcker immer als »chief executant« der Politik Ribbentrops betrachtet und halte an dieser Anschauung fest. In der gleichen Erklärung werden die Brüder Kordt als Opportunisten charakterisiert, von denen Vansittart nie den Eindruck gehabt habe, daß sie mit irgendwelchen Personen und Gruppen ernsthaft oppositioneller Art verbunden gewesen seien, und von denen er nie auch nur einen Wink (»hint«) von einigem Gewicht empfangen habe: In schärfstem Gegensatz dazu hat der Bischof von Chichester nicht nur bezeugt, daß aktive Schritte in Opposition zur Politik Hitlers und Ribbentrops von den Brüdern Kordt und v. Weizsäkker unternommen wurden, sondern auch, daß – Baron Vansittart davon wußte. Ferner hat der frühere britische Außenminister in einer eidesstattlichen Versicherung vom 30. September 1947 den Inhalt eines Briefes von Theo Kordt vom 29. Juli 1947 als wahr beurkundet. Dieser Brief erwähnt kurz die Vorgänge vom September 1938 und enthält u. a. die Feststellung, daß der Schreiber während der Jahre 1938/39 in »enger, teilweiser täglicher Berührung mit dem hauptsächlichen diplomatischen Berater der britischen Regierung – Lord Vansittart« – war sowie daß Erich Kordt trotz des damit verbundenen Wagnisses wiederholt nach London kam, um Baron Vansittart von den drohenden Gefahren zu unter-

richten, der diese Nachrichten an Lord Halifax weiterzugeben versprach. Das psychologische Rätsel, das die widersprechenden Zeugnisse aufgeben, wird am einfachsten zu lösen sein durch ein Zitat aus einer zweiten eidesstattlichen Versicherung Vansittarts (vom 31. August 1948), in der es heißt: »Die ganze Grundlage meiner Haltung gegenüber Deutschland war, daß es eine wirkliche oder wirksame Opposition dort niemals gab oder geben würde.« Eine andere, keineswegs einleuchtende Erklärung bietet J. Colvin an (*Vansittart in Office*, London 1965, p. 324f). Wie weitgehend Vansittart von seinem Gedächtnis im Stich gelassen worden ist, wird noch weiterhin zu zeigen sein. Jedenfalls kann sein Zeugnis die Tatsachen von 1938 nicht erschüttern und die Integrität der beteiligten Persönlichkeiten nicht in Frage stellen. Das gleiche gilt von der in der Quellenfrage zum Teil sehr scharfsichtigen Kritik von Namier (*In the Nazi Era*, London 1952, bes. p. 75 u. 84f), und von Wheeler-Bennetts kritischen Bemerkungen über »unzufriedene Generäle« und »frühere Deutschnationale« (a. a. O., S. 438). Ernster ist sein Einwand, ob eine englische Verpflichtung zum Kriege auf Grund der deutschen Eröffnungen möglich war. Aber er widerspricht damit seiner eigenen früheren Verurteilung der appeasement-Politik. Übrigens war die englische Festlegung auf den Krieg in der Krise nach Godesberg für eine kurze Phase durchaus eine Wirklichkeit. Auf die Argumente jüngerer deutscher Autoren (Graml u. Wendt) betr. die Zumutbarkeit der Erwartungen, die von der Opposition an England herangetragen wurden, wird zurückzukommen sein.

48 So bei Krausnick (*Vollmacht des Gewissens* I, S. 332ff) und Buchheit (a. a. O., S. 180ff). Noch ausführlicher jetzt und auf viele neue Belegstellen gestützt die Darstellung bei P. Hoffmann (a. a. O., S. 123ff) u. Anm. 225ff). Vgl. auch Erich Kordt (*Nicht aus den Akten*, S. 262f u. 269ff). Auffallend und offenbar abwegig das Urteil von B. Scheurig (a. a. O., S. 166): Die Opposition hatte die »Chance besessen, aber im Grunde war sie nur zu gewillt, diese Chance nicht zu nutzen«. Das Urteil ist um so auffallender, als Sch. (S. 232, Anm. 98) selbst erklärt, man wäre gern bereit, sich von Shirers abwertender Skepsis »belehren« zu lassen, aber er vermöge sie an keiner Stelle schlüssig zu begründen.

49 Der Brief vom 11. Oktober 1938 ist im Wortlaut abgedruckt in *Goerdelers Politisches Testament. Dokumente des Anderen Deutschland*, herausg. v. Friedrich Krause (New York 1945, S. 57–64). In dem gleichen Brief sagt der Verfasser: »Ich weiß ..., daß diese Diktatoren nichts als Verbrecher sind und daß ihre Wirtschaftspolitik zum Bolschewismus führt. Der Hitlerismus ist Gift für die deutsche Seele.« (S. 61).

50 Aussage Theo Kordts im Wilhelm-Straßen-Prozeß am 14. Juli 1948.

51 Dazu Carl J. Burckhardt, *Meine Danziger Mission, 1937–39* (2. Aufl., München 1960, S. 181ff), Ernst von Weizsäcker, *Erinnerungen* (München 1950, S. 173–77); vgl. ferner dazu die Dokumente in: DBFP (Series III, vol. II, pp. 242, 689–92).

52 Über Trotts Gespräche im Juni 1939 in Cliveden, dem Sitz der Astors, und in London liegt ein Aktenstück vor (ADAP, Serie D, VI, S. 562–70), das zu schweren Mißverständnissen Anlaß gegeben hat. Zur Berichtigung vgl. den Brief von David Astor (*Manchester Guardian Weekly*, 4. Juni 1956) und meine

Einleitung zu einer Denkschrift Trotts von 1942 (VfZ 5, 1957, S. 390f). Man muß den getarnten Zweck der Hinausschiebung des Krieges zum Verständnis der Aktion klar in Rechnung stellen. In der Trott-Biographie von Christopher Sykes (*Troubled Loyalty*, London 1968, pp. 239ff) erkennt der Autor zwar den »purpose of disguise« und die Tatsache an, daß der Bericht für die Augen von Ribbentrop und Hitler geschrieben war, ist aber wie an vielen anderen Stellen seines Werkes nicht frei von dem Mißtrauen, zu dem der ehemalige Rhodes-Scholar allein schon durch die Tatsache seiner freiwilligen Rückkehr nach Deutschland wie auch durch andere für seine Oxforder Freunde unverständliche Handlungen oder Äußerungen Anlaß gegeben hatte.

53 Es geschah das auf Initiative Weizsäckers. Dazu übereinstimmend dessen *Erinnerungen* (S. 235) und E. Kordt (a.a.O., S. 311ff). Vgl. auch die amtliche Bestätigung des Vorgangs in DBFP (Series III, vol. VI, pp. 705, 707). Dazu jetzt Hermann Graml: »Die deutsche Militäropposition vom Sommer 1940 bis zum Frühjahr 1943« (*Vollmacht des Gewissens*, II, 1965, S. 411–460) Gert Buchheit (a. a. O., insbes. S. 222–260) und P. Hoffmann (a. a. O., S. 143ff).

54 Es hat in der ausländischen Literatur Behandlung im weiteren Rahmen gefunden bei Wheeler-Bennett (a. a. O.), bei Gordon Craig, *The Politics of the Prussian Army 1940–1945* (Oxford 1953), spezieller in dem noch stark von der Nürnberger Atmosphäre bestimmten Buch des damaligen Anklägers Telford Taylor, *Sword and Swastika* (New York 1952). Von deutscher Seite und zur Frage des militärischen Widerstands sind vor allem die sehr sorgsamen Untersuchungen von H. Krausnick und K. Sendtner zu nennen (*Vollmacht des Gewissens* I, S. 175 bis 380 und 381–524). Das. die Spezialbibliographie von G. Stadtmüller (S. 541–62). Für die allgemeinere Fragestellung siehe H. Herzfeld, »Heer und Staat in der deutschen Geschichte«, (VfZ 4, 1956, S. 561ff). Für die Marine vgl. Walter Baum »Marine, Nationalsozialismus und Widerstand«, (VfZ II, 1963, S. 16ff). Für die Unterschiedlichkeit der drei Wehrmachtsteile siehe auch A. Kesselring, *Soldat bis zum letzten Tag* (Bonn 1953, S. 299). Interessante Einzelbeobachtungen zur inneren Situation des Offizierskorps finden sich in dem Buch eines bayerischen Reserveoffiziers, der 1941 zum OKH versetzt wurde und zum Widerstandskreis in Beziehung war (Ferdinand Prinz von der Leyen, *Rückblick zum Mauerwald*, München 1965 passim.). Die jüngste Behandlung des Themas durch Klaus-Jürgen Müller, *Das Heer und Hitler, Armee und nationalsozialistisches Regime 1933–1940* (Stuttgart 1969) gewinnt ihm im einzelnen noch durchaus neue Seiten ab. So etwa für den Versuch (Sommer 1939) einer konspirativen Kaderbildung, der von Witzleben (damals Gruppenkommandeur in Frankfurt a. M.) und seinem Stabschef v. Sodenstern unternommen wurde (a. a. O., S. 398ff). – Es sei auch auf die wertvollen Dokumente im Anhang des Buches verwiesen, die in den Fahnen vorlagen, aber in diese Neuauflage nicht mehr eingearbeitet werden konnten. Es kann in dem folgenden Abschnitt des Textes nur darum gehen, die Würdigung, die beabsichtigt ist, an dem neuerschlossenen Material zu kontrollieren, nicht aber die Masse des Faktischen zu berücksichtigen.

55 Am 26. Januar 1932 schrieb Groener einem Freund, daß, wenn Hitler zu Ge-

waltmitteln greifen sollte, er niedergeworfen werden würde. »H[ammerstein] ist der Mann, brutal zuzuschlagen, ganz anders als Seeckt 1923/24«. (Übers. von Craig, *Political Science Quarterly*, LXIII, 2, S. 210). Für den Schritt, den Hammerstein zusammen mit dem Personalchef Generalleutn. v. d. Bussche-Ippenburg bei Hindenburg unternahm vgl. Thilo Vogelsang *Reichswehr. Staat und NSDAP* (Stuttgart 1962, S. 378f) und jetzt auch Treviranus (a. a. O., S. 349f). Ausführlicher und im einzelnen abweichend, die Angaben bei Kunrat, Frh. v. Hammerstein (*Spähtrupp*, 2. Aufl. 1963, S. 40ff). Der Personalchef war einer der ersten Generale, die nach der Machtübernahme entlassen wurden.

56 In einigen Fällen wurde früheren Offizieren »nichtarischer« Abstammung von der Reichswehr Schutz gewährt. Aber die Armee trat nicht aus ihrer Reserve heraus, als der Kranz der Vereinigung jüdischer Kriegsteilnehmer vom Ehrenmal Unter den Linden entfernt wurde; sie ließ es geschehen, daß die Regimentsvereine gezwungen wurden, ihre jüdischen Mitglieder auszustoßen. Mit Bezug auf die »Nürnberger Gesetze« genoß die Armee eine gewisse Schonzeit, da die volle Anwendung viele höhere Offiziere, besonders aus den Kreisen des Landadels, betroffen haben würde. Aber auch hier wurde die Praxis ständig verschärft. Als ein Fall unter anderen sei der der jüdischen Witwe des Generals Hoffmann erwähnt, die nach entwürdigender Behandlung im Jahr 1938 Selbstmord beging (Fraenkel, a. a. O., S. 204). Im allgemeinen trafen die Verhaftungen im November 1938 die bisher noch nicht den schärfsten Maßregelungen unterworfenen nichtarischen Kriegsteilnehmer.

57 Vgl. die Briefe Stieffs (VfZ 2, 1954, bes. S. 300). – Für Reichenau und Blaskowitz: Ulrich von Hassell (*Vom anderen Deutschland*, Zürich 1946, S. 92 u. 97) sowie Schlabrendorff (a. a. O., 1951, S. 59), ferner Buchheit, (a. a. O., S. 208ff). Erwähnt sei auch, daß der Widerstand gegen den berüchtigten Kommissarbefehl Hitlers vom Mai 1941 mehr von taktisch-militärischen als von grundsätzlichen Erwägungen ausging. Dazu jetzt eingehend Heinrich Uhlig, »Der verbrecherische Befehl« (*Vollmacht des Gewissens*, II, S. 287–410).

58 Fraenkel, a. a. O., S. 202f.

59 Zur Kritik der militärischen Jugenderziehung siehe Hoßbach, *Zwischen Wehrmacht und Hitler,* S. 58f.

60 Dazu: Graf Kielmannsegg, *Der Fritsch-Prozeß 1938, Ablauf und Hintergründe* (Hamburg 1949) und Hermann Foertsch, *Schuld und Verhängnis, die Fritsch-Krise im Frühjahr 1938 als Wendepunkt* (Stuttgart 1951) – Zur »Wachablösung«: G. Buchheit, *Ludwig Beck* (München 1964, S. 106ff). – Für Keitel vgl. jetzt auch: Erinnerungen, Briefe, Dokumente des Chefs des OKW, die W. Görlitz unter dem Titel *Verbrecher oder Offizier?* (Göttingen 1961) mit deutlich apologetischer Absicht herausgegeben hat.

61 Derjenige Teil des Tagebuchs von Hermann Kaiser, der erhalten geblieben ist und dem Verfasser vorlag, umfaßt die Zeit vom 7. Januar bis 3. August 1943. Ergänzungen finden sich in einem fragmentarischen Bericht von Ludwig Kaiser, der als Kriegsgerichtsrat im Stabe von General Olbricht diente. Beide Brüder waren in einer Lage, die ihnen erlaubte, sehr wesentliche Aufzeichnungen zur inneren Geschichte des Widerstands zu machen. Hermann, Studienrat in

Wiesbaden, ein tief religiöser Mensch und ein Idealist von reinstem Wasser, fiel als ein Opfer des 20. Juli. Ein Teil des Fragments seines Tagebuchs ist veröffentlicht worden in: *Die Wandlung*, 1945–1946, Heft 5, S. 530–34.

62 Ein besonders schlagendes Zeugnis dieser Art findet sich für Rundstedt in den Aufzeichnungen des Freih. v. Neubronn »Als deutscher General bei Pétain«, (VfZ 4, 1956, S. 249f). – Eine Antwort auf die »Versuchung«, die man wohl als typisch ansehen kann, wurde von Generalfeldmarschall v. Kluge gegeben: »1. Keine Teilnahme an einem Fiasko-Unternehmen. 2. Ebensowenig an einer Aktion gegen Hitler. 3. Ist nicht im Wege, wenn Handlung beginnt.« (Kaiser-Tagebuch, 21. Jan. 1943).

63 Dulles, a. a. O., S. 90.

64 v. Hassell, a. a. O., S. 212.

65 Der Brief vom 17. Mai 1943 ist (als Beilage zum Kaiser-Tagebuch) gedruckt, in Faksimile bei Ritter, (a. a. O., S. 352ff). Der Brief an Kluge (25. Mai 1943) das. a. a. O., S. 359f.

66 Vgl. Marion Gräfin Dönhoff, *In Memoriam 20. Juli 1944* (Hamburg 1947). – Friedrich Meinecke, der in Berührung mit Beck kam, nennt ihn einen »echten Erben Scharnhorsts« (*Die deutsche Katastrophe*, S. 146). Weitere persönliche Zeugnisse (u. a. von Fechter, Spranger und Sauerbruch) liegen aus dem Kreise der »Mittwochsgesellschaft« vor, zu der sich hohe Beamte und Gelehrte zweimal monatlich in Berlin trafen. Von der aktiven Opposition gehörten zu ihr Popitz, Jessen und v. Hassell. Beck war der einzige Militär in diesem Kreis und ein »natürlicher Mittelpunkt«. Einige seiner dort gehaltenen Vorträge sind erhalten in den von Hans Speidel herausgegeb. *Studien* (Stuttgart 1956). Die Zitate am Schluß dieses Abschnitts aus Speidels Einleitung und aus Becks Vortrag: »Die Lehre vom totalen Krieg« (a. a. O., S. 13 u. 249). – Für den Familienhintergrund für den Ulmer Prozeß vgl. Buchheit *Ludwig Beck* (München 1964, S. 10ff u. 21f) sowie Peter Bucher, *Der Reichswehrprozeß* (Boppard, 1968).

67 Zu dieser Einzelfrage vgl. Joachim Kramarz, *Stauffenberg* (Frankfurt a. M. 1965, S. 42ff). – Außer der Biographie von K. liegen jetzt vor eine von Bodo Scheurig (Berlin 1964) und eine des Potsdamer Militärhistorikers Kurt Finker (Berlin-O. 1967), die trotz einer gewissen dogmatischen Befangenheit und der sehr überspitzten These von der Ost-Orientierung Stauffenbergs seinem Lebensweg und seinem soldatischen Denken durchaus gerecht wird. Auf die Stellung der Opposition zwischen Osten und Westen wird zurückzukommen sein. – Für die Jugendgeschichte vgl. das Erinnerungsbild von Theodor Pfizer »Die Brüder Stauffenberg« (in Robert Boehringer, *Eine Freundesgabe*, S. 487ff) und zur Würdigung die Rede von Paul Graf Yorck von Wartenburg bei der Einweihung der Friedhofskapelle in Lautlingen (wiederabgedruckt: VfZ 12, 1964, S. 250ff). Dokumentarische Unterlagen – Briefe und Aufzeichnungen – fehlen leider durchweg. Die Schilderung bei Karl Michel (*Ost und West: Der Ruf Stauffenbergs*, Zürich 1947) ist nicht ohne Substanz, entgleitet aber in mißlicher Weise in das Gebiet des »Edelkitsches«. Die stärksten persönlichen Zeugnisse, besonders die des Germanisten Prof. Fahrner, finden sich bei Zeller (a. a. O., 4. Aufl.) Die Portraitskizze Zellers ist wieder abgedr. in: VfZ (12, 1964,

S. 222ff). Das im Text zitierte Zeugnis für 1936 das. S. 255. – Vgl. jetzt auch Hoffmann, *Widerstand* (Kap. X, I) und für das Verhältnis zu Stefan George dessen Aufsatz (*Jahrbuch d. Deutschen Schillergesellschaft* XII, 1968, S. 320ff). Daselbst bisher unbekannte Jugendgedichte von Stauffenberg.

68 Viele Einzelnachweise hierzu lassen sich aus dem Buch von Dulles und den verschiedenen Tagebüchern und Memoiren gewinnen, sowie aus der Darstellung von Graml, (*Vollmacht des Gewissens*, II, S. 411ff). Ein mehr systematischer Überblick, eine Art von »Aufmarschordnung«, die freilich unvollständig und undifferenziert ist, findet sich bei Pechel (a. a. O., S. 237f). – Für die »Abteilung z. b. V.« wurde eine ungedruckte Aufzeichnung von Frau Haag benutzt. Auf die Rolle dieser Abteilung und Groscurths wird zurückzukommen sein.

69 So jetzt auch in der Neuausgabe (Fischer Bücherei, 1959, S. 54).

70 Zu den Pariser Vorgängen: W. v. Schramm, *Der 20. Juli in Paris* (Wörishofen 1953). Vgl. für Stülpnagel Hans Speidel, *Invasion 1944* (Tübingen und Stuttgart, 1949) bes. S. 83ff, 133ff, und E. Jünger, *Strahlungen* (Tübingen 1949) bes. S. 525f; ferner den Artikel von E. Weniger (*Sammlung,* 4. Jahrg. 1949, S. 475ff). Für Hofacker s. A. Leber (II, a. a. O., S. 259ff) und eine ungedruckte Aufzeichnung von Dr. G. Frhr. v. Falkenhausen, deren Kenntnis ich M. Braubach verdanke. – Für »Rommel und den Widerstand« vgl. Krausnick (VfZ 1, 1953, S. 564ff). Eine besonders lebendige Darstellung der Pariser Vorgänge jetzt bei Baumont (a. a. O., S. 194–228). Für Hofacker vgl. Otto Kopp, *Widerstand und Erneuerung* (Stuttg. 1966, S. 209ff). Im übrigen sei darauf verwiesen, daß die Art wie der Aufstandsbefehl in Prag, Wien, Paris und in den einzelnen Wehrkreisen befolgt (oder nicht befolgt) worden ist, von P. Hoffmann in einer Reihe von Aufsätzen untersucht wurde und jetzt zusammengefaßt (a. a. O., Kap. XI, 3. u. 4) zur Darstellung kommt.

71 Ein kleiner, aber für das Amateurhafte bezeichnender Zug ist von Meinecke berichtet worden (*Die deutsche Katastrophe*, S. 146). Danach kam Hermann Kaiser zu ihm, um sich bei dem Historiker der deutschen Erhebungszeit nach Einzelheiten der Organisation einer patriotisch-revolutionären deutschen Gesellschaft in den Jahren 1812–13 zu erkundigen.

72 Dazu das Urteil von P. E. Schramm, der aus seiner Erfahrung im Wehrmachtsführungsstab bezeugt, daß trotz der Millionen von Fremdarbeitern die Fälle von Sabotage in den Jahren 1943–1945 an Zahl verschwindend gering waren (*Remer-Prozeß* a. a. O., S. 79). Zum Zusammenbruch der Heeresgruppe Mitte vgl. die Dokumentation durch H. Gackenholz (VfZ 3, 1955, S. 319ff).

73 Ein gut Teil dieses Dilemmas kommt ungewollt zum Ausdruck in: Wolfgang Müller, *Gegen eine neue Dolchstoßlüge. Ein Erlebnisbericht zum 20. Juli 1944* (2. verb. Aufl., 1947). Der Verfasser (der sogenannte »Vorschriften-Müller«) war Frontoffizier im Osten und nahm als Kommandeur der Infanterieschule Döberitz am Aufstandsversuch des 20. Juli teil. Das Buch enthält viele interessante Einzelheiten, aber es bezeugt mehr die Gefühle elementarer Empörung im Offizierskorps, das aus seinen besten Traditionen sich gegen die Naziführung auflehnen mußte, als ein klares Durchdenken der Situation. Während der Verfasser sich mit Recht gegen eine Dolchstoßlüge wendet, die den Verlust des

Krieges auf die militärische Opposition abzuschieben sucht, wird er des Konflikts, der von führenden Persönlichkeiten durchzukämpfen war, kaum gewahr. – Zum Grundsätzlichen vgl. auch Johann Dietrich v. Hassell: *Verräter? Patrioten!* (Köln 1946) und für eine breitere Analyse der Probleme das im Vorwort erwähnte Buch von M. Boveri.

74 Dies und das folgende bei Schlabrendorff, Neuausgabe, S. 107ff.

75 Schlabrendorff (a.a.O., S. 45f) gibt an, daß er von diesem Plan Sir Ogilvy Forbes noch kurz vor der Abreise der britischen Botschaft Kenntnis gegeben habe. – Nach Pechel (a.a.O., S. 153) erklärte Brüning bei einem Gespräch in London im Sommer 39, Hammerstein sei der einzige General, der Hitler beseitigen könne, ein »Mann ohne Nerven«. Als Pechel dies Hammerstein mit einem Gruß Brünings berichtete, soll dieser gesagt haben: »Gebt mir nur eine Truppe, dann wird's an mir nicht fehlen.« Hammerstein blieb auch nach der Verabschiedung eine führende Gestalt unter den Verschwörern bis zu seinem Tod im Jahre 1943. In einer Besprechung, die in seinem Hause gegen Ende 1941 stattfand und an der Beck sowohl wie Goerdeler teilnahmen, einigte man sich auf eine Aktion, die Witzleben, der damals Oberbefehlshaber West war, ausführen sollte. Pechel wurde beauftragt ihn einzuweihen, und Witzleben erklärte sich zum Handeln bereit, Vorbereitungen dazu wurden getroffen, aber im März 1942 hatte sich Witzleben einer Operation zu unterziehen. Einen Monat später wurde Pechel verhaftet und Witzleben seines Kommandos enthoben (a.a.O., S. 155f).

76 Die bisherige Kenntnis beruhte wesentlich auf E. Kosthorst, *Die Deutsche Opposition gegen Hitler zwischen Polen- und Frankreichfeldzug* (Stuttgart 1954). Ferner auf Sendtner (a.a.O., S. 383ff) und Kordt (a.a.O., S. 355ff). Die im Text erwähnte neue und an Information sehr reiche Darstellung von Harold C. Deutsch (*The Conspiracy against Hitler in the twilight of war*. Minneapolis 1968) liegt jetzt auch in deutscher Übersetzung vor (*Verschwörung gegen den Krieg. Der Widerstand in den Jahren 1939–1940*, München 1969). – Die Papiere Groscurths sind von Krausnick und Deutsch inzwischen veröffentlicht worden. (*Tagebücher eines Abwehroffiziers 1939–1940*, Stuttgart 1969) – Seitenangaben aus dem Buch von Deutsch im Folgenden nach dem Original.

77 Für die bisher unbekannten Tatsachen betr. Reichenau und Halder vgl. Deutsch (a.a.O., pp. 69ff u. 196f).

78 Zur Frage der »Zossener Akten« und der »Chronik krimineller Taten der Parteigewaltigen«, die Hans von Dohnanyi führte, vgl. die Aufzeichnung seiner Frau bei Bethge (a.a.O., S. 1096ff). – In diesem Zusammenhang sei auch hingewiesen auf W. Bussmann (*Die innere Entwicklung des deutschen Widerstands*, Berlin 1964, S. 20) der sich des Befehls des Generalquartiermeisters Wagner erinnert, alle Greueltaten der SS sorgfältig zu registrieren.

79 Dazu die Feststellungen bei Hoffmann (Exkurs). Für die Pariser Attentatspläne und die Vorbereitungen Tresckows das. (S. 307f, 309ff).

80 Nach Schlabrendorff (a.a.O., 1. Aufl., S. 112) hatte Olbricht am Ende des Jahres 1942 noch um 8 Wochen Zeit gebeten, um die Vorbereitungen für die Machtergreifung in Berlin, Köln, München und Wien zu vollenden. Ende Fe-

bruar 1943 sagte er: »Wir sind fertig. Die ›Initialzündung‹ kann in Gang gesetzt werden.« Nach dem Attentatsversuch des 13. März wurden die Vorbereitungen überholt. Dies führte zu den versiegelten Befehlen vom Herbst 1943. – Zum folg. a. a. O., S. 116–123 und Hoffmann (a. a. O., S. 328ff).

81 Pechel (a. a. O., S. 162–64) und Schlabrendorff (a. a. O., S. 123f). Für das folgende (a. a. O., S. 169f) und Hoffmann (S. 336ff, bes. Anm. 101).

82 Die Versionen über Bussche, Kleist und Breitenbuch weichen (bei Dulles, Pechel, Schlabrendorff u. Zeller) in Einzelheiten voneinander ab. Am genauesten auch hier wohl Hoffmann (S. 378ff). Für Axel v. d. Bussche siehe dessen: »Eid und Schuld« (*Göttinger Universitätszeitung*, II,7). Die Worte von Kleist-Schmenzin bei Scheurig (a.a.O., S. 187) und K. v. Hammerstein (a.a.O., S. 236).

83 Auf den 20. Juli selbst soll hier nicht eingegangen werden. Es sei für die Lagerskizze und alle anderen einschlägigen Fragen (Bombe, Nachrichtensperre etc.) wieder auf die ausführlichen Darlegungen bei Hoffmann (XI, 1) verwiesen.

84 Vgl. seinen Artikel: »Gedanken und Ereignisse« (*Schweizer Monatshefte*, Dez. 1945, S. 537–59). Weitere Belege bei: Franz Reuter, *Der 20. Juli* (Berlin 1946) sowie bei Dulles und Gisevius.

85 Schlabrendorff (a. a. O., 1. Aufl., S. 129 – in der Auflage von 1951, S. 175) mit leichten Abwandlungen. – Die beiden folgenden Zitate das. S. 195 und 203f.

86 Die Vernichtung seines Tagebuches wird als ein unersetzlicher Verlust gelten müssen. Eine wesentliche Quelle für Canaris sind die Aussagen Lahusens (IMT II, S. 485f, III S. 7ff). Darstellungen bei Karl Heinz Abshagen, *Canaris* (Stuttgart 1949) und Jan Colvin, *Chief of Intelligence* (London 1951 – seit 1955 auch in deutscher Übersetzung vorliegend); das Weizsäcker-Zitat in den Erinnerungen, S. 175. Das deutsche Zitat über das »Ende Deutschlands« in I Documenti *Diplomatici Italiani* (8. Serie, XIII, Rom 1953, S. 46). – Vgl. auch den Artikel »Canaris« von H. Krausnick, in: *Neue Deutsche Biographie*, Bd. 3 (Berlin 1957, S. 116ff).

87 Dies mit Bezug auf das Plädoyer des Generalstaatsanwalts Dr. Bauer im Remer-Prozeß. – Der »Fall Oster«, der zuerst durch die Aussagen des holländischen Oberst Sas (Dulles, a. a. O., S. 80f), dann durch die niederländische Untersuchungskommission (The Hague 1949) auf quellenmäßig sichere Grundlage gestellt worden ist, hat im sog. Witzleben-Kreis eine aufs Prinzipielle gehende Erörterung gefunden (*Die Vollmacht des Gewissens*, I, S. 46ff u. 499ff). – Ritter (a. a. O., S. 270f) spricht bei aller Anerkennung des moralisch-politischen Antriebs von einer »überflüssigen Tat«. Was die in der Tat festzustellende Wirkungslosigkeit der Warnungen betrifft, vgl. den Aufsatz von Jean Vanwelkenhuyzen, »Die Niederlande und der ›Alarm‹ im Januar 1940«, (VfZ 8, 1960, S. 17ff). – Für alles Tatsächliche und eine adäquate Interpretation vgl. H. Graml, »Der Fall Oster«, (VfZ 14, 1966, S. 27ff) und H. C. Deutsch (a. a. O., pp. 91ff., 318f. – betr. den Versuch von Oster, die englische Flotte zur Verhinderung der Norwegen-Expedition zu alarmieren – vgl. das. pp. 324ff). Erwähnt sei (nach privater Mitteilung), daß Oster schon am 6. November durch Albrecht Graf von Bernstorff eine Warnung an den holländischen Gesandten in

Berlin hatte gelangen lassen. Ferner hat auch Weizsäcker im Rahmen der diplomatischen Möglichkeiten gewarnt. Der frühere belgische Gesandte, Vicomte Davignon, hat bezeugt, daß der Staatssekretär in keiner Weise versuchte, ihn zu täuschen oder seine Wachsamkeit bez. eines möglichen Durchmarsches durch Belgien und Holland einzuschläfern. (Weizsäcker-Prozeß, Exh. 142). – Ebenfalls erging über Rom eine Warnung. Als das ruchbar wurde, entsandte Canaris zur Untersuchung des Falls – Joseph Müller, damit er sein »eigener Gendarm« sein konnte.

88 Schlabrendorff (a. a. O., 1. Aufl., S. 176). – Siehe auch B. H. Liddell-Hart (*Jetzt dürfen sie reden*, Hamburg 1950, S. 364), wo sich Äußerungen Hitlers zu den Generalen im Osten finden, die den von Schlabrendorff berichteten in der Tendenz ähnlich sind. Nach dieser Quelle sagte Hitler u. a., wie sehr er Stalin beneide, der die Generalität so gereinigt und fanatisiert hätte, daß er nicht immerzu auf Skrupel und Einwendungen stoße.

89 Emil Henk, *Die Tragödie des 20. Juli 1944* (Heidelberg 1946, S. 30–32). Es bestehen jedoch Unstimmigkeiten zwischen den Angaben von Henk und den tatsächlichen militärischen Plänen im Februar–März 1943.

90 Der deutsche Wortlaut lag nicht vor. Der Text ist Rückübersetzung von einem in die amerikanische Ausgabe des Schlabrendorff-Buches durch die Herausgeber eingefügten Zitat. Vergl. für ähnliche, wenn auch nicht wörtlich gleiche Ausführungen: Gustav Dahrendorf, *Der Mensch das Maß der Dinge* (Hamburg 1955, S. 70f).

91 Übersetzung einer Charakterisierung, die sich in dem Flugblatt des »American Committee to Aid Survivors of the German Resistance« von 1949 findet.

Ansätze zur Neuordnung

1 Über Bosch vgl. die Biographie von Theodor Heuß (*Robert Bosch, Leben und Wirken*, Stuttgart und Tübingen 1946). Die Verbindung mit Goerdeler wurde hergestellt durch Th. Bäuerle (a. a. O., S. 674). Einzelheiten über den Bosch-Kreis in Pechel (a. a. O., S. 209). Vgl. ferner Ritter (a. a. O., S. 157ff) und jetzt die Veröffentlichung des Schweizer Publizisten Otto Kopp, *Widerstand und Erneuerung* – mit der Niederschrift von Hans Walz (»Meine Mitwirkung bei der Aktion Goerdeler«) und dem Beitrag d. Herausg. über »Theodor Bäuerle und der Bosch-Kreis« (Stuttgart 1966, S. 98ff u. 167ff).

2 Goerdelers *Politisches Testament. Dokumente des anderen Deutschland* hrsg. von Fr. Krause (New York 1945, S. 19–46). Ein »Programm für den Frieden der Welt« (1938) findet sich das., S. 47–52.

3 Das., S. 53–55.

4 Anhang zum Kaiser-Tagebuch. Ein Teilstück der Denkschrift ist veröffentlicht worden in: *Die Wandlung* (1945–46, S. 536f). Vollständiger Abdruck bei Ritter (a. a. O., Anh. VII).

5 Im Faksimile abgedr. bei Ritter (a. a. O., zwischen S. 352 u. 53).

6 Tagebücher *Vom anderen Deutschland* (Zürich 1946, S. 363f). – Zu ihrer Wür-

digung vgl. auch das Geleitwort des Verf. zur Neuausgabe von 1946 (Fischer Bücherei), nach der in den späteren Abschnitten durchweg zitiert werden wird.

7 Die Tagebücher (bes. S. 243–45, 295, 315, 327) widerlegen die Annahme, daß Hassell keine Berührung mit der Linken hatte und, wie behauptet wird, entsetzt war über den Radikalismus der jüngeren Generation. Hassell seinerseits sah im Gegenteil in Goerdeler »eine Art Reaktionär« (a. a. O., S. 228, 295). – Die hier angedeuteten Meinungsverschiedenheiten werden später zu erörtern sein.

8 A. a. O., S. 330.

9 Vgl. dessen Bericht »Der Weg in den inneren Widerstand« in: O. Kopp (a. a. O., S. 76–97). Für die katholisch-monarchistische, z. T. separatistische Anti-Hitler-Bewegung in Bayern s. James Donohoe, *Hitlers Conservative Opponents in Bavaria 1930–1943* (Leiden, 1961).

10 Die Zitate jetzt bei Scheurig (a. a. O., S. 195 u. 282).

11 Zur Frage des gespannten Verhältnisses zwischen Junkertum und Nationalsozialismus vgl. auch die statistisch unterbaute Untersuchung von Lysbeth W. Muncy: *Review of Politics* (Oktober 1947, S. 499ff).

11a Für seine Beziehungen zu Goerdeler und seine Erlebnisse nach dem 20. Juli vgl. jetzt s. Lebenserinnerungen *Von Preußen nach Europa.* (Stuttgart 1969, S. 147ff).

12 Zur Würdigung seiner Person, seiner Tätigkeit in der Weimarer Zeit und seiner Rolle im Widerstand vgl. jetzt: Hans Herzfeld, »Johannes Popitz, ein Beitrag zur Geschichte des deutschen Beamtentums« (*Festgabe für Fritz Hartung*, Berlin 1958, S. 345–366). Die zitierte Maxime das. S. 346.

13 Gisevius (in der 1. Aufl., II, S. 221, in späteren Aufl. gestrichen) gibt der (bestreitbaren) Meinung Ausdruck, daß der Fall Popitz »ungleich krasser« lag als »der sowieso umstrittene ›Fall‹ Schacht«. Er erklärt, er habe ihm ablehnend gegenübergestanden, sei aber später tief beeindruckt worden durch Popitz' Aufrichtigkeit und seine »Leidenschaft, begangene Fehler wiedergutzumachen«. Trotz des hierdurch erweckten Eindrucks von Intimität weiß Gisevius so gut wie nichts über Popitz' Tätigkeit.

14 Pechel (a. a. O., S. 227) schildert sie als den »blonden Engel« des Gefängnisses in Ravensbrück. Sie war die Schwägerin von Eduard Waetjen, eines Freundes von Moltke, der dem Deutschen Konsulat in Zürich zugeteilt war und neben Gisevius als Verbindungsmann zwischen Dulles und der deutschen Untergrundbewegung diente. – Für das Folgende vgl. Dulles' Kapitel »Himmler« (a. a. O., S. 185–210). Über den Aktenfund von Dulles und über Langbehn siehe auch Ritter (a. a. O., S. 539, Anm. 40 u. S. 562, Anm. 39), über Goerdelers Mitwisserschaft das. S. 361.

15 Hassell hat offenbar erst nach Langbehns Verhaftung von dem Annäherungsversuch an Himmler gehört. Er schreibt (November 1943; a. a. O., S. 332) von »der offenbar gewachsenen Abneigung erheblicher Kreise gegen Geißler« (Popitz). Auch Ritter (S. 362) betont »Abkühlung« seit Herbst 1943.

16 Vgl. Hassells Eintragung im September 1941 (S. 228): »Herz (Schacht) ist of-

fenbar über die Lage ganz klar, aber immer wieder durch seinen maßlosen persönlichen Ehrgeiz, verbunden mit charakterlicher Unzuverlässigkeit, beeinträchtigt.« – Daß Schacht keine Rolle bei dem Putsch spielte, ist auch die Meinung des »SS-Bericht«, Schacht selbst (*Abrechnung*, S. 38f) ergeht sich in etwas billigen Polemiken gegen die Unzulänglichkeit der »Zivil-Verschwörer«, die vorzeitige Aufstellung von Programmen und die Verteilung von Ministersesseln. Die Angabe der Memoiren (*76 Jahre*, S. 532) über eine Sondierung Hassells kurz vor dem Attentat betreffend Eintritt in ein Kabinett Goerdeler findet in anderen Quellen keine Stütze und ist gleichfalls stark polemisch gefärbt.

17 Das Zitat bei A. Leber (*Das Gewissen steht auf*, a. a. O., I, S. 92). Für das Folgende vgl. Dulles (a. a. O., S. 136). Nach Henk (a. a. O., S. 12) war auch die Marine an einem von Leuschners Artikeln interessiert, und Canaris benutzte diese Verbindung als Brücke zu sozialistischen Kreisen. Die Angabe Pechels, a. a. O., S. 202, betr. die »blauen Gläser«, scheint allerdings in das Reich der Fabel zu gehören. Eine zusammenfassende Würdigung jetzt bei G. Leithäuser, *Wilhelm Leuschner, ein Leben für die Republik* (Köln 1962). – Das Zitat auch das. S. 184.

18 Hassell, a. a. O., (Fischer Bücherei) S. 277.

19 Für die Breite der Beziehungen zu beiden Persönlichkeiten und die Widerstandstätigkeit Jacob Kaisers überhaupt jetzt sehr aufschlußreich: Elfriede Nebgen, *Jakob Kaiser, der Widerstandskämpfer* (Stuttgart 1967). Seit Juli 1934 fanden regelmäßig Treffen mit Leuschner statt (a. a. O., S. 40). Sie führten die aus verschiedenen Welten Kommenden zu enger Zusammenarbeit. Ein Hauptteil des Buches von E. Nebgen ist dem Goerdeler-Kreis gewidmet, auf das Inhaltliche der Beziehung zwischen ihm und Kaiser wird zurückzukommen sein.

20 Die Verbindung zu den Hirsch-Dunckerschen Gewerkschaften durch Ernst Lemmer wird von Ritter (a. a. O., S. 292) erwähnt. – Für die vielen persönlichen Anknüpfungspunkte – auch im Ausland – vgl. A. Leber (a. a. O., II, S. 77ff). Dazu insbes. für die Verbindung zur Internationalen Transportarbeiter-Föderation jetzt: H. Esters und H. Pelger, *Gewerkschaften im Widerstand*, (Hannover 1967). – Für die konsequent oppositionelle Haltung des »Allgemeinen Arbeiterverbandes in der besonderen Lage der Freien Stadt Danzig vgl. Ernst Sodeikat (VfZ 14, 1966, bes. S. 150ff). In einem Privatdruck (*Schrieb Günther Grass eine Danzig-Saga?*, Hannover 1965) betont Sodeikat mit Recht, daß weder in der *Blechtrommel* noch in den *Hundejahren* der Kampf, den ein großer Teil der Danziger gegen die terroristische Gleichschaltung bis 1939 hin geführt hat, in irgendeiner Weise erwähnt wird.

21 Nach Frau Goerdelers Denkschrift.

22 Vgl. die Gedenkworte, die Zuckmayer Mierendorff und Haubach gewidmet hat, sowie die Gedächtnisrede Haubachs auf Mierendorff, wieder abgedruckt in *Deutsche Innere Emigration*, S. 105–115. Zu der Angabe Steltzers s. a. a. O., S. 74. Über Haubach vergleiche W. Hammer, *Theodor Haubach zum Gedächtnis* (2. Aufl., Frankfurt 1957), darin auch eine Mierendorff-Rede.

23 Ein Gedenkartikel auf Reichwein und seine volkspädagogische Tätigkeit (von

A. v. Machui) findet sich in: *Die Sammlung*, Oktober 1945, vgl. auch Hans Bohnenkamp, »Gedanken an Adolf Reichwein« (*Pädagogische Studien*, Schriftenreihe der Pädagogischen Hochschule Niedersachsens, Heft 1, Braunschweig 1949), und jetzt die Biographie des Engländers James L. Henderson (*Adolf Reichwein*, deutsche Übers., Stuttgart 1958).

24 Pechel, a. a. O., S. 204; ferner: *Ein Mann geht seinen Weg*, S. 281 ff, und Steltzer (a. a. O., S. 75).

25 Eine abgekürzte Ministerliste bei Kaltenbrunner (a. a. O., S. 210). Die von Goerdeler zusammengestellten Listen und ihre verschiedenen Abwandlungen bei Ritter (a. a. O., Anh. IX). Der Text gibt daraus ein Konzentrat, weitgehend übereinstimmend mit der letzten Liste vom Juli 1944. – Für den entscheidenden Einfluß, den bei der Kabinettsplanung die Beratungen Goerdelers mit dem Kreis um Kaiser-Leuschner hatten, vgl. Nebgen, a. a. O., S. 165 ff.

26 Zitiert nach *The Christian Science Monitor*, 18. Januar 1945, S. 7.

27 So durch die Darstellungen und Materialsammlungen von G. Glondajewski und H. Schumann zur Neubauer-Poser-Gruppe, von G. Nitzsche zur Saefkow-Jakob-Bästlein-Gruppe und von I. Krause zur Schumann-Engert-Kresse-Gruppe, erschienen in der Schriftenreihe *Beiträge zur Geschichte und Theorie der Arbeiterbewegung*, Heft 16, 18, 22, (Berlin 1957, 1957, 1960). – Für keine dieser Gruppen ist indessen, wie auch Gerhard Schulz feststellt, vor der Endphase des Krieges »eine über örtliche Erscheinungen hinausreichende Tätigkeit nachgewiesen«. (»Über Entscheidungen und Formen des Politischen Widerstandes in Deutschland«. *Festgabe für Ernst Fraenkel*, Berlin 1963, S. 89). Für einen zusammenfassenden Überblick vgl. auch den Abschnitt »Die Kommunistische Partei Deutschlands« in der früher schon genannten Abhandlung von Reichardt, »Möglichkeiten und Grenzen des Widerstandes der Arbeiterbewegung« (in: Schmitthenner und Buchheim, S. 183–199). – Auf die Frage des Verhältnisses zwischen dem Nationalkomitee »Freies Deutschland« und der innerdeutschen Opposition wird zurückzukommen sein.

28 Dies nach W. W. Schütz, *German Home Front*, S. 165. – Ein *»Report on the 20 of July, 1944«* (herausg. v. Vorstand der Soz.-Dem. Partei Deutschlands mit dem Sitz in London, 1944), der sich auf Angaben eines kurz vorher eingetroffenen Refugiés stützt, schätzt, daß »die Zahl von bewußten Anti-Nazis sich auf 35 bis 40 % belief. Zum größten Teil sind sie sozial-demokratische Arbeiter. Aber in der Zahl sind auch viele Intellektuelle mit sehr abweichenden politischen Meinungen eingeschlossen.« – Für politische Verhaftungen während des Krieges siehe auch die Listen in dem von der gleichen Stelle herausg. *Weißbuch der deutschen Opposition*.

29 A. a. O., I, 2, S. 101 f

30 Nach Joel Sayre, *New Yorker*, 11. August 1945, S. 63. Auch Gabriel A. Almond (*Current History*, Mai/Juni 1946) kam nach der Durchsicht von Gestapo-Akten zu dem Schluß: »The actual resistance was larger and more varied than indicated.«

31 *The Contemporary Review*, Okt. 1946, S. 203. Vgl. dazu die näheren Angaben im Kapitel »Die Opposition und die Alliierten«.

32 A. a. O., S. 48–51; Ritter (a. a. O., S. 545, Anm. 68) erhebt gegen diese Angaben wohlbegründete Bedenken, aber noch bedenklicher dürfte es sein, die Angaben Haubachs und anderer gegenüber der Gestapo über ihre geringe Gefolgschaft beim Worte zu nehmen.

33 Vgl. die Liste bei Ritter (a. a. O., Anh. X). S. ferner Kaltenbrunner, a. a. O., S. 50ff. – Auch diese Listen waren nach dem Zeugnis von Frau Nebgen (a. a. O., S. 117ff) Ergebnisse gemeinsamer Beratungen Goerdelers vor allem mit dem Kreis um Kaiser und Leuschner. »Wer hier nachträglich Prestigefragen hineintragen wollte«, fügt die Vertraute Kaisers hinzu, »würde der Gesinnung der Persönlichkeiten und der Wahrheit ... wenig gerecht werden.«

34 Damit soll hier schon Einspruch erhoben werden u. a. gegen das Pauschalurteil von Hans Mommsen, es handle sich um »Widerstand ohne Volk« (Schmitthenner-Buchheim, S. 76). Auf andere Thesen seines Aufsatzes »Gesellschaftsbild und Verfassungspläne des deutschen Widerstandes« wird im nächsten Abschnitt einzugehen sein.

35 Vgl. dazu Ritter (a. a. O., insbes. S. 513, Anm. 15 u. S. 523, Anm. 71) und einen Vortrag von C. v. Dietze in: *Mitteilungen der List-Gesellschaft* (1960/61, S. 95ff).

36 Für frühere Entwürfe (1938/39) aus dem Kreis vor allem der Abwehr, die sich im Nachlaß Groscurth fanden, vgl. Mommsen (a. a. O., S. 124ff). Für sie trifft das in dem genannten Aufsatz etwas freigebig verwandte Prädikat »autoritär« ohne Zweifel zu. Ebenso für den in den gleichen Zusammenhang gehörenden Verfassungs-Entwurf von F. A. SchmidNoerr (Hoffmann, a. a. O., S. 231f).

37 Hassell, a. a. O. (Fischer Bücherei), S. 332–36.

38 Es fällt demgegenüber auf, daß H. vorschlug, gewisse Einrichtungen der NSDAP (NSV, Arbeitsdienst, Arbeitsfront) beizubehalten. Daraus wie aus den Anklängen an Steins organisches Staatsdenken oder aus der zurückhaltenden Formulierung bez. der »Mitarbeit des Volkes« zu schließen (Mommsen, a. a. O., S. 128), daß dies Programm keine »Alternative« zu Hitler und praktisch eine Militärdiktatur bedeute, geht entschieden zu weit. Erst recht gilt das von der für die Pläne von Popitz, Hassell und Jessen (a. a. O., S. 132) gewählten Charakterisierung: »halbfaschistische Züge«.

39 Hassell, a. a. O., S. 107 (Januar 1940).

40 Der Entwurf für das Gesetz über den Ausnahmezustand ist offenbar verloren gegangen. Die Richtlinien Popitz' und sein Gesetzentwurf von 1943 bei Hassell (a. a. O., S. 345ff u. 336ff). Das vorläufige Staatsgrundgesetz sah u. a. eine Neueinteilung der Länder und einen qualifizierten Zentralismus vor. Das gab Vorschläge wieder, die auf die Epoche von Weimar zurückgehen und die Popitz selbst schon 1929 vertreten hatte (*Volk und Reich der Deutschen*, Berlin 1929, II, S. 328–62). Hassell (S. 107) meinte nicht zu Unrecht, daß Popitz' Pläne zu sehr vom »praktischen Verwaltungsmann« und zu wenig »vom politischen Empfinden her« gedacht seien. – Dazu jetzt modifizierend und auf breiter Grundlage (z. T. gestützt auf die Vorträge von Popitz in der Mittwochsgesellschaft) die Ausführungen von H. Herzfeld (s. Anm. 12 dieses Abschnitts). Mit Plänen für eine »Neugliederung des Reiches« und eine »Raumordnung« war

insbes. F.-D. v. d. Schulenburg befaßt. Vgl. über ihn Albert Krebs (Hamburg 1964, S. 269ff).

41 Hassell, a. a. O., S. 127. Für die breitere legitimistische Strömung im bayerischen Widerstand vgl. auch Donohoe (passim – s. Anm. 9 dieses Abschnitts).

42 Das., S. 190 (Juli 1941). Vgl. dazu auch Ritter (a. a. O., S. 296ff). Nach Paul Herre (*Kronprinz Wilhelm. Seine Rolle in der deutschen Politik*, München 1954, S. 236) widersprach der Kronprinz im März 1943 seiner im Juli 1941 gegebenen Erklärung aufs schärfste. Für Prinz Louis Ferdinand vgl. dessen Erinnerungsbuch (*Als Kaiserenkel durch die Welt*, Berlin 1952, S. 358ff). Besonders lebhaft war für ihn sein Lufthansa-Kamerad Dr. Otto John tätig (siehe *Parlament*, Sonderausgabe zum 20. Juli, S. 2). Durch ihn ist auch die Zustimmung Leuschners und Kaisers bezeugt. Selbst Leber soll sich haben gewinnen lassen.

43 Das., S. 200 (September 1941).

44 Für das Zitat (das bei Mommsen übersehen ist) wic für die im folgenden erörterten Verfassungspläne Gocrdelers vgl. Gerhard Ritters Veröffentlichung von 1946 in *Nordwestdeutsche Hefte* (I, Nr. 9, S. 6–14). Inzwischen ist in seiner Goerdeler-Biographie eine erheblich größere Anzahl von Denkschriften teils erörtert, teils veröffentlicht worden (vgl. die Zusammenstellung auf S. 512f., Anm. 12 und die Abdrucke Anh. I u. II). Ferner sind neuerdings durch W. von Schramm (*Beck und Goerdeler*, München 1965) die von Ritter nur sehr teilweise abgedruckte Denkschrift »Das Ziel« und eine andere, mehr geschichtlich rückblickende, für die der Titel »Der Weg« vorgeschlagen wird, veröffentlicht worden. – Für die Datierung von »Das Ziel« auf Dezember 1941 überzeugend Mommsen (a. a. O., S. 269f, Anm. 109). Das. (S. 266, Anm. 68) auch eine berechtigte Kritik an der offenbar überspitzten These, daß beide Denkschriften »Gemeinschaftsarbeit« Goerdelers und Becks seien. Goerdeler benutzte Gedanken Becks, aber ist doch wohl alleiniger Autor.

45 Hassell, a. a. O., S. 124f. Trotts Kandidat für die Kanzlerschaft war übrigens – Martin Niemöller. Hassell erwähnt (das.), daß Goerdeler seine guten Beziehungen zu den Sozialdemokraten betonte und daß er (sowohl wie Beck) »weniger positiv« bezüglich des Kronprinzen sei. Weder sein Name noch der des Prinzen Louis Ferdinand kommt in den Tagebüchern später als im Dezember 1941 vor. – Doch spielt Louis Ferdinand noch eine Rolle bei der Lochner-Sondierung vom November 1941, so bei dem Stockholmer Gespräch mit dem Bischof von Chichester im Mai 1942 (s. u.).

46 E. Nebgen (a. a. O., S. 186 u. 139).

47 Das richtet sich in erster Linie gegen die klischeehaften »Abstempelungen« in der östlich orientierten Literatur. Aber auch Mommsen, der ebenso wie das Vorwort von Schmitthenner-Buchheim selbstverständlich weiß, daß die Gedanken von Personen nur im Gefüge ihrer Zeit und nicht von abstrakten Forderungen her begriffen werden können, neigt zu Plakatierungen. Damit soll nicht der Wert seiner wesentlich soziologischen Interpretation bestritten werden, die viele wichtige Gesichtspunkte herausstellt. Aber es wird dabei nicht nur die Vielfalt der Herkunft der »Honoratioren« und bei so manchem von ihnen der

Sinn des »Dabeibleibens« als »Kollaboration« verkannt, sondern auch die »pluralistische Gesellschaft« und der »Interessenpartikularismus« gegenüber jeder Art von Gemeinschaftsdenken (das als »romantisch« verurteilt wird) als schlechthin gültiger Maßstab verabsolutiert. Erst gegen Ende hin (S. 161 f) wird mit der Betonung des »anthropologischen« Ansatzes der stärkste und doch keineswegs so »politikfremde« Motivbereich auch der Verfassungspläne berührt.

48 Überlegungen dieser Art haben bekanntlich auch beim Entwurf des Bonner Grundgesetzes eine Rolle gespielt. Daß deshalb – oder überhaupt – man den Widerstand in seinem politischen Gedankengut zum »Ahnherrn der Bundesrepublik« machen könne (Mommsen, a. a. O., S. 74), ist nie die Meinung des Verf. gewesen. Aber ebenso verfehlt ist es, in ihm »nur« (!) – oder wesenhaft – die Fortsetzung der antidemokratischen Opposition gegen Weimar zu sehen. Sehr ernsthaft zu erwägen sein dürfte hingegen die Frage, ob die im Ganzen unwirksam gebliebenen Planungen, von denen hier gehandelt wird, nicht über ihren zeitweiligen Mißerfolg hinaus doch positivere Beachtung verdienen und ob die Suche nach dem »deutschen Weg« nicht der Lage zwischen »Westen und Osten« in bestimmter Hinsicht entsprach. (s. folg. Abschn.).

49 Schlabrendorff, a. a. O., S. 150. Über die Aufrufe, die geplanten Regierungserklärungen usw. vgl. Ritter (a. a. O., S. 374 f und S. 544 f, Anm. 66 f, sowie Anh. XI), ferner Pechel (a. a. O., S. 213 ff und 304 ff). Für die Einheitsgewerkschaft vgl. Ritter (a. a. O., S. 293) sowie A. Leber (a. a. O., II, S. 81) für Ansätze schon im Mai 1933.

50 Pechel, a. a. O., S. 213.

51 Gegenüber der Verkennung von Goerdelers Haltung in dieser Frage sei verwiesen auf seine aus dem Jahre 1942 stammende Aufzeichnung über die »Deportation der Leipziger Juden« (veröffentlicht von H. Krausnick in VfZ 13, 1965, S. 338 f).

52 Diese Lesart findet sich in Aufzeichnungen von Mr. L. P. Lochner und ist hier ins Deutsche zurückübersetzt. Zu den Aufrufen vgl. Anm. 49.

53 Vgl. dazu den Aufruf an die Presse, den Goerdeler plante (Pechel, a. a. O., S. 311).

54 Vgl. Schlabrendorff, a. a. O., S. 154–156; Pechel, a. a. O., S. 321 f. – Dazu Ritter (a. a. O., S. 291 ff und passim) und jetzt die Denkschriften bei Schramm (a. a. O., S. 119 ff, 172 ff und 200 ff).

55 Immerhin versprach die Anfang 1944 konzipierte Rundfunkrede, daß dem »Siedlungsbedürfnis des deutschen Volkes ... gegebenenfalls zu Lasten ungesunden großen Grundbesitzes Rechnung getragen« würde.

56 Ein wesentliches Zeugnis dafür, auf dessen Einzelheiten in dem Abschnitt über die Kreisauer zurückzukommen ist, bei Hassell, a. a. O., S. 260.

57 Das., S. 214, 260.

58 Pechel, a. a. O., S. 321; Schlabrendorff, a. a. O., S. 109–11.

59 Charakteristisch für die Aufzeichnung von Schlange-Schöningen vom März 1940: »Es darf keine neue Revolution geben, sondern eine Evolution.« Aber mit dieser Abwehr ist zugleich das Bewußtsein verbunden, daß mit dem Sturz

Hitlers nicht der »infernalische Kreislauf deutscher Geschichte, sondern eine neue Geschichte zu beginnen« habe (*Am Tage danach*, Hamburg 1948, S. 121f)

60 Eine allgemeine Beschreibung des Kreises und eine kurze Charakterisierung der einzelnen Mitglieder findet sich in einer Aufzeichnung der Gräfinnen Freya von Moltke und Marion Yorck, (15. Okt. 1945). Pechel (a. a. O., S. 116–119) hat sich eng daran angeschlossen. – Das Kapitel bei Dulles über den Kreisauer Kreis enthält einige Zusätze, ist aber nicht frei von Irrtümern und Mißverständnissen. – Zu vergl. sind die beiden (S. 195, Anm. 34) erwähnten Bücher von Steltzer, der ein sehr aktives Mitglied des Kreises war. Die jüngste sehr eingehende und materialreiche Darstellung des Holländers Ger van Roon (*Neuordnung im Widerstand*, München 1967) verzeichnet – in Kurzbiographien – 19 Mitglieder. Für Ergänzungen und kritische Bemerkungen vgl. E. Gerstenmaier in: »Der Kreisauer Kreis«, (VfZ 15, 1967, S. 221ff). G. möchte (S. 227f) statt Leber eher den jüngeren Schulenburg als Mitglied des Kreises nennen, auch betont er stark die engere Gruppe, die in Berlin regelmäßige Begegnungen sowie eine besonders enge Lebensgemeinschaft im Winter 1943/44 hatte.

61 Vgl. van Roon (a. a. O., Anh. 1, S. 477–97). Das Zitat S. 493.

62 A. a. O., S. 208 u. 234.

63 An die Tatsache, daß er wegen vorgeschützter »Weltfremdheit« vom Volksgerichtshof nur zu 7 Jahren Zuchthaus verurteilt wurde, haben sich sehr verletzende Verdächtigungen geknüpft. Zu ihrer schlüssigen Widerlegung vgl. F. von Schlabrendorff, *Eugen Gerstenmaier im Dritten Reich. Eine Dokumentation* (Stuttgart 1965, bes. S. 30ff u. 49ff).

64 Dulles, a. a. O., S. 147 – Unzweifelhaft gehört G. unter den Kreisauern zu denjenigen, die lebhaft auf Aktion drängten, er hat insbesondere die religiösen oder ethischen Bedenken gegen ein Attentat zu widerlegen sich bemüht. (Vgl. VfZ. a. a. O., S. 232ff.)

65 Ritter (a. a. O., S. 307f) legt diese Tatsache wohl zu weitgehend im Sinn der Einflußnahme Goerdelers aus und verkennt die Nähe der Beziehungen Schulenburgs zu den Kreisauern. Zur Persönlichkeitsschilderung siehe Zeller (a. a. O., S. 105ff) und A. Krebs (a. a. O., passim.).

66 Vgl. die Briefzitate in: A. Leber (a. a. O., I, S. 199f). Der Abschiedsbrief (vgl. Gollwitzer–Kuhn–Schneider, a. a. O., S. 241f) gehört zu den bewegendsten Dokumenten seiner Art.

67 Van Roon, a. a. O., 539ff.

68 H. J. Graf von Moltke, *Letzte Briefe* (Berlin, 7. Aufl. 1957, S. 17ff). – Die Zitate im Text nach eigener Übersetzung aus dem Original (*A German of the Resistance*, London 2. A. 1948, S. 26–29).

69 Für die Bemerkungen betreffend Frankreich ist wohl zu berücksichtigen, daß dort erst im Laufe des Jahres 1942 von einer organisierten Widerstandsbewegung die Rede sein kann und daß in der ersten Zeit der Anteil der Kommunisten verhältnismäßig stark war. (So auch van Roon, a. a. O., S. 337.) – Sehr berechtigt ist zugleich aber der Hinweis Moltkes, daß bei aller Anerkennung der geistigen Haltung anderer Völker, »ihre Lage leichter ist als unsere; mora-

lische und natürliche Pflichten fallen bei ihnen selbst für den Einfältigen zusammen, während bei uns ein offenbarer Konflikt der Pflichten vorliegt«. (a. a. O.) Für Verbindungen zur niederländischen Widerstandsbewegung vgl. die Dokumente (aus dem Jahr 1942) in VfZ (14, 1966, S. 209ff).

70 Die wichtigsten Dokumente lagen dem Verf. zunächst in Abschrift vor, sie wurden dann veröffentlicht in Steltzers erstem Buch (a. a. O., S. 542–57) und in dem Erinnerungsbuch (*60 Jahre*) wiederholt. – Sie sind von van Roon auf 10 komplettiert worden (a. a. O., S. 542–57). Dazu treten noch Denkschriften einzelner, – von Moltke besonders zu erwähnen: »Ausgangslage, Ziele und Aufgaben vom 24. 4. 1941«, – von Einsiedel, Trotha und Schmölders (S. 498 bis 541).

71 Dulles (a. a. O., S. 111). Siehe auch A. Leber (a. a. O., I, S. 164f) das., und bei Gollwitzer–Kuhn–Schneider (a. a. O., S. 217). Auszüge aus den ergreifenden Abschiedsbriefen.

72 Vgl. van Roon (a. a. O., S. 590f – Die Briefstelle das., S. 227).

73 Die Entwürfe bei van Roon (S. 556–560). Verfasser war »im wesentlichen« van Husen, (Steltzer, a. a. O., S. 75). Dies wird (in persönl. Mitteilung) bestätigt von Gräfin Moltke, mit dem Zusatz, daß die Entwürfe ausführlich bei dem Pfingsttreffen von 1943 erörtert worden seien. Man wird annehmen dürfen, daß ihnen auch Moltkes englische Rechtspraxis und seine Schulung im internationalen Recht zugute gekommen ist. Von ihm selbst gezeichnet ist der Entwurf zum Verhältnis von Kirche und Staat und zum Bildungswesen.

74 A. a. O., S. 570f.

75 Soviel muß gegen Ritter gesagt werden, wobei zugleich eine gewisse Absetzung von den scharfen Gegenthesen Margret Boveris deutlich sein wird. – Der Vorwurf anti-pluralistischer Grundhaltung und des darin begründeten Mangels an »Modernität« wird besonders in dem Aufsatz von H. Mommsen (a. a. O., passim) erhoben.

76 *Vom anderen Deutschland* (Fischer Bücherei, S. 331f). Aus der Tagebucheintragung (das. S. 260) ergibt sich, daß die Konferenz tatsächlich im Januar 1943 stattfand, Hassell ist ein sehr genauer Berichterstatter, wie sich in diesem Fall nachprüfen läßt. – Auffallenderweise sieht Gerstenmaier im späteren Rückblick nicht (wie im Text bezeugt) in den »wirtschaftlichen und sozialen Ansichten« den Kern des Gegensatzes, sondern – in der Neigung Goerdelers und der Älteren »zu einem mehr oder weniger korrigierten Parlamentarismus der Weimarer Zeit zurückzukehren«. (VfZ, a. a. O., S. 239). Zugleich lobt er allerdings auch (S. 245) den von van Roon (a. a. O., S. 270f) angestellten Vergleich, der seinerseits, ohne wirtschaftliche und soziale Fragen hervorzuheben, immerhin den Kern des Konflikts näher berührt mit dem Zitat aus einem Brief Moltkes (vom 9. 1. 1943): »Jeder Versuch auf die Grundsätze vorzustoßen, wurde von der anderen Seite in leicht Verbindliches umgebogen.«

77 Nach Angabe der Gräfinnen Marion Yorck und Freya von Moltke.

78 Vgl. van Roon (a. a. O., S. 74).

79 *The German of the Resistance*, S. 38 Anm. – Vgl. auch *Letzte Briefe*, S. 15f, 40 u. 68 (Gräfin Moltke). Zu dem scharfen Ausdruck »Goerdeler-Mist« bemerkt

die Herausgeberin mit Recht, daß er sich auf die leichtfertige Methode bezieht, aber nicht auf Goerdelers »persönliche Integrität, aufrechte Tapferkeit und Unermüdlichkeit«.

80 Siehe Anm. 76.

81 Vgl. VfZ (a. a. O., S. 250ff). Die im folgenden zitierten Zeugnisse aus den letzten Briefen (S. 41f, 54ff) möchte Gerstenmaier in einer Teil-Erklärung als Ergebnis der zwischen ihm und Moltke verabredeten Linie eigener Verteidigung, also als Tarnmanöver für den Fall einer Panne beim Herausschmuggeln der Briefe, interpretiert wissen. Er fügt allerdings selbst hinzu, daß Moltkes Bericht »im Entscheidenden wahr gewesen sei«.

82 Nach Abendroth (s. o., S. 192, Anm. I) soll die Initiative von den Kommunisten ausgegangen sein. Dafür findet sich kein Beleg. – An die Frage des »Spitzel« hat sich eine weitschichtige Erörterung geknüpft. Der Russe Melnikow glaubt, daß der dritte Mann bei der Unterredung ein Student Thomas gewesen sei, ein standhafter Kämpfer, und sieht damit die »Verleumdungen der Westdeutschen Historiker« als widerlegt an. (*Der 20. Juli, Legende und Wirklichkeit*, Berlin 1965, S. 145f) G. Ritters Nachforschungen (a. a. O., S. 471, Anm. 19) bei dem Inhaber der Wohnung, in der die Zusammenkunft stattfand, ergaben indessen einen ganz anderen Namen. Kurt Finker (a. a. O., S. 242) übergeht den Meinungsstreit über diesen speziellen Punkt. Hingegen haben andere Historiker der DDR behauptet, Himmler habe mit der »Reaktion« geliebäugelt und erst zugegriffen, als mit der Hereinziehung der Kommunisten das Spiel ernsthaft zu werden begann. (So A. Norden, *Weltbühne* 1947, Nr. 13 und A. Ackermann, *Einheit*, Dez. 1947). Auch O. Winzer (*Zwölf Jahre Kampf gegen Faschismus und Krieg*, Berlin 1957, S. 210) vertritt die Meinung: Himmler schlug zu, als durch das Zusammenwirken der Kreisauer Sozialdemokraten mit den Kommunisten die »nazistische Blutherrschaft« ernsthaft gefährdet wurde. – Eine andere, noch tendenziösere Version (die Opposition habe die Kommunisten über Goerdeler (!!) an Himmler verraten) bei: Werner Plesse, *Zeitschrift für Geschichtswissenschaft*, 1954, Heft 6, S. 834ff). Michael Voyan gibt der um nichts besser begründeten Vermutung Ausdruck, die Kommunisten hätten den Putsch sabotieren wollen, (*The Cambridge Journal*, Dez. 1948, S. 154).

83 Henk (a. a. O., S. 54). – Für die oft zitierten Worte Stauffenbergs: »Wir brauchen Leber, ich hole ihn raus …« und den Brief an Frau Leber vom 18. Juli (siehe Hoffmann, a. a. O., S. 447 und Leber, *Ein Mann geht seinen Weg*, S. 292).

84 Die Äußerungen von Gisevius in der ersten Aufl. und der amerikanischen Ausgabe (die für den geschaffenen Eindruck entscheidend sind), erscheinen in der Ausgabe von 1954 teils abgeschwächt, teils in der Polemik gegen Zellers »Heldenepos« verschärft, in der Substanz aber erhalten. (Vgl. a. a. O., S. 532f: Superpreuße, militanter Sozialismus; 559f Militärdiktatur der wahren Nationalisten …«, weder will er auf das Totalitäre verzichten noch auf das Militärische noch auf den Sozialismus.)

85 Dulles (a. a. O., S. 218). – Was die »Reklamation« Stauffenbergs – und bis zu

einem gewissen Grade der Kreisauer – durch die kommunistische Literatur betrifft, die unabhängig von Gisevius sich zum Beispiel zur These steigert (Finker, a. a. O., S. 327), daß ihre »Möglichkeiten hin auf Humanismus und Demokratie in der DDR realisiert« seien, so ist dazu im nächsten Kapitel noch eingehender Stellung zu nehmen.

86 Vgl. Karl Michel, *Ost und West, Der Ruf Stauffenbergs* (Zürich 1947). Das Buch kann, wie erwähnt, nur mit schärfsten kritischen Vorbehalten als Quelle benutzt werden. Es ist weithin romanhaft. Aber in einigen Kernbestandteilen, den Ausführungen über Stauffenbergs Ablehnung jedes totalitären Systems und der Schilderung seiner Behandlung des Einsatzes der Anti-Sowjet-Freiwilligen im Osten ist echte und wertvolle Information erhalten, wie durch Zeugenaussagen aus dem Kreis seiner Mitarbeiter bestätigt wird.

87 So van Roon, auf Grund von Briefen und mündlichen Aussagen (a. a. O., S. 461). Auf die außenpolitischen Denkschriften der Kreisauer (a. a. O., S. 511 ff und 550 ff) und auf die besondere Rolle von Trott wird zurückzukommen sein.

Die Opposition und die Alliierten

1 Neben den schon erwähnten Kreisauer außenpolitischen Dokumenten (siehe Anm. 87 des vorigen Abschnitts) wären zu nennen, die (früher unbeachtet gebliebenen) Aufsätze von Hassell aus der Kriegszeit (*Monatshefte für Auswärtige Politik*, Aug. 1941, Juni u. Dez. 1943), von Graml neuerschlossene Materialien aus dem Bundes-Archiv und die von ihm nachdrücklich herangezogenen Aufzeichnungen von A. P. Young. Bei entsprechend vorsichtiger Benutzung ergeben auch die sogenannten Kaltenbrunner-Berichte einiges. Für Trott liegt, wie später belegt werden wird, viel neues Material vor, sowohl in Dokumenten wie in Analysen. An allgemeineren Darstellungen seien genannt: H. Krausnick/H. Graml, »Der deutsche Widerstand und die Alliierten« (*Vollmacht des Gewissens*, Frankfurt am Main und Berlin 1965, II, S. 475–522), sowie der eingehendere und eingreifendere Aufsatz von Graml, »Die außenpolitischen Vorstellungen des deutschen Widerstands« (Schmitthenner-Buchheim, S. 15 bis 72). Schließlich sei die Dokumentation: *Europa-Föderationspläne der Widerstandsbewegungen 1940–1945*, gesammelt und eingeleitet von W. Lipgens (München 1968), erwähnt, die im angedeuteten Gesamtrahmen eine Auswahl außenpolitischer Zukunftsprogramme des deutschen Widerstands bringt (a. a. O., S. 100–176).

2 So die Argumente bei Graml (a. a. O., S. 24 f) und bei Bernd-Jürgen Wendt, *München 1938. England zwischen Hitler und Preußen* (!) (Hamburg 1965, S. 36 ff).

3 Vgl. das abwägende Urteil von H. Herzfeld, »Zur Problematik der Appeasementpolitik«, *Festschrift für Hans Rothfels*. (Göttingen 1965, S. 161 ff) und mein Vorwort zu der deutschen Ausgabe von M. Gilbert und R. Gott (*Der gescheiterte Frieden*, Stuttgart 1964).

4 Veröffentlicht in der Londoner *Times*, 17. Okt. 1938, S. 16. Es handelte sich um eine Sendung von London nach den USA.

5 Vgl. die sehr dringlichen, auf Präzedenzfälle sich beziehenden Warnungen Trotts in einer von mir veröffentlichten Denkschrift, die im Frühjahr 1942 nach England gesandt wurde (VfZ 5, 1957, S. 393). – Ein besonderes Mißgeschick dieser Art traf Goerdeler (Ritter, a. a. O., S. 171f). – Das. auch über den Zwischenfall mit Vansittart, der mit seinem Vorwurf des »Landesverrates«, in welcher Form er auch gefallen sein mag, an die Befremdung Neville Chamberlains anläßlich der Mission Kleists erinnert und so das gleiche Motiv des Mißtrauens belegt. – Um so absurder übrigens auch in diesem Zusammenhang – ganz abgesehen von den offenkundigsten Fakten der diplomatischen Vorgeschichte des 2. Weltkrieges – der im neonazistischen Schrifttum, ähnlich wie in den Erinnerungen Ribbentrops (s. o., S. 187, Anm. 35) erhobene Vorwurf, nur Anzeichen deutscher Uneinigkeit oder die direkten Eröffnungen der deutschen Opposition hätten England zum Krieg gegen Deutschland ermutigt. Siehe dagegen H. Krausnick, »Deutscher Widerstand und englische Kriegserklärung« (Beilage zum *Parlament*, 4. Jan. 1956).

6 *Times*, 7. Nov. 1938, S. 12.

7 Goerdelers politisches Testament (s. o., S. 202, Anm. 2) – S. 47–52. – Dazu Ritter (a. a. O., S. 216f).

8 Vansittart in der angeführten eidesstattlichen Erklärung (s. o., S. 196, Anm. 47) erwähnt mehrere Unterredungen mit Goerdeler. – Nach Hassell (a. a. O., S. 109) ließ Vansittart Goerdeler noch im Februar 1940 eine Nachricht – übrigens nach dieser Quelle recht auffälliger Art – zukommen: »So leicht werde jetzt die alte Reichsgrenze im Osten nicht mehr durchzusetzen sein.«

9 Vgl. seinen Bericht (a. a. O., S. 42f). Für Pechel a. a. O., S. 292f.

10 Da sich über ihn in der Literatur irrtümliche Angaben finden, sei erwähnt, daß er in Königsberg als eine Art Forschungsassistent am Historischen Seminar tätig gewesen war – mit dem Ziel einer wissenschaftlichen Untersuchung über das Korridorproblem. – Nach 1945 habe ich vergebens mit ihm Fühlung wieder aufzunehmen versucht, aus Gründen persönlicher Dankbarkeit, wie auch, um von seiner intimen Kenntnis der deutsch-englischen Beziehungen in den Vorkriegsjahren Nutzen zu ziehen.

11 Für Chamberlain's Rede: (*Hansard's Parlamentary Debates*, Vol. 352, pp. 566ff) – Die Aufzeichnung ist gedruckt und in Faksimile wiedergegeben bei E. Kordt (a. a. O., S. 367 U. Anh.). Gegenüber der abträglichen Interpretation des Mißverständnisses durch Namier (*In the Nazi Era*, pp. 101–103) ist durch die exakte Untersuchung von H. C. Deutsch (a. a. O., pp. 158–171) die bona fides von Kordt eindeutig erwiesen worden.

12 Für Goerdelers Sondierungen und die Aktion Wirths, der im Februar 1940 einen Brief an Chamberlain gelangen ließ, siehe Ritter (a. a. O., S. 258ff). Eine weitere Aktion Wirths in Paris ist bezeugt (für April 1940) durch einen Aufsatz des Senats-Vizepräsidenten E. Pezet: »Contre Hitler et la guerre – une mission secrète de l'exchancellier Wirth« (*Revue Politique et Parlamentaire*, April 1958, pp. 289–305). Die Angabe bei Dulles (a. a. O., S. 82), die als Datum auch den

April angibt, bezieht sich offenbar auf die erfolglos gebliebene Pariser Sondierung.

13 A. a. O., pp. 102–148 und 349–352. Für den »X-Report«: 289–301. Vgl. auf S. 302 die verschiedenen Zeugenaussagen zur Frage der territorialen Zugeständnisse, die gemacht waren (östliche Grenzen von 1933 oder von Ende 1938?).

14 Vgl. Hassell (a. a. O., S. 112ff und 130ff) und Lonsdale Bryans (*Blind Victory*, London 1952, S. 60ff). Ferner die kürzere Version in VfZ (1, 1953, S. 347ff).

15 Hassell (a. a. O., S. 111). Das Folgende das S. 134. – Über den Besuch vgl. Sumner Welles, *The Time for Decision*, S. 91–120, u. jetzt die Tübinger Diss. von H. Rochau (1969).

16 Dazu die Angaben bei Sir Samuel Hoare (*Complacent Dictator*, London 1947, S. 277f).

17 Dazu eine Denkschrift seines Bruders, Dr. Heinz Haushofer sowie eine Würdigung durch W. Stubbe, (VfZ 8, 1960, S. 256f). – Einiges Material findet sich in Hassells Tagebüchern und den Akten des Weizsäcker-Prozesses sowie in Edmund A. Walsh, »Die Tragödie Karl Haushofers«, (*Neue Auslese*, März 1947, S. 27). Siehe auch über Albrecht Haushofer und seine Freunde; R. Hildebrandt, *Wir sind die Letzten* (Berlin 1949) und die Kieler Diss. von U. Michel (1964).

18 Einen zusammenfassenden Bericht von J. Wallenberg brachte zuerst Dulles, (a. a. O., S. 179–184). Ausführlicher dazu Ritter (a. a. O., bs. S. 320ff, 333f u. 337 sowie Anh. VI). Dazu Schramm (a. a. O., S. 225ff).

19 Vgl. Ritter (a. a. O., Anh. VII).

20 Van Roon (a. a. O., S. 507ff – Das Zitat S. 512).

21 Für Trott liegt seit längerem ein umfängliches und materialreiches Manuskript vor, das Frau Clarita von Trott für Angehörige und Freunde verfaßt hat. Eine darauf beruhende Zusammenfassung ist gedruckt in: *Ein Leben für die Freiheit* (Kassel 1960, S. 13–50). Verwiesen sei ferner auf die Rede von Eberhard Bethge bei Einweihung eines Adam-von-Trott-Studentenheims (VfZ II, 1963, S. 245), auf die Veröffentlichung von Dokumenten durch den Verfasser in VfZ (5, 1957, 7, 1959, 12, 1964), insbes. auf die Einleitung zu der letztgenannten Dokumentation: »Trott und die Außenpolitik des Widerstands« (a. a. O., S. 500 bis 510) und auf die Neuherausgabe seiner Dissertation (*Hegels Staatsphilosophie und das internationale Recht mit einem Geleitwort von Hans Rothfels*, Göttingen 1967). Auf S. 197, Anm. 52 wurde ferner die kürzlich erschienene Trottbiographie von Christopher Sykes erwähnt (*Troubled Loyality*, London 1968), die unsere Kenntnis bereichert, aber in der Grundauffassung, die in vielen Einzelheiten zu Einwänden Anlaß gibt. Vgl. dazu die kritischen Bemerkungen d. Verf. (FAZ, 28. Febr. 1969). Eine stark revidierte Ausgabe ist in Vorbereitung.

22 S. o., S. 197, Anm. 52. Die Mission, die Trott unternahm, und die im Folgenden zu besprechende Aktion sind vorweg durch Mißtrauen und Mißverstehen seiner Haltung schwer belastet worden. Das Mißtrauen ging so weit, daß einer der alten Freunde Trott bei dem intimen Berater Roosevelts, dem Richter am Supreme Court, Felix Frankfurter, geradezu denunzierte (Sykes, a. a. O., p. 269

u. 317). – Andererseits liegt eine Fülle von Zeugnissen vor dafür, wie ungemein stark Trott als Persönlichkeit gewirkt hat. Sein Freund David Astor sprach von ihm als »The greatest member of my generation in any country that I have met«.

23 Auszüge aus Morley's Tagebuch in: *Human Events* (22. 2. 1946). Im folgenden vgl. meine Veröffentlichung: »Adam von Trott und das State Department« (VfZ 7, 1959, S. 518ff). Die Einleitung zu den Dokumenten liegt der Darstellung im Text zugrunde. Leider ist es nicht gelungen (auch dem Engländer Sykes nicht), entsprechenden Zugang zu britischen Akten zu erhalten.

24 Das Aktenfaszikel im State Department trug den Vermerk: »Subject, Espionage Activites, Adam von Trott in US«. – Die »Beschattung« durch Agenten des FBI wird bestätigt durch Dr. Brüning (persönliche Mitteilung); Trott spricht in einem Brief an David Astor von der Verdächtigung seiner Absichten durch bestimmte Kreise »of passionate destructiveness«.

25 Mit weitgehendem Mißverständnis sieht Sykes (a. a. O., p. 309) in diesem Vorbehalt einen Beweis für die wiederholt von ihm behauptete »ambiguity« und »inconsistency« Trotts.

26 Immerhin sind einige Nebenwirkungen zu erwähnen. Nicht nur daß Trott, wie er schrieb, lernte, von einem entfernten Blickpunkt »Europa als Ganzes« zu sehen, er hatte auch Gelegenheit, von Washington aus eine Denkschrift an Lord Halifax gelangen zu lassen, die in ähnlichem Sinne wie das Memorandum für das State Department eine Änderung des »approach to the German mind« dringend empfahl und für eine konstruktive europäische Zusammenarbeit warb. Es ist sehr wahrscheinlich, daß diese Denkschrift den englischen Außenminister gerade in dem Zeitpunkt erreichte, als die Vermittlung des Papstes auf dem Höhepunkt war (H. C. Deutsch, p. 157). Sie mag zu der positiven Antwort beigetragen haben. Außerdem veranlaßte Trott (diese Tatsache ist früher schon erwähnt worden, s. S. 187, Anm. 34) den ihm damals besonders nahestehenden Wheeler-Bennett zu einem unterstützenden Memorandum, das betonte, die demokratischen Mächte hätten einen Verbündeten in Deutschland unter den Patrioten jeder Klasse und jedes Berufes. – (Vgl. die Dokumente VfZ 12, 1964, S. 313–315 u. 315–318.)

27 Dies auf Grund einer Aufzeichnung von L. P. Lochner. Daß sich die Fühlung darauf beschränkt habe, die Haltung Roosevelts zu einer monarchischen Restauration auszukundschaften (Ritter, a. a. O., S. 516f. Anm. 34), trifft nicht zu. Für die Erfahrung von 1944 vgl. Lochner, *Always the Unexpected*, pp. 294ff.

28 S. o., S. 211. Das Treffen ist zuerst bekannt geworden durch den Bericht des Bischofs: »The Background of the Hitler Plot« (*Contemporary Review*, Oct. 1945, pp. 203–208) wieder abgedruckt in ders.: *The Church and Humanity* (London 1946, pp. 165–176); sehr viel ausführlicher behandelt und insbesondere durch den Briefwechsel Bischof Chichesters mit Anthony Eden erweitert in einem in Göttingen und Bonn gehaltenen Vortrag, auf deutsch u. a. gedruckt in VfZ (5, 1957, S. 364ff, dazu meine Vorbemerkung das.).

29 Daß Goerdeler hinter seinem Versuch stand, Ritter (a. a. O., S. 328) ist insbesondere auch im Hinblick auf die stark sozialistischen Töne der Erklärung

Schönfelds ganz unwahrscheinlich. – Daß man in Kreisau von der Reise nach Stockholm wußte (wenn auch nicht die Initiative zu ihr nahm), scheint gesichert, (van Roon, S. 314 u. Anm. 11). Für das noch zu erwähnende Memorandum von Schönfeld sowie das von Trott vom Ende April 1942 sowie die persönliche Autorschaft zu Gunsten einer Kreisauer Gemeinschaftsarbeit einzuschränken (a. a. O., S. 302 und 314) geht offenbar zu weit. Vgl. die Veröffentlichung: »Zwei Außenpolitische Memoranden der deutschen Opposition« (VfZ 5, 1957, S. 388 ff).

30 Das vom Bischof von Chichester überlieferte Zitat wird bestätigt von Bethge (a. a. O., S. 811), der nur bezweifelt, daß Bonhoeffer in diesem Zusammenhang von Hitler als »Antichrist« gesprochen habe. – Auch das folgende Zitat, das Dulles (a. a. O., S. 147) zuerst gebracht hat, findet sich bei Bethge (S. 834), freilich in etwas abweichender Version.

31 Für die Vorbereitung der Reise und den »Kurierausweis« vgl. Bethge (a. a. O., S. 846 ff). Für den Bonhoeffer Familienkreis vgl. jetzt die Erinnerungen von Sabine Leibholz-Bonhoeffer, der Zwillingsschwester Dietrichs, (*Vergangen–Erlebt–Überwunden*, Wuppertal 1968), das. auch zusätzliche Briefe des Bruders. – Bekanntlich wurden alle vier Mitglieder der Bonhoeffer-Familie hingerichtet oder ermordet. Ihr Schicksal ist mit dem der Abwehr eng verflochten. Während die Gestapo der Auslandstätigkeit der »Christlichen Verschwörer« auf der Spur war, gab eine »Devisenverfehlung« den Anlaß zum Losschlagen. Dohnanyi, über dessen außerordentlich aktive Rolle in der politischen Verschwörung Übereinstimmung herrscht, hatte verfolgten Juden zu Vermögensübertragungen nach der Schweiz verholfen. Dies erlaubte Himmler, gegen die Abwehr vorzugehen. (April 1943). Oster wurde seines Postens enthoben, wenige Monate später auch Canaris.

32 Im englischen Original: »Statement by a German pastor at Stockholm – 31st May 1942«, veröffentlicht in VfZ (5, 1957, S. 395 ff).

33 Als ein solcher Vertreter war Trott in Aussicht genommen. – In der ausführlichen Fassung von 1957 schildert der Bischof die detaillierten Verabredungen, die für den Fall weiterer Fühlungnahme getroffen wurden.

34 Die Briefe sind zuerst in dem Vortrag (s. o. Anm. 28) des Bischofs wiedergegeben worden. Abdruck des englischen Textes in VfZ (a. a. O., S. 376 f). – Der im folgenden erwähnte Hinweis von Trevor-Roper in: »The Philby Affair« (*Encounter*, April 1968, S. 20).

35 S. o. die (in Anm. 8) erwähnte Mitteilung Vansittart's. Noch zwei Jahre später will Hassell (a. a. O., S. 223) von Burckhardt gehört haben, die Andeutung »Grenzen von 1914« habe in London »wegen Bescheidenheit« überrascht. (!)

36 Diese Angabe ist enthalten in Alexander B. Maleys Artikel (a. a. O., S. 7). – Hassells eigene Tagebücher bezeugen nur (a. a. O., S. 203; 4. Okt. 1941), daß die »Proposition« in Amerika auf »sehr guten Boden« gefallen sei und daß ein Treffen mit einer »authorized person« in Lissabon vorgeschlagen werde. Hassell selbst war skeptisch hinsichtlich dieser Mitteilung. Der Inhalt der »Proposition« bezog sich wohl eher auf den monarchischen Restaurationsgedanken (a. a. O., S. 200) als auf den im Text erwähnten Vorschlag.

37 Schramm (a. a. O., S. 89ff).

38 Vgl. P. Kluke »Nationalsozialistische Europaideologie« (VfZ 3, 1955, S. 243) und L. Gruchmann, *Nationalsozialistische Großraumordnung* (Stuttgart 1967).

39 Lipgens (a. a. O., S. 143ff).

40 A. a. O., S. 118. – Es hieß dann in dieser abgeänderten Fassung weiter: »Die russischen Gebiete bis zum Ural unterstehen dem Bundesstaat, aber nicht als vollwertige Glieder, sondern – mindestens vorläufig – in der Form von Schutzbefohlenen. – Dieser Absatz betreffend die russischen Gebiete ist in einer 3. Version vom 20. 6. 41 (van Roon, S. 518) fortgelassen, offenbar unter dem Eindruck des bevorstehenden Bruches mit der Sowjetunion.

41 Abgedruckt in VfZ (5, 1957, S. 392–395) u. (12, 1964, S. 318–322). Van Roon meint (a. a. O., S. 302 u. 308 – s. auch o. Anm. 29), daß bei der Veröffentlichung beider Denkschriften sie zu sehr vom Ganzen des Kreisauer Kreises »isoliert« worden seien. Aber die Wir-Form und die Nähe zu Kreisau widersprechen nicht der Tatsache, daß die Autorschaft Trotts durch die ihm eigene geistige Handschrift (im Fall der 2. Denkschrift auch durch Handschrift im wörtlichen Sinn) einwandfrei bezeugt ist. – Die Ausführungen zur 2. Denkschrift im Text folgen der in der VfZ (a. a. O.,) gegebenen Einleitung.

42 S. o., S. 143 u. Ritter (a. a. O., S. 334f).

43 Vgl. Ritter (a. a. O., Anh. VI u. S. 338f), ferner Schramm (a. a. O., S. 255ff).

44 A. a. O., S. 213–220. Dazu Ritter (a. a. O., S. 530f, Anm. 29).

45 Vgl. dazu des Verf.: »Der Komplex Versailles« (*Monat*, März 1969, S. 53ff).

46 Dulles (a. a. O., S. 175).

47 *American Historical Review* Jan. 1948, S. 338. – Tatsächlich sind die Berichte bis zu Roosevelt gelangt, wie mir ein Student, der in der Hyde Park Library gearbeitet hat, mitteilen konnte.

48 Dulles, a. a. O., S. 166 (im Original: »was frozen« – S. 132 –; die Übersetzung gibt das nicht voll wieder).

49 Günter Moltmann hat geglaubt die früher (auch von ihm) vertretene Ansicht, daß die Casablanca-Formel von Goebbels als wertvolle Waffe begrüßt worden sei, revidieren zu sollen. M. weist statt dessen auf einen direkten Zusammenhang zwischen der Erklärung vom Januar und Goebbels' Rede zum totalen Krieg vom 18. Februar 1943 hin (vgl. G. Moltmann in VfZ 12, 1964, bes. S. 34, Anm. 53). – Zu dem Gesamtproblem vgl. auch Paul Kecskemeti, *Strategic Surrender* (Stanford 1958, bes. S. 119ff).

50 Dulles (a. a. O., S. 176f).

51 Die Eintragungen finden sich unter dem 12. August 1943 und dem 14. April 1944 (Harry C. Butcher, *My Three Years with Eisenhower*, New York 1947, S. 386 und 518). – Die These vom improvisierten Charakter der Casablanca-Formel hat Churchill zurückgenommen (Memoiren, V, 2, S. 315); vgl. dazu die sorgsame Untersuchung von Moltmann, »Die Genesis der Unconditional Surrender-Forderung« (*Wehrwissenschaftliche Rundschau*, VI 1956); jetzt in überarbeiteter Fassung in A. Hillgruber (Herausg.), *Probleme des Zweiten Weltkrieges* (Köln-Berlin 1967, S. 171ff). Für die Diskussion über die Formel im

Alliierten Lager, insbesondere die Bedenken Stalins in taktischer Hinsicht, vgl. *Foreign Relations* (USA) 1944, vol. I, pp. 484ff. Was die Wirkung der Forderung insbesondere auf den deutschen Widerstand betrifft, so übt M. scharfe Kritik an dem Buch von Anne Armstrong (*Unconditional Surrender, The Impact of the Casablanca Policy upon World War II*, New Brunswick, 1961). Die Kritik ist nicht unberechtigt im Hinblick auf eine unzureichende Quellengrundlage, übersieht aber ihrerseits die Zeugnisse für die Bemühungen der Opposition, die fraglos schwer empfundene Belastung durch die Formel abzuwenden. Es sei hier eine Feststellung aus den Erinnerungen A. v. Kessels erwähnt, die Formel habe »sechs Jahre Aufbauarbeit der aktiven Opposition gegen Hitler in Frage gestellt – wenn nicht vernichtet« (Dulles, a. a. O., S. 166). Im übrigen ist insbesondere auf die Bemühungen von Trott in Stockholm zu verweisen (s. u. Anm. 72). Nur von Moltke liegt aus dem Dezember 1943 eine Äußerung vor, in der die alliierte Forderung als berechtigt akzeptiert wird (van Roon, a. a. O., S. 584).

52 Sie sind in interessanter Weise behandelt worden – nicht so sehr mit Bezug auf die deutsche Opposition, sondern mehr auf das allgemeine Problem des Übergangs vom Krieg zum Frieden und auf die besondere amerikanische Tradition aus dem Bürgerkrieg – wie die Situation ideologischer Kriegsführung überhaupt – in dem Aufsatz von Alfred Vagts, »Unconditional Surrender vor und nach 1945«, (VfZ 7, 1959, S. 280–304).

53 Dieser Gesichtspunkt wird besonders betont bei William L. Langer, »Political Problems of a Coalition« (*Foreign Affairs*, Oct. 1947, S. 84f).

54 James F. Byrnes, *Speaking Frankly* (New York 1947, S. 186).

55 Robert E. Sherwood, *Roosevelt and Hopkins* (Rev. Ed. New York 1950, S. 360).

56 *Our Threatened Values*, S. 139 (s. o., S. 186, Anm. 24).

57 Vgl. Anm. 47.

58 Hansard, *Parliamentary Debates*, vol. 402, p. 1487.

58a Dulles (a. a. O., S. 171ff).

59 »Trott und die Außenpolitik des Widerstands« (VfZ 12, 1964, S. 513).

60 Van Roon (a. a. O., S. 585).

61 Das entnahm die Gestapo aus einer Vernehmung des Hauptmanns Kaiser, der auch eine Notiz für Stauffenberg zu Verhandlungen mit der Feindseite ausgearbeitet habe. Dies und eine Notiz bei Kaltenbrunner (a. a. O., S. 146f). Das. (S. 506f) die Angabe, daß auch Beziehungen zu Eisenhower bestanden hätten oder aufgenommen werden sollten. – Die Notiz ist auch gedruckt bei Ritter (a. a. O., Anh. XII, dazu S. 396 u. 550f, Anm. 104).

62 Dulles (a. a. O., S. 174).

63 A. a. O., S. 217. Über die Haltung Schulenburgs und den Plan seiner Durchschleusung durch die Kampffront siehe auch Ritter (a. a. O., S. 386ff) und die Angaben bei Kaltenbrunner (S. 308ff). – Ferner: für die »Westöffnung« Hans Speidel, *Invasion 1944* (Tübingen-Stuttgart, 1949, S. 133).

64 Hassell, a. a. O., S. 287f (15. 8. 1943).

65 Die Angabe (so u. a. bei Dulles, a. a. O., S. 219), daß Trott in Stockholm die

Sowjetbotschafterin Mme. Kollontai gesehen habe, ist nach allen persönlichen Zeugnissen irrig. (s. VfZ 12, 1964, S. 509). Aber daß er den Versuch gemacht hat, läßt die Berichterstattung der US-Botschaft in Stockholm vermuten (so auch M. E. Gallin, a. a. O., S. 132).

66 Vgl. Peter Kleist, *Zwischen Hitler und Stalin* (Bonn 1950, S. 233 ff und 243 ff, 256 ff). Für Hassell, Trott und Schulenburg: S. 242. Das Zitat von Clauss, das. S. 280 f.

67 So Andreas Löwenfeld »The Free German Committee« *Review of Politics* (14, 1952, S. 357).

68 Zu diesem allgemeinen Thema seien angeführt von kommunistischer Seite: Walter Ulbricht, *Zur Geschichte der deutschen Arbeiterbewegung 1933–1945*, Bd. 2, (4. Aufl. Berlin 1955, S. 211 ff) und Erich Weinert, *Das Nationalkomitee Freies Deutschland* (Berlin 1957); von seiten beteiligter Offiziere: Jesco von Puttkammer, *Irrtum und Schuld* (Neuwied-Berlin 1948) und Heinrich Graf von Einsiedel, *Tagebuch der Versuchung* (Berlin-Stuttgart 1950); vgl. ferner die zusammenfassende Darstellung von Bodo Scheurig, *Freies Deutschland, Das Nationalkomitee und der Bund deutscher Offiziere in der Sowjetunion 1943–1945* (München 1960).

69 Vgl. Werner Plesse »Zum Antifaschistischen Widerstandskampf in Mitteldeutschland 1939–1945« (*Zeitschrift für Geschichtswissenschaft* 1954, Heft 6) und die Angabe das. betreffend die Bildung nationaler kommunistischer Komitees in Deutschland (S. 824 f).

70 Melnikow (a. a. O., S. 42) und Finker (a. a. O., S. 103).

71 Die Gestapo hätte gewiß gerne einen solchen Zusammenhang nachgewiesen. Um so mehr Gewicht hat es, wenn in den Kaltenbrunner-Berichten festgestellt wird: »Unmittelbare Verbindungen nach der Sowjetunion und zum Nationalkomitee haben nach den bisherigen Feststellungen nicht bestanden.« (A. a. O., S. 507 – das. auch das »Stacheldrahtzitat«.) Nach einem früheren Bericht (S. 114) soll Trott sich in Schweden das Programm des Nationalkomitees verschafft haben, er sei allerdings zu dem Ergebnis gelangt, daß es kein für die weitere Entwicklung Deutschlands positiv zu wertendes politisches Gewicht, sondern »nur einen propagandistischen Nutzeffekt für die Gegenseite hat«.

72 Vgl. dazu Sykes (a. a. O., S. 414 f, 423 ff). – Bei der Rückkehr von der zweiten Reise traf Trott in Berlin die nah befreundete Christabel Bielenberg. Nach ihrem Bericht *The past is myself, the experiences of an Englishwoman in wartime Germany* (London 1968, S. 145) sagte er zu ihr: »From now on this is a German affair. We must rid ourselves of this regime by ourselves and believe me, if you believe nothing else, it will and must be done before the Allies have to do it for us.« Während der Vorbereitung des Manuskriptes zum Druck geht mir von Henrik Lindgren ein auf schwedisches Material gestützter Aufsatz »Adam von Trotts Reisen nach Schweden« zu, der als Beilage eine bisher unbekannte Denkschrift Trotts von 1944 enthält und manches im Text Gesagte bestätigt, anderes ergänzt. Der Aufsatz wird in den VfZ veröffentlicht werden. – Erwähnt sei, daß das schwedische Material die Angabe in den Erinnerungen A. v. Kessels bestätigt (s. VfZ 12, 1964, S. 322), daß Trott beim zweiten Besuch

hauptsächlich auf die »Geste« drängte, daß beim Sturz des Regimes die Luftangriffe auf Berlin eingestellt würden.

73 Dulles (a. a. O., S. 211 u. 221).

74 Das. S. 178.

75 Es ist nach Titel, Überlieferung und Inhalt (Nachdruck auf »balance of power«) unwahrscheinlich, daß sie, wie Ritter (a. a. O., S. 384 f) vermutet, mit einer von der Gestapo in den Papieren des Grafen Schwerin-Schwanenfeld gefundenen Broschüre »Europa (?) zwischen Ost und West« identisch ist. (Siehe Kaltenbrunner S. 34.) Nach Frau von Trott war die Denkschrift die letzte Aufzeichnung, die für den Freundeskreis gemacht wurde. Sie sei ihrem Mann so wichtig gewesen, daß er sie nicht habe vernichten wollen, sondern versteckt habe. Eine in einem Schrebergarten vergrabene Abschrift habe nicht wiedergefunden werden können.

76 Fr. Lenz, *Wirtschaftsplanung und Planwirtschaft* (Berlin 1948, S. 48) Frau von Trott (a. a. O., S. 146) erläutert die Formel im Anschluß an die Kreisauer Dokumente: »Der Mensch ist nicht Objekt, z. B. von Gewerkschaftsmanagern. Er bestimmt auch nicht nur formal – wie in Weimar – seine Welt mit. Er ist im Gegensatz dazu Träger der Arbeitswelt. Diese soll nicht eine Art Abbild der bürgerlichen Welt werden, sondern etwas Neues, das sich selbst seine Formen gibt. Auf diese Weise soll der Persönlichkeitswert erhalten bleiben. – Eine solche neue, noch nicht dagewesene Ordnung läßt sich nicht wie eine Formalverfassung des parlamentarischen Systems übernehmen. Man kann hier zunächst weitgehend nur in Symbolen wie dem ›Persönlichkeitsprinzip‹ und dem ›Realprinzip‹ reden.«

77 Dulles, a. a. O., S. 165 (Jedoch nach eigener Übersetzung). Ritter (a. a. O., S. 382 u. S. 546, Anm. 74) übernimmt die gegen Zellers Wiedergabe berechtigterweise gerichtete Kritik von Gisevius, mißversteht aber selbst die eigentliche Pointe der Trott'schen Denkschrift als taktische Drohung: Es könnte sich ... »recht wohl eine Verbindung beider Völker und eine gemeinsame ganz Europa bedrohende soziale Revolution entwickeln, die vielleicht auch auf die im Reich lebenden Fremdarbeiter übergreifen und damit – so wird man zu schließen haben – auch die westliche Welt bedrohen« könnte. Bei Gisevius selbst findet sich auch in der Auflage von 1956 (S. 334 f) immer noch das nur bitterer gewordene Mißverstehen Trotts, »dieses so viel bewunderten Diplomaten«.

78 Dies ist das unzweifelhafte Hauptthema der romantischen Erzählung, die Karl Michel um Stauffenberg herumgebaut hat. Vgl. oben S. 199, Anm. 67. – Für die »Befreiungsarmee« vgl. auch Kleist, a. a. O., S. 199 ff. – Über Fraternisierung zwischen Deutschen und Fremdarbeitern vgl. u. a. *The Christian Century* (18. April 1948, S. 488).

78 A. a. O., S. 184.

80 Zitiert bei Franz Reuter, *Der 20. Juli* (Berlin 1946, S. 31).

1 Das Zitat ist der Denkschrift von Frau Goerdeler entnommen.

2 Vgl. als Beispiel: J. Fr. Steier, *Treblinka*, *Die Revolte eines Vernichtungslagers* (Oldenburg 1966) und H. G. Adlers allgemeinere Feststellungen in »Selbstverwaltung und Widerstand in den Konzentrationslagern der SS« (VfZ 8, 1960, S. 221 ff). – Ergänzend zum früheren Text möge hier auf zwei sehr andersartige, aber ebenfalls eigentümliche Schauplätze einer besonderen Art von Widerstand verwiesen werden, auf – das Kabarett (s. H. Heiber »Widerstand der Intellektuellen – Werner Finck und die ›Katakombe‹«, *Monat* 18, 1960, S. 35 bis 45) und auf Geheimopposition im Berliner Rundfunk (s. die Veröffentlichung unter dem Titel: *Darauf kam die Gestapo nicht – Beiträge zum Widerstand im Rundfunk*, Berlin 1966).

3 *Social Research* (XXI, 1964, S. 73–93). – Die Zitate S. 81, 85 u. 93. Dazu die Erläuterung in einem Leserbrief an die FAZ (21. März 1969). – Auch G. Barraclough (s. o., S. 185, Anm. 20) möchte – nicht unähnlich – Romoser, wenngleich auf Grund breiterer und doch sehr bestreitbarer Analyse die Ursache des Fehlschlags der deutschen Opposition letzten Endes in »dem Morast des deutschen Idealismus« sehen, seiner Verachtung der Politik als einer untergeordneten Beschäftigung und »seinem Bestehen darauf, daß das einzige, worauf es wirklich ankomme, der kategorische Imperativ individueller Moral sei«. (A. a. O., S. 34). – Auch dies ein Urteil, das mit den originalen Zeugnissen keineswegs verträglich ist.

4 *Eichmann in Jerusalem* (München 1964, S. 132 ff). – Die entsprechenden Abschnitte waren in den Aufsätzen der Zeitschrift *The New Yorker* und der amerikanischen Buchausgabe nicht enthalten. Die »anderen Fragen« beziehen sich auf die Widerstandslosigkeit der Juden bzw. ihre aktive und passive »Mitarbeit« an den Vernichtungsaktionen.

5 *Mandate for Resistance. The Case of the German Opposition to Hitler* (Baltimore 1969).

6 »The Legend of the 20th of July 1944«, *Social Research* XXIX, S. 109 ff.

7 George F. Kennan, *American Diplomacy* (Chicago 1951, S. 142).

8 Van Roon (a. a. O., S. 509).

9 VfZ (1, 1953, S. 563 ff).

10 *Reise durch den letzten Akt* (Hamburg 1947, S. 152 f).

11 *In Memoriam 20. Juli 1944* (Hamburg 1947).

Personenregister

(enthält nicht Autorennamen und nicht den Namen Hitlers. – Für die Opfer der Widerstandsbewegung ist der Todestag beigefügt)

Stichwortregister

(Sachhinweise zur Ergänzung des Personenregisters und des Inhaltsverzeichnisses)

Bitte umblättern:

auf den nächsten Seiten informieren wir Sie über weitere interessante Fischer Taschenbücher.

DAS TAGEBUCH DER ANNE FRANK

12. Juni 1942 – 1. August 1944

Mit einem Vorwort von

ALBRECHT GOES

Band 77

Anne Frank wurde am 12. Juni 1929 als Kind deutscher jüdischer Eltern geboren. Sie mußte schon in ihrer frühen Jugend die Schrecken der Verfolgung und die Ängste des Lebens in der Verborgenheit erfahren. Die Familie, die nach Holland emigriert war, wurde im August 1944 in ihrem Versteck in Amsterdam entdeckt und in Konzentrationslager gebracht. Im März 1945 starb Anne Frank im Vernichtungslager Bergen-Belsen. Nach der Verhaftung der Familie fand man zwischen alten Büchern und Zeitungen das Tagebuch, das Anne seit ihrem 13. Lebensjahr in holländischer Sprache geführt hatte. Es wurde in mehreren Sprachen veröffentlicht und erregte auf der ganzen Welt als ein erschütterndes menschliches Dokument größtes Aufsehen.

FISCHER TASCHENBUCH VERLAG

fi 100/1

ANNE FRANK

Geschichten und Ereignisse aus dem Hinterhaus

In der Enge des Hinterhauses, das die Familie Frank verbarg, begann Anne zu schreiben. Neben dem berühmten **Tagebuch** entstanden Geschichten, in denen sich Anne vergegenwärtigt, wie es war: als sie noch zur Schule ging, als sie leben durfte, wie andere junge Menschen; sie erzählt von Lehrern, Freundinnen und von kleinen Abenteuern, von Alltäglichem, das um so schwerer zu bewältigen ist, wenn man in der ständigen Furcht lebt, entdeckt zu werden. Mehr als dreißig Jahre nach der Veröffentlichung wurden Erzählungen gefunden, die Anne für dieses Buch vorgesehen hatte. Die komplette Sammlung ihrer Erzählungen wird in diesem Band erstmals vorgelegt.

FISCHER BOOT
Band 7533
fi 294/1

fi 44/1

Hermann Glaser

Bundesrepublikanisches Lesebuch
Drei Jahrzehnte geistiger Auseinandersetzung
Band 3809

»Der Versuch einer Beschreibung des ›Klimas‹ der Bundesrepublik, der Menschen, die in ihr leben, des Geistes, der in ihr waltet, der kulturellen Errungenschaften, auf die sie stolz ist, der Verdrängungen, an denen sie leidet – ein solcher Versuch dokumentiert die Präsenz des Vergangenen: Was damals begann, ist heute noch aktuell und wird morgen weiterhin wirksam sein.«
Hermann Glaser

Soviel Anfang war nie
Deutscher Geist im 19. Jahrhundert
Ein Lesebuch. Band 5387

»Soviel Anfang war nie« – dieses Wort eines Zeitgenossen charakterisiert treffend den deutschen Geist im 19. Jahrhundert. Es war ein Jahrhundert der Auf- und Umbrüche, der Verwerfungen und Eruptionen, der Evolutionen und Revolutionen, aber auch ein Jahrhundert, in dem sich Abgründe auftaten, die immer schwindelerregender, gefährlicher, unheimlicher wurden. Daß in Deutschland so wenig vom Denken des deutschen Geistes realisiert, so wenig vom Kopf auf die Füße gestellt wurde, rechtfertigt nicht, jene Anfänge heute gering zu achten. Die vorliegende Anthologie handelt jedoch vom deutschen Geist – vor seiner Verkehrung in den Ungeist.«
Hermann Glaser

Fischer Taschenbuch Verlag

fi 311/2b

Das Zwanzigste Jahrhundert

in 3 Bänden

Europa 1918–1945
Fischer Weltgeschichte Band 34
Herausgegeben und verfaßt von R. A. C. Parker

Der Autor behandelt vor allem zwei Probleme, unter deren Nachwirkungen wir auch heute noch zu leiden haben: Aufstieg und Erscheinungsformen des Faschismus in Europa und Ursprung und Verlauf des Zweiten Weltkriegs. Unter diesem Blickwinkel werden Weltwirtschaftskrise und soziale Spannungen, nationale Rivalitäten und politische Radikalisierung geschildert; zugleich tritt ihre gegenseitige Verflechtung hervor, denn – so Parker – »wenigstens in der modernen Welt sind politische Veränderungen zugleich Ursachen und Folgen wirtschaftlicher und sozialer Veränderungen«.

Europa nach dem Zweiten Weltkrieg
Fischer Weltgeschichte Band 35
Herausgegeben von Wolfgang Benz und Hermann Graml

In diesem Band wird die europäische Geschichte von 1945 bis heute aufgearbeitet. Er beginnt mit einem Kapitel über die politischen Blockbildungen im Anschluß an den Zweiten Weltkrieg, an das sich je zwei Kapitel über die Entwicklungen in West- und Osteuropa anschließen und eines über den schwierigen Gang der europäischen Entspannung bis hin zur Krise dieser Politik.

Weltprobleme zwischen den Machtblöcken
Fischer Weltgeschichte Band 36
Herausgegeben von Wolfgang Benz und Hermann Graml

In diesem Band werden die wichtigsten zeitgenössischen Konfliktherde beschrieben und auf ihren strukturellen Zusammenhang hin untersucht. Die Spannweite reicht von Nordirland bis Kambodscha, vom Aufbruch der arabisch-islamischen Welt über die Befreiungsbewegungen in Afrika und Asien bis hin zur Entstehung der Volksrepublik China als neuem Machtfaktor in der Weltpolitik. Den Abschluß bilden Überlegungen zu Problemen der Entwicklungsländer, zur Entwicklungspolitik und zum Nord-Süd-Konflikt.

Fischer Taschenbuch Verlag

fi 313/1